北大版·普通高等教育"十二五"规划教材
21世纪高等院校规划教材·财经管理系列

统 计 学

—— 以 Excel 为分析工具
（第 2 版）

宋廷山　葛金田　王光玲　主编

内容简介

本书是一部以 Excel 为分析工具的实用性很强的统计学教材。按照数据的搜集、整理、综合、推断分析的顺序，介绍了统计数据的收集、整理与显示、概括性度量，抽样及参数估计，统计假设检验，方差分析，时间序列分析，指数与因素分析，相关与回归分析等基本内容。本书侧重于统计思想的介绍，避开了深奥的数学证明，对于复杂的统计计算通过 Excel 软件来实现，着重培养学生的统计意识和统计思想，使统计学更加实用。第二版在第一版的基础上增加了新的案例，并对其使用方式做了详细介绍。

本书既适宜于作为高等院校经济管理类专业统计学课程的教材，也可供从事经济统计工作以及学习使用 Excel 的读者参阅。

图书在版编目(CIP)数据

统计学：以 Excel 为分析工具/宋廷山，葛金田，王光玲主编. —2 版. —北京：北京大学出版社，2012.6
(全国高等院校财经管理类规划教材)
ISBN 978-7-301-20676-8

Ⅰ.①统… Ⅱ.①宋…②葛…③王… Ⅲ.①统计学－高等学校－教材 Ⅳ.①C8

中国版本图书馆 CIP 数据核字（2012）第 102053 号

书　　　名：	统计学——以 Excel 为分析工具（第 2 版）
著作责任者：	宋廷山　葛金田　王光玲　主编
责 任 编 辑：	李　玥
标 准 书 号：	ISBN 978-7-301-20676-8/F·3189
出 版 发 行：	北京大学出版社
地　　　址：	北京市海淀区成府路 205 号　100871
网　　　址：	http://www.pup.cn
电 子 邮 箱：	zpup@pup.cn
电　　　话：	邮购部 62752015　发行部 62750672　编辑部 62754934　出版部 62754962
印　　刷　者：	河北滦县鑫华书刊印刷厂
经　　销　者：	新华书店
	787 毫米×1092 毫米　16 开本　21.75 印张　529 千字
	2009 年 1 月第 1 版
	2012 年 6 月第 2 版　2023 年 8 月第 9 次印刷
定　　　价：	45.00 元

未经许可，不得以任何方式复制或抄袭本书之部分或全部内容。
版权所有，侵权必究
举报电话：(010)62752024　　电子邮箱：fd@pup.pku.edu.cn

第二版前言

承蒙读者的认可,本书从第一版于 2009 年 1 月与读者见面起,到 2011 年 12 月止,在短短的三年时间里,已经进行了四次印刷。我们全体作者在感到很欣慰的同时,由衷地感谢那些关注、关心、支持我们的读者,出版社的有关人员和老师们、领导们、同人们,我们感觉身上的担子更重了,责任感和使命感更强烈了。正是这些关心、鞭策、鼓励,促使我们高标准要求自己,使我们的教材不断完善、优化和提高。为了更好地满足读者的需求,更优质地服务于读者,让读者从中受益更大,我们本着"创优质课程、建优质教材、育优质人才"的宗旨,根据使用者的反馈意见,我们又组织力量对其进行了如下修订:

一、框架体系作了适当调整。去掉了"主要社会经济统计指标简介"一章,将部分内容分散到了第一章、第四章和第五章中。将"假设检验"和"方差分析"两章相关内容合并为"假设检验和方差分析"一章。这样由原来的 12 章变成了现在的 10 章,使整体结构更加紧凑。

二、增加了"引导案例"。一方面起到了激发学生学习兴趣的作用;另一方面在理论和实践之间架起一道桥梁,能引导学生掌握相关理论和方法,学以致用,提高解决实际问题的能力;同时又增加了信息量,以期收到引人入胜之功效。

三、完善了练习题的类型。由第一版的主要概念和计算两种练习类型,扩展到名词、问答、选择、填空、判断、计算、综合等七种练习类型。能够较好地满足读者练习的需要,对于全面、深入地掌握和巩固统计学的理论和方法奠定坚实的基础。

本书由齐鲁师范学院宋廷山教授、济南大学葛金田教授、济南大学王光玲教授任主编,山东科技大学姜爱萍副教授、济南大学解志刚副教授、中国农业大学李梅芳副教授任副主编。副主编进行了修改,主编总纂定稿。参加本书修改编写的有宋廷山(第 1 章、第 5 章);葛金田(第 2 章);王光玲(第 7 章);姜爱萍(第 6 章);解志刚(第 4 章);李梅芳(第 9 章);山东青年政治学院刘莹(第 8 章);山东协和学院郭思亮(第 3 章);中国农业大学孙涛(第 10 章)。

国务院学位委员会、教育部于 2011 年 3 月 8 日印发了《学位授予和人才培养学科目录(2011 年)》,将统计学归并在理学门类下成为一级学科,可授理学、经济学学位。愿我们的统计学教材能体现出这一变化。

主　编

2012 年 4 月于泉城济南

第一版前言

统计学是高等院校经济类专业和工商管理类专业的核心课程。统计学作为一门搜集、整理和分析统计数据的方法论科学,理应包括描述统计学和推断统计学。我国统计理论界长期存在着"社会经济统计学"和"数理统计学"两派观点,这在一定程度上影响了统计学的发展。可喜的是,近年来,我国统计界一些有识之士倡导"大统计"思想,已逐渐深入人心。教育部于1998年调整了专业目录,将原在经济学门类下的统计学,归到了理学门类下。高等院校对原教学计划进行了相应调整,大多数高校的非统计学专业取消了专业统计课程。目前研究生入学考试仍将"概率论与数理统计"作为数学课对待。基于上述实际,我们在广泛吸收近年来出版的优秀教材、著作的优点的基础上,将本书定位为应用统计学(以示与概率论与数理统计——理论统计学相区别)。全书共设计12章,系统介绍了统计学导论,统计数据的收集,数据的整理与显示,数据的概括性度量,抽样及参数估计,统计假设检验,方差分析,时间序列分析,指数与因素分析,相关与回归分析,主要社会经济统计指标简介,多元统计分析等内容。

本书具有下列特点:

较系统。全面介绍了数据的搜集(第2章),处理、显示(第2章),综合(第4、11章),推断(第5、6、7章)与分析(第8、9、10、12章)。

较全面。立足于"大统计学",覆盖描述统计学(第2、3、4、8、9、11章)和推断统计学(第5、6、7、10、12章)。增设了主要社会经济统计指标内容(第11章),克服了非统计专业不开专业统计课程的不足;增设了多元分析内容(第12章),使统计学名副其实。

较实用。众所周知,在高等院校经济、管理类核心课程中,统计学是比较难学的一门课程,统计学用到的数学知识较多;应用方面的灵活性较强;计算量大且复杂。为解决这一矛盾,本书致力于将统计学的应用作为出发点和归宿,侧重于统计思想的介绍,避开了深奥的数学证明,对于复杂的统计计算试图通过常用的计算机应用软件Excel来实现,力图培养读者的学习兴趣,使读者掌握统计意识或统计思想,熟悉各种统计方法的基本假设、应用条件,正确解读统计结果,而不必纠缠复杂的数学证明和计算,以提高读者运用统计方法分析和解决问题的能力。

继承性与时代特征较明显。统计学向理学统计学(国外统计学)靠拢已是大趋势,然而中国的实际情况是:人们把统计学与国家统计体系相联系;财经类院校的统计学与综合性大学的统计学有差别;目前在讲台上的相当一批老师是从计划经济年代过来的,还不完全适应国外统计学的体系与内容。基于这样的考虑,我们坚持继承(主要体现在第1～4章和第8～10章中)与发展(主要体现在第5～7章、第11～12章中)并重,将计划经济年代中有用的内容继承下来,并巧妙地加以处理使之与现代统计学相结合,在计划经济统计学与完全的市场经济统计学之间架起一道桥梁,能够起到承前启后的作用,体现时代特征。

强化基础,兼顾提高。本教材无法做到面面俱到地涵盖统计学的全部内容。为满足专科生等普通读者对统计学的基本需要,本教材的重点放在了统计学的基础部分——描述统计(第2、3、4、9、10、11章);为满足本科、研究生等较高层次读者的需要,适当增加了推断统计学的内容(第5、6、7、8、12章),尤其是增设了难度较大、应用水平较高、实用性较强的多元统计内容,兼顾了普及和提高两个方面。

本书由齐鲁师范学院宋廷山教授、济南大学葛金田教授担任主编;青岛农业大学王坚副教授、山东科技大学姜爱萍副教授、济南大学解志刚副教授担任副主编;青岛农业大学王宝海教授主审。编写提纲由宋廷山教授提出初稿,经主编、副主编讨论形成。参加编写的有:宋廷山(第1章、第12章);山东省贸易职工大学袁洪英教授(第2章);王宝海(第3章);王坚(第4章);济南大学王光玲教授(第5章);山东科技大学马媛讲师(第6章);解志刚(第7章);山东经济学院田金方副教授(第8章);姜爱萍(第9章);济宁职业技术学院温洪芝教授(第10章);葛金田(第11章)。初稿形成后,由主编进行了修改总纂,由王宝海教授进行了审校。对于本教材可能存在的章节安排等结构性的问题,由主编、副主编负责;对各章具体内容可能存在的问题,由编写者本人负责。

本书的编写者大多有二十年左右在高等学校从事本学科教学研究工作的经验,在统计学的某些方面都有较深刻的研究,都有自己的见解。本书作为教科书,所列内容均为目前统计学界大多认可的观点,并力求使本书的观点前后保持一致,但并不影响本书作者在其他场合各自阐述自己的学术观点。

本书参考了国内外出版的大量本学科教材和专著,敬列于参考文献中。对编写这些著作的学界前辈、专家和同行们,我们表示崇高的敬意和衷心的感谢!

由于水平所限,教材中可能还存在许多我们还没有发现的问题,衷心希望使用本教材的老师、同学和其他读者批评指正,有问题或建议可发电子邮件至 sdeusts@163.com,对于特殊性的问题我们将给予个别答复,对于具有普遍性的问题,将在再版时进行更正和说明。在此我们一并表示感谢!

主　编

2008年8月24日于泉城济南

目　　录

第一章　统计学总论 ·· (1)
　　第一节　统计与统计学 ·· (2)
　　第二节　统计研究 ·· (6)
　　第三节　统计学的基本概念 ·· (8)
　　第四节　统计设计 ·· (13)
　　第五节　统计应用软件简介 ·· (18)
第二章　数据的搜集 ·· (24)
　　第一节　统计数据的来源 ··· (25)
　　第二节　调查方案设计 ·· (28)
　　第三节　调查问卷设计 ·· (30)
　　第四节　调查方案设计案例——某校风调查方案及问卷设计 ····················· (36)
第三章　数据的整理 ·· (43)
　　第一节　统计数据的预处理 ·· (45)
　　第二节　统计分组与频数分布 ·· (52)
　　第三节　统计图 ··· (62)
　　第四节　统计表 ··· (67)
第四章　数据的概括性度量 ··· (72)
　　第一节　总规模度量 ··· (73)
　　第二节　比较度量 ·· (76)
　　第三节　集中趋势的度量 ··· (82)
　　第四节　离散程度的度量 ··· (93)
　　第五节　偏态与峰度的度量 ·· (102)
　　第六节　描述统计工具的使用 ··· (103)
第五章　时序分析 ·· (113)
　　第一节　时间序列分析的基本问题 ··· (115)
　　第二节　时间序列的水平分析 ··· (117)
　　第三节　时间序列的速度分析 ··· (121)
　　第四节　时间序列的趋势分析 ··· (127)
　　第五节　时间序列的季节变动分析 ··· (142)
第六章　指数分析 ·· (151)
　　第一节　统计指数概述 ·· (153)
　　第二节　综合指数和平均指数 ··· (155)

第三节　指数体系与因素分析 ··· (160)
　　第四节　常用的经济指数 ·· (167)

第七章　抽样调查及参数估计 ·· (176)
　　第一节　抽样推断 ··· (177)
　　第二节　抽样分布 ··· (184)
　　第三节　参数估计 ··· (197)

第八章　假设检验与方差分析 ·· (219)
　　第一节　假设检验的基本问题 ·· (219)
　　第二节　一个总体参数的检验 ·· (224)
　　第三节　两个总体参数的检验 ·· (229)
　　第四节　方差分析的基本问题 ·· (239)
　　第五节　单因素方差分析 ·· (242)
　　第六节　双因素方差分析 ·· (247)

第九章　相关与回归分析 ·· (262)
　　第一节　相关关系 ·· (262)
　　第二节　相关分析 ·· (264)
　　第三节　回归分析概述 ·· (271)
　　第四节　一元线性回归分析 ·· (272)
　　第五节　多元线性回归分析 ·· (278)
　　第六节　利用回归方程进行预测 ·· (284)
　　第七节　非线性回归和特殊变量的回归模型 ··································· (286)
　　第八节　运用 Excel 进行回归分析 ·· (293)

第十章　多元统计分析 ··· (306)
　　第一节　聚类分析 ·· (306)
　　第二节　主成分分析 ··· (314)
　　第三节　因子分析 ·· (319)
　　第四节　判别分析 ·· (325)
　　第五节　关联分析 ·· (328)

主要参考文献 ··· (338)

第一章 统计学总论

【引导案例】

新发展 新跨越 新篇章

我国"十一五"时期的五年,是积极应对来自国内外的各种风险和挑战,经济保持平稳较快增长、综合国力大幅提升的五年。

经济平稳较快增长。"十一五"前期,我国经济快速增长,2006年增长12.7%,2007年加速到14.2%,增速仅次于改革开放后最高的1984年。2008年,受百年不遇的国际金融危机的巨大冲击和影响,经济增速陡然回落到9.6%。面对严峻的国内外形势,党中央、国务院果断决策,迅速出台并不断丰富完善应对国际金融危机的一揽子计划,我国经济增速在世界各国中实现率先回升,2009年经济增长9.2%,与世界经济下降0.6%形成鲜明对照。2010年经济增长进一步回升到10.3%,明显快于世界主要国家的平均增速。2006—2010年,我国国内生产总值年均实际增长11.2%,不仅远高于同期世界经济年均增速,而且比"十五"时期年平均增速快1.4个百分点,是改革开放以来最快的时期之一。

经济总量不断迈上新台阶。2010年,我国国内生产总值达到397 983亿元,扣除价格因素,比2005年增长69.9%。经济总量居世界位次稳步提升。2008年,我国国内生产总值超过德国,位居世界第三位。2010年,我国国内生产总值按平均汇率折算达到58 791亿美元,超过日本,成为仅次于美国的世界第二大经济体。我国经济增长对世界经济的贡献不断提高。特别是2008年第三季度金融危机爆发后,在世界主要经济体均面临负增长或停滞困境时,中国经济依然保持了相当高的增速并率先回升,为世界经济复苏做出了重大贡献。

人均国内生产总值快速增加。在经济总量稳步增长的同时,人均创造价值水平也在不断提高。初步统计,2010年我国人均国内生产总值达到29 748元,扣除价格因素,比2005年增长65.7%,年均实际增长10.6%,比"十五"时期年平均增速快1.5个百分点。

国家财政实力明显增强。经济快速增长带来了国家财政收入的稳定增长。我国财政收入2007年超过5万亿,达到51 322亿元;2008年超过6万亿,达到61 330亿元;2010年超过8万亿,达到83 080亿元,比2005年增长1.6倍,年均增长21.3%。"十一五"时期,我国财政收入的快速增长,为加大教育、医疗、社保等民生领域投入,增强政府调节收入分配能力等提供了有力的资金保障。

国家外汇储备大幅增加。我国外汇储备 2006 年突破 1 万亿美元，达到 10 663 亿美元；2009 年突破 2 万亿美元，达到 23 992 亿美元。2010 年年末，我国外汇储备已达到 28 473 亿美元，比 2005 年增长 2.5 倍，年均增长 28.3%。我国外汇储备规模自 2006 年超过日本，连续五年稳居世界第一位。

（摘自：国家统计局"十一五"经济社会发展成就系列报告之一：新发展 新跨越 新篇章 http://www.stats.gov.cn/tjfx/ztfx/sywcj/t20110301_402706119.htm）

第一节 统计与统计学

一、统计的含义

"统计"一词在各种实践活动和科学研究领域中经常出现。然而，不同的人或在不同的场合，对其理解是有差异的。比较公认的看法是，统计有三种含义，即统计活动、统计数据和统计学。

1. 统计活动

统计活动又称统计工作，是指收集、整理和分析统计数据，并探索数据的内在数量规律性的活动过程。

2. 统计数据

统计数据或称统计资料，即统计活动过程所获得的各种数字资料和其他资料的总称。表现为各种反映社会经济现象数量特征的原始记录、统计台账、统计表、统计图、统计分析报告、政府统计公报、统计年鉴等各种数字和文字资料。

3. 统计学

统计学是指阐述统计工作基本理论和基本方法的科学，是对统计工作实践的理论概括和经验总结。它以现象总体的数量方面为研究对象，阐明统计设计、统计调查、统计整理和统计分析的理论与方法，是一门方法论科学。

《不列颠百科全书》的定义：统计学是收集、分析、表述和解释数据的科学。

《中国百科全书·数学卷》的定义：统计学是一门科学，它研究怎样以有效的方式收集、整理、分析带随机性的数据，并在此基础上对所研究的问题作出统计性推断，直至对可作出的决策提供依据或建议。

统计学的英文是"statistics"。以单数形式出现时，表示统计数据或统计资料；以复数形式出现时，表示一门科学即统计学。

统计工作、统计资料和统计学之间有着密切联系。统计工作同统计资料之间是过程同成果之间的关系，统计资料是统计工作的直接成果。就统计工作和统计学的关系来说，统计工作属于实践的范畴，统计学属于理论的范畴，统计学是统计工作实践的理论概括和科学总结，它来源于统计实践，又高于统计实践，反过来又指导统计实践，统计工作的现代化同统计科学研究的支持是分不开的。

统计工作、统计资料和统计学相互依存、相互联系，共同构成了一个整体，这就是通常所说的统计。

"据统计,在全国搞统计的人中,有30%的人没学过统计",在这句话中,三个"统计"代表了上述三种不同的含义。

二、统计学的产生与发展

自从有了人类就有了统计。最早的统计作为生产的附带部分,当生产力发展到一定程度,有了剩余产品后,统计从生产职能中分离出来,集保管、会计、统计于一身为独立职能。统计学来源于统计实践,直到17世纪才产生了统计学。

统计学发展大致经历了以下三个阶段:

(一)古典统计学时期

古典统计学时期,约自17世纪中叶至19世纪初。这段时期出现了三个学派。

1. 国势学派

国势学派以德国的学者为主。这一学派用记述的方法研究一国的地理、人口、财政、军事、政治和法律制度等国家大事。其创始人是德国人 H. Corning(1606—1682)。至1723年,德国人 M. Schmertzel(1679—1747)在 Jena 大学创设统计学讲座。随后,法国人阿亨瓦尔(G. Achenwall,1719—1772)在 Gottingen 大学开始正式讲授统计学;"统计学"(Statistik)这一名词由阿亨瓦尔首次提出,并定义为国家显著事项的学问,言下之意是通过这门科学,可了解国家理乱兴亡之迹。最初的"统计"只是文字记载。丹麦人 J. D. Ancherson(1700—1765)首创以表式分栏排列一国的土地、人口、宗教、军事、货币及度量衡等数字;这被称为"表式统计学派",亦属国势学派。

2. 概率论学派

概率论学派以法国的学者为主。这一学派最早起源于对赌博中投骰子输赢问题的研究。其创始人是法国人 B. Pascal(1623—1662)和 P. de Fermat(1601—1665),他们通信讨论赌博时的概率问题。同一时期,瑞士数学家 I. Bernoulli(1654—1705)提出二项分布理论。此后,法国人 P. S. Laplace(1748—1827)在1814年发表《概率分析论》一书,构筑了古典概率理论的完整体系,并用于自然和社会现象的研究。法国人 S. D. Poisson(1781—1840)提出 Poisson 分布。德国人 K. F. Gauss(1775—1855)提出最小平方法,还从观察天象中发现误差正态曲线。

3. 政治算术学派

英国较早地利用数字对人口和经济等方面进行记载和推断,政治算术学派以英国人为主,创始人是两个英国人格兰特(J. Graunt,1620—1674)和威廉·配第(William Petty,1623—1687)。前者于1662年出版了《对死亡表的自然与政治观察》一书,发表了对人口出生率研究的结果,并观察到一切疾病和事故在全部死亡原因中占有稳定的百分比等。后者的《政治算术》和对国民收入估算的方法,不仅对经济学,而且对统计学的发展也具有重大意义。他们虽未创立"统计学"之名,但其所用于探索社会和经济现象数量规律性的方法却具有"统计学"之实。稍后,德国人 Halley(1656—1742)编制了生命表(Life Table)。

(二)近代统计学时期

近代统计学时期,约自19世纪初至20世纪初,以比利时人凯特莱(A. J. Quetelet,1796—1874)为起点。他发表了《社会物理》一书,提出了偶然误差的概念,并指出某一学科的统计方法可以用到其他学科。在统计研究方面,他先研究天文、气象方面的统计资料,后又用统计数字研究植物界和人类社会,他以概率论作为理论基础,用大量观察和综合平均的方法进行研究,从而把概率论、国势学和政治算术观察群体现象进行数量分析的方法,融合为一门统计学,奠定了近代统计学的基础。他于1851年在比利时首都布鲁塞尔召开第一届国际统计学会议,该会于1855年在伦敦召开时改称为"国际统计学会"(International Statistical Institute),这一名称沿用至今。

此外,K. G. A. Knies(1812—1898)和C. L. Engel(1821—1896)以大量观察法寻求社会现象规律,称为"社会统计学派"。英国人F. Golton(1822—1911)发现百分位数,还从研究遗传学和优生学中创立了回归分析的概念。英国人K. Pearson(1857—1936)提出经验分布函数、相关分析、动差法、卡方检验和大样本的抽样理论,并且完成了描述统计学的体系,因此有人由此认为他是近代统计学的创始人。

(三) 现代统计学时期

现代统计学时期,自20世纪初至今。这一时期自英国人W. S. Gosset(1876—1937)开始,他以笔名Student发表T分布,这是小样本抽样理论的基础。E. Borel(1871—1956)奠定了现代概率理论的基础。英国人R. A. Fisher(1890—1962)提出Z分布、显著性水平、假设检验、自由度、实验设计和方差分析等方法和概念。在美国,G. W. Snedcor将Z分布转换成F分布。A. Wald(1902—1950)提出决策理论和序贯抽样法。J. V. Neumann和O. Morgenstern提出博弈论,使决策理论更加系统化。Neyman和Deming提出抽样调查法,对质量控制及生产管理贡献很大。N. Wiener的控制论和C. E. Shannon的信息论,使推断统计学的理论更加健全。美国的大学自1950年把统计学设为独立的学系,1955年开始颁授统计学的高级学位。从20世纪50年代起,统计学受计算机、信息论等现代科学技术的影响,新研究领域层出不穷,如多元统计分析、随机过程、非参数统计、时间序列分析等。据美国学者估计,现代统计学是以指数式加速度发展的,新的研究分支不断增加,统计应用领域不断扩展。统计方法在各学科领域的应用又进一步促进了统计方法研究的深入发展。

今天的统计学形成这样的格局:一是以社会经济问题为主要研究对象的社会经济统计;二是以方法和应用研究为主的数理统计。从学科的角度看,前者从属于应用经济学;后者从属于数学。

20世纪60年代以后,随着计算机技术和网络技术的不断完善和各种新技术的不断创新,统计学的发展有如下趋势:首先统计学从面对小批量的数据转变为面对海量数据,因此使用计算机统计分析软件对数据进行处理成为必然;在某些领域,甚至约定俗成必须使用著名统计分析软件SAS,否则无法认可分析结果的准确性。其次统计学从有关领域中吸取的养分也越来越多,如卫星技术的发展催生了空间统计学。越来越多的数学方法被引进来,又被越来越多地应用到各个领域,如医学界的新药研制,企业中的过程控制等。2003年诺贝尔经济学奖授予了著名计量经济学家Robert F. Engle和Clive Granger,以表彰两位成功地解决了时间数列中异方差和非平稳性问题,这些成果应用于金融、人口等方面。统计学所研究的方法可以用于各行各业的数据分析,这使得它成为一门"万能"的方法论学科。美国著名期刊"Science"上有一篇文章列出近百年来最有用的科学,统计学位居前10名。

三、统计学科

统计方法已广泛应用于自然科学和社会科学的众多领域,统计学也发展成为由若干分支组成的学科体系。出于不同的视角或不同的研究重点,人们常对统计学科体系作出不同的分类。一般而言,有两种基本的分类:从方法的功能来看,统计学可以分成描述统计学和推断统计学;从方法研究的重点来看,统计学可分为理论统计学和应用统计学。

（一）描述统计学和推断统计学

描述统计学研究如何取得反映客观现象的数据,并通过图表形式对所搜集的数据进行加工处理和显示,进而通过综合、概括与分析得出反映客观现象的规律性数量特征。描述统计学的内容包括统计数据的搜集方法、数据的加工处理方法、数据的显示方法、数据分布特征的概括与分析方法等。

推断统计学研究如何根据样本数据去推断总体数量特征,它是在对样本数据进行描述的基础上,对统计总体的未知数量特征作出以概率形式表述的推断。

描述统计学与推断统计学的划分,还反映了统计方法发展的前后两个阶段和使用统计方法探索客观事物数量规律性的不同过程。统计研究过程的起点是统计数据,终点是探索出客观现象内在的数量规律性。在这一过程中,如果搜集到的是总体数据(如普查数据),那么运用描述统计就可以达到认识总体数量规律性的目的;如果获得的只是研究总体的一部分数据(样本数据),那么要找到总体的数量规律性,就要运用概率论的理论并根据样本信息,对总体进行科学的推断。显然,描述统计和推断统计是统计方法的两个组成部分。描述统计是整个统计学的基础,推断统计则是现代统计学的主要内容。推断统计在现代统计学中的地位越来越重要,已成为统计学的核心内容,这是因为在对现实问题的研究中,所获得的数据主要是样本数据。但这并不等于说描述统计不重要,没有描述统计搜集可靠的统计数据并提供有效的样本信息,再科学的统计推断方法也难以得出切合实际的结论。从描述统计学发展到推断统计学,是统计学发展的巨大成就,也是统计学成熟的重要标志。

（二）理论统计学和应用统计学

理论统计学即数理统计学,主要探讨统计学的数学原理和统计公式的来源。由于现代统计学用到了很多方面的数学知识,从事统计理论和方法研究的人员需要有坚实的数学基础。而且,概率论是统计推断的数学和理论基础,所以广义的统计学亦应包括概率论在内。理论统计学是统计方法的理论基础,没有理论统计学的发展,统计学也不可能发展成为今天这样一个完善的科学知识体系。理论统计学的主要内容有概率理论、抽样理论、实验设计、估计理论、假设检验理论、决策理论、非参数统计、序列分析、随机过程等。

应用统计学探讨如何运用统计方法去解决实际问题。其实,将理论统计学的原理应用于各个学科领域,就形成了各种各样的应用统计学。例如,统计方法在生物学中的应用形成了生物统计学,在医学中的应用形成了医疗卫生统计学,在农业试验、育种等方面的应用形成了农业统计学。统计方法在社会科学领域的应用也形成了若干分支学科,在经济领域的应用形成了经济统计学及其若干分支,在管理领域的应用形成了管理统计学,在社会学研究和社会管理中的应用形成了社会统计学,在人口学中的应用形成了人口统计学,等等。应用统计学除了包括各领域通用的方法,如参数估计、假设检验、方差分析等之外,还包括某领域所特有的方法,如经济统计学中的指数法、现代管理决策法等。应用统计学着重阐明这些方法的统计思想和具体应用,而不是统计方法数学原理的推导和证明。

四、统计的职能与任务

统计是适应国家管理的客观需要而逐步产生和发展起来的。现代化国家管理系统包括决策系统、执行系统、信息系统、咨询系统、监督系统五个组成部分。国家统计兼有信息、咨询、监督三种系统的职能。

1. 信息职能

信息职能是指国家统计部门根据科学的统计指标体系和统计调查方法,灵敏、系统地采集、处理、传递、存储和提供大量的以数量描述为基本特征的社会经济信息。因而,要不断拓展统计信息的内容,保证统计信息的可靠性,完善统计信息的自动化建设,实现统计信息生产和使用的社会化程度。

2. 咨询职能

咨询职能是指利用已经掌握的丰富的统计信息资料,运用科学的分析方法和先进的技术手段,深入开展综合分析和专题研究,为科学决策和管理提供可供选择的咨询建议和对策方案。

3. 监督职能

监督职能是指根据统计调查和分析,及时、准确地从总体反映经济、社会和科技运行的实际状况,并对其实行全面、系统的定量检查、监测和预警,以促进国民经济持续、稳定、协调地发展。

这三种职能是相互联系、相辅相成的。采集和提供信息是统计最基本的职能,统计的信息职能是保证统计咨询和监督职能的基础和前提;统计咨询职能是统计信息职能的延续和深化,它使采集的信息得以在科学决策、经营管理以及社会实践中发挥作用;统计监督职能则是对信息和咨询职能的进一步拓展,统计监督职能的强化,又必然对信息与咨询职能提出更高的要求,从而促进统计信息与咨询职能的优化。总之,统计的信息、咨询、监督职能彼此依存、相互联系,共同构成了一个有机整体。

《统计法》规定,统计的基本任务是:对国民经济和社会发展情况进行统计调查、统计分析,提供统计资料和统计咨询意见,实行统计监督。国家机关、社会团体、企业事业组织和个体工商户等,必须如实提供统计资料,不得虚报、瞒报、拒报、迟报,不得伪造、篡改。基层群众性自治组织和公民有义务如实提供国家统计调查所需要的情况。

第二节 统 计 研 究

一、统计学的研究对象

通过统计学的含义可以看出,统计学的研究对象是现象总体的数量方面,包括数量表现、数量关系和数量界限。统计学的研究对象具有以下特点:

(1) 总体性,统计是研究总体的,即群体现象;

(2) 数量性,事物能用数量表现的方面和能用数量表现的事物都可以进行统计研究;

(3) 差异性,统计所研究的总体内部是有差异的;

(4) 具体性,统计研究的不是抽象的量,而是有一定质的规定性的量。

二、统计学的研究方法

统计学的研究方法主要有以下五种。

(1) 大量观察法,是对所研究现象总体的全部或足够多的单位进行调查并加以综合研究的方法。

（2）试验设计法，是通过设计实验取得所要研究的数据的方法。试验设计要遵循的原则：重复性原则，在相同条件下重复多次试验；随机化原则，在实验中对实验对象的分配和试验次序是随机安排的；区组化原则，组内差异大，组间差异小。

（3）统计描述法，是用综合指标、统计表、统计图等形式描述研究总体现象的数量特征的方法。包括统计分组法和综合指标法。

（4）统计推断法，指在一定的置信标准要求下，由样本信息推断总体数量特征的归纳推理方法。包括参数估计、假设检验、方差分析等方法。

（5）统计模型法，是根据统计资料，运用统计方法，对研究现象的结构或过程建立一种统计表达式，进行有关分析的方法。统计模型一般包括四个基本因素：变量、关系式、模型参数、随机项。

三、统计研究过程

和人类其他认识活动一样，统计研究也要经过由现象到本质、由矛盾的特殊性到矛盾的普遍性、由感性认识到理性认识的不断深化的过程。从具体统计认识活动来看，统计工作由统计设计、统计调查、统计整理、统计分析和统计资料的积累开发与应用等环节组成。

（一）统计设计

统计设计是指根据统计研究对象的性质和研究目的，对统计工作的各个方面和各个环节所作的全面部署和安排。统计设计的最终结果表现为各种标准、规定、制度、方案和办法，如统计分类标准、目录、统计指标体系、统计报表制度、统计调查方案、普查办法、统计整理或汇总方案等。统计工作是高度集中统一、科学性很强的工作，无论是统计总体范围、统计指标的口径和计算方法，还是统计分类和分组的标准，都必须统一，不能各行其是。只有科学地进行统计设计，才能使整个统计工作有秩序地、协调地进行，从根本上保证统计工作和统计资料的质量。因此，统计设计是统计工作的先导。

统计设计的主要内容有：统计指标和指标体系的设计、统计分类和统计分组的设计、统计表的设计、统计资料搜集方法的设计、统计工作各个部门和各个阶段的协调与联系、统计力量的组织与安排等。

（二）统计调查

统计调查是根据统计方案的要求，采用各种调查组织形式和调查方法，有组织、有计划地对所研究总体的各个单位进行观察、登记，准确、及时、系统、完整地搜集统计原始资料的过程。

统计调查是统计认识活动由定性认识过渡到定量认识的阶段，这个阶段所搜集的资料是否客观、周密、系统、及时，直接影响到统计整理的好坏，关系到统计分析结论的正确性，决定着整个统计工作的质量。所以，统计调查是整个统计工作的基础。

（三）统计整理

统计整理是根据统计研究的目的和任务，对统计调查阶段所取得的原始资料进行审核、分组和汇总，将分散的、零星的反映总体单位特征的资料转化为反映各组和总体数量特征的综合资料的过程。

统计整理是将对总体单位特征的认识过渡到对总体数量特征的认识的桥梁和纽带，它既是统计调查的继续，又是统计分析的必要前提，在统计工作中，处于中间环节，在沟通统计调查和统计分析中起着承上启下的作用。

(四)统计分析

统计分析是指在统计调查和统计整理的基础上,用科学的分析方法,对所研究的现象总体进行全面、系统的数量分析,认识和揭示事物的本质和规律性,进而向有关单位和部门提出咨询建议以及进行必要的分析、预测的统计工作过程。统计分析是统计工作的最后阶段,也是统计发挥信息、咨询和监督职能的关键阶段。

从认识论的角度来说,统计设计属于对社会经济现象进行的定性认识;统计调查和统计整理,是实现对事物个体特征认识过渡到对总体数量特征认识的关键环节,属于定量认识的范畴;统计分析则是运用统计方法对资料进行比较、判断、推理和评价,揭示社会经济现象的本质和规律性的重要阶段。统计设计、统计调查、统计整理和统计分析的有机统一,体现了统计要在质与量的辩证统一中研究社会经济现象总体数量特征的原则要求。

第三节 统计学的基本概念

在论述统计学的理论与方法的过程中,要运用一些专门的概念,熟悉这些概念是掌握统计学的基础。

一、总体与样本

(一)总体

凡是客观存在、在某一共同性质基础上结合起来的许多个别事物的整体,叫做统计总体(简称总体)。例如,要研究某地区非公有制工业企业的生产经营情况,那么该地区全部非公有制工业企业就构成了一个总体,统计设计、统计调查、统计整理和统计分析都要围绕这一对象来进行;再如,要研究我国的人口状况,则全国人口就构成了一个统计总体,从设计普查方案、普查登记、资料汇总到最后公布普查数据等,也都要围绕这一对象来进行。

需要注意的是,在统计研究过程中,统计研究的目的和任务居于支配和主导地位,是考虑问题的出发点。统计总体取决于统计研究的目的和任务,有什么样的研究目的就要求有什么样的统计总体与之相适应;统计研究方法、步骤等也要体现统计研究的目的要求。

统计总体分为有限总体和无限总体两种类型。有限总体是指总体中的总体单位数可以计数或穷尽的总体。例如一个企业的全体职工、一个国家的全部人口等都是有限总体。如果总体中的单位数是一个无穷大量,或准确地度量它的单位数是不经济或没有必要的,这样的总体称为无限总体。例如在连续生产的生产线上产出的全部零件数,一片树林中生长的林木数,江河湖海中生长的鱼的尾数等。

划分有限总体和无限总体对于统计工作的意义在于可以帮助人们进行统计调查方法设计。在统计调查方法体系中,全面调查是对调查对象(总体)的全部单位无一遗漏地进行的调查,而非全面调查则是对调查对象中的一部分单位进行调查,然后再估计总体指标的方法。很显然,对于有限总体,既可以使用全面调查,也可以使用非全面调查,但对于无限总体就只能使用非全面调查。

统计总体具有同质性、大量性和变异性三个特点。

同质性,指构成统计总体的各个单位必须在某些方面而且至少在一个方面具备某种共同的性质。同质性是构成统计总体的前提。

大量性,指统计总体是由总体的全部单位组成,只有一个单位的统计总体是不存在的。当然,研究目的不同,统计总体就不一样,总体中所包含的总体单位的数量也就不同,一个统计总体究竟包含多少总体单位,最终取决于统计研究的目的。统计总体具有大量性的特点,这是由统计研究对象决定的。如前所述,社会经济统计学的研究对象是大量社会经济现象总体的数量特征,因此,只能而且必须将多个具有某种共同性质的单位组合成一个完整的整体,作为统计研究的具体对象。

从统计研究的角度来说,变异性是指构成统计总体的各个单位之间存在的差别。简言之,变异就是事物之间的差别或不同。例如,工人的性别具体表现为男、女,工人家庭人口数表现为 1 人、2 人、3 人、4 人、5 人,工人的月工资表现为 600 元、700 元、780 元、890 元、970 元、1 050 元、1 130 元,等等。

在此,有三个问题需要特别说明:首先,变异是客观的,没有变异的事物是不存在的;其次,变异对于统计非常重要,没有变异就没有统计,如果总体单位之间不存在变异,只要了解一个总体单位的资料就可以推断总体情况了;第三,变异性和同质性之间相互联系、相互补充,是辩证统一的关系,不能用同质性否定变异性或用变异性否定同质性。

(二) 样本

统计研究最终是要确定总体的数量特征,但是有时总体的单位数很多,甚至无限,不可能或无必要对每个总体单位都做调查。这时,就要借助样本来研究总体了。样本就是按照一定的概率从总体中抽取并作为总体代表的一部分总体单位的集合体。也有学者称总体为母体,样本为子样。

样本是统计学中非常重要的概念,对这一概念的理解要注意三方面问题:其一,构成某一样本的每一单位都必须取自某一特定的统计总体,不允许该总体之外的单位介入该总体的样本。其二,样本单位的抽取应是按一定的概率进行的,而具体样本的产生应是随机的,因此必须排除人的主观因素对样本单位抽取和样本生成的干扰。其三,样本是母体的代表,带有母体的信息,因而能够推断母体;然而,样本只是母体的一个子集,且具有随机性,故由样本去推断总体会产生代表性误差。其实,如何从母体中抽取子样,怎样控制样本对总体的代表性误差,是推断统计学研究的主要问题。

(三) 总体单位与标志

1. 总体单位

构成统计总体的个别单位称为统计总体单位,简称总体单位。如全部工业企业中的每个企业、全国人口中的每个人也是总体单位。

总体和总体单位的关系是整体同个体、集合同元素的关系,两者相互依存、相互联系,不存在没有总体的总体单位,也不存在没有总体单位的统计总体。

总体和总体单位的具体形式随着统计研究目的的不同而不同,可以是人,也可以是物,还可以是组织(企业或家庭)或时间、空间、行为等。

总体和总体单位的关系不是一成不变的,随着研究目的的变动,两者可以相互转化。在一定研究目的下,一个事物可以作为总体而存在,然而当研究目的发生变化后,这个事物可能就成为总体单位了。例如,研究我国电子工业的发展情况,那么电子工业行业的所有企业就是一个统计总体,每个企业就是一个总体单位;而要研究一个企业的生产经营情况,那么一个企业就构成了统计总体;如果要研究整个国民经济的发展情况,国民经济所有行业组成统计总体,而其中的电子工业行业又变成了总体单位。

2. 标志

统计是从对个体的观察开始,逐步过渡到对总体数量特征的认识的。标志是指说明总体单位特征的名称,例如,一个企业作为总体单位,这个企业的"所有制类型"、"生产能力"、"年产量"、"销售收入"、"职工人数"、"工资总额"等都是标志。

标志分为品质标志和数量标志两种类型。品质标志是说明总体单位属性特征的名称,如工人的"性别"、"民族"、"工种"等,只能用文字而不能用数值表示。数量标志是说明总体单位数量特征的名称,如工人的"工资额"、"工龄"、"年龄"等,可以用数值表示。

统计中反映总体单位特征的标志很多,如果按总体单位在标志上的具体表现是否存在差异来看,可分为不变标志和可变标志。当各个总体单位在某一标志上的具体表现都相同时,则为不变标志。不变标志体现总体的同质性。组成一个总体的各个总体单位必须有一个或几个不变标志,不变标志是使许多个别单位组合成为总体的前提。例如,以全国国有大中型机械工业企业为总体,这里的各工业企业均有所有制、企业规模、工业部门这三个不变标志。可变标志是指具体表现在总体各个单位上不相同或不完全相同的那些标志。例如,把全部国有大型机械工业企业作为一个统计总体,那么厂址、隶属关系、职工人数、资金额、生产能力、工业增加值、工业总产值、劳动生产率、平均工资、利税额等就是可变标志。和标志相联系的另外一个概念是标志表现,指总体单位特征在某一标志上的具体体现。如一个人的性别是"男"、年龄"50 岁"、民族"汉族";某企业是"股份制公司"、年产值"10 亿元"。同标志一样,标志表现也分为品质标志表现和数量标志表现两种类型。

在引入标志表现这一概念之后,变异也可以表述为:统计总体单位之间在某一标志上具有不同标志表现的现象。

二、指标与变量

(一)统计指标

1. 指标的概念

指标是说明现象总体数量特征的概念或范畴。它有三大特点:数量性,所有统计指标都能用数量来表示;综合性,统计指标都是用来说明总体的;质的规定性,统计指标都是具有一定经济内容的。

统计指标,一般情况下是指指标名称或名称加数值。例如,"2010 年中国国内生产总值(GDP)或国内生产总值 397 983 亿元","全国财政收入达到 83 080 亿元,比上年增长 21.3%"都是统计指标。

2. 指标的构成要素

统计指标的构成因素有:指标的名称、指标的概念、指标的内容、指标的计算方法、指标的计量单位、指标的空间范围、指标的时间范围、指标的数值等八大因素。

3. 标志与指标的区别和联系

(1)两者的主要区别是:标志是说明总体单位特征的,而指标是说明总体特征的;标志中的数量标志可以用数值表示,而品质标志不能用数值表示。所有的统计指标都是用数值表示的,不存在不能用数值表示的统计指标。

(2)两者的联系表现在:有些统计指标的数值是在总体单位的数量标志值基础上直接汇总得到的,如一个县的粮食总产量是所属各乡村粮食产量的合计数;在一定条件下(研究目的的调整),指标和标志之间可以相互转化。当研究目的发生变化以后,原来的总体转化为总体单位,统计指标也就当然地变为数量标志了,反之亦然。

(二) 变量

在统计中,一般把表示现象某种特征的概念称为变量。统计标志和指标都可以称为变量。变量的具体表现称为变量值。统计标志的标志表现和指标数值都是变量值。

变量按其属性不同,分为品质变量和数量变量。如果一个变量的变量值由品质数据来记录,该变量就是品质变量,如"性别"就是个品质变量,其变量值是"男"或"女";"产品等级"也是个品质变量,它可以表现为"一等品"、"二等品"、"三等品"、"次品"等。如果一个变量的数值由数量数据来记录,该变量就是数量变量或称数字变量,如"产品产量"、"商品销售额"、"零件尺寸"、"年龄"、"时间"等都是数量变量,它们可以表现为不同的数值。

数量变量按其变量值是否连续分为离散变量和连续变量。离散变量的取值是有限的,所有取值都以整位数断开,且可一一列举,如"企业数"、"产品数量"等就是离散变量。而连续变量的取值是无穷的,连续不断的,不能一一列举,如"年龄"、"温度"、"零件尺寸"等都是连续变量。

变量按其性质不同分为确定性变量和随机变量。确定性变量的取值唯一确定;随机变量的取值由于受众多、细小、不可控制的偶然因素影响不唯一确定。

三、参数与统计量

1. 参数

用来描述总体特征的概括性数字度量,称为参数。如总体平均数(μ)、总体标准差(σ)、总体比例(π)。总体数据通常是不知道的,所以参数是一个未知的常数。正因为如此,才进行抽样,根据样本统计量去估计总体参数。

2. 统计量

用来描述样本特征的概括性数字度量,称为统计量。如样本平均数($\overline{X}$)、样本标准差(S)、样本比例(p)。一旦有了具体的样本,统计量就是已知的了,就可以根据样本统计量去估计总体参数了。如用样本平均数($\overline{X}$)去估计总体平均数(μ);用样本标准差(S)去估计总体标准差(σ);用样本比例(p)去估计总体比例(π),等等。

四、统计数据

(一) 按计量尺度分,统计数据分为:分类数据、顺序数据和数值数据

1. 分类数据(Categorical data)

分类数据是按照品质标志对研究客体进行平行的分类或分组得到的数据。例如,按照性别将人口分为男、女两类;按照经济性质将企业分为国有、集体、私营、其他经济等。这里的"性别"和"经济性质"就是两种名类尺度。名类尺度是最粗略、计量层次最低的计量尺度,利用它只可测度事物之间的类别差异。不能区分其大小,也不能进行任何数学运算。

2. 顺序数据(Rank data)

顺序数据,又称为等级数据,它也是按照品质标志对研究客体进行分类或分组得到的数据,它不仅能将事物分成不同的类别,而且还可确定这些类别的等级差别或序列差别。例如"产品等级"就是一种测度产品质量好坏的顺序尺度,它可将产品分为一等品、二等品、三等

品、次品等;"考试成绩"也是一种顺序尺度,它可将成绩分为优、良、中、及格、不及格等;"对某一事物的态度"作为一种顺序尺度,可将人们的态度分为非常同意、同意、保持中立、不同意、非常不同意,等等。显然,顺序尺度对事物的计量要比名类尺度精确些,但它至多测度了类别之间的顺序,而未测量出类别之间的准确差值。因此,顺序尺度的计量结果只能比较大小,不能进行加、减、乘、除等数学运算。

3. 数值数据(Metric data)

数值型数据有两种衡量尺度:一是定距尺度,这种尺度是能测度事物类别或次序之间间距的数量标志,更具体些说,区间尺度是可将事物区分为不同类别,对这些类别进行排序,并较准确地度量类别之间数量差距的一种计量尺度。该尺度通常使用自然或物理单位作为度量单位,如收入用人民币"元"度量,考试成绩用"百分制"度量,温度用摄氏或华氏的"度"来度量,重量用"克"度量,长度用"米"度量等。区间尺度的计量结果表现为数值。区间尺度的数值可做加、减法运算,例如,考试成绩 80 分与 90 分之间相差 10 分,一个地区的温度 20℃ 与另一个地区的 25℃ 相差 5℃,等等。但不能做乘、除法运算。二是比尺度,这种尺度可以准确地计量两个数值之间的倍数。比尺度数据可以做加、减、乘、除法运算。例如,一个人的月工资收入为 6 000 元,另一个人为 3 000 元,可以得出一个人的收入是另一个的两倍。

区别这两类数据的显著特征是:用定比尺度测定的数值型数据有一个绝对固定的"零点","0"表示的是数值,即"没有"如花费是"0",则表示没有花费;而定距尺度测定的数据的"0",表示的是一种水平,比如温度为"0",不是说没有温度,而是温度在"0"这样的一个水平上。

(二) 按与时间关系分,统计数据分为:时间数据、截面数据和混合数据

1. 时间数据(Time series data)

时间数据是同一空间在不同时间上的数据,它所描述的是现象随时间而变化的情况。如 1950—2010 年我国历年国内生产总值数据就属于时间序列数据。

2. 截面数据(Cross-sectional data)

截面数据是在同一时间不同空间上的数据,它所描述的是现象在某一时刻或某一时间段不同空间的数量变化情况。如 2011 年我国国内生产总值数据就属于截面数据。

3. 面板数据(Panel data)

面板数据又叫混合数据,是不同空间在不同时间上的数据。如 1950—2010 年历年我国国内生产总值数据就属于面板数据。

(三) 按统计数据的表现形式不同,统计数据分为:绝对数、相对数和平均数

1. 绝对数(Absolute number)

其现象的总体规模一般都以绝对数形式表现,一个地区的总人口、国内生产总值、货物周转量等都是绝对数。

2. 相对数(Relative number)

相对数是由两个相互联系的绝对数对比得到,反映事物的相对数量。

3. 平均数(Average)

平均数反映现象总体的一般水平,包括静态平均数和动态平均数。

第四节 统 计 设 计

一、统计设计的概念

统计设计是统计工作的第一步,就是指在做某项具体统计工作之前,根据统计研究目的结合研究现象(事物)的性质特点,对统计工作的各个方面、各个环节进行的打算(计划)和通盘考虑安排,制订的各种实施方案,如设计的指标、指标体系,分类目录,报表制度、调查方案、整理方案、分析方案,等等。

所谓各个方面,是指统计研究现象(事物)的各个组成部分,是统计工作的横向方面。对于微观企业统计来说,就是人、财、物、产、供、销等方面;对于宏观统计来说,就是社会、人口、经济、军事、政治、文化、教育、科技、卫生、体育、生产、分配、流通、消费,结构、比例、速度、效益等方面。

所谓各个环节,是指统计工作的各个阶段,是统计工作纵的方面,即统计设计、统计调查、统计整理、统计分析以及统计资料的提供、保存、公布等环节。

二、统计设计的内容

(一)明确统计研究目的

明确统计研究目的,是统计设计的首要环节。目的决定了研究对象和研究方法。只有根据统计研究目的并结合研究现象(事物)的性质特点,才能对统计工作的各个方面、各个环节进行打算(计划)和通盘考虑安排。

(二)确定统计指标和指标体系

在明确统计研究目的的基础上,有针对性地、全面地从不同角度和方面设计出反映事物的统计指标和指标体系。

(三)制订调查方案

制订调查方案就是制订如何去收集资料的方案。包括向谁调查、调查哪些项目、调查时间、调查组织形式、调查方法等。

(四)制订统计整理方案

制订统计整理方案就是制订如何对调查数据进行整理步骤和方法。包括数据的审核与插补,统计分组、分类,分布数列的编制,统计资料的显示方法等。

(五)制订统计分析方案

制订统计分析方案就是制订如何进行统计分析的方案。包括选择分析的题目和方法。分析报告的撰写等。

(六)安排各阶段工作进度

(七)协调各部门关系

(八)统计组织实施计划

这包括机构的成立、人员的配备与培训、经费的筹措与使用等。

三、统计指标设计

（一）统计指标的设计原则

设计一个统计指标，要遵循下列原则要求：

1. 指标结构（要素）要完整

其结构应包括指标名称、指标含义、指标内容、时间范围、空间范围、计算方法、计量单位等内容。如 2010 年中国国内生产总值（GDP）397 983 亿元。当然在设计阶段，指标数值是没有的。提供指标时，就应该包括指标数值。

2. 指标的名称要有科学的理论依据，要做到名称和内容要统一。

应让人们看到名称就大体上知道指标所反映的内容。

如居民消费者物价指数（Consumer price index，CPI）反映居民生活中的产品和劳务价格所统计出来的物价变动指标，通常是作为观察通货膨胀水平的重要指标。

3. 定义指标的概念。

用确切的语言界定指标的内涵。

4. 确定指标的外延或指标的内容。

确定哪些现象数值计入哪些不计入。

5. 要有科学的计算方法和统计口径。

例如，工业总产值指标。工业总产值是以货币表现的工业企业在一定时期内生产的已出售或可供出售工业产品总量，它反映一定时间内工业生产的总规模和总水平。它包括：在本企业内不再进行加工，经检验、包装入库（规定了需包装的产品除外）的成品价值，工业性作业价值，自制半成品、在产品期末初差额价值（生产周期较长的企业计算）。工业总产值采用"工厂法"计算，即以工业企业作为一个整体，按企业工业生产活动的最终成果来计算，企业内部不允许重复计算，不能把企业内部各个车间（分厂）生产的成果相加。但在企业之间、行业之间、地区之间存在着重复计算。

（二）统计指标的分类

1. 总量指标、相对指标和平均指标

统计指标按其所反映的内容或其数值表现形式，可以分为总量指标、相对指标和平均指标三种。

（1）总量指标是反映总体规模的统计指标，通常以绝对数形式表现，故又称其为绝对数，如人口总数、国内生产总值等。

（2）相对指标是两个统计指标之比，称为相对数，如性别比例、第三产业所占比重、计划完成程度、经济增长率、股票价格指数等。

（3）平均指标又称为平均数或均值，它所反映的是现象在某一空间或时间上的平均数量状况，如人均消费水平、某种股票一周平均价格、某班级统计学的平均成绩、单价、单产等。

广义上的相对数包括平均数。统计指标从表现形式上又分绝对数和相对数两种。所以统计分析一般要从绝对数和相对数两个方面进行。

2. 数量指标和质量指标

统计指标按其所反映的数量特点或性质不同，分为数量指标和质量指标。

（1）数量指标是指反映事物的规模大小或数量多少的统计指标，包括总体总规模、总水平或工作总量等方面的统计指标，如总人口、粮食总产量、工资总额、销售收入等。由于它反映的是事物总量，因此又称为总量指标。

（2）质量指标是指反映事物数量关系、数量界限等质量方面的统计指标，包括总体内部数量关系、一般水平或工作质量，表明事物的结构、比例、速度、效益、强度、计划完成程度和一般水平。一般用相对数或平均数的形式表现，如人口性别比例、人口自然增长率、平均工资、居民消费价格指数等。

3．实体指标和行为指标

统计指标按其所反映的客观实在和行为特征分为实体指标和行为指标。

（1）实体指标是指反映客观存在的具有实物形态的统计指标，如钢铁产量、固定资产原值、劳动力人数等。

（2）行为指标是指反映某种行为数量的统计指标，如交通事故次数、犯罪率等。

4．客观指标和主观指标

统计指标按其数据取值依据不同，分为客观指标和主观指标。

（1）客观指标是指其取值是通过实际度量或计数取得的，具有客观性，如产品产量、劳动生产率、GDP等。

（2）主观指标是指凭借人们的感觉得到数据的统计指标，如民意调查当中的政府执政满意度等。

5．描述指标、评价（考核）指标、监测（预警）指标

统计指标按其功能（作用）不同，分为描述指标、评价（考核）指标、监测（预警）指标。

（1）描述指标是指描述客观现象的数量方面（数量表现、数量关系和数量界限）的统计指标，如统计报表指标。

（2）评价（考核）指标是指对某一事物起到评价考核作用的统计指标，这些指标具有导向作用，如经济效益评价指标。

（3）监测（预警）指标是指对经济运行过程和结果进行追踪，看其是否偏离既定目标，起到预先警示之作用的统计指标，如房地产价格调控指标、通货膨胀率等。

四、统计指标体系设计

（一）统计指标体系的含义

统计指标体系是指由若干相互联系的统计指标构成的有机整体。一个统计指标仅仅从一个侧面反映了社会经济现象，而社会经济现象是多方面的、复杂的，要全面、系统地反映社会经济现象，就必须建立统计指标体系。

例如，盲人摸象的寓言故事，告诉我们看问题要全面，防止片面性的马克思主义哲学思想，就是建立指标体系的理论基础。机械制图中用到的三视图，说明对于一个立体物体，至少要从三个方面（主视、左视和俯视）进行观察或反映。"横看成岭侧成峰，远近高低各不同，不识庐山真面目，只缘身在此山中"的诗句，也折射出建立指标体系的缘由。

（二）统计指标体系的设计原则

设计指标体系的基本要求是：

（1）科学性，即指标体系的设计要符合事物的特点，每一指标的设计都符合统计指标的设计要求。

(2) 目的性,即指标体系的设计要考虑管理的要求或研究目的。
(3) 全面性,即指标体系的设计要全面,从不同侧面反映事物。
(4) 统一性,即指标体系的设计要三大核算统一。
(5) 可比性,即指标体系的设计要不同空间、不同时期可比。
(6) 核心性,即指标体系的设计要确定核心指标。
(7) 可行性,即指标体系的设计要保证每一指标都能取得。
(8) 互斥性,即指标体系的设计要使指标之间相关程度弱,注重指标的代表性。

(三) 统计指标体系的形式

社会经济总体现象的构成往往是复杂多样的,其间的联系形式是多种多样的,因而构成统计指标体系的各项指标之间的联系也有多种不同的形式,归纳起来主要有两种:

一类是内容衔接结构式统计指标体系。是用一系列统计指标所构成的从不同侧面、不同角度、不同环节、不同层次来反映研究对象不同数量特征的指标体系。如反映一个企业从人、财、物、产、供、销等方面设计的指标体系。

另一类是恒等式数量关系指标体系。这是由三个及三个以上的统计指标所形成的具有一定数量对等关系的指标体系。这类指标是建立统计指数体系的基础,也是进行因素分析的基本依据。如原材料消耗额、产品产量、单位产品原材料消耗量、单位原材料价格。

(四) 统计指标体系的种类

1. 描述性指标体系、评价性指标体系、监测性指标体系

按统计指标体系的功能层次来分,有描述性统计指标体系、评价性统计指标体系、监测性统计指标体系三种。其中,描述性统计指标体系是基础,它的任务是尽量全面、详细描述研究现象总体各方面数量特征,因此指标数量多、指标形式不一、指标之间重叠交叉现象普遍。评价性统计指标体系则是在描述性统计指标体系中根据评价任务精选出来的若干指标,或称"指标样本",其指标数量相对少而精,在不失全面的情况下突出重点,指标形式一般比较统一,指标之间重叠交叉现象一般尽量避免。监测性或决策性指标体系则更加精炼,一般是由少数几个精干的指标构成,甚至只由一些高度综合的指标构成。

2. 社会统计指标体系、经济统计指标体系、科技统计指标体系

按指标体系反映的内容不同可分为社会统计指标体系、经济统计指标体系和科技统计指标体系。

3. 宏观统计指标体系和微观统计指标体系

按指标体系反映现象的范围不同可分为宏观统计指标体系和微观统计指标体系。

4. 基本统计指标体系和专题统计指标体系

按指标体系反映现象的方面侧重点可不同分为基本统计指标体系和专题统计指标体系。基本统计指标体系是由反映社会经济发展基本情况的统计指标构成。专题统计指标体系是针对某一专门问题而设计的指标体系,如经济效益指标体系。

五、常用统计分类标准

(一) 经济成分的划分

经济成分分为:公有经济(包括国有经济和集体经济)和非公有经济(包括私有经济、港澳台经济、外商经济)。

(1) 国有经济单位,指生产资料归国家所有的各种企业、事业单位,以及各级国家机关、人民团体等单位。

(2) 集体经济单位,指生产资料归公民集体所有的各种企业、事业单位。包括农村各种经济组织经营的农、林、牧、副、渔业,乡、村经营的企业、事业单位;城市、县、镇以及街道举办的集体经济性质的企业、事业单位。

(3) 私营经济单位,指生产资料归公民私人所有的单位。包括私营独资企业、私营合伙企业和私营有限责任公司。

(4) 联营经济单位,指不同所有制性质的企业之间或者企业、事业单位之间共同投资组成新的经济实体。包括紧密型联营企业,半紧密型联营企业和松散型联营企业。

(5) 股份制经济单位,指全部注册资本由全体股东共同出资,并以股份形式投资举办企业。主要包括股份有限公司和有限责任公司。

(6) 外商投资经济单位,指外国投资者根据中华人民共和国有关涉外经济的法律、法规,以合资、合作或独资的形式在中国大陆境内开办企业。包括中外合资经营企业、中外合作经营企业和外资企业。

(7) 港、澳、台投资经济单位,指港、澳、台地区投资者参照中华人民共和国有关涉外经济的法律、法规,以合资、合作或独资的形式在大陆举办企业。包括合资经营企业、合作经营企业和独资企业。

(二) 三次产业的划分

三次产业划分范围如下:

第一产业是指农、林、牧、渔业。

第二产业是指采矿业,制造业,电力、燃气及水的生产和供应业,建筑业。

第三产业是指除第一、二产业以外的其他行业。第三产业包括:交通运输、仓储和邮政业,信息传输、计算机服务和软件业,批发和零售业,住宿和餐饮业,金融业,房地产业,租赁和商务服务业,科学研究、技术服务和地质勘查业,水利、环境和公共设施管理业,居民服务和其他服务业,教育,卫生、社会保障和社会福利业,文化、体育和娱乐业,公共管理和社会组织,国际组织。

(三) 大中小型企业的划分

大中小型企业的划分如表1-1所示。

表1-1 统计上大中小型企业划分标准

行业名称	指标名称	计算单位	大 型	中 型	小 型
工业企业	从业人员数 销售额 资产总额	人 万元 万元	2 000及以上 30 000及以上 40 000及以上	300～2 000以下 3 000～30 000以下 4 000～40 000以下	300以下 3 000以下 4 000以下
建筑业企业	从业人员数 销售额 资产总额	人 万元 万元	3 000及以上 30 000及以上 40 000及以上	600～3 000以下 3 000～30 000以下 4 000～40 000以下	600以下 3 000以下 4 000以下
批发业企业	从业人员数 销售额	人 万元	200及以上 30 000及以上	100～200以下 3 000～30 000以下	100以下 3 000以下
零售业企业	从业人员数 销售额	人 万元	500及以上 15 000及以上	100～500以下 1 000～15 000以下	100以下 1 000以下
交通运输业企业	从业人员数 销售额	人 万元	3 000及以上 30 000及以上	500～3 000以下 3 000～30 000以下	500以下 3 000以下

续 表

行业名称	指标名称	计算单位	大 型	中 型	小 型
邮政业企业	从业人员数 销售额	人 万元	1 000 及以上 30 000 及以上	400～1 000 以下 3 000～30 000 以下	400 以下 3 000 以下
住宿和餐馆业企业	从业人员数 销售额	人 万元	800 及以上 15 000 及以上	400～800 以下 3 000～15 000 以下	400 以下 3 000 以下

说明：
1. 表 1-1 中的"工业企业"包括采矿业、制造业、电力、燃气及水的生产和供应业三个行业的企业。
2. 工业企业的销售额以现行统计制度中的年产品销售收入代替；建筑业企业的销售额以现行统计制度中的年工程结算收入代替；批发和零售业的销售额以现行报表制度中的年销售额代替；交通运输和邮政业、住宿和餐饮业企业的销售额以现行统计制度中的年营业收入代替；资产总额以现行统计制度中的资产合计代替。
3. 大型和中型企业须同时满足所列各项条件的下限指标，否则下滑一档。

第五节 统计应用软件简介

统计应用软件很多，如 Excel、SPSS(Statistical Package for Social Sciences)、SAS(Statistical Analysis System)、Eviews(Econometrics Views)、Stata、Minitab、S-Plus、Statistica、R 语言、马克威软件等，其功能各有千秋。其中 Excel 应用最为广泛。

Excel 这一单词汉语的意思是优秀，胜过他人。Excel 软件是美国微软公司开发的 Windows 环境下运行的电子表格系统。Excel 具有制表功能、数据计算功能、统计图表功能、统计分析功能。微软公司先后推出了 Excel 97、Excel 2000、Excel 2002、Excel 2003、Excel 2007、Excel 2010 等不同版本，随着版本的不断提高，Excel 的数据处理功能和操作的简易性不断加强。

目前 Excel 2003 比较普及，所以本教材以 Excel 2003 版本介绍其统计应用。

由于 Excel 集数据的编辑整理、统计分析、图表绘制于一身；您的计算机只要安装了 Office 软件，就有了 Excel，就能使用 Excel 了；目前的大学生都学习了计算机文化基础，已经有了 Excel 的操作基础；加之 Excel 的统计功能能够满足现有统计学的学习要求，故本教材选择了易获得、普及率较高、操作简单的 Excel 应用软件。

我们主要使用 Excel 的数据分析（如图 1-1 所示）、函数计算（如图 1-2 所示）和制图（如图 1-3 所示）等统计功能，完成统计计算和数据处理。

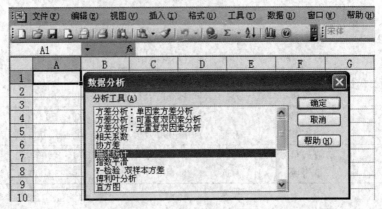

图 1-1 Excel 数据分析功能

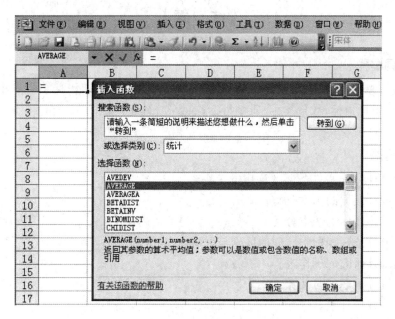

图 1-2　Excel 函数计算功能

图 1-3　Excel 统计制图功能

我们坚信：读者如果能将统计方法与 Excel 应用软件结合起来，定会收到事半功倍的效果。

我们试图将读者从复杂的计算解脱出来，以便有足够的时间去理解统计方法的机理、把握统计思想，最终达到能够利用统计这一工具解决实际问题之目的。

【练习题】

一、名词解释

统计;统计总体和总体单位;统计指标和标志;指标体系;时期指标和时点指标;总量指标、相对指标、平均指标;数量指标、质量指标;参数、统计量。

二、简答题

1. 简述统计一词的三个含义及其相互关系。
2. 简述统计数据的基本分类。
3. 简述统计指标的基本分类。
4. 简述统计指标和标志之间的区别与联系。
5. 简述统计研究的工作过程。
6. 简述统计的职能与任务。
7. 简述统计设计及其内容。
8. 简述指标体系的设计原则。
9. 简述三次产业分类。

三、填空题

1. 研究某市居民的生活水平,则该市全部居民户是_____,每一居民是_____。
2. 标志是说明总体单位特征的名称,有_____和_____两种。
3. 研究一个行业的发展情况,总体是_____,总体单位是_____。
4. 一个企业作为总体单位,该企业产值、产量、生产能力、设备的原值等属于_____标志,而所有制、行业性质等属于_____标志。
5. 统计指标反映总体的数量特征,数量标志反映_____的数量特征。
6. 统计指标的构成要素包括_____、_____、_____、计量单位、时间、空间和计算方法等方面。
7. 统计工作和统计资料之间是_____的关系,统计学和统计工作之间是_____的关系。
8. 如果一个变量是以整数形式取值,该变量被称为_____变量,如果它在一个区间内可取无穷多个值,该变量称为_____变量。
9. "统计"一词有三种含义,即_____、_____、_____。
10. 一个完整的统计工作过程包括_____、_____、_____、_____。
11. 所有的_____指标都用绝对数表示,而_____指标都用相对数和平均数表示。
12. 总量指标按其反映的总体内容不同,分为_____和_____;
    按时间状况不同可以分为_____和_____;
    按计量单位不同分为_____、_____、_____和_____。
13. 某企业年末商品库存量属于_____指标,其数值_____相加;商品销售收入属于_____指标,其数值_____相加。

14. 总量指标是最基本的统计指标,它可以派生出_____指标和_____指标。

四、选择题

1. 统计总体的特点是(   )。
   A. 同质性、大量性、可比性　　　B. 同质性、大量性、具体性
   C. 同质性、大量性、变异性　　　D. 同质性、大量性、综合性

2. 要了解 400 名学生的学习情况,则总体是(   )。
   A. 每个学生　　　　　　　　　　B. 每个学生的学习成绩
   C. 400 名学生　　　　　　　　　D. 400 名学生的学习成绩

3. 下列表述正确的是(   )。
   A. 可变的数量标志是变量　　　　B. 所有标志都是可变的
   C. 标志和标志表现是一回事　　　D. 总体的同质性和变异性是相对的

4. 标志是(   )。
   A. 说明总体特征的名称　　　　　B. 说明总体单位特征的名称
   C. 总体单位的特征　　　　　　　D. 总体的特征

5. 指标是(   )。
   A. 说明总体数量特征的名称　　　C. 说明总体单位特征的名称
   B. 总体单位的特征　　　　　　　D. 总体的特征

6. 某企业 2000 年实现产值 200 万元,则"200 万元"是(   )。
   A. 指标　　　B. 质量指标　　　C. 数量标志　　　D. 不能确定

7. 一个企业作为总体单位,下列属于数量标志的是(   )。
   A. 企业的所有制性质　　　　　　B. 企业的行业类型
   C. 企业的生产能力　　　　　　　D. 企业职工人数

8. 在工业普查中(   )。
   A. 工业企业总数是统计总体　　　B. 每一个工业企业是总体单位
   C. 固定资产总额是统计指标　　　D. 机器台数是连续变量
   E. 职工人数是离散变量

9. 按照取值方式,可以把变量分为(   )。
   A. 连续型变量　　　　　　　　　B. 随机变量
   C. 离散型变量　　　　　　　　　D. 确定性变量

10. 一个统计总体单位(   )。
    A. 只能有一个指标　　　　　　　B. 只能有一个标志
    C. 可以有多个指标　　　　　　　D. 可以有多个标志

11. 统计设计、统计调查、统计整理和统计分析的关系是(   )。
    A. 统计设计是基础　　　　　　　B. 统计分析是基础
    C. 统计调查是基础　　　　　　　D. 统计整理是基础

12. 某工人月工资 800 元,则"800 元"是(   )。
    A. 变量　　　B. 变量值　　　C. 数量指标　　　D. 质量指标

13. 变异是指(   )。
    A. 总体之间存在差异　　　　　　B. 指标之间存在差异

C. 总体单位之间存在差异　　　　D. 标志在总体单位之间的不同具体表现

14. 要研究某市工业企业生产设备的使用情况，那么统计总体是（　　）。

    A. 该市全部工业企业

    B. 该市每一个工业企业

    C. 该市全部工业企业的全部生产设备

    D. 该市全部工业企业的每一台生产设备

15. 某企业有500名职工，把他们的工资额加起来除以500是（　　）。

    A. 对500个变量求平均数　　　　B. 对500个变量值求平均数

    C. 对500个指标求平均数　　　　D. 对500个标志求平均数

16. 指标是说明总体特征的，标志是说明总体单位特征的，所以（　　）。

    A. 标志和指标之间的关系是固定不变的

    B. 标志和指标在一定条件下可以相互转化

    C. 标志和指标都是可以用数值表示的

    D. 只有统计指标才可以用数值表示

17. 在全国人口普查中（　　）。

    A. 男性是品质标志　　　　　　　B. 人的年龄是变量

    C. 人口的平均寿命是数量标志　　D. 全国人口数是统计指标

18. 在全国人口普查中（　　）。

    A. 全国所有人口是总体　　　　　B. 每一个人是总体单位

    C. 人的年龄是变量　　　　　　　D. 某人的性别为"女性"是一个品质标志

    E. 全部男性人口的平均寿命是统计指标

19. 品质标志表示事物质的特征，数量标志表示事物量的特征，所以（　　）。

    A. 数量标志是可以用数值表示　　B. 品质标志可以用数值表示

    C. 数量标志不可以用数值表示　　D. 品质标志不可以用数值表示

    E. 两者都可以用数值表示

20. 以一个企业作为总体，下列属于总量指标的是（　　）。

    A. 职工人数　　　　　　　　　　B. 工业总产值

    C. 人均产值　　　　　　　　　　D. 平均工资

    E. 资产负债率　　　　　　　　　F. 职工劳动效率

21. 以一个企业作为总体，下列属于相对指标的是（　　）。

    A. 职工人数　　　　　　　　　　B. 工业总产值

    C. 人均产值　　　　　　　　　　D. 人均工资

    E. 资产负债率　　　　　　　　　F. 职工劳动效率

22. 在总量指标中，综合性最强的统计指标是（　　）。

    A. 实物指标　　　　　　　　　　B. 价值指标

    C. 劳动量指标　　　　　　　　　D. 统计分

23. 实物指标的计量单位包括（　　）。

    A. 自然实物量单位　　　　　　　B. 度量衡单位

    C. 双重或多重单位　　　　　　　D. 标准实物量单位

    E. 复合单位

24. "中国人均收入是美国人均收入的三分之一",这一指标是(　　)。
   A. 平均指标　　　　　　　　B. 总量指标
   C. 相对指标　　　　　　　　D. 数量指标
25. 以一个企业作为总体,下列属于质量统计指标的有(　　)。
   A. 劳动生产率　　　　　　　B. 产品合格率
   C. 商品库存量　　　　　　　D. 产品产量

五、综合题

1. 某市统计部门提供的一份统计分析报告中有如下内容:"我市国有工业企业 1500 个,职工总人数 50 万人,工业总产值 250 亿元,人均实现产值 5 万元。其中,宏大电气有限公司实现总产值 3 000 万元,职工人数 1 000 人。"

根据上述资料,回答下列问题:
（1）指出该报告所反映的统计总体、总体单位分别是什么;
（2）报告中涉及的统计标志有哪些？分别说明其性质;
（3）报告中涉及的统计指标有哪些？分别指出所属的类型。

2. 认真阅读下列统计分析报告,指出报告中使用的统计指标的类型:

2011 年,我市实现工业增加值 120 亿元,比上年增长 8.9%。其中,国有工业企业及年销售收入 500 万元以上的非国有工业企业实现工业增加值 79 亿元,比上年增长 8.8%;国有及国有控股企业实现工业增加值 56 亿元,占 70.9%;三个城区的工业增加值之比为 1∶1.6∶2;职工总人数 20 万人,其中,女职工 7 万人,占 35%;工资总额为 14.4 亿元,职工平均工资 7 200 元/人,比上一年提高 20%。

第二章

数据的搜集

【引导案例】

工业统计报表制度

规模以上工业统计报表制度

（一）为了解全国工业生产经营活动的基本情况，为各级政府制定政策和计划、进行经济管理与调控提供依据，依照《中华人民共和国统计法》的规定，特制定本统计报表制度。

（二）本制度是国家统计调查的一部分，是国家统计局对各省、自治区、直辖市统计局的综合要求，各地区应按照全国统一规定的统计范围、计算方法、统计口径和填报目录，根据国家统计局拟订的工业企业报表制度的内容，认真组织实施，按时报送。地方特殊需要的统计资料应通过地方统计调查搜集，并尽量避免与国家统计调查内容相重复。

（三）本统计报表制度分为年报和定期报表，统计范围原则上为规模以上工业法人企业。规模以上工业法人企业是指年主营业务收入2 000万元及以上的工业法人企业。本报表制度中2010年年报统计范围为年主营业务收入500万元及以上的工业法人企业，2011年定期报表统计范围为年主营业务收入2 000万元及以上的工业法人企业。

（四）所有报表均由各省、自治区、直辖市统计局负责组织实施，调查方法为全面调查。

（五）本制度由国家统计局负责解释。

规模以下工业抽样调查统计报表制度

（一）调查目的：反映规模以下工业的基本情况、基本总量。

（二）调查范围（总体）：规模以下工业企业和全部个体经营工业单位。具体包括，调查年初在册的规模以下工业企业、全部个体经营工业单位以及当年新建的规模以下工业企业和新增的全部个体经营工业单位。

（三）调查内容及表式：调查内容包括规模以下工业企业的基本情况，如单位详细名称、地址、组织机构代码、登记注册类型、人员及企业资产与生产经营状况等；个体经营工业单位的基本情况、人员及生产经营状况等。调查分为年报和季报两种。调查表分为基层表和综合表两种。

（四）各调查总队负责将调查数据（基层表）和推算数据（综合表）按时报送国家统计局。

（五）调查总体划分：根据国民经济核算要求，将规模以下工业总体划分成两个子总体，即规模以下工业企业和全部个体经营工业单位。

（六）本制度由国家统计局负责解释。

第一节 统计数据的来源

从统计数据本身的来源看，统计数据最初都是来源于直接的调查或实验。但从使用者的角度看，统计数据主要来源于两种渠道：一是来源于直接的调查和科学实验，对使用者来说，这是统计数据的直接来源，称为第一手或直接的统计数据；二是来源于别人调查或实验的数据，对使用者来说，这是统计数据的间接来源，称为第二手或间接的统计数据。本节从使用者的角度讲述统计数据的收集方法。

一、统计数据的间接来源

在科学研究和管理决策中，要善于利用各种现成的数据。这种数据既可以从报纸、图书、杂志、统计年鉴、网络等渠道获得，也可以从调查公司或数据库公司购买。近年来，互联网已经成为数据来源的重要渠道，几乎所有的政府机构和大公司都有自己的网站并提供公共访问端口，访问者可以从中获得有用的数据，对使用者来说这些称为二手数据（见表2-1）。

表 2-1 国内部分提供统计数据信息的网站

名称	网址	数据内容
国家统计局	www.stats.gov.cn	统计年鉴、统计月报等
山东统计信息网	www.stats-sd.gov.cn	统计年鉴、统计月报等
中国经济信息网	www.cei.gov.cn	经济信息及各类网站
华通数据中心	www.data.acmr.com.cn	国家统计局授权的数据中心
中国决策信息网	www.china-policy.com	决策知识及案例
中国统计网	www.8sta.com	统计基本知识、统计论坛
人大经济论坛	www.pinggu.org/bbs	经济理论、论坛
调研在线	www.mrpad.com	调查研究理论方法

利用二手数据对使用者来说既经济又方便，但使用时应注意统计数据的含义、计算口径和计算方法，以避免误用或滥用。同时，在引用二手数据时，一定要注明数据的来源，一方面体现严谨性，另一方面体现尊重他人的劳动。

二、统计数据的直接来源

统计数据的直接来源主要有两个渠道：一是调查或观察；二是实验。调查是取得社会经济数据的重要手段，其中有统计部门进行的统计调查，也有其他部门或机构为特定目的而进行的调查，如市场调查等；实验是取得自然科学数据的主要手段。本节中，着重讲授取得社会经济数据的主要方式和方法。

（一）统计调查的组织方式

实际中常用的统计调查组织方式主要有普查、抽样调查、统计报表、重点调查和典型调查等。

1. 普查

普查是为某一特定目的而专门组织的一次性全面调查方式，如人口普查、工业普查、农业普查等。世界各国一般都定期进行各种普查。普查主要用于搜集处于某一时点状态上的社会经济现象的数量，具有特定目的、特定对象，旨在搜集有关国情国力的基本统计数据，为国家制定有关政策或措施提供依据。普查作为一种特殊的调查组织方式有以下几个特点：

（1）普查通常是一次性或周期性的；

（2）需要规定统一的标准时点；

（3）普查数据较准确，规范化程度比较高，可作为抽样调查和其他调查的依据；

（4）适用范围较窄，只能调查一些最基本或特定的现象。

2. 抽样调查

抽样调查是按照一定的概率从总体中抽取一部分单位构成样本，并根据样本信息推断总体数量特征的一种非全面调查。这是一种应用最为广泛的调查组织方式。

3. 统计报表

统计报表是按照国家有关法规规定，自上而下统一布置，自下而上逐级填报的一种调查组织方式。这种调查组织方式在我国政府统计工作中，经过几十年的改进，已形成了一套比较完备的统计报告制度，它要求以原始数据为基础，按照统一的表式、指标、报送时间和报送程序填报，已成为国家和地方政府部门获取统计数据的主要统计调查组织方式。统计报表类型多样，按调查范围可分为全面报表和非全面报表；按报送时间可分为日报、月报、季报和年报等；按报送受体可分为国家、部门、地方统计报表。

4. 重点调查

重点调查只从全部总体单位中选择少数重点单位进行调查，这些重点单位尽管在全部总体单位中出现的频数极少，但其某一数量标志却在所要研究的数量标志值总量中占有很大的比重。例如，要了解全国的钢铁生产总量，只要对产量很大的少数几个钢铁企业，如鞍钢、宝钢、首钢等重点单位进行调查，就可对全国的钢铁生产总量有大致的认识，因为它们的钢铁产量在全国钢产总量中占很大比重。

5. 典型调查

典型调查是从全部总体单位中选择一个或几个有代表性的单位进行深入细致调查的一种调查组织方式。典型调查的目的是通过典型单位具体生动、形象的资料来描述或揭示事物的本质或规律，因此所选择的典型单位应能反映所研究问题的本质属性或特征。例如，要研究工业企业的经济效益问题，可以在同行业中选择一个或几个经济效益突出的单位做深入细致的调查，从中找出经济效益好的原因和经验。典型调查主要用于定性研究，调查结果一般不能推断总体。

（二）数据搜集方法

不论采用哪种方式组织调查，都要运用具体的数据搜集方法去采集统计数据。归纳起来，数据搜集方法有询问调查和观察实验两大类。

1. 询问调查

询问调查是调查者与被调查者直接或间接接触以获得数据的一种方法。具体包括访问调查、邮寄调查、电话调查、电脑辅助调查、座谈会、个别深度访问等。

（1）访问调查。访问调查又称派员调查，是调查者与被调查者通过面对面交谈从而得到所需资料的调查方法。这又可分为标准式访问和非标准式访问两种。标准式访问又称结构式访问,是按照调查人员事先设计好的,有固定格式的标准化问卷或表格,有顺序地依次提问,并由受访者做出回答。其优点是能够对调查过程加以控制,从而获得比较可靠的调查结果。非标准式访问又称非结构式访问,它事先不制作统一的问卷或表格,没有统一的提问顺序,调查人员只是给一个题目或提纲,由调查人员和受访者自由交谈,从中获得所需资料。访问调查在市场和社会调查中常被采用。

(2) 邮寄调查。邮寄调查是通过邮寄等方式将调查表或问卷送至被调查者手中,由被调查者填写,然后将调查表寄回或投放到收集点的一种调查方法。这是一种标准化调查,其特点是,调查人员和受调查者没有直接的语言交流,信息的传递完全依赖于调查表。邮寄调查在统计部门进行的统计报表及市场调查机构进行的问卷调查中经常使用。

(3) 电话调查。电话调查是调查人员利用电话同受访者进行语言交流,从而获得信息的一种调查方法。该方法具有时效快、费用低等特点。随着电话的普及,电话调查也越来越广泛。电话调查可以按照事先设计好的问卷进行,也可以针对某一专门问题进行电话采访。电话调查所提问题要明确,且数量不宜过多。

(4) 电脑辅助调查。这种调查也叫做电脑辅助电话调查,就是在电话调查时,调查的问卷、答案都由计算机显示,整个调查过程,包括电话拨号、调查记录、数据处理等也都借助于计算机来完成的一种调查方法。目前,电脑辅助调查已在一些发达国家和地区广泛应用,并已开发出了各种电脑辅助电话调查系统。

(5) 座谈会。座谈会也称为集体访谈法,是将一组被调查者集中在调查现场,让他们对调查的主题发表意见,从而获取资料的方法。参加座谈会的受访者应是所调查问题的专家或有经验者,人数不宜太多,通常为6至10人,研究人员应对受访者进行严格的甄别、筛选。讨论方式主要看主持人的习惯和爱好。这种方法能获取其他方法无法取得的资料,因为在彼此交流的环境里,受访者相互影响、启发、补充,不断修正自己的观点,这就有利于研究者从中获得较为广泛深入的想法和意见。

(6) 个别深度访问。深度访问是一种一次只要一名受访者参加的特殊的定性研究。"深访"暗示着要不断深入到受访者的思想中,努力发掘其行为的真实动机。深访是一种无结构的个人访问,调查者运用大量的追问技巧,尽可能让受访者自由发挥,表达他的想法和感受。深度访问常用于动机研究,如消费者购买某种产品的动机等,以发掘受访者非表面化的深层意见。这一方法最适用于研究隐私的问题,如个人隐私问题、敏感问题或政治性问题。对于那些不同人之间观点差异极大的问题,用小组讨论可能会把问题弄糟,这时也可采用深度访问法。

座谈会和个别深访法属于定性方法,通常围绕一个特定的主题取得有关定性资料。此类方法和定量方法不同。定量方法是从总体中按随机方式抽取样本获得资料,其研究结果或结论可以进行推论。而定性研究着重于问题的性质和对未来趋势的把握,而不是对研究总体数量特征的推断。

(7) 网上调查。网上调查即利用网络进行调查,有两种形式:一是利用互联网直接进行问卷方式收集一手资料;二是利用互联网的媒体功能,从互联网上收集二手资料。

2. 观察与实验

观察与实验是调查者通过直接的观察或实验获得数据的方法。

(1) 观察法,指就调查对象的行动和意识,调查人员边观察边记录的收集信息的方法。这是一种可替代直接发问的方法,训练有素的观察员或调查员到重要地点,利用感觉器官或设置一定的仪器,观测和记录人们的行为和举动。采用观察方法,由于调查人员不是强行介入,受访者无须任何反应,因而常常能在被观测者不察觉的情况下获得信息资料。

(2)实验法,指在所设定的特殊实验场所、特殊状态下,对调查对象进行实验以取得所需资料的一种调查方法,是一种特殊的观察调查方法。实验法可分为在室内进行的室内实验法和在市场或外部进行的市场实验法。室内实验法可用于广告认知的实验等,例如,在同日的同种报纸上,版面大小相同,分别刊登 A、B 两种广告,然后将其散发给读者,以测定其反应结果。市场实验法可用于消费者需求调查等,例如,企业让消费者免费试用一种新产品,以得到消费者对新产品看法的资料。

第二节 调查方案设计

一、统计调查方案

统计调查过程是一项复杂的系统工程,必须事先设计调查方案。统计调查方案,是指根据统计调查的目的和任务,按照调查对象的特点,对统计调查工作各方面和各环节所作的全面部署和安排。

一个完整的调查方案通常应包含五个方面的内容:
(1)调查目的,包括明确调查什么内容、向谁调查、调查方式等;
(2)调查对象和调查单位,包括确定调查的现象总体和总体单位;
(3)调查提纲,包括设计需要调查的具体内容或项目,它的表现形式是统计表和调查问卷;
(4)调查时间,包括界定调查资料发生的时间和调查工作的起讫时间;
(5)调查组织计划,包括规划组织机构、参加单位和人员、培训、方式方法、工作地点、文件准备、经费预算、调查试点等。

二、调查方案设计

(一)调查目的

统计调查目的是进行统计调查所要达到的目标和需要解决的主要矛盾和问题。它回答的是为什么调查,要解决什么样的问题,调查具有什么样的社会经济意义等。只有在调查目的明确之后,才能确定向谁调查、调查什么及采用什么方法进行调查。调查目的的表述应简明扼要。2010年第六次人口普查的目的是这样表述的:人口普查是一项重大的国情国力调查。2000年第五次全国人口普查以来,我国的人口状况发生了很大变化。组织开展的第六次人口普查,将查清十年来我国人口在数量、结构、分布和居住环境等方面的变化情况,为科学制定国民经济和社会发展规划,统筹安排人民的物质和文化生活,实现可持续发展战略,构建社会主义和谐社会,提供科学准确的统计信息支持。

(二)调查对象

明确调查对象就是确定调查对象和调查单位,解决向谁调查和由谁来提供资料的问题。

调查对象,就是根据调查的目的和要求,需要调查的社会经济现象的全体。这是统计总体在统计调查阶段的具体化。

第三次全国工业普查的对象为我国境内(除台湾省)的全部工业企业和附营工业单位。

调查单位就是组成调查对象的每一个单位。调查单位是调查项目的具体承担者,是总体单位在统计调查阶段的具体化。例如,2010年全国人口普查的调查单位是"每一个具有中华人民共和国国籍并在中华人民共和国境内常住的人"。

在统计调查过程中,还需要确定报告单位并把调查单位同报告单位区别开来。报告单位也称填报单位,是具体负责向上报告调查内容、提交统计资料的单位,一般是在行政管理或经济管理中具有一定独立性的单位,如国家机关、企事业单位、单位内部的分支机构等。调查单位与报告单位有时一致,有时不一致。例如,在工业企业普查中,每个工业企业既是调查单位又是报告单位;在工业企业生产设备调查中,调查单位是工业企业的每台生产设备,而报告单位则是每个工业企业。调查单位可以是人、社会组织,也可以是物、时间、空间或行为,但报告单位只能是人或社会组织,物、时间、空间或行为不能成为报告单位。

(三) 调查内容

调查内容就是要确定调查项目和拟定调查表。

调查项目是统计调查所要了解的调查单位的内容,是反映总体单位特征的标志在统计调查阶段的具体化。例如,第三次全国工业普查的调查项目包括工业企业基本情况,财务状况,劳动情况,工业产品生产、销售、库存总值,主要工业产品产、销、存,附营工业单位生产情况,工业企业原材料、能源消费与库存,能源加工转换,工业企业科技活动情况,主要工业技术经济指标,主要工业产品生产能力,主要工业生产设备及其新旧程度(已安装设备),主要工业生产设备技术状况(已安装设备),主要工业产品质量,主要工业产品销售收支情况和工业企业部分合资基本经营情况等16个方面。

一般来说,调查单位特征是非常多的,确定调查项目应该坚持以下几个方面的原则:

(1) 兼顾需要与可能。调查项目越多,调查费用也越高,时效性越差。在进行统计调查时,只应选择能够切实满足调查目的要求而又可能得到答案的项目。

(2) 统一性。对调查项目的表述必须明确、易懂、统一,不能模棱两可,避免由于歧义而造成登记差错。

(3) 调查项目之间要保持衔接。调查项目之间要保持一定的逻辑和计算关系,以便在实际调查和资料审核时进行核对,提高调查资料的质量。

(4) 发展和稳定相结合。随着统计调查对象的变化和发展,在不同时间进行的同类调查中,对调查项目应该进行适当的调整、补充和完善;同时,出于对统计资料可比性以及研究现象发展趋势和变化规律的考虑,调查项目也应尽可能保持稳定。

(四) 调查日程

在统计调查中,调查时间包括三个方面的含义:

(1) 调查资料的所属时间。如果所调查的是时期现象,就要明确规定调查资料的起止时间;如果是时点现象,就要明确调查资料的标准时点。

(2) 调查资料的登记时间,指对调查单位进行调查并取得调查资料时间。

(3) 调查工作期限,指从调查工作开始时起到调查工作结束时止所经历的全部时间,包括调查工作的准备、资料搜集及资料报送等整个调查工作所需要的时间。这里需要明确的时间安排有:① 总体方案论证、设计;② 抽样方案设计;③ 问卷设计、测试、修改和定稿;④ 调查员的挑选和培训;⑤ 调查实施;⑥ 数据的整理、录入和分析;⑦ 调查报告的撰写;⑧ 有关鉴定、发布会和出版。

例如,2010 年的 11 月 1 日零时为第六次全国人口普查登记的标准时间(调查资料所属时间)、普查登记时间为 2010 年 11 月 1 日开始到 11 月 10 日。

(五) 调查预算

一项调查经费是一定的,制订经费预算方案是提高调查质量同时节省费用的必要环节。一项完整的调查可能涉及的费用有:(1)调查方案的策划费与设计费;(2)抽样设计费;(3)问卷设计费;(4)问卷印刷、装订费;(5)调查实施费;(6)数据编码、录入费;(7)数据统计分析费;(8)调查报告撰写费;(9)办公费;(10)其他费用。

(六) 调查实施

为了保证整个统计调查工作顺利进行,在调查方案中还应该有一个周密的组织实施方案。主要内容包括调查机构成立、调查人员挑选和培训、调查资料报送办法、调查前的宣传发动、调查文件的准备以及试点工作等。

第三节　调查问卷设计

一、问卷及问卷设计标准

(一) 问卷格式

问卷(或调查表、统计表)是专门为从被调查者那里获得有关某个主题的信息而设计的一组或一系列问题。

不同的调查问卷在具体结构、题型、措辞、版式等设计上会有所不同,但在结构上一般都由开头部分、甄别部分、主体部分和背景部分组成。

1. 开头部分

开头部分一般包括问候语、填表说明和问卷编号等内容。

(1) 问候语。在自填式问卷中,写好问候语十分重要,它可以引起被调查者的重视,消除顾虑,激发参与意识,以争取他们的积极合作。问候语要语气亲切、诚恳礼貌,文字要简洁准确,并在结尾处对被调查者的参与和合作表示感谢。

(2) 填写说明。在自填式问卷中要有详细的填表说明,让被调查者知道如何填写问卷,如何将问卷返回到调查者手中。这部分内容可以集中放在问卷的前面,也可以分散到各有关问题的前面。

(3) 问卷的编号。问卷的编号主要用于识别问卷以便校对检查、更正错误。

2. 甄别部分

甄别也称为过滤,它是先对被调查者进行过滤,筛选掉不需要的部分,然后针对特定的被调查者进行调查。

通过甄别或过滤,一方面可以筛选掉与调查事项有直接关系的人,以达到避嫌的目的;另一方面,也可以确定哪些人是合格的被调查者,哪些人不是。甄别的目的是确保被调查者合格,能够作为该调查项目的代表,从而符合调查研究的需要。

3. 主体部分

该部分是调查问卷的核心内容,包括了所要调查的全部问题,主要由问题和答案组成。

4. 背景部分

背景部分通常放在问卷的最后,主要是有关被调查者的一些背景资料。该部分所包含的各项问题,可使研究者根据背景资料对被调查者进行分类比较分析。

(二) 问卷设计标准

一份设计优良的问卷应该是:

——能有效地用来收集数据,同时尽可能减少误差和矛盾;

——对被调查者有友好的界面(如果有访员参与,还应对访员有友好的界面);

——尽量减少由无回答所引起的追踪回访的数量,且便于数据编码和录入,从而尽量减少审核与插补的工作量,最终减少收集和处理数据所花费的费用和时间。

问卷中的问题应符合调查的信息需求,并为调查分析提供有用的信息。虽然必须满足所有的信息需求条件,但是每一个问题都必须有明确的被列入问卷的理由。还应该让大家知道问每个问题的原因,以及将如何使用收集到的信息。问题的措辞必须清楚。对被调查者来说,问题的排列顺序必须符合逻辑。必须对问题的提法进行精心设计,使被调查者容易理解,并能给出确切的回答。最后,在调查实施之前,还应使用认知法、焦点座谈、非正式测试等方法对问卷进行测试。

二、问卷的开发程序

1. 向数据用户和对象进行咨询

调查目标的陈述和信息需求的确定,便于清楚地了解数据用途,统计调查机构才能设计出符合使用者要求的问卷。

2. 参考以前相同主题的问卷

通过参考在相同或相似的其他调查中使用过的问题,可为草拟本次调查的问题提供良好的基础。

3. 起草问题

草拟问题时必须考虑下列因素:(1) 数据收集方法;(2) 被调查者;(3) 回答负担;(4) 所收集数据的复杂性;(5) 信息的机密性和敏感性;(6) 调查结果与其他调查结果的可比性;(7) 数据可靠程度;(8) 其他因素,包括数据的可用性、被调查者提供数据的意愿、无回答、访员、数据处理、管理要求,以及对问题类型、问题措辞、问题顺序、问卷格式以及回答指南等的实际要求。

4. 对问卷进行审议与修改

在对问卷进行测试前,对问卷进行内部审议。参加审议人员应包括:调查主题设计专家、问卷设计专家、访员、被调查总体中的代表。

5. 对问卷进行测试与修改

测试旨在确定问题中存在的困难和错误;测试还能确定问题的顺序是否合理,对问题的解释以及问题的指南是否清楚,被调查者对问卷的表面印象如何。用于问卷测试的方法有:

(1) 认知法。认知访谈通常在"实验室"环境或在带有单面镜等监督设备的房间中进行,样本数量相对少,少则12~15次,多则100次以上。认知检验的方法包括观察被调查者、边想边说式访谈、试探性问题、释义、信心评定。

(2) 焦点座谈。焦点座谈是由从研究总体中选出的若干对象对所选主题进行的非正式讨论。通过焦点座谈这种形式,使被调查对象或数据用户以及访员有机会把他们的观点纳入问卷设计过程。焦点座谈由一位通晓小组访谈技术和熟悉讨论题目的人来主持。一次座谈通常由 6 至 12 人参加,一般进行两个小时左右。焦点座谈通常以要求参与者阐述他们对问卷的总体反应开始,然后再讨论与问卷有关的特殊问题。

(3) 非正式测试。非正式测试样本量可从 20 到 100,访问应按与计划中的正式调查同样的方式进行。非正式测试与认知法和焦点座谈不同,并不与被调查者进行讨论,被调查者只是完成问卷或访问。

(4) 向被调查者了解情况。

(5) 向访员了解情况。

(6) 分裂样本测试。在确定两个或多个版本的问卷和问题哪个更好时,可进行分裂样本测试。最简单的分裂样本设计是将一半样本试用问卷的一个版本,而另一半样本试用问卷的另一个版本。

(7) 试点调查。

6. 定稿

三、问题措辞应注意的问题

如果被调查者容易理解用词的含义,那么调查数据的质量就会相对较高。如果被调查者清楚地理解了所问的内容,他们将更愿意且能够提供正确的信息。有必要让被调查者按照问卷设计者的意图理解调查问题。

如果出现下列情况,问题的措辞就有可能歪曲调查结果,从而导致不正确的数据:

——被调查者不理解问题中措辞含义;

——被调查者对措辞的解释不同于设计者的意图;

——被调查者不熟悉问题中措辞所表达的概念。

为避免这些问题,在对问题进行措辞时必须遵循一些基本准则:

1. 措辞要简单

与被调查者清楚地进行沟通的最佳途径是使用简单的日常用词,要确保所使用的术语适合于被调查的总体。

在设计问题时,要始终考虑被调查者的语言能力,尽量选择每个人都容易理解的词语,避免使用回答问题的人所不熟悉的技术性很强的专业术语或仅在本专业内使用的"行话"。如果需要使用这样的术语,应该向被调查者澄清或解释这些术语的定义。必须对新的或复杂的概念进行定义,以使所有的被调查者对问题有一致的理解。定义可以包含在相关问题之中,也可以将所有这类定义或解释集中在一起,作为被调查者指南列在问卷的适当位置,还可以另外列在一本指示性手册中。

2. 定义缩略语或专业术语

对一般总体的调查,不应使用缩略语。对必须使用的缩略语或简称,应事先进行定义。

3. 确保问题适用

尽力减轻被调查者的负担,确保只提与被调查者有关的问题。问卷设计者要确保被调查者有足够的知识来回答被提问的问题。

4. 措辞要具体

措辞要尽量具体,以确保调查者能确切理解对他们的要求。一定要清楚地说明:

——问题适用于哪些人;

——问题所指的是哪一时间段；

——回答中应包括或不应包括的信息；

——答案应按哪种计量单位给出。

下面的问题乍一看可能认为非常简单而直接：

您的收入是多少？

然而再仔细一想，这个问题实际上并不那么容易回答。首先"您的"的含义不清。它究竟指的是被调查者的个人收入还是家庭收入？这必须搞清楚。其次，要求被调查者提供的是哪段时期的收入呢？上周、上个月、还是去年？最后，被调查者应计算什么种类的收入？只是薪金和工资？还是薪金、工资并包括津贴与奖金？或许还包括其他来源的收入？

下面的两个问题提供了对问题提问的两种较好方法：

去年，在交税和各种扣除之前，您全家各种来源的总收入是多少？

去年，在各种扣除之前，您全家总收入是多少？包括来自工资、薪金和所有其他来源的收入。

5．避免意义双关的问题

如果在一项提问中包含了两项以上的内容，被调查者就很难回答。

6．避免诱导性问题

问卷中提出的问题不能带有倾向性，而应保持中立。诱导性问题能误导调查回答并影响调查结果。

7．避免使用双重否定

应避免使用包含双重否定的句子结构，因为被调查者可能不知道他们是应该回答同意，还是回答不同意。例如：

你赞不赞成政府不允许便利店出售酒的规定？

8．减少敏感问题或隐私问题的影响

涉及敏感的以及被调查者隐私或带威胁性的问题可能引起"社会意愿倾向"性的偏差。被调查者对这类问题在选择答案时有这样一种趋势：他们宁愿选择更有益于他们的自尊，或跟社会理想准则更加一致的选项，也不愿把真实信仰表达出来，或者把他们的真实处境暴露出来。这可能会导致对想要测量的行为或活动的低报。

对被调查者而言，自填式问卷比访员协助式问卷受敏感问题的威胁小。同样，如果被调查者相信他们可以匿名回答的话，那么他们会更倾向于如实回答较为敏感的问题。

下面是几种以较小威胁的方法来提问敏感问题的技巧，能够增加被调查者提供诚实回答的可能性。

（1）"每个人"法。可以用那些表明这种敏感行为并非不常见的这类词语来引入敏感问题。像许多人或大多数人这些术语都可用来引进敏感话题。

（2）"为回答辩护"技巧。这种技巧用认为某种行为是情有可原的之类的话为它辩解的办法来引入敏感问题。通过告诉被调查者某种行为可能有很多正当的理由，使他们在报告这种行为时感到轻松一些。

（3）"即使一次"技巧。这种方法的目的是在询问有关当前行为的情况前，先确定被调查者是否曾经做过某事，即使只做过一次。在提出若干导问题之后，就可以询问被调查者与所关心的主题有关的当前行为的情况了。

（4）系列问题或热身法。先提几个问题来减轻被调查者对敏感话题的敏感程度，让他们做好回答的准备。真正关心的问题在几个热身问题之后出现。这种方法也可以把前面提到的几种技巧结合起来。

(5) 设立档次。对于某些私人信息,如年龄、收入或有关不良行为频率等方面的敏感信息,如果对不同的答案划分几个档次,让被调查者选择一个档次而不是确切数字的话,那么他们可能更愿意回答。

9. 确保问题读来顺口

调查的问题应尽可能简明,并使用调查总体易懂的日常用语。应以友善的第二人称(你或您)来称呼被调查者,并遵守基本的语法规则。

重要的检验方法是,当将问题大声读出来的时候听起来感觉怎样。问题应该听起来自然,像谈话一样,容易被对方所理解。下面是一个没有遵循这种原则的例子:

您如何对信息提供转变过程中的心理学和社会学方面的作用的程度进行评定,比如说使用电脑化的交互式职业咨询系统,该系统由部门的区域性办公室向面临退休的职工提供的,是由区域性人才办公室认可的。

这个问题太长,用了复杂的语言和结构,听起来生硬、官僚,又不通顺,难懂又难答。

四、回答项目的设计

回答项目是针对提问项目所设计的答案。由于问卷中的问题有不同类型,所设计的答案类型和对被调查者的回答要求也是不同的。问卷中的问题类型有开放式和封闭式两类。

(一) 开放式问题

开放式问题是指对问题的回答未提供任何具体的答案,由被调查者根据自己的想法自由作出回答,属于自由回答型。

开放式问题的优点是比较灵活,适合于搜集更深层次的信息,特别适合于那些尚未弄清各种可能答案或潜在答案类型较多的问题。而且可以使被调查者充分表达自己的意见和想法,有利于被调查者发挥自己的创造性。其缺点是,由于会出现各种各样的答案,给调查后的资料整理带来一定困难。

(二) 封闭式问题

封闭式问题是指对问题事先设计出了各种可能的答案,供被调查者进行选择。每种答案称为一个选项,要求被调查者在这些选项中,选择一个或几个作为回答。

封闭式问题的优点是:(1) 由于被调查者只是简单地选择合适的选项,而不需要用自己的语言来陈述答案,这样他们就能更快、更容易地回答问题;(2) 由于答案标准化,所以封闭式问题收集起来的数据更容易整理和分析;(3) 与开放式问题相比,封闭式问题的编码和录入也更加容易,费用也更省;(4) 如果一个问题被用于多项调查中,用相同的回答选项有利于对被调查结果进行比较。

封闭式问题的缺点是:(1) 对于有些问题要得到可能回答选项,要花费很多精力。(2) 如果选项阐述不清楚,被调查者遇到的问题可能比开放式问题更多,即一旦设计有缺陷,被调查者就可能无法回答问题,从而影响调查质量。(3) 由于封闭式问题的答案是选择回答型的,所以设计出的答案一定要穷尽和互斥,当有些问题答案不能穷尽时,可以加上"其他"一项。(4) 由于封闭式问题事先列出了选项,而被调查者可能感觉是被迫从中选择答案,因为不管他们是否对所需回答的问题有自己的观点或相应的知识,他们都必须对问题给以回答。为避免这种情况,有时需要加进一个"不知道"或"不适用"的选项。(5) 另一个潜在的问题是选项可能将所研究的问题过于简单化,使得被调查者不能对某个回答进行详细阐述。对于被调查者来说,他们只能从列在问题后的现象中进行选择。

封闭式问题有多种,最常用的是两项选择、多项选择、顺序选择、等级评定、双向列联表等形式。

1. 两项选择

两项选择问题是封闭问题中最简单的一种。通常它是一个判断"是"或"否"的问题,用于将被调查者拆分成两个对立的组。

当某些问题不是对所有被调查者都适用时,二项选择问题作为筛选(或甄别)的问题是很有用的。在选项之后,经常直接出现"跳至×问题"的提示,这样,被调查者就不会被问及不适用于他的问题。

2. 多项选择

当提供给被调查者选择的选项多于两个即多项选择问题时,如果假定被调查者只能从这些选项中选择一个,则称为单选问题;如果允许被调查者可选择一个或多个答案(可以限制数量也可以不限制数量),则称为多选问题。对被调查者来说,一个问题究竟是单选还是多选,问卷中应该有提示。注意,问卷为保证选项的穷尽性也常列出"其他"(请注明)这样的选项。

3. 顺序选择

顺序选择问题要求被调查者在回答时,对所选的答案按要求的顺序或重要程度加以排列(可以限制数量也可以不限制数量)。

被调查者经常发现回答排序问题很困难,特别是在需排列的项目实际上很不同的情况下尤其如此。排序问题的一个缺点是不知道相邻次序之间差距有多大,而且差距也不可能都相等。因此,1 和 2 之间的差距不能假定为与 2 和 3 之间的差距相同。例如,如果列出 3 个项目进行排序,被调查者将把它们排序为 1、2 和 3。然而,也许排在第 1 和第 2 项之间非常接近,而与最后一个项的差距很大。这种信息不能通过一个简单的排序就弄清。另一个问题是有时被调查者可能将两项或更多项排在同一位置上。排序问题还有一个缺点是被调查者可能无法将清单上的所有选项进行排序。被调查者仅选择部分选取项进行排序也是可能的。

4. 等级评定

对于等级评定问题,一般是要求被调查者对选项进行评级。在构造等级评定问题时,有几个必须考虑的问题。

首先要考虑的是,应该有多少选项?选项可以少至两个,例如只要求被调查者对某个陈述回答同意或不同意的情形。选项也可以多至 10 个,例如,在选项中每一个都按照 1(一点不重要)到 10(特别重要)来划分等级的情形。

其次要考虑的是,是否需要包含中性选项的问题,例如既不是满意也不是不满意。在等级评定问题中,被调查者有选择中性选取项的倾向。如果不给被调查者提供一个选择中性选项的机会,他们就会被迫做出极端的选择。

在构造等级评定问题时还有一个要考虑的问题是,是否应列入"不知道"或"不适用"这类选项。是否包括此类选项取决于所提出的问题。例如,在问到被调查者从来没有使用过的某种特别服务时,有必要包含一个"不适用"的选项。

5. 双向列联表

双向列联表就是将两类不同问题综合到一起,通过表格来表现。表的横向是一类问题,纵向是另一类问题。这种问题结构可以反映两方面因素的综合作用,提供单一类型问题无法提供的信息,同时也可以节省问卷的篇幅。

第四节 调查方案设计案例——某校风调查方案及问卷设计

一、方案设计的工作过程

1. 成立校风调查设计组

为了完成本次调查研究,学校首先成立调查设计组。成员由校学生处和具体承接此项调查任务的校统计研究会负责人及该研究会的指导教师等组成。调查设计组负责调查方案的起草制订。调查设计组的成立,将确保整个调查工作的全面展开和顺利进行。

2. 制订校风调查方案

在一个完整的调查方案中,应明确包含本次调查的目的、具体要求、调查对象、调查方式、调查经费的来源、调查起始时间和完成期限以及制订详尽的调查组织计划等。制订校风调查方案的具体步骤如下。

第一步,确定调查目的、调查对象和调查单位;落实调查经费。

第二步,草拟调查方案初稿、设计调查问卷初稿。

第三步,在小范围内进行试调查,在此基础上讨论修改调查方案初稿和调查问卷。

第四步,制订调查组织计划中的各项细则。

3. 调查问卷的设计

力争做到:主题明确,形式简明,文字通俗,容易理解,便于回答;问题编排,层次分明,先易后难。

在问题形式的选择上,我们可以在以下的形式中进行选择。分别有:
(1)开放式问题;(2)对选式问题;(3)多项选择式问题;(4)顺位式问题;(5)标度式问题。

就本份调查问卷而言,设计者没有将"对选式问题"列入25个问题中,主要原因是"对选式问题"通常解决基本属性的划分或归类问题,而本问卷将这种归类的功能部分地转移到问卷的结尾部分上去了,以便在有限的问卷篇幅中服务于调查主题。

4. 调查样本的抽选

确定总样本容量。此次校风抽样调查的样本容量为800个,其中校内样本容量550个,校外样本容量250个。

二、调查设计方案

1. 确定调查目的

为了顺应知识经济的时代要求,推进和深化大学教育及教学改革,培养高素质的复合型人才;为迎接教育部对本校本科教育提供一个比较客观的评价依据,学校拟组织一次以在校大学生为对象的校风调查。此次调查旨在描述该校校风的现状,在对调查数据汇总分析研究的基础上,有针对性地提出一系列整改意见和建议,为学校进一步改善育人环境、提高教学水平、全面推进素质教育提供参考依据。

2. 确定调查对象和调查单位

了解学校的校风状况,应该从多方面着手进行调查,可以从校内选择样本进行调查,也可以从校外选择样本进行调查;即使选择校内进行调查,也牵涉到一个调查对象的问题。结合调查目的,综合考虑下来,确定了以学校的在校本科生为调查对象。为了提高分析对比的深度,确定了以外校的在校本科生为辅助调查对象。

调查单位是构成调查对象的所有在校本科生,实际操作时,按照随机原则从调查对象中抽取部分调查单位进行问卷调查。

将本校的本科生作为基本调查对象,将其他高校的本科生作为辅助调查对象。虽然调查对象全是在校本科生,但是前后两者在本次调查任务上的作用有着较大的差别,前者是为主的,应兼顾到调查样本在各院系的分布,便于对不同院系的情况作出深入的分析;后者是为辅的,着重于从全市高校范围内对在校大学生进行调查,以取得总体指标后进行对比。这种状态决定了两者在样本的抽取上应该分别进行。

经过研究,决定对校内的样本抽取采用两阶段的随机抽样方法,对校外样本采用单阶段的随机抽样方法。

3. 抽选样本单位

本次校风抽样调查的样本容量总计控制在 800 个之内,其中校内样本容量 550 个,校外样本容量 250 个。具体的考虑分别为:

(1) 校内样本容量。本次校风抽样调查是以当时该校的 4 900 名本科生为主要调查对象,若以 10% 比例抽取样本,样本单位数也要达近 500 个,考虑到样本的回收中可能出现的不确定因素,例如问卷没填写完成或填写错误等的不合格问卷以及没能回收问卷等情况,最后决定实际印制问卷 550 份。

(2) 校外样本容量。为了更好地写出高质量的调查分析报告,圆满地完成本次调查研究项目,调查组织者在选取外校调查样本的过程中,本着随机抽选样本的原则,在不大幅增加调查成本的情况下,向在该校参加跨校选修的外校大学生发放问卷 250 份进行调查。接受调查的大学生将涉及 8 所院校,就高校数而言约占全市高校数的 1/4 左右,具有一定的代表性。

4. 调查提纲拟订及内容的确定

此次校风调查,调查设计组根据调查目的将校风分解为四个方面,即:学风、教风、考风和文明素养,在每个方面又选择了若干代表性的问题来呼应。本着少而精的原则,最后共计选了 25 个问题,其中 18 题为封闭式问题(其中有 2 题附加了开放性问题);有 4 题为顺序标度打分式问题和 3 题开放性问题。

由于本次校风调查对象分成两部分,因此调查问卷的前言部分应该有所区别。为此,调查设计组对以校内大学生为调查对象的问卷稍加修改(主要是对前言部分和调查结尾处)后,最后形成了同一内容和风格的一套两份的调查问卷。

5. 确定调查方法和抽样方式

本次校风调查经调查设计组研究决定,采用抽样调查的方法,并采取两阶段抽样调查来确定调查样本(即确定被调查者)。第一阶段是对当时在全校范围内的 9 个院系(共有 112 个本科教学班)中,按等比例分类抽样方法抽取教学班 30 个(抽样比为 1∶3.733);其中二年级(即98级)、三年级(即97级)各抽取10个;一年级(即99级)和四年级(即96级)各抽取5个班。一年级和四年级两届学生的取样比例合计占抽样数的1/3,是基于如下考虑:其一,一年级新生入学不久,正处于适应大学学习生活的调整时期,虽属于本次调查对象的组成部分但又不是本次调查的最佳调查人选;其二,四年级为毕业班学生,当时多在校外实习,样本回收数量不能保证,因此作变通的方法将这两届学生的抽样人数相应减少些,只要抽选出足够的多数就可以了。第二阶段是在抽中的教学班中,按随机原则各抽取班上的1/3的大学生。

三、问卷问题设计

1. 问题的分配

针对校风调查四个方面的问题是:第1题至第6题属于学风方面的问题,第7题至第14题属于教风方面的问题,第15题至第20题属于考风方面的问题,第21题至第25题属于文明素养方面的问题。为了使被调查者在调查问卷上能充分发表意见,问卷的第11题和第13题以及最后1题作为开放性问题。在第4题和第6题中还各自附加了一个开放性问题。

2. 问题所涉及的内容

本次校风调查问卷共设计了6道关于学风状况调查的问题(其中2题是开放性的问题),主要包括学习动机、学习兴趣、学习氛围和学习期望等几个方面。

有关教风的调查,设计了5个问题,题目主要集中于问卷的7~14题(其中第10、11题除外),分别涉及教学方式、学分制和双学位制、该校教师的教学情况、课外作业的情况以及对该校总体教学质量的打分等。

有关考风的调查,设计了6个问题,题目主要集中于问卷的15~20题,分别涉及考试在学生心目中的地位、考试与能力的关系、考试方式、对作弊的看法和该校考风的总体评价。

精神文明为物质文明提供精神支柱和智力保障,是学校教育事业发展的内在要求。调查问卷中从第21题到第25题就精神文明建设过程中涉及的学生寝室卫生状况、思想道德教育的必要性和文明素养的现状等方面进行了调查,分别采取封闭式、标度打分式和开放式的形式。

3. 问题可能产生的指标体系规模

从问卷中涉及的问题来看,如果不包括3题开放式问题,那么至少可形成22个指标族;如果将每个问题汇总后得到的各分类指标也包括在内,则总体指标将达到一百多个。我们把这一百多个指标形成的组合看做反映校风的指标体系。校风指标体系应包括哪些方面,调查设计者在结合本校的具体情况和参考相关调查问卷后决定采用四个方面来设计调查问卷。校风指标体系所应包括的指标数目究竟是多少,这很难定论,至少目前是不可能取得共识的。毕竟校风指标属于主观指标范畴,设计校风指标问卷时,除了掌握原则性、科学性外,还要把握好问题的针对性和提问的技巧性。

四、具体调查问卷

××学校校风抽样调查问卷

No:＿＿＿＿＿＿＿＿

＿＿＿＿＿＿＿＿同学:您好!

值此我校本科教学评优工作开展之际,为了进一步提高我校的教学质量、教学水平并改善教学环境,以利于进一步全面贯彻素质教育方针,提高学生工作的管理水平,加强师资队伍建设,我们特组织了本次调查。望你认真填写下列问题,谢谢合作!

××大学学生处
2011 年 3 月

1. 你认为自己的学习动机首先是:(　　)。
   A. 为国家和民族的振兴　　　　　B. 满足自我发展的需要
   C. 不辜负父母的殷切希望　　　　D. 为将来谋求一个理想的职业
   E. 其他

2. 你对自己所学专业的看法和态度是:(　　)。
   A. 是热门专业,也很感兴趣　　　B. 虽是热门专业,可兴趣不大
   C. 虽是冷门专业,但很感兴趣　　D. 是冷门专业,兴趣不大
   E. 不在乎冷门还是热门专业,关键看自己的努力
   F. 其他

3. 你除了本专业课程学习外,还参加了哪些学习:(　　)。(不限一项)
   A. 各种电脑、外语辅导班　　　　B. 跨校辅修
   C. 我校的辅修或是双专业　　　　D. 各种社团组织
   E. 以上均未参加　　　　　　　　F. 其他

4. 你对我校学生精神面貌的总体印象是:(　　)。
   A. 相当好的　　B. 比较好的　　C. 一般　　　　D. 不怎么好
   E. 不好
   具体体现是:_____

5. 你认为应该采取什么样的教学方式:(　　)。
   A. 以自学为主,以教师上课讲授为辅　B. 自学为辅,以教师上课讲授为主
   C. 自学与教师上课讲授相结合　　　　D. 没有考虑过
   E. 其他

6. 你对学分制改革与双学位制的实行的看法是:(　　)。
   A. 前者很重要,后者不怎么重要　　B. 前者不怎么重要,后者很重要
   C. 两者都很重要　　　　　　　　　D. 两者都不太重要
   有何建议:_____

7. 你对本校教师的责任感的总体看法是:(　　)。
   A. 很强　　　B. 较强　　　C. 一般　　　　D. 较差
   E. 很差

8. 你对本校教师的教学态度、教学质量的总体看法是:(　　)。
   A. 很好　　　B. 较好　　　C. 一般　　　　D. 较差
   E. 很差

9. 你认为我校教师在教学中教书育人的效果如何:(　　)。
   A. 很好　　　B. 较好　　　C. 一般　　　　D. 较差
   E. 很差

10. 你认为维持良好的课堂纪律的重要性如何?(　　)
    A. 相当重要　　B. 比较重要　　C. 无所谓　　　D. 不太重要

11. 你所期望的课堂氛围是：_____
12. 你对我校任课教师布置课外作业的情况评价是：（   ）。
    A. 很多   B. 较多   C. 适量   D. 较少
    E. 很少
13. 你认为课外作业的形式应该是：_____
14. 请你对我校总体的教学质量打分(10 分最高, 0 分最低, 在分值下打钩)
                —0　1　2　3　4　5　6　7　8　9　10—
15. 考试成绩在你心目中的地位是：（   ）。
    A. 极为重要   B. 比较重要   C. 一般   D. 不太重要
16. 你认为考试成绩与一个人综合能力的关系是：（   ）。
    A. 完全相关   B. 基本相关   C. 说不准   D. 毫不相关
17. 你认为最合适的考试方式是：（   ）。
    A. 闭卷方式   B. 开卷方式   C. 论文方式   D. 答辩方式
    E. 平时成绩   F. A—E 的结合 G. A—D 的结合 H. B 与 E 的结合
    I. C 与 D 的结合
18. 你如何评价作弊行为？（   ）
    A. 可耻   B. 很不公平   C. 不公平   D. 无所谓
    E. 有机会也想尝试一下
19. 你主张对考试作弊的学生应采取何种处分：（   ）。
    A. 开除学籍   B. 留校察看   C. 记大过   D. 记过
    E. 严重警告   F. 警告   G. 不作处分
20. 请你对我校的总体考风状况打分(10 分最高, 0 分最低, 在分值下打钩)
                —0　1—2　3—4　5—6　7—8　9—10—
21. 你认为我校寝室总体的卫生状况如何：（   ）。
    A. 很好   B. 较好   C. 一般   D. 较差
    E. 很差
22. 你觉得在市场经济环境中，是否有必要加强思想道德素质教育：（   ）。
    A. 很有必要   B. 有一定必要 C. 不太清楚   D. 完全没必要
23. 你认为文明素养在一个人综合素质的提高过程中：（   ）。
    A. 起很大的作用   B. 起一定作用
    C. 说不清楚   D. 不起作用
24. 请你对我校大学生的文明素养现状打分(10 分最高, 0 分最低, 在分值下打钩)
                —0—1—2—3—4—5—6—7—8—9—10—
25. 你觉得当代大学生必须具备哪些素质？
    _____

你的年级：1   2   3   4
你的专业：_____
填表日期：   年   月   日

【练习题】

一、名词解释

统计调查;统计报表;普查;重点调查;典型调查;抽样调查。

二、简答题

1. 区分普查、抽样调查、典型调查和重点调查。
2. 统计数据的具体收集方法有哪些?
3. 简述调查方案的内容。
4. 什么是问卷?它由哪几部分组成?
5. 设计问卷的提问项目应注意哪些问题?
6. 封闭式问题答案的设计有哪些主要方法?
7. 问卷中问题顺序的设计应注意哪些问题?

三、填空题

1. 统计数据的直接来源主要有两个渠道:一是_____;二是_____。
2. 统计调查按调查的组织方式分为_____、_____、_____、_____和_____。
3. 调查单位是_____的承担者,填报单位是_____的单位。
4. 调查问卷一般由_____、_____、_____和_____四部分组成。

四、选择题

1. 在某市工业设备普查中,调查单位是( )。
   A. 该市每一家工业企业
   B. 该市全部工业设备
   C. 该市全部工业企业
   D. 该市全部工业企业中的每一台工业生产设备
2. 某公司新推出了一种饮料产品,欲了解该产品在市场上的受欢迎程度,公司派人到各商场、超市随机调查了 200 名顾客。该公司采用的调查方法是( )。
   A. 直接观察法　　B. 报告法　　　　C. 访问法　　　　D. 很难判断
3. 企业要对流水生产线上的产品质量实行严格把关,那么,在质量检验时最适合采用的调查组织方式是( )。
   A. 普查　　　　B. 重点调查　　　C. 典型调查　　　D. 抽样调查
4. 统计调查方案的基本内容包括( )。
   A. 确定调查目的　　　　　　　　B. 确定调查对象和调查单位
   C. 确定调查项目,拟定调查表　　D. 确定调查时间
   E. 确定调查方法　　　　　　　　F. 确定调查工作的组织及实施计划
5. 下面调查中属于一次性调查的是( )。

A. 近 10 年我国利用外资情况调查

B. 按月统计的钢产量调查

C. 2000 年全国大学毕业生分配去向调查

D. 10 年一次的人口普查

E. 一批产品合格率的检查

F. 某农贸市场商品物价变动情况的调查

6. 抽样调查所必须遵守的原则是：（　　）。

    A. 准确性　　　　B. 随机性　　　　C. 可靠性　　　　D. 灵活性

7. 全面调查与非全面调查的划分是以：（　　）。

A. 最后取得的资料是否是全面资料来划分的

B. 调查对象所包括的单位是否完全来划分的

C. 调查组织规模的大小来划分的

D. 调查方法来划分的

五、技能题

1. 随着高考的扩招，各高校教育资源相对紧张，如何充分利用现有教学资源，让学生上自习不再烦恼，请您设计一套调查方案及其问卷，以期解决本校的实际问题。

2. 利用您所学知识，再去查阅相关文献，剖析××学校校风抽样调查问卷，找出存在的问题。

第三章 数据的整理

【引导案例】

统 计 图 表

某公司50名工人2011年11月份产量资料如下(单位：件)：

788	883	806	765	898	933	900	721	801	920
780	856	975	786	734	836	764	808	1 059	752
672	765	697	742	876	768	745	827	1 082	1 004
766	731	950	887	734	745	721	827	930	801
860	750	695	822	898	674	1 064	1 030	1 028	1 005

上述资料分散而且零乱，不能够直接看出该车间工人月加工零部件的基本特征。如果对这些资料加以整理，则可以清楚地了解该车间工人月收入的总体情况，从而分析出其分布规律，如表3-1和图3-1所示。

表3-1 某公司50名工人2011年11月份产量分组资料

按月产量分组(件)	工人人数(人)
600~700	4
700~800	18
800~900	15
900~1 000	6
1 000~1 100	7
合　　计	50

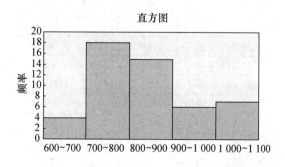

图3-1 某公司50名工人2011年11月份产量直方图

某大学经管学院教职工人事资料见表3-2,基于表3-2原始资料,利用Excel提供的数据透视表和数据透视图功能得到如图3-2所示的分组资料。

表 3-2 某大学经管学院教职工人事资料

编 号	姓 名	性 别	出生日期	学 历	参加工作时间	职务系列	职 称	应发工资
001	韩利生	男	1963-10-25	硕士	1990年9月	教师	副教授	3 411.0
002	李明双	女	1970-10-01	博士	1998年12月	教师	副教授	2 896.0
003	马善溪	男	1957-09-09	大专	1980年03月	工程	高级工程师	3 888.0
004	马奎	男	1958-03-02	大专	1980年01月	工程	高级工程师	3 888.0
005	邢利民	男	1968-11-17	本科	1990年05月	教学管理	副研究员	3 324.0
006	李铁征	男	1957-08-11	本科	1982年12月	教学管理	研究员	3 965.0
007	于海英	女	1975-08-23	硕士	1987年07月	教师	副教授	3 093.0
008	刘长运	男	1961-09-14	本科	1980年09月	教学管理	研究员	4 044.6
009	庄敏华	女	1969-01-12	硕士	1990年08月	教师	副教授	3 019.5
010	李景义	女	1960-04-23	大专	1980年11月	工程	工程师	3 274.8
011	刘荣旺	男	1950-02-01	高中	1968年02月	工程	工程师	2 979.0
012	于西贝	女	1957-12-1	大专	1979年01月	教学管理	副研究员	2 892.0
013	刘互助	男	1949-03-16	大专	1969年02月	工程	高级工程师	3 975.0
014	李彤	女	1968-03-01	博士	1993年08月	教师	教授	3 724.5
015	魏亚英	男	1957-04-03	大专	1981年03月	工程	工程师	3 714.0
016	尹桂英	女	1956-01-25	大专	1980年10月	工程	工程师	3 153.0
017	苏俊枫	男	1960-08-20	本科	1985年04月	教学管理	副研究员	3 587.0
018	朱红光	男	1963-08-20	本科	1988年04月	教学管理	副研究员	2 578.4
019	苏秀兰	女	1955-09-07	高中	1975年01月	工程	工程师	2 970.3
020	穆瑞	男	1964-05-15	本科	1982年01月	教学管理	助理研究员	2 603.7
021	边松林	男	1952-10-22	大专	1973年04月	工程	助理工程师	2 709.4
022	周燕	男	1968-10-12	硕士	1987年12月	教师	副教授	3 084.3
023	龙祥春	男	1956-07-25	硕士	1978年12月	教师	副教授	3 327.0
024	郎铭亮	男	1955-10-12	本科	1978年12月	教学管理	副研究员	3 344.4
025	李潞原	男	1954-08-24	大专	1969年09月	工程	高级工程师	4 323.0
026	田和平	女	1970-04-01	博士	1998年03月	教师	副教授	3 078.7
027	于连华	男	1961-08-10	本科	1988年12月	教学管理	副研究员	3 257
028	赵宝庆	女	1967-03-26	硕士	1989年01月	教师	讲师	2 455.4
029	夏兰花	女	1972-12-01	博士	1997年03月	教师	副教授	3 123.5
030	温馨华	女	1960-09-20	大专	1982年09月	工程	工程师	2 595.0
031	罗文生	男	1979-08-04	博士	2000年08月	教师	讲师	2 241.0
032	梁秀文	女	1973-04-24	本科	1998年10月	教学管理	副研究员	3 244.0
033	王琦琦	男	1948-04-24	大专	1968年06月	工程	高级工程师	3 579.3
034	王明跃	男	1970-07-01	硕士	1993年10月	教师	教授	3 367.8
035	刘燕丽	女	1966-09-09	博士	1992年09月	教师	副教授	2 808.1
036	郑岩成	男	1974-11-01	博士	2001年12月	教师	讲师	2 309.3
037	李红霞	女	1982-01-16	硕士	2003年05月	教师	助教	1 967.5
038	徐文革	男	1977-03-14	博士	2000年07月	教师	副教授	3 137.0

续 表

编 号	姓 名	性 别	出生日期	学 历	参加工作时间	职务系列	职 称	应发工资
039	苏元彪	男	1965-07-15	本科	1979 年 12 月	教学管理	研究员	3 975.0
040	司国军	男	1980-02-01	硕士	2003 年 06 月	教师	助教	2 707.0
041	宋羡颖	女	1969-06-01	本科	1990 年 08 月	工程	工程师	3 885.0
042	雷岩庆	男	1973-10-10	博士	1999 年 04 月	教师	副教授	3 277.5
043	张俊	女	1972-08-02	硕士	1994 年 11 月	教师	讲师	2 718.6
044	李红育	女	1975-06-21	本科	1989 年 10 月	教学管理	副研究员	2 846.9
045	方静安	女	1963-01-10	硕士	1986 年 01 月	教师	副教授	3 468.4
046	孟繁琪	男	1954-08-01	大专	1972 年 10 月	工程	工程师	4 018.5
047	张晓鸣	男	1978-02-18	本科	2001 年 01 月	教学管理	助理研究员	2 196.3
048	陈汝峰	男	1945-08-01	硕士	1969 年 12 月	教师	副教授	3 675.0
049	刘福强	男	1964-11-03	博士	1995 年 11 月	教师	副教授	3 274.0

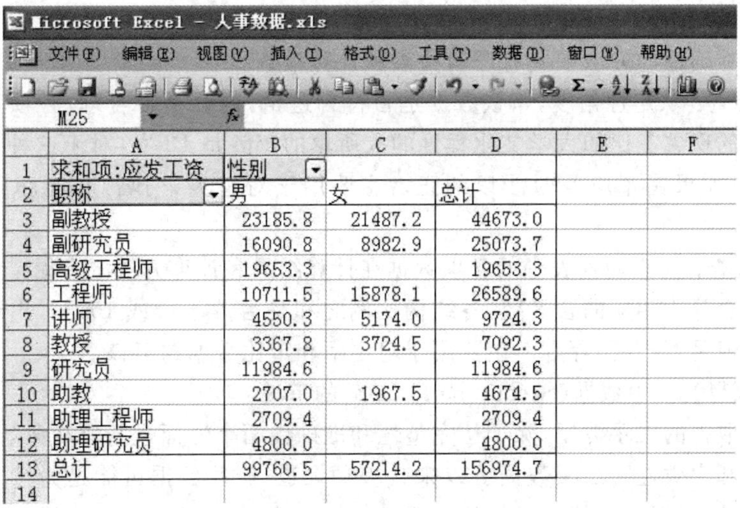

	A	B	C	D
1	求和项:应发工资	性别		
2	职称	男	女	总计
3	副教授	23185.8	21487.2	44673.0
4	副研究员	16090.8	8982.9	25073.7
5	高级工程师	19653.3		19653.3
6	工程师	10711.5	15878.1	26589.6
7	讲师	4550.3	5174.0	9724.3
8	教授	3367.8	3724.5	7092.3
9	研究员	11984.6		11984.6
10	助教	2707.0	1967.5	4674.5
11	助理工程师	2709.4		2709.4
12	助理研究员	4800.0		4800.0
13	总计	99760.5	57214.2	156974.7

图 3-2 数据透视表和数据透视图结果

通过各种渠道将统计数据搜集上来之后，需要进行统计数据的加工整理，将大量庞杂的统计数据系统化、条理化，使之能有效地显示和提供所包含的统计信息。数据的整理与显示工作是一个复杂、烦琐的工作过程，可以借助计算机的强大数据处理功能来完成。Excel 提供了下列数据整理与显示的工具：数据的筛选、数据的排序、分类汇总、数据透视表、编制频数分布表、绘制统计图等。

第一节 统计数据的预处理

统计数据的预处理(Statistical data pretreatment)是数据分组整理的先前步骤，内容包括数据的审核、插补、筛选、排序等过程。

一、统计数据的审核

审核(Verification)是应用各种检查规则来辨别缺失、无效或不一致的录入。在对统计数据进行整理时,首先要进行审核。审核的目的是更好地了解调查的过程及调查数据,以确保调查数据的完整、准确与一致。审核工作贯穿于整个调查过程,从访问员在调查现场的简单初步的检查到数据处理阶段数据录入之后由计算机程序进行的复杂校验,为进一步整理与分析打下基础。

从不同渠道取得的统计数据,在审核的内容和方法上都有所不同。

1. 直接调查取得的原始数据(Raw data)的审核

对于直接调查取得的原始数据应主要从完整性和准确性两个方面去审核:

(1) 完整性审核主要检查应调查的单位或个体是否有遗漏;所有的调查项目或指标是否填写齐全。

(2) 准确性审核主要检查数据是否真实反映客观实际情况,内容是否符合实际;检查数据是否有错误,计算是否正确等。

审核数据准确性的方法主要有逻辑检查和计算检查。

① 逻辑检查:从定性角度,审核数据是否符合逻辑,内容是否合理,各项目或数字之间有无相互矛盾的现象。比如大学文化程度的人所填的年龄是 12 岁,对于这种违背逻辑的项目应查明原因,如果错了应及时予以纠正。主要用于对定类(列名)和定序(顺序)数据的审核。

② 计算检查:检查调查表中的各项数据在计算结果和计算方法上有无错误。比如各分项数据之和是否等于相应的合计数,各结构比例之和是否等于 1 或 100%,出现不同表格上的同一指标数值是否相同,等等。主要用于对定距和定比数据的审核。

2. 间接取得的二手数据(Second hand data)的审核

对于间接取得的二手数据,除了从完整性和准确性两个方面进行审核外,还应着重审核数据的适用性和时效性。二手数据可以来自多种渠道,有些数据可能是为特定目的通过专门调查而取得的,或者已按特定目的的需要做了加工整理,对于使用者来说,应该做到:

(1) 适用性审核,弄清楚数据的来源、数据的口径以及有关的背景材料,确定数据是否符合自己分析研究的需要。

(2) 时效性审核,尽可能使用最新的数据,如果数据过于滞后,可能失去了研究的意义。一般来说,应使用最新的数据。

(3) 确认是否必要做进一步的加工整理。

从数据的表现性质来看,数据审核的内容主要有有效性审核、一致性审核和分布审核。

(1) 有效性审核,主要是检查被调查者回答语句的语法是否正确,检查包括是否在规定填数字的地方填上了非数字的字符以及问卷中的回答是否有缺失等各种错误。

(2) 一致性审核,主要是检查不同问题之间的关系是否正确。一致性审核可以基于不同问题或同一问题的不同部分之间的结构关系、逻辑性和合法性来进行。

(3) 分布审核,主要是试图通过数据的分布,来辨识记录是否远远脱离分布的正常范围,即是否为离群值。又称为离群值的检测,下面将详细讲解。分布审核主要是用来发现和确认可疑的记录。

对审核过程中发现的错误应尽可能予以纠正。

二、调查数据的插补

1. 插补是解决在审核过程中辨别出来的数据缺失、无效与不一致等问题的过程。
2. 插补方法分为两类:随机插补和确定性插补。

确定性插补,对于特定的被调查者的数据,可能插补值只有一个,而随机插补含有随机因素。如果对同一组数据进行多次插补,对于确定性的插补每次都是相同的值;而对于随机插补,每次得出的值可能会不一样。

确定性插补的具体方法有:推理插补、均值插补、比率/回归插补、序贯热平台插补、序贯冷平台插补、最近邻值插补。每一种确定性的插补方法都对应着一种随机插补方法。用确定性的方法得出一个插补值,加上从某个适宜的分布或模型产出的一个残差作为最后插补值,就成为随机插补。

(1) 推理插补。将缺失的或不一致的数据通过推断来确定。这种推理是根据问卷上其他回答项的模式来进行的。如,三项之和为100,空着一项。

(2) 均值插补。用插补类的均值代替缺失或不一致的值。如,假定在一份住房调查的问卷中,公寓月租金的值缺失,则利用同插补类中正确填报租金的问卷计算其平均值(插补类由居住在同一地区的被调查者所填的需要进行插补处理的问卷构成)。

(3) 比率或回归插补。比率或回归插补是使用辅助信息及其他记录中的有效回答建立一个比率或回归模型,该模型表明了两个或多个变量之间的关系。

若 $y_i = Rx_i + \varepsilon_i$,则 $y_{插i} = \frac{\bar{y}}{\bar{x}} x_i$。

其中:$\bar{x}$ 为插补类中记录 x 的均值,$\bar{y}$ 为插补类中记录 y 的均值。

插补值的精度很大程度上取决于要插补的变量与已知的变量是否存在密切关系,取决于所运用的数学计算以及这种计算是否严格限制在一个插补类中或是全部数据集中。

(4) 热平台插补。热平台插补是使用同一插补类中的供者记录的信息来代替一个相似的受者记录中缺失的或不一致数据的插补方法。热平台插补分为序贯热平台插补和随机热平台插补。

在序贯热平台插补方法中,数据在插补类中是按某种顺序排列进行处理的,插补就是用这个序列需要插补数据前面某一个有效的回答单元的数据来代替缺失的数值。如果每次都使用相同的排序及选取方法,就是确定性的序贯热平台法。

而随机热平台插补,供者是在插补类中随机选出的。例如,希望插补被调查者的吸烟状况,有三种可能的回答:吸烟、不吸烟及以前吸过但现在已戒烟。要找到一个相似的供者记录,基于年龄段和性别产生插补类(因为通常认为吸烟状况和一个的年龄和性别有关)。假设要作插补处理的记录是女性,在15~24岁这个年龄组中。要找到一组供者,看所有在同一年龄组的女性被调查者(她们回答了各自的吸烟状况)。要从这一组中选择一供者,可以随机地选择一个(随机热平台法)或者按某种顺序的供者清单,从中选一个(序贯热平台法)。

优点:因为供者与受者具有相似的特征,因此插补出的数值应相当准确,可以保持数据的原始分布形式。

缺点:序贯热平台插补经常导致同一个供者的多次使用,从而降低(理解为增大)抽样误差;有时很难找到一个合适的供者,因为建立插补类需要足够的辅助信息或者至少需要部分回答。

为了保证总能找到一个供者记录,可以用多层次热平台插补。当在最初的插补类中找不到供者记录时,这些类就按照层次结构合并,直到找到一个供者。

(5)冷平台插补。与热平台插补不同之处在于热平台插补使用当前调查的供者,而冷平台插补则使用前期的或普查中的供者资料。

(6)最近邻插补。最近邻插补与热平台插补一样,也是基于匹配变量选择一个供者记录。但是,用这种方法,目的不是非要找出一个和受者记录在匹配变量上完全相同的供者记录,而是插补类中按匹配变量找到和受者记录最接近的供者记录——即找到距离最近的值。"最近"是通过两个观测对象之间的距离来定义的,两个观测对象之间的距离是由辅助数据计算的。当匹配变量的纲不同时(如货币和土地面积),运用最近邻插补时应格外小心,此时应该先将匹配变量尺度标准化然后再进行插补。

3. 几个技术问题

(1)确定哪些值需要插补。一般并不主张对所有审核失效的数据都进行插补,应该通过变更尽可能少的数据项(字段),以使每条记录都满足审核规则的要求。

例如,假设某份问卷中关于一位被调查者的背景资料是:受教育程度为大学,婚姻状况为已婚,性别为女,年龄为10岁。显然这条记录中,年龄与婚姻状况、年龄与受教育程度是不符合审核规则的。为了纠正审核失效,可以同时调整婚姻状况和受教育程度,也可以只对年龄作调整,一般倾向于后者。

(2)怎样为受者找到供者记录。选择匹配变量时必须注意要使匹配变量与插补类中需要插补的变量密切相关。然后再用这些匹配变量去查找供者记录。

(3)是不是某个受者记录中的所有字段都应该用一个供者来插补?在有些情况下,因为用同一个记录中的所有字段进行插补能保持变量的联合分布,所以用同一个供者来插补某个受者记录中的所有字段。例如,在一项劳动力调查中,如果职业和个人收入都需要进行插补,那么根据相同的供者记录来插补受者记录中的这两个缺失或无效数据就具有明显的优点,因为这两个变量之间存在相互关系。这种单一供者热平台插补的方法的另一个优点是,插补时考虑到了审核失效的问题,从而大大减少了以后步骤中的审核失效。

但是,如果有很多变量需要插补,对插补一个字段合适的匹配变量(或者使用来建立热平台或冷平台插补中插补类的变量),对另一个字段可能不合适,特别是当与需要插补的变量无关的时候。考虑一项多目的的健康调查,在这项调查中,被调查者的身高和每天的吸烟量是需要插补的两个变量。在这种情况下,每个需要插补的变量用一组不同的匹配变量就比较合适。但如果确定太多的匹配变量,就会有找不到合适供者的危险。

通常情况下,对于热平台插补,整个插补过程分成几个阶段,每个阶段插补几个变量。其结果是,在完成一个不完善的记录的插补时,可能要涉及几个供者。如果情况真是这样,需要插补的某个"关键"变量可以继续为后面阶段组建插补类所用,从而保证插补记录内在的完整性。

(4)一个供者记录能用来插补一个以上的受者记录吗?如果几个受者记录都由同一个供者记录来插补,对最终调查估计会产生较大的偏倚。

三、离群值的检测和处理

(一)离群值的检测

1. 离群值被定义为一个观测值或一组观测值,它们看起来与数据集中的其他观测值不一致。

2. 离群值的检测方法

(1) $d_i = \dfrac{|y_i - m|}{s}$　　$(i=1,2,\cdots,n)$

其中：y_1，y_2，$\cdots$，y_n 为样本数据；m 为数据集中趋势的度量；s 为离散趋势的度量。

若 d_i 大于预先确定的偏离值，那么该观测值就被认为是一个离群值。

(2) $(m - c_l s, m + c_u s)$

c_l、c_u 分别是预先确定的下限和上限值。如果总体是偏态的，c_l 和 c_u 就不相等。落在这个区间之外的观测值被认为是离群值。

(3) $(q_{0.5} - c_l h_l, \ q_{0.5} + c_u h_u)$

其中：$q_{0.25}$ 为第一四分位数；$q_{0.5}$ 为第二四分位数（即中位数）；$q_{0.75}$ 为第三四分位数，$h_l = q_{0.5} - q_{0.25}$，$h_u = q_{0.75} - q_{0.5}$，c_l 和 c_u 可以通过以前的数据或基于过去的经验来确定。

任何落在这个区间之外的观测值都被认为是一个离群值。

如果数据成群偏在一边，样本均值就会偏向离群值，样本方差也会由于离群值而显著增长，此时可用四分位数法。用中位数度量数据的集中趋势，四分位数间距度量数据的离散程度。

（二）离群值的处理

在手工审核系统中，对离群值进行检查，如果确认是错误，就要回访并校正。

在自动审核系统中，离群值经常要进行插补处理。

在审核时没有进行处理的离群值可以在估计的时候处理。

简单地忽略未经处理的离群值会影响估计的效果，并导致估计量的方差增大；给离群值赋予 1 或 0 的权数估计结果发生偏倚。离群值处理的目的就是在不引入较大偏倚的前提下，尽量减少离群值对估计量抽样误差的影响。

估计时有以下三种方法可以处理离群值。

1. 改变数值

处理极值的一种方法是缩尾化，这种方法首先要将样本数据从小到大依次排序，然后再按下面的步骤计算。

在简单随机抽样中，总体总量 Y 的无偏估计公式如下：

$$\hat{Y} = \frac{N}{n} \sum y_i$$

对于缩尾化，假设 $y_i (i=1,2,3,\cdots,n)$ 是将样本观测值按从小到大的顺序重新排列得到的有序样本。若样本中前 k 个最大值（即有序样本值中的 $y_{n-k+1}, \cdots y_n$）被认为是离群值，则单侧 k 次缩尾估计量就可通过用第 $n-k$ 个最大值 y_{n-k} 代替所有离群值来定义，即

$$\hat{Y}_w = \frac{N}{n} \Big(\sum_{i=1}^{n-k} y_i + k y_{n-k} \Big)$$

2. 调整权数

处理离群值的另一种方法是，降低离群值的权数使它们的影响变小。

若赋予离群值的抽样权数为 1 或 0，这样做对估计的影响太大，特别是对偏态总体的估计，会使估计出现严重的偏倚——通常是低估。

例如，如果两个大公司的零售额占总行业的绝大比重，而其中一个公司的零售额被确定为离群值，若从估计中剔除这个离群值，显然就会严重低估整个行业的零售额。

3. 使用稳健估计量

经典的估计理论中,总体参数的估计是基于某种分布的假设。通常,假定估计量服从正态分布,样本均值和方差估计量在正态性假定下最优。但是,这些估计量对离群值非常敏感。稳健估计量则能克服这种局限性,因为它对分布的假定不太敏感。比如,中位数比均值更稳健,四分位数间距比方差估计量更稳健。

四、统计数据的筛选

统计数据筛选(Statistical data filter)有两方面内容:一是将某些不符合要求的数据或有明显错误的数据予以剔除;二是将符合某种特定条件的数据筛选出来,不符合特定条件的数据予以剔除。数据筛选可借助于计算机自动完成。

【例 3-1】 以表 3-2 资料说明用 Excel 进行数据筛选的过程。

Excel 提供了两种筛选命令:"自动筛选"(适用于简单的条件)和"高级筛选"(适用于复杂的条件)。

首先,将表格中的数据区域选定或者单击数据区域内的任何一个单元格。其次,选择"数据"菜单,并选择"筛选"命令,如图 3-3 所示。

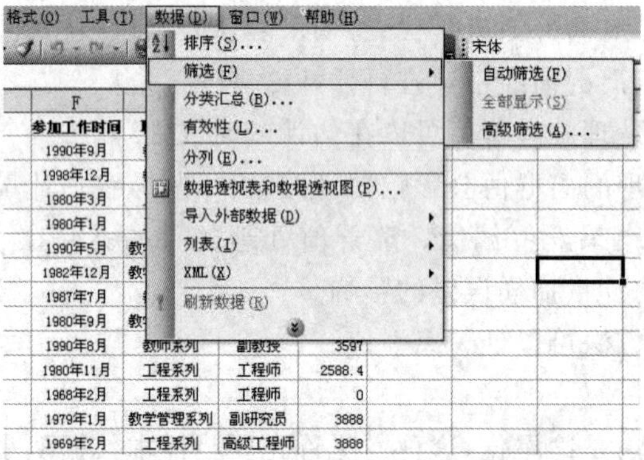

图 3-3 从"数据"菜单中选择"筛选"

这时会在第一行出现下拉箭头,单击箭头,出现如下结果,见表 3-3。

要筛选出应发工资最高的前 6 人,可选择"前 10 个",并在弹出的对话框中输入数据"6",得到的结果见表 3-4。

表 3-3 "自动筛选"命令的使用

	A	B	C	D	E	F	G	H	I
1	编	姓名	性	出生日	学	参加工作时	职务系列	职称	应发工
2	1	韩利生	男	1963-10-25	硕士	1990年9月	教师系列	副教授	3300
3	2	李明双	女	1970-10-1	博士	1998年12月	教师系列	副教授	3421
4	3	马善溪	男	1957-9-9	大专	1980年3月	工程系列	高级工程师	2906
5	4	马奎	男	1958-3-2	大专	1980年1月	工程系列	高级工程师	3103
6	5	邢利民	男	1968-11-17	本科	1990年5月	教学管理系列	副研究员	3029.5
7	6	李铁征	男	1957-8-11	本科	1982年12月	教学管理系列	研究员	0
8	7	于海英	女	1975-8-23	硕士	1987年7月	教师系列	副教授	3334
9	8	刘长运	男	1961-9-14	本科	1980年9月	教学管理系列	研究员	2892
10	9	庄敏华	女	1969-1-12	硕士	1990年8月	教师系列	副教授	3597
11	10	李景义	女	1960-4-23	大专	1980年11月	工程系列	工程师	2588.4
12	11	刘荣旺	男	1950-2-1	高中	1968年2月	工程系列	工程师	0
13	12	于西贝	女	1957-12-1	大专	1979年1月	教学管理系列	副研究员	3888
14	13	刘互助	男	1949-3-16	大专	1969年2月	工程系列	高级工程师	3888
15	14	李彤	女	1968-3-1	博士	1993年8月	教师系列	教授	3975

表 3-4 自动筛选结果

	A	B	C	D	E	F	G	H	I
1	编号	姓名	性别	出生日期	学历	参加工作时间	职务系列	职称	应发工资
7	6	李铁征	男	1957-8-11	本科	1982年12月	教学管理	研究员	3965.0
9	8	刘长运	男	1961-9-14	本科	1980年9月	教学管理	研究员	4044.6
14	13	刘互助	男	1949-3-16	大专	1969年2月	工程	高级工程师	3975.0
26	25	李潞原	男	1954-8-24	大专	1969年9月	工程	高级工程师	4323.0
40	39	苏元彪	男	1965-7-15	本科	1979年12月	教学管理	研究员	3975.0
47	46	孟繁琪	男	1954-8-1	大专	1972年10月	工程	工程师	4018.5

要筛选出应发工资大于 4000 元的职工,可使用高级筛选功能。

第一步,建立条件区域,即在工作表的顶端插入若干新行来放置条件,如图 3-4 所示。

第二步,选择"高级筛选"命令,在弹出的对话框中进行相应的设置,如图 3-4 所示。

第三步,单击"确定",输出结果见表 3-5。

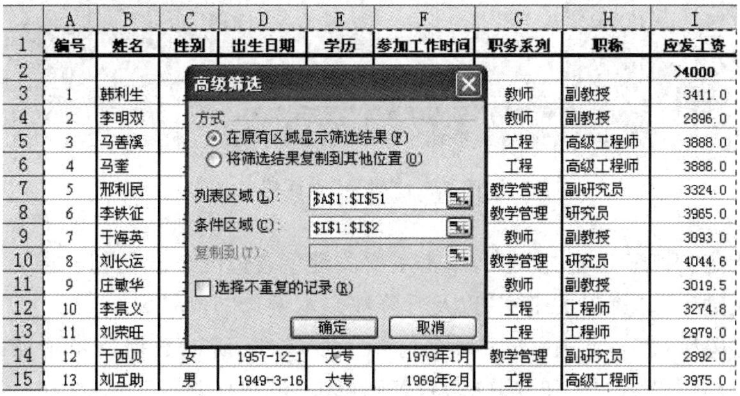

图 3-4 "高级筛选"对话框

表 3-5 高级筛选结果

	A	B	C	D	E	F	G	H	I
1	编号	姓名	性别	出生日期	学历	参加工作时间	职务系列	职称	应发工资
10	8	刘长运	男	1961-9-14	本科	1980年9月	教学管理	研究员	4044.6
27	25	李潞原	男	1954-8-24	大专	1969年9月	工程	高级工程师	4323.0
48	46	孟繁琪	男	1954-8-1	大专	1972年10月	工程	工程师	4018.5

五、数据的排序

数据排序就是按一定顺序将数据进行排列,其目的是为了便于研究者通过浏览数据发现一些明显的特征或趋势,找到解决问题的线索。除此之外,排序还有助于对数据检查、纠错,为重新分组或归类提供依据。在某些场合,排序本身就是分析的目的之一,例如对中国家电企业的有关信息进行排序,企业可以了解自己在行业中所处的地位,还可以了解竞争对手的状况,从而制定有效的企业发展规划和战略目标。

无论是定性数据还是定量数据的排序,均可借助计算机很容易地完成。对于数值型数据排序只有两种:递增或递减。对于定性数据可采取不同的方法,对字母型数据的排序,有升序降序之分,但习惯上升序比较常用,因为升序与字母的自然排列相同。而汉字型数据的排序方式很多,按拼音方式排列与字母型数据排序完全一样,按姓氏笔画排序,则有升序降序之分。交替运用不同方式排序,在汉字型数据的检查纠错过程中十分有用。

【例 3-2】 仍以表 3-2 为例,按应发工资的递增(升序)顺序排序。

第一步,单击数据区域内的任何一个单元格。

第二步,选取"数据"菜单中的"排序"命令,出现"排序"对话框。

第三步,在对话框中,单击"主要关键字"右边的下拉列表按钮,在字段下拉列表中选取主关键字段,如"应发工资",如图 3-5 所示。

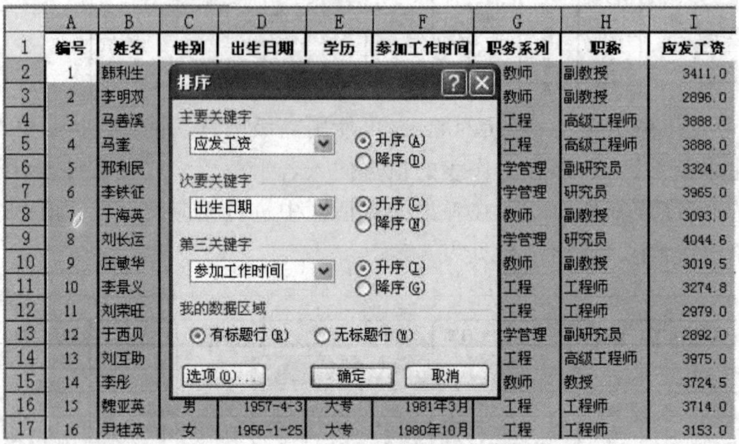

图 3-5 "排序"对话框

第四步,指定"升序"还是"降序",单击主要关键字右边的单选按钮。还可以用同样的方法选择"次要关键字"、"第三关键字"以及升降序。本例选"升序"。

第五步,排除字段名行。因为字段名行不参加排序,所以数据清单中如果含有字段名行,应单击"有标题行"单选按钮将其排除,否则单击"没有标题行"单选按钮。

第六步,单击"确定"按钮执行排序。输出结果见表 3-6。

表 3-6 排序结果

	A	B	C	D	E	F	G	H	I
1	编号	姓名	性别	出生日期	学历	参加工作时间	职务系列	职称	应发工资
2	37	李红霞	女	1982-1-16	硕士	2003年5月	教师	助教	1967.5
3	47	张晓鸣	男	1978-2-18	本科	2001年1月	教学管理	助理研究员	2196.3
4	31	罗文生	男	1979-8-4	博士	2000年8月	教师	讲师	2241.0
5	36	郑宝成	男	1974-11-1	博士	2001年12月	教师	讲师	2309.3
6	28	赵定庆	女	1967-3-26	硕士	1989年1月	教师	讲师	2455.4
7	18	朱红光	男	1963-8-20	本科	1988年4月	教学管理	副研究员	2578.4
8	30	温馨华	女	1960-9-20	大专	1982年9月	工程	工程师	2595.0
9	20	穆瑞	男	1964-5-15	本科	1982年1月	教学管理	助理研究员	2603.7
10	40	司国军	男	1980-2-1	硕士	2003年6月	教师	助教	2707.0

第二节 统计分组与频数分布

一、统计分组的概念

(一) 统计分组的含义

根据统计研究的目的和客观现象的内在特点,按照一定的标志把被研究总体划分为若干个性质不同但又有联系的组,称为统计分组。统计分组的目的是使资料系统化、科学化、条理化,从而得出能够反映事物总体特征的资料。

由于总体中各单位,一方面在某个或某些标志上具有同质性,可以将性质上相同的单位组合起来。另一方面,在其他一些标志上具有变异性,又可以区分成性质不同的若干组。通过分组,对总体单位进行进一步的同质结合、异质分解,使组与组之间具有差别性而同一组内的单位具有相对的同质性。统计分组区分了事物性质,便于研究事物的结构,有利用研究事物之间的依存关系。

(二)统计分组的方法

1. 按品质标志分组

按品质标志进行分组,就是按研究对象的某种属性特征分组。例如,人口按性别、民族分组,企业按经济类型或行业分组,学生按专业分组,职工按文化程度分组等。

有些分组比较简单,对总体只按一个标志进行分组。分组标志一经确定,组的名称和组数随之确定;组与组之间界限明确,不存在区分的困难。如学生按学科分文科、理科两组,职工按职称分初级、中级、高级三组,等等。

有的品质分组比较复杂,取决于统计分析对分组层次的不同要求。对总体按两个或两个以上的标志进行的重叠式分组,即在按某一标志分组的基础上再按另一标志进一步分组。例如,我国把社会经济部门分为第一产业、第二产业、第三产业,第一产业又可分为农、林、牧、渔业。

2. 按数量标志分组

按数量标志分组,是按表现总体数量特征的标志进行的分组。例如,按职工人数分组、按人口年龄分组、按工资收入水平分组、按销售额分组等。按数量标志分组,主要有两种形式:单项式分组或组距式分组。

单项式分组,是每个组的变量值是一个值,组数的多少由变量值的个数决定。由于连续型变量不能一一列举,所以不能进行单项式分组。离散型变量如果数据过多,采用单项式分组,势必组数太多,不利于观察总体的分布特征,失去分组的意义。因此,采用单项式分组的条件是,变量值不多且变化范围不大的离散型变量。

在连续型变量或离散型变量较多的情况下,要采用组距式分组的形式。组距式分组就是把总体按数量标志分几个区间,区间的长度称为组距。组距式分组还可分为等距分组和不等距分组。各组组距相等的分组,称为等距分组;各组组距不完全相等的分组,称为不等距分组。

3. 简单分组

简单分组是指对总体按照一个标志进行的分组。如对某一班级的同学们按性别分组,对某一班级的同学们按学习成绩分组就是两次简单分组。

4. 复合分组

总体按照两个及以上标志结合起来(层叠或交叉)进行的分组就是复合分组。如对某一班级的同学们按性别分组,再对某一班级的同学们按学习成绩层叠或交叉分组就是一次复合分组。交叉式的复合分组得到的信息量最大,能够充分利用调查资料。

二、频数分布

在对总体进行分组的基础上,将总体中所有单位按组归类整理,形成总体各单位在各组间的分布,就叫做次数分布或频数分布,又称分配数列。由于频数分布是把所有的组及其单位数按一定顺序排列,反映总体单位数在各组的分布状况和分布特征,因此也叫做分布数列或次数分配。

频数分布包括两要素:一是组的名称,即总体按某标志所分的组;另一个是组的次数或频数,即分布在各组的单位数。次数的相对数即各组次数与总次数之比,称为比率或频率。

频数分布按分组标志不同分为品质数列和变量数列。变量数列按分组形式不同又可分为单项式数列和组距式数列。

(一)品质数列的编制方法

品质数列是指对总体按品质标志分组所形成的分布数列。这里主要介绍品质数列的编制方法,以及如何利用 Excel 对已编制数列进行分类汇总和编制数据透视表。

1. 品质数列编制方法

【例 3-3】 为评价家电行业售后服务的质量,随机抽取了由 100 个家庭构成的一个样本。服务质量的等级分别表示为:A. 好;B. 较好;C. 一般;D. 差;E. 较差。调查结果见表 3-7,试用 Excel 编制一张频数分布表。

表 3-7 100 个家庭评价结果

	A	B	C	D	E	F	G	H	I	J
1	B	D	E	C	C	B	C	A	A	E
2	D	D	A	E	C	C	B	E	C	E
3	A	A	D	E	B	D	C	C	C	B
4	B	A	A	B	C	D	D	D	E	C
5	C	B	B	C	C	C	E	B	D	C
6	D	D	A	E	C	C	B	E	C	B
7	B	D	E	C	C	B	C	A	A	E
8	B	A	A	B	C	D	D	D	E	C
9	A	A	D	E	B	D	C	C	C	B
10	C	B	B	C	C	C	E	B	D	C

为了用 Excel 编制品质标志的频数分布表,首先要将各类别指定一个代码来表示,比如:1. A,2. B,3. C,4. D,5. E。然后,将服务质量等级代码输入到 Excel 工作表中。

Excel 现在把代码视作数值型数据。将服务质量等级代码单独作为一列,作为"接受区域",将代码输入到工作表的 C2:C6。因为需要"数据分析"功能,第一次使用时需做准备工作。

(1)单击"工具"→"加载宏",此时弹出"加载宏"对话框。

(2)在弹出的"加载宏"对话框中,选择"分析工具库"和"分析工具库—VBA 函数",再单击"确定"按钮,系统会自动加载上数据分析。

如果加载不上,说明在安装 Excel 时没有完全安装,则需要使用 Office 光盘进行加载。

下面是用 Excel 产生频数分布表的步骤。

第一步,将服务质量等级代码放在 A 列,然后分别替换成 1、2、3、4、5。

第二步,选择"工具"下拉菜单,并选择"数据分析"。从其对话框"分析工具"列表中选择"直方图",回车打开其对话框(如图 3-6 所示)。

第三步,对命令对话框进行相应设置(如图 3-7 所示)。本例"输入区域(I)"为 B2:B101;"接受区域(B)"为 C2:C6,即分类标志的区域;输出选项可根据自己的需要确定,本例选择"输出区域"并输入"D2"(意思是结果从本工作表 D2 位置开始输出结果)。选择"图表输出",然后回车确定,结果见表 3-8。

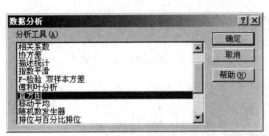

图 3-6 在"分析工具"列表中选择"直方图"

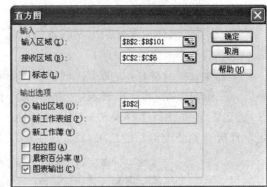

图 3-7 "直方图"对话框的设置

表 3-8 Excel 输出频数分布表

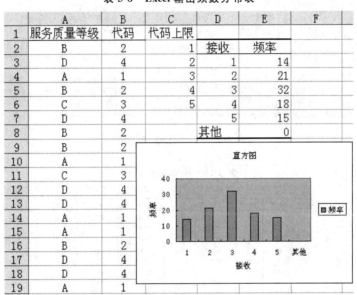

表 3-9 家电行业售后服务质量的频数分布表

	A	B	C	D
1	服务质量等级	频 数	频 率	百分比(%)
2	好	14	0.14	14
3	较好	21	0.21	21
4	一般	32	0.32	32
5	差	18	0.18	18
6	较差	15	0.15	15
7	合计	100	1	100

为了把输出结果转化为易读的形式,应将结果进一步修改和修饰。这里可以将频数分布表中的"接收"改为标题"服务质量等级",将"频率"改为"频数",将代码 1、2、3、4、5 用相应名称"好"、"较好"、"一般"、"差"、"较差"来代替。并将"其他"去掉,换以相应的"合计"内容,输出表可整理成如表 3-9 所示的形式。

2. 分类汇总

【例 3-4】 仍以表 3-2 为例,试按职称进行分类汇总。

Excel 分类汇总的操作步骤如下。

第一步,先选择需要分类汇总的数据区域,然后单击"数据"→"分类汇总",打开"分类汇总"对话框,如图 3-8 所示。

第二步,在"分类字段"的下拉列表中,选择要进行分类的标题。对于本例,可以选择"职称"。在"汇总方式"的下拉列表中,选择要进行汇总的方式。对于本例,可以选择"平均值"。在"选定汇总项"中,选择要进行汇总的内容。对于本例,可以选择"应发工资"。单击"确定",即可得到分类汇总的结果,见表 3-10。

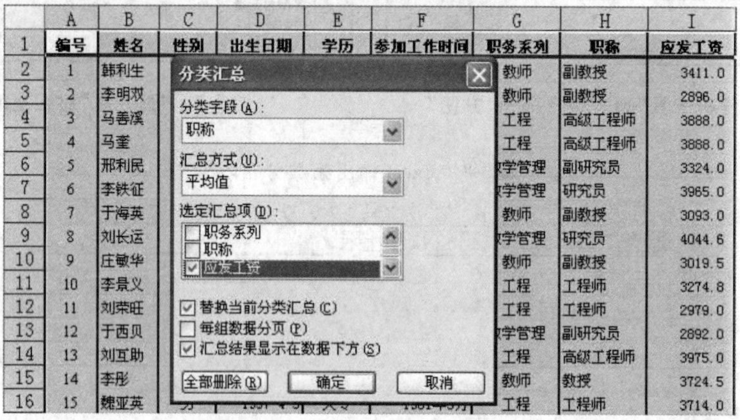

图 3-8 "分类汇总"对话框

表 3-10 分类汇总结果

	A	B	C	D	E	F	G	H	I
1	编号	姓名	性别	出生日期	学历	参加工作时间	职务系列	职称	应发工资
2	1	韩利生	男	1963-10-25	硕士	1990年9月	教师	副教授	3411.0
3	2	李明双	女	1970-10-1	博士	1998年12月	教师	副教授	2896.0
4	7	于海英	女	1975-8-23	硕士	1987年7月	教师	副教授	3093.0
5	9	庄敏华	女	1969-1-12	硕士	1990年8月	教师	副教授	3019.5
6	22	周燕	男	1968-10-12	硕士	1987年12月	教师	副教授	3084.3
7	23	龙祥春	男	1956-7-25	硕士	1978年12月	教师	副教授	3327.0
8	26	田和平	女	1970-4-1	硕士	1998年3月	教师	副教授	3078.7
9	29	夏兰花	女	1972-12-1	博士	1997年3月	教师	副教授	3123.5
10	35	刘燕丽	女	1966-9-9	博士	1992年9月	教师	副教授	2808.1
11	38	徐文革	男	1977-3-14	博士	2000年7月	教师	副教授	3137.0
12	42	雷岩庆	男	1973-10-10	博士	1999年4月	教师	副教授	3277.5
13	45	方静安	女	1963-1-10	硕士	1986年1月	教师	副教授	3468.4
14	48	陈汝峰	男	1945-8-1	硕士	1969年12月	教师	副教授	3675.0
15	49	刘福强	男	1964-11-3	博士	1995年11月	教师	副教授	3274.7
16								副教授 平均	3190.9
17	5	邢利民	男	1968-11-17	本科	1990年5月	教学管理	副研究员	3324.0
18	12	于西贝	女	1957-12-1	大专	1979年1月	教学管理	副研究员	2892.0
19	17	苏俊枫	男	1960-8-20	本科	1985年4月	教学管理	副研究员	3587.0
20	18	朱红光	男	1963-8-20	本科	1988年4月	教学管理	副研究员	2578.4
21	24	郎铭亮	男	1955-10-12	本科	1978年12月	教学管理	副研究员	3344.4
22	27	于连华	男	1961-8-10	本科	1988年12月	教学管理	副研究员	3257.0
23	32	梁秀文	女	1973-4-24	本科	1998年10月	教学管理	副研究员	3244.0
24	44	李红育	女	1975-6-21	本科	1989年10月	教学管理	副研究员	2846.9
25								副研究员 平	3134.2
26	3	马善溪	男	1957-9-9	大专	1980年3月	工程	高级工程师	3888.0
27	4	马奎	男	1958-3-2	大专	1980年1月	工程	高级工程师	3888.0
28	13	刘互助	男	1949-3-16	大专	1969年2月	工程	高级工程师	3975.0
29	25	李瀛原	男	1954-8-24	本科	1987年9月	工程	高级工程师	4323.0
30	33	王琦琦	男	1948-4-24	大专	1968年6月	工程	高级工程师	3579.3
31								高级工程师	3930.7

3. 数据透视表

【例 3-5】 仍以表 3-2 数据为例,若按性别统计各职称的应发工资,建立一个交叉式的复合分组统计表,可使用数据透视表功能。

利用 Excel 编制数据透视表的具体步骤如下。

第一步,选择"数据"菜单中的"数据透视表和图表报告"命令,弹出"数据透视表和数据透视图向导——3 步骤之 1"对话框,如图 3-9 所示。根据需要选择数据源类型和报表类型。在此,选择"Microsoft Office Excel 数据列表或数据库"和"数据透视表"。单击"下一步",进入"数据透视表和数据透视图向导——3 步骤之 2"对话框,如图 3-10 所示。

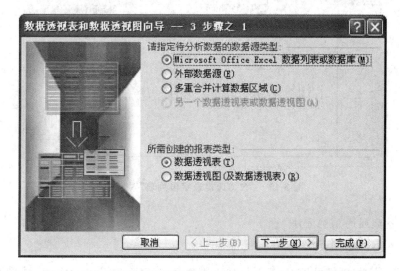

图 3-9 "数据透视表和数据透视图向导——3 步骤之 1"对话框

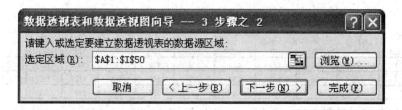

图 3-10 "数据透视表和数据透视图向导——3 步骤之 2"对话框

第二步,在"数据透视表和数据透视图向导——3 步骤之 2"中选定透视表区域(见图 3-10)。如果在启动向导之前单击了数据源单元格,Excel 会自动将其选定为数据源区域。单击"下一步",弹出对话框如图 3-11 所示。

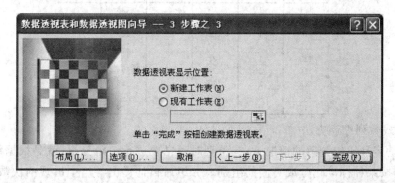

图 3-11 "数据透视表和数据透视图向导——3 步骤之 3"对话框

第三步,在"数据透视表和数据透视图向导——3步骤之3"中选择数据透视表的输出位置。本例选择"新建工作表"。然后单击"完成",弹出的对话框如图3-12所示。

第四步,依次将"职称"拖至行字段处,将"性别"拖至列字段处,将"应发工资"拖至数据项处,即得到数据透视表——按性别统计各职称的应发工资为内容的交叉式的复合分组统计表,如图3-12所示。

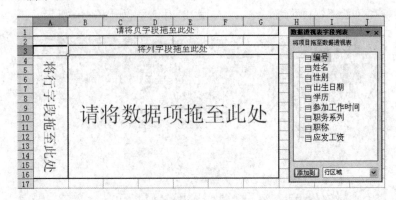

图 3-12 "数据透视表字段列表"对话框

(二)变量数列的编制方法

1. 单项式数列编制方法

【例 3-6】 某生产车间 50 名工人日加工零件数见表 3-11(单位:个)。试采用单变量值对数据进行分组。

表 3-11 某生产车间 50 名工人日加工零件数

A	B	C	D	E	F	G	H	I	J	K	L	M
117	122	124	129	139	107	117	130	122	125	137	114	120
108	131	125	117	122	133	126	122	118	108	128	124	115
110	118	123	126	133	134	127	123	118	112	139	128	124
112	134	127	123	119	113	120	123	127	135	121		

单变量值分组比较简单,首先排序,然后根据每个变量值出现的次数编制频数分布表,见表3-12。

表 3-12 某生产车间 50 名工人日加工零件频数分布表

	A 零件数(个)	B 频数(人)	C 零件数(个)	D 频数(人)	E 零件数(个)	F 频数(人)
2	107	1	119	1	128	2
3	108	2	120	2	129	1
4	110	1	121	1	130	1
5	112	2	122	4	131	1
6	113	1	123	4	133	2
7	114	1	124	3	134	2
8	115	1	125	2	135	1
9	117	3	126	2	137	1
10	118	3	127	3	139	2

2. 组距式数列编制方法

当数据量多且比较分散的情况下,在整理时通常要进行组距分组,就是根据统计研究的需要,将数据按某种标准化分成不同的组别。分组后再计算出各组中出现的次数,就形成了一张频数分布表。

下面结合一个具体的例子来说明,采用等距分组的形式制作频数分布表。

【例 3-7】 表 3-13 是某公司 2011 年 1—4 月份 120 天的销售量数据,试对数据分组。

表 3-13　某公司 2011 年前 4 个月的销售量　单位:台

	A	B	C	D	E	F	G	H	I	J	K	L
1	234	156	164	218	168	173	183	181	237	191	160	188
2	143	203	226	179	170	196	225	182	187	173	197	206
3	187	159	165	215	180	174	178	182	205	194	197	171
4	161	198	165	180	171	165	234	177	188	189	174	208
5	150	160	187	175	233	175	153	184	177	195	198	192
6	228	152	141	196	172	233	179	185	189	195	200	210
7	153	161	214	155	210	175	144	186	209	163	201	168
8	166	162	149	167	172	190	179	186	189	196	202	211
9	154	163	178	168	172	207	188	187	190	176	158	172
10	174	196	223	211	194	176	172	187	175	196	203	213

在使用 Excel 前,首先需要明确分几组,组距以及每组的上下组限。具体步骤如下。

第一步,确定分组组数。分组的一个目的是为了观察数据分布的特征,组数的确定应以能够显示数据的分布特征和规律为目的。因此组数多少应适中,组数太多,数据分布会过于分散;组数太少,数据分布会过于集中,这都不利于观察数据分布的特征和规律。实际分组时,可参考美国学者斯特杰斯(H. A. Sturges)创用的经验公式:

$$K = 1 + \frac{\lg n}{\lg 2}$$

式中,K 为组数,n 为数据的个数;对结果用四舍五入法取整数,即为组数。

本例的组数为 $K = 1 + \frac{\lg 120}{\lg 2} \approx 8$,即应分为 8 组。当然,这只是个经验公式,具体应用时,还要考虑数据的多少、特点和统计分析的要求,参考这一标准灵活确定组数。本例中由于数据较多,可分为 10 组。

第二步,确定各组组距。组距(class width)是一个组的上限与下限之差。组距也可借助 Sturges 的经验公式来确定:

$$d = \frac{R}{K} = \frac{x_{\max} - x_{\min}}{1 + 3.3 \lg N}$$

式中,d 为组距,R 为全距,即最大变量值 $x_{\max}$ 与最小变量值 $x_{\min}$ 之差。

对于本例数据,最大值为 237,最小值为 141,则组距=(237−141)÷10≈10。

为便于计算,组距宜采取 5 或 10 的倍数。因此,本例的组距为 140～150,150～160,160～170,…,230～240。

第三步,编制频数分布表。编制方法有两种:

第一种是利用 Excel 中的统计函数 FREQUENCY 来创建频数分布表和直方图。

FREQUENCY 以一列垂直数组返回某个区域中数据的频率分布。频数分布函数语法形式为:FREQUENCY(data_array,bins_array)。其中:data_array 为一数组或对一组数值的引用,用来编制频数分布的数据。bins_array 为间隔的数组或对间隔的引用,该间隔用于对 data_array 中的数值进行分组。即为频数或次数的接受区间。

第二种是利用 Excel 中的"直方图"工具制作频数分布表。

与品质数据一样,使用"数据分析"中的"直方图"工具来制作频数分布。首先,需要给定数据的"输入区域"和"接收区域"。这里的"接收区域"相应的变为分组标志,但是由于 Excel 不能识别非数值型字符,所以不能把 140～150,150～160,……,230～240 输入一列作为"接收区域",程序规定只能把上组限值作为分组标志,即150,160,170,……,240。需要强调的是在制作频数分布的时候,由于相邻两组的上下组限重叠,为了避免重复,通常采用"上组限不在内"的原则。即各组上限的实际值应为:149,159,169,……,239。假定已将样本数据和分组标志输入到相应的位置,步骤同第三节品质数据的频数分布制作相同(这里做简单介绍)。

第一步,选择"工具"→"数据分析"→"直方图",回车打开其对话框。

第二步,在"直方图"对话框的"输入区域(I)"输入"A1:A120","接收区域(B)"输入"C2:C11"。

第三步,在"输出选项"中输入任意单元格。本例在"输出区域"中输入"D1",同时单击"累积百分率"和"图表输出"复选框。回车确定即可,结果输出见表3-14。

为了把输出结果转化为易读的形式,应进一步修改表格和修饰图形。见表3-15,把分组标志转换为标准、易懂的形式。同时,分布图的标志随频数分布表的修改相应变化。

表3-14 频数分布输出结果

	A	B	C	D	E	F	G
1	234		接受区域	接收	频率	累积 %	
2	143		149	149	4	3.33%	
3	187		159	159	9	10.83%	
4	161		169	169	16	24.17%	
5	150		179	179	27	46.67%	
6	228		189	189	20	63.33%	
7	153		199	199	17	77.50%	
8	166		209	209	10	85.83%	
9	154		219	219	8	92.50%	
10	174		229	229	4	95.83%	
11	156		239	239	5	100.00%	
12	203			其他	0	100.00%	
13	159						
14	198						
15	160						
16	152						
17	161						
18	162						
19	163						
20	196						
21	164						
22	226						

表3-15 某公司销售量的频数分布表

	A	B	C
	按销售量分组(台)	频数(天)	频率(%)
2	140-150	4	3.33
3	150-160	9	7.50
4	160-170	16	13.33
5	170-180	27	22.50
6	180-190	20	16.67
7	190-200	17	14.17
8	200-210	10	8.33
9	210-220	8	6.67
10	220-230	4	3.33
11	230-240	5	4.17
12	合计	120	100.00

采用组距分组时,必须遵守"不重不漏"的原则。"不重"是指一个数据只能分在某一组中,不能在其他组中重复出现;"不漏"是指组别能够穷尽,即所有数据都能归属于相应组中,不能遗漏。

为解决"不重"的问题,统计分组时习惯上规定"上组限不在内"的原则,前面已经提到,例如,在表 3-15 分组中,150 台这一数值不计算在 140~150 这一组内,而计算在 150~160 组中,其余类推。

为解决"不漏"和空白组的问题,在编制组距数列时常采用开口组的办法。假如一组数据比较分散,为避免空白组(即没有变量值的组)或个别极端值被漏掉,第一组和最后一组可以采取"××以下"及"××以上"这样的开口组。开口组通常以相邻组的组距作为其组距。例如,上例中,如果最小值为 116,最大值为 258,采用上面分组法会出现空白组,这时可采用"开口组",见表 3-16。

表 3-16　某电脑公司销售量的频数分布表

	A	B	C
1	按销售量分组(台)	频数(天)	频率(%)
2	150以下	4	3.33
3	150-160	9	7.50
4	160-170	16	13.33
5	170-180	27	22.50
6	180-190	20	16.67
7	190-200	17	14.17
8	200-210	10	8.33
9	210-220	8	6.67
10	220-230	4	3.33
11	230以上	5	4.17
12	合计	120	100.00

组距分组掩盖了各组内的数据分布状况,为反映各组数据的一般水平,通常计算组中值作为该组数据的一个代表值:

$$组中值 = \frac{上限值 + 下限值}{2}$$

使用组中值代表一组数据时有一个必要的假定条件,即各组数据在本组内呈均匀分布或在组中值两侧对称分布。如果数据的分布不符合这一规定,那么用组中值作为一组数据的代表值会有一定的误差。

为了统计分析的需要,有时需要观察某一数值以下或某一数值以上的频数(或频率)之和,就需要在分组的基础上计算出累积频数(或频率)。从变量值小的一方向变量值大的一方累加频数(或频率),称为向上累积;从变量值大的一方向变量值小的一方累加频数(或频率),称为向下累积。例如,在表 3-16 的基础上,可以得到下面的累积频数分布表(见表 3-17)。从表中可以直接看出,销售量在 200 台以下的天数为 93 天,占比 77.5%。

表 3-17　某电脑公司销售量的累积频数分布表

	A	B	C	D	E	F	G
1	按销售量分组(台)	频数(天)	频率(%)	向上累积		向下累积	
2				频数(天)	频率(%)	频数(天)	频率(%)
3	150以下	4	3.33	4	3.33	120	100.00
4	150-160	9	7.50	13	10.83	116	96.67
5	160-170	16	13.33	29	24.17	107	89.17
6	170-180	27	22.50	56	46.67	91	75.83
7	180-190	20	16.67	76	63.33	64	53.33
8	190-200	17	14.17	93	77.50	44	36.67
9	200-210	10	8.33	103	85.83	27	22.50
10	210-220	8	6.67	111	92.50	17	14.17
11	220-230	4	3.33	115	95.83	9	7.50
12	230以上	5	4.17	120	100.00	5	4.17
13	合计	120	100.00	——	——	——	——

第三节 统 计 图

通过数据分组形成的频数分布表,比较精确,但不太直观。为了更直观地显示频数分布的特征和规律,可以在列表的基础上,用统计图来表示频数分布。统计图可以将表中的数据用图形表示,使表、图、文字有机地结合起来,使人们一目了然地认识客观事物的状态、形成、发展趋势或在某地区上的分布状况等,所以在经济管理工作中使用得非常广泛。

Excel 具有丰富多彩的制图功能,它所提供的图形种类繁多,本书主要介绍常用的条形图、饼图、环形图、直方图、折线图、散点图等类型。

常用统计图

(一)条形图和柱形图

条形图(Bar chart)是用宽度相同的条形的高度或长短来表示数据多少的图形。用来表示类别的条形柱放在纵轴上,称为条形图;放在横轴上,称为柱形图(Column chart)。两种图都可以用来表示一组或几组分类相关的数值,它可用于不同现象的比较,也可用于同一现象不同时间的比较。在条形图或柱形图中,各条形柱的宽度以及各条形柱之间的距离均相等,条形柱的高度表示频数或频率的大小。

【例 3-8】 一家市场调查公司为研究不同品牌饮料的市场占有率,对随机抽取的一家超市进行了调查。调查员在某天对 50 名顾客购买饮料的品牌进行了记录,如果一个顾客购买某一品牌的饮料,就将这一饮料的品牌名字记录一次。根据原始数据整理得到频数分布表(如图 3-13 所示),试利用该资料绘制条形图。

Excel 的操作步骤如下。

第一步,单击图表向导,弹出"图表向导—4 步骤之 1—图表类型"对话框,如图 3-13 所示。

图 3-13 "图表类型"对话框

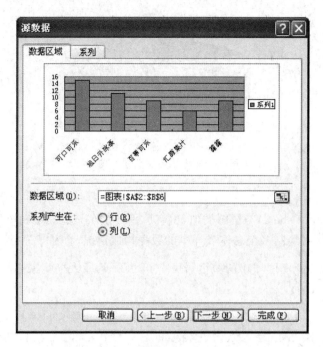

图 3-14　图表"源数据"对话框

第二步,在"图表类型"中选择"条形图"或"柱形图",在"子图表类型"中选择具体样式;单击"下一步",弹出"图表向导—4 步骤之 2—图表源数据"对话框。在对话框中,输入数据区域,如图 3-14 所示。

第三步,单击"下一步",弹出"图表向导—4 步骤之 3—图表选项"对话框。对该对话框中的项目进行适当的选择,单击"完成"即可,然后做相应修改,结果如图 3-15 所示。

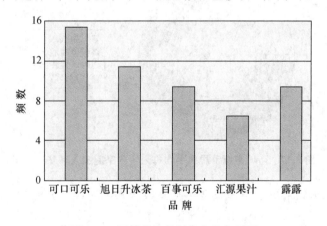

图 3-15　不同品牌饮料分布的条形图

(二) 饼图

饼图(Pie chart)是用圆形及圆内扇形的角度来表示数值大小的图形,主要用于表示一个样本(或总体)中各组成部分的数据占全部数据的比例。饼图对研究结构性问题很有用。

Excel 的操作步骤同条形图。仍以例 3-8 为例,绘制的饼图如图 3-16 所示。

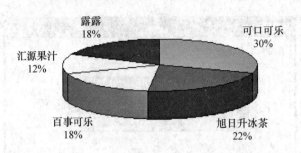

图 3-16　不同品牌饮料的构成

（三）环形图

环形图（Doughnut chart）与饼图类似，也有区别。饼图只能显示一个总体或样本的构成情况，环形图可以同时绘制多个总体或样本的数据构成情况，有利于进行比较研究。

【例 3-9】 北京、上海两城市的城镇居民 2006 年平均每人全年家庭收入来源见表 3-18，根据资料绘制环形图。

表 3-18　城镇居民平均每人全年家庭收入来源（2006 年）

	A	B	C	D	E	F
1	地区	总收入	其中：			
2			工薪收入	经营净收入	财产性收入	转移性收入
3	北京	22417.15	16284.17	236.37	270.52	5626.09
4	上海	22808.58	16016.4	958.5	300.26	5533.42

Excel 的操作步骤同条形图，输出结果如图 3-17 所示。

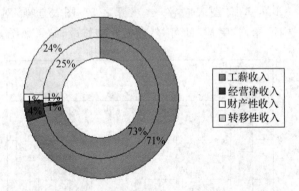

图 3-17　两城市城镇居民平均每人全年家庭收入来源环形图

内环表示北京城镇居民平均每人全年家庭收入来源构成百分比，外环表示上海城镇居民平均每人全年家庭收入来源构成百分比。

（四）直方图

直方图（Histogram）是用矩形的宽度和高度（即面积）来表示频数分布的图形。在直方图中，矩形的宽度表示各组的组距，对于等距分组的数据，矩形的高度表示各组的频数。但不等距分组数据，要用矩形的面积表示各组的频数分布，或根据频数密度（密度＝频数÷组距）来绘制直方图，就可以准确地表示各组数据的分布特征。无论是等距分组数据还是不等距分组数据，用矩形面积来表示各组频数分布更合适，因为这样可使直方图下的总面积等于1。在直方图中实际上是用矩形的面积来表示各组的频数分布。

直方图与条形图有明显的区别。首先,条形图的长度表示各组的频数,宽度表示类别,是固定的;直方图的高度表示各组的频数,宽度表示各组的组距,因此其高度与宽度均有意义。其次,条形图的矩形是分开排列的;而直方图由于反映的是分组数据的分布,具有连续性,因此各矩形是连续排列的。

利用 Excel 绘制直方图的具体操作步骤,在例 3-7 编制组距数列的方法中讲过,见表 3-14。直接输出的直方图实际上是条形图的形式,与要求不符,需要进行相应的修改。修改方法如下:

(1) 删除 D12:E12 内容,删除频率图标;

(2) 选中图中的某个柱形,右击,在弹出的快捷菜单中,选择数据系列格式,在弹出数据系列格式对话框中,单击"选项"按钮,将分类间距调整为 0,单击"确定",即得到如图 3-18 所示的结果。

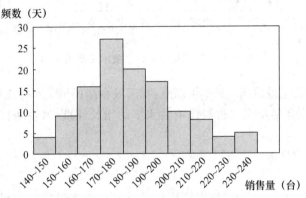

图 3-18 某公司电脑销售量分布的直方图

(五)折线图

如果掌握的数据是时间序列数据,则可以绘制折线图(Line plot),以反映事物发展变化的规律和趋势。

【例 3-10】 已知 1990—2006 年我国城乡居民消费水平数据见表 3-19,试绘制折线图。

表 3-19 1990—2006 年我国城乡居民消费水平情况 (单位:元)

	A	B	C
1	年 份	农村居民	城镇居民
2	1990	560	1596
3	1991	602	1840
4	1992	688	2262
5	1993	805	2924
6	1994	1038	3852
7	1995	1313	4931
8	1996	1626	5532
9	1997	1722	5823
10	1998	1730	6109
11	1999	1766	6405
12	2000	1860	6850
13	2001	1969	7113
14	2002	2062	7387
15	2003	2103	7901
16	2004	2301	8679
17	2005	2560	9410
18	2006	2848	10359

利用 Excel 绘制折线图的操作步骤同条形图或柱形图。只是在第二步"源数据"对话框中,单击"系列",在"分类(x)轴标志"中,输入时间区域 A2:A18。其他步骤相同,结果如图 3-19 所示。

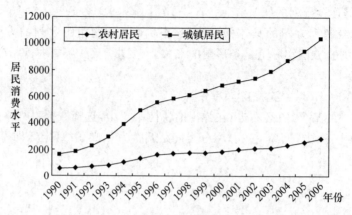

图 3-19 我国城乡居民消费水平折线图

由图 3-19 可以清楚地看出,1990 年以来,我国城乡居民消费水平逐年提高,但城镇居民消费水平的增长速度明显快于农村居民消费水平的增长速度,城乡居民消费水平的差距在逐年扩大。

(六)散点图与气泡图

1. 散点图

二维散点图(2D scatterplots)是用二维坐标展示两个变量之间关系的一种图形。用横轴代表变量 x,用纵轴代表变量 y,每组数据(x_i,y_i)在坐标系中用一个点表示,n 组数据在坐标系中形成 n 个点称为散点,由坐标及其散点形成的二维数据图称为散点图。

【例 3-11】 小麦的单位面积产量(以下简称"单产")与降雨量和温度等有一定关系。为了解它们之间的关系形态,收集到如下数据,如表 3-20 所示,试绘制小麦单产与降雨量的散点图,并分析它们之间的关系。

利用 Excel 绘制散点图的操作步骤同条形图,输出结果如图 3-20 所示。

从图 3-20 可以看出,小麦产量与降雨量之间有明显的线性关系,小麦产量随着降雨量的增加而增加。

表 3-20 小麦单产与降雨量和温度的数据

	A	B	C
1	温度(°C)	降雨量(mm)	产量(kg/hm2)
2	6	25	2250
3	8	40	3450
4	10	58	4500
5	13	68	5750
6	14	110	5800
7	16	98	7500
8	21	120	8250

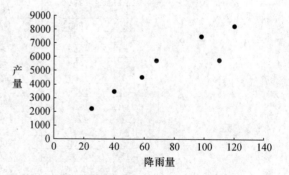

图 3-20 小麦单产与降雨量的散点图

2. 气泡图

气泡图(Bubble chart)可用于展示3个变量之间的关系。与散点图类似,绘制时将一个变量放在横轴,一个变量放在纵轴,第三个变量用气泡的大小来表示。例如,根据表3-20绘制的气泡图,如图3-21所示。

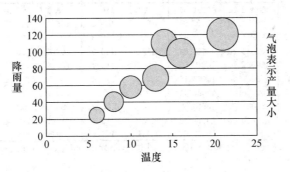

图 3-21　小麦单产与降雨量和温度的气泡图

从图3-21可以看出,随着气温的不断增高,降雨量在增加,同时小麦的产量也在逐渐提高(气泡在变大)。

第四节　统　计　表

统计表和统计图是显示统计数据的两种方式。在日常生活中,阅读报纸杂志,或者在看电视、查阅计算机网络时,都能看到大量的统计表格和统计图形。统计表把杂乱的数据有条理地组织在一张简明的表格内,统计图把数据形象地显示出来。显然,看统计表和统计图要比看一堆枯燥的数字更有趣。当对某些实际问题进行研究时,也经常要使用统计表和统计图。正确地使用统计表和统计图是做好统计分析的基本技能。

统计表是用于显示统计数据的基本工具。在数据的搜集、整理、描述和分析过程中,都要使用统计表。许多杂乱的数据,既不便于阅读,也不便于理解和分析,一旦整理在一张统计表内,就会使这些数据一目了然,清晰易懂。充分利用和绘制好统计表是做好统计分析的基本要求。

统计表的形式多种多样,根据使用者的要求和统计数据本身的特点,可以绘制形式多样的统计表。表3-21就是一种比较常见的统计表。

从表3-21可以看出,统计表一般由四个部分组成:表头、行标题、列标题和数字资料,必要时可以在统计表的下方加上附加。表头放在表的上方,它所说明的是统计表的主要内容。行标题和列标题通常安排在统计表的第一列和第一行,它所表示的主要是所研究问题的类别名称和指标名称,通常也称为"类"。如果是时间序列数据,行标题和列标题也可以是时间,当数据较多时,通常将时间放在行标题的位置。表的其余部分是具体的数字资料。附加通常放在统计表的下方,主要包括资料来源、指标的注释和必要的说明等内容。

表 3-21　1998—2007 年山东省 GDP 与全国比较分析表

年 份	GDP（亿元）		GDP 指数（%）		人均 GDP 指数（%）	
	全国	山东	全国	山东	全国	山东
1998	84402.30	7021.35	107.8	110.8	106.8	106.80
1999	89677.10	7493.84	107.6	110.0	106.7	106.46
2000	99214.60	8337.47	108.4	110.3	107.6	109.94
2001	109655.20	9195.04	108.3	110.0	107.5	109.32
2002	120332.70	10275.50	109.1	111.7	108.4	111.23
2003	135822.80	12078.15	110.0	113.4	109.3	117.00
2004	159878.30	15021.84	110.1	115.3	109.4	123.70
2005	183084.80	18516.87	110.2	115.2	109.6	122.44
2006	211923.00	22077.36	115.8	119.2	110.5	118.40
2007	249530.00	25887.67	117.8	117.3	109.5	114.30

资料来源：《中国统计年鉴 2007》，北京，中国统计出版社，2007。www.stats.gov.cn 国家统计局网站。

由于使用者的目的以及统计数据的特点不同，统计表的设计在形式和结构上会有较大差异，但设计上的基本要求则是一致的。总体上看，统计表的设计应符合科学、实用、简练、美观的要求。具体来说，设计统计表时要注意以下四点。

（1）要合理安排统计表的结构，行标题、列标题、数字资料的位置应安排合理。当然，由于强调的问题不同，行标题和列标题可以互换，但应使统计表的横竖长度比例适当，避免出现过高或过长的表格形式。

（2）表头一般应包括表号、总标题和表中数据的单位等内容。总标题应简明确切地概括出统计表的内容，一般需要表明统计数据的时间（when）、地点（where）以及何种数据（what），即标题内容应满足 3W 要求。如果表中的全部数据都是同一计量单位，可放在表的右上角标明，若各指标的计量单位不同，则应放在每个指标后或单列出一列标明。

（3）表中的上下两条横线一般用粗线，中间的其他线要用细线，这样使人看起来清楚、醒目。通常情况下，统计表的左右两边不封口，列标题之间一般用竖线隔开，而行标题之间通常不必用横线隔开。总之，表中尽量少用横竖线。表中的数据一般是右对齐，有小数点时应以小数点对齐，而且小数点的位数应统一。对于没有数字的表格单元，一般用"—"表示，一张填好的统计表不应出现空白单元格。

（4）在使用统计表时，必要时可在表的下方加上注释，特别要注意注明资料来源，以表示对他人劳动成果的尊重，方便读者查问使用。

【练习题】

一、名词解释

数据的预处理；审核与插补；统计分组；次数分布（频数分布）；次数（频数）、频率；统计表；统计图；直方图与条形图；饼图与环形图；折线图与散点图。

二、简答题

1. 什么是统计分组？统计分组有哪些作用？
2. 什么是统计表？编制统计表时应注意哪些问题？

3. 什么是次数分布？其构成要素有哪些？
4. 变量数列的编制步骤是怎样的？
5. 简述向上累积频数(或频率)、向下累计频数(或频率)的经济含义。

三、填空题

1. 每个组只有一个变量值的分配数列叫_____，各组组距不相等的组距列叫_____。
2. 在组距数列中，说明总体单位数值变化界限的数值称为_____，各组上限与下限之间的中点数值称为_____。
3. 在变量数列中，各组单位数称_____，各组单位数占总体单位总数的比重称_____。
4. 对总体进行统计分组关键在于_____。
5. 统计分组的意义可以从以下几方面去理解：_____、_____、_____。

四、选择题

1. 统计资料按数量标志分组后，处于每组两端的数值叫（　　）。
   A. 组距　　　　B. 组数　　　　C. 组限　　　　D. 组中值
2. 统计表中的主词是指（　　）。
   A. 统计表的横行标题　　　　B. 统计表的纵栏标题
   C. 统计表所要说明的总体　　D. 说明总体的统计指标
3. 数据整理的步骤一般为（　　）。（排序）
   A. 数据的预处理　　　　B. 编制统计数列和统计表
   C. 选择标志对总体进行分组　　D. 数据汇总
   E. 计算和汇总　　　　F. 统计复查
4. 下列各项中按数量标志分组的有（　　）。
   A. 人口按年龄分组　　　　B. 企业产品按合格与不合格分组
   C. 人口按性别分组　　　　D. 家庭按月收入分组
   E. 企业按年产值分组　　　F. 人口按文化程度分组
5. 构成分配数列的两个基本要素是（　　）。
   A. 组数的多少　　　　B. 各组组距大小
   C. 统计分组　　　　　D. 各组标志值的大小
   E. 各组次数大小　　　F. 分配在各组的单位数
6. 统计表从形式上看，它是由（　　）构成的。
   A. 总标题　　B. 纵栏标题　　C. 横行标题　　D. 主词
   E. 指标数值　　F. 宾词
7. 对某市工业企业先按产品类别分组，再在此基础上按企业规模分组，这种分组形式叫做（　　）。
   A. 简单分组　　B. 平行分组　　C. 再分组　　D. 复合分组
8. 统计表中的主词是指（　　）。

A. 统计表的横行标题　　　　　　B. 统计表的纵栏标题
C. 统计表所要说明的总体　　　　D. 说明总体的统计指标

五、技能题

1. 某管理局所属 40 个企业 2011 年产品销售收入数据（单位：万元）见表 3-22。

要求：(1) 根据上面的数据进行适当的分组，编制频数分布表，并计算出累积频数和累积频率；(2) 如果按规定：销售收入在 125 万元以上为先进企业，115 万~125 万元为良好企业，105 万~115 万元为一般企业，105 万元以下为落后企业，按先进企业、良好企业、一般企业、落后企业进行分组。

表 3-22　某管理局所属企业 2011 年的产品销售收入数据

	A	B	C	D	E	F	G	H
1	152	119	105	115	103	118	136	113
2	105	108	123	100	103	120	146	104
3	117	88	116	87	137	112	127	125
4	97	129	115	107	138	95	135	108
5	124	114	110	119	92	142	117	126

2. 甲、乙两个班各有 40 名学生，期末统计学考试成绩如表 3-23 所示。

表 3-23　甲乙两班期末统计学考试成绩

	A	B	C
1	考试成绩	人数	
2		甲班	乙班
3	优	3	6
4	良	6	15
5	中	18	9
6	及格	9	8
7	不及格	4	2

要求：(1) 根据表 3-23 数据，绘制两个班考试成绩的环形图；(2) 比较两个班考试成绩分布的特点。

3. 1990—2006 年我国 GDP 数据（按当年价格计算，单位：亿元）见表 3-24。

表 3-24　1990—2006 年我国国内生产总值数据

	A	B	C	D	E
1	年份	国内生产总值	其中		
2			第一产业	第二产业	第三产业
3	1990	18667.8	5062.0	7717.4	5888.4
4	1991	21781.5	5342.2	9102.2	7337.1
5	1992	26923.5	5866.6	11699.5	9357.4
6	1993	35333.9	6963.8	16454.4	11915.7
7	1994	48197.9	9572.7	22445.4	16179.8
8	1995	60798.7	12135.8	28679.5	19978.5
9	1996	71176.6	14015.4	33835.0	23326.2
10	1997	78973.0	14441.9	37543.0	26988.1
11	1998	84402.3	14817.6	39004.2	30580.5
12	1999	89677.1	14770.0	41033.6	33873.4
13	2000	99214.6	14944.7	45555.9	38714.0
14	2001	109655.2	15781.3	49512.3	44361.6
15	2002	120332.7	16537.0	53896.8	49898.9
16	2003	135822.8	17381.7	62436.3	56004.7
17	2004	159878.3	21412.7	73904.3	64561.3
18	2005	183867.9	23070.4	87364.6	73432.9
19	2006	210871.0	24737.0	103162.0	82972.0

要求：(1) 绘制国内生产总值和第一、二、三产业国内生产总值的线图，并对其变动趋势进行分析。(2) 根据 2006 年的国内生产总值及其构成数据，绘制饼图。

4. 要求：根据表 3-25 数据绘制散点图，判断国内生产总值 x（万元）与货运周转量 y（万吨）之间的关系形态。

表 3-25　1986—2011 年某地区货运周转量和国内生产总值数据

年份	x	y	年份	x	y	年份	x	y
1986	5	9	1995	40	35	2004	57	43.5
1987	8.7	12	1996	41	32	2005	59	43.5
1988	12	14	1997	32	24	2006	63	43.5
1989	16	15	1998	34	28	2007	66.5	44
1990	19	17	1999	44	32	2008	67	45.5
1991	22	20	2000	47	34	2009	70.5	47
1992	25	20.5	2001	54	37	2010	70.6	46
1993	28	23.5	2002	56.5	40	2011	73	52
1994	36	30	2003	56	44			

第四章

数据的概括性度量

【引导案例】

2011年前三季度国民经济保持平稳较快发展

2011年前三季度，面对复杂多变的国际形势和国内经济运行出现的新情况新问题，党中央、国务院坚持实施积极的财政政策和稳健的货币政策，不断加强和改善宏观调控，国民经济运行总体良好，继续朝着宏观调控预期方向发展。

初步测算，前三季度国内生产总值320 692亿元，按可比价格计算，同比增长9.4%。分季度看，一季度同比增长9.7%，二季度增长9.5%，三季度增长9.1%。分产业看，第一产业增加值30 340亿元，增长3.8%；第二产业增加值154 795亿元，增长10.8%；第三产业增加值135 557亿元，增长9.0%。从环比看，三季度国内生产总值增长2.3%。

一、农业生产形势良好。全国夏粮产量12 627万吨，比上年增产312万吨，增长2.5%。早稻产量3 276万吨，比上年增产143万吨，增长4.5%。秋粮可望再获丰收，全年粮食产量将会超过去年。前三季度，猪牛羊禽肉产量5 453万吨，同比增长0.2%，其中猪肉产量3 568万吨，下降0.6%。

二、工业生产平稳增长。前三季度，全国规模以上工业增加值按可比价格计算同比增长14.2%，比上半年回落0.1个百分点。分登记注册类型看，国有及国有控股企业增加值同比增长10.4%；集体企业增长9.6%；股份制企业增长16.1%；外商及港澳台商投资企业增长10.9%。分轻重工业看，重工业增加值同比增长14.6%，轻工业增长13.1%。分行业看，39个大类行业增加值全部实现同比增长。分地区看，东部地区增加值同比增长12.2%，中部地区增长18.3%，西部地区增长17.1%。前三季度，规模以上工业企业产销率达到97.9%，与上年同期持平。9月份，规模以上工业增加值同比增长13.8%，环比增长1.2%。全国规模以上工业企业实现利润36 834亿元，同比增长27%。在39个工业大类行业中，37个行业利润同比增长，2个行业同比下降。规模以上工业企业实现主营业务收入608 428亿元，同比增长29.6%。每百元主营业务收入中的成本为85.07元，主营业务收入利润率为6.05%。

三、固定资产投资保持较快增长。前三季度，固定资产投资（不含农户）212 274亿元，同比名义增长24.9%（扣除价格因素实际增长16.9%），比上半年回落0.7个百分点。其中，国有及国有控股投资73 481亿元，增长12.7%。分产业看，第一产业投资同比增长25.5%，第二产业投资增长26.9%，第三产业投资增长23.4%。分地区看，东部地区投资同比增长22.3%，中部地区增长29.9%，西部地区增长29.5%。

前三季度,全国房地产开发投资 44 225 亿元,同比增长 32.0%,比上半年回落 0.9 个百分点。其中,住宅投资 31 788 亿元,增长 35.2%。全国商品房销售面积 71 289 万平方米,同比增长 12.9%。其中,住宅销售面积增长 12.1%。前三季度,房地产开发企业本年资金来源 61 947 亿元,同比增长 22.7%。9 月份,全国房地产开发景气指数为 100.41。

四、市场销售平稳。前三季度,社会消费品零售总额 130 811 亿元,同比名义增长 17.0%(扣除价格因素实际增长 11.3%),比上半年加快 0.2 个百分点。其中,限额以上企业(单位)消费品零售额 60 165 亿元,增长 23.5%。按经营单位所在地分,城镇消费品零售额 113 265 亿元,同比增长 17.1%;乡村消费品零售额 17 546 亿元,增长 16.4%。按消费形态分,餐饮收入 14 737 亿元,同比增长 16.5%;商品零售 116 074 亿元,增长 17.0%。在商品零售中,限额以上企业(单位)商品零售额 55 607 亿元,同比增长 24.3%。其中,汽车类增长 16.0%,增速比上年同期回落 18.9 个百分点;家具类增长 31.4%,回落 7.0 个百分点;家用电器和音像器材类增长 20.5%,回落 7.6 个百分点。9 月份,社会消费品零售总额同比增长 17.7%(扣除价格因素实际增长 11.0%),环比增长 1.35%。

五、城乡居民收入继续增加。前三季度,城镇居民家庭人均总收入 17 886 元。其中,城镇居民人均可支配收入 16 301 元,同比名义增长 13.7%,扣除价格因素,实际增长 7.8%。在城镇居民家庭人均总收入中,工资性收入同比增长 11.9%,转移性收入增长 11.2%,经营净收入增长 30.4%,财产性收入增长 23.4%。农村居民人均现金收入 5 875 元,同比名义增长 20.7%,扣除价格因素,实际增长 13.6%。其中,工资性收入同比增长 21.9%,家庭经营收入增长 20.4%,财产性收入增长 6.2%,转移性收入增长 22.0%。

当前,经济发展面临的国内外环境更趋复杂,不稳定、不确定因素有所增加。下阶段宏观调控既要保持政策的连续性、稳定性,又要增强政策的前瞻性、针对性和灵活性,进一步处理好保持经济平稳较快发展、调整经济结构和管理通胀预期的关系,加大改革创新力度,加快经济结构调整和发展方式转变,更加重视保障和改善民生,促进经济又好又快发展。

(来源:国家统计局 2011-10-18 http://www.stats.gov.cn/tjfx/jdfx/t20111018_402759555.htm)

通过统计调查得到的数据资料经过排序、整理,并用表格法和图示法进行汇总后,可以对数据分布的形状和特征有一个大致的了解,这些方法在用于书面报告,或作为演示的直观辅助材料时,是十分有效的。但要进一步掌握研究对象的数据分布特征和变化规律,进行更加深入的分析,还必须从以下五个方面进行测度和描述:一是总规模度量,反映总体规模达到的水平;二是比较度量,通过相对指标反映研究现象的数量对比关系;三是集中趋势的度量,反映数据向中心值靠拢的程度;四是离散程度的度量,反映数据远离中心值的趋势;五是偏态和峰度的度量,反映数据的分布形状。本章将重点讨论这些代表值的计算方法、特点及其应用场合。

第一节　总规模度量

一、总量指标概述

(一)总量指标的概念

总量指标是反映社会经济现象在一定时间、地点和条件下总规模或总水平的统计指标。

总量指标通常是用绝对数来表现的,所以也称为绝对指标或绝对数。

(二) 总量指标的作用

总量指标是社会经济统计中最基本的统计综合指标,在实际工作中应用十分广泛。主要有以下几方面的作用。

(1) 总量指标可以反映社会经济现象总体的基本情况。例如,一个国家的土地面积、国内生产总值(GDP)、财政收入、进出口商品总值、粮食总产量、钢铁总产量等总量指标,反映了该国生产力发展水平和经济实力;一个地区的社会商品零售额、零售商业网点数等总量指标,标志着该地区的消费水平;一个企业的固定资产总值、工业增加值、商品产值、利税总额、职工人数等指标,则可反映该企业的人、财、物力的基本状况和生产经营活动成果。

(2) 总量指标是制定政策、编制计划、进行经济管理的重要依据。制定政策要对政策所涉及的问题心中有数。比如,要制定国家财政金融政策,就要了解城乡居民储蓄存款余额、全社会固定资产投资总额、货币流通量等总量指标,否则制定的政策将难以切合实际;制订国家经济发展战略和计划,就必须掌握国家的自然资源总量、人口数、主要产品产量等方面的总量指标,为编制计划和检查计划执行情况,做好经济管理提供依据。

(3) 总量指标是计算相对指标和平均指标的基础。总量指标是基础指标,相对指标和平均指标都是由两个有联系的总量指标对比计算出来的,是总量指标的派生指标。因此,总量指标的计算是否科学、合理必将直接影响相对指标和平均指标的准确性。

(三) 总量指标应用中应注意的问题

总量指标应用中应注意以下三个问题。

1. 必须注意现象的同质性

同质性是由现象的性质和用途决定的,不同性质的事物是不能直接计算其总量的。但是,对一些具体形式不同但使用价值相同的产品,可以折算为标准品产量。如原煤、柴油、汽油、天然气、电等产品,可以折算成吨标准煤产量。

2. 明确总量指标的含义、范围和计算方法

总量指标不是抽象的数值而是代表一定的经济内容,它的计算不是单纯的汇总问题,必须对总量指标的含义、包括的范围和计算方法作出严谨的、科学的界定后才能计算。例如,在计算工业总产值指标时,首先要明确什么是工业和工业产品,否则,就不可能准确地对工业总产值指标进行统计。再比如,国内生产总值可以采用支出法、生产法和收入法三种计算方法,计算方法不同,结果就不一样。因此,一定要根据研究目的,统一规定指标的含义,确定科学的统计方法。

3. 要使用统一的计量单位

为便于进行统计比较和综合分析,同一总量指标在不同时间、地点和单位进行统计时,计量单位应当一致,如果存在不一致的情况,应采用一定的方法进行换算。

二、总量指标的种类

1. 总量指标按其反映的内容不同,可分为总体单位总量和总体标志总量

总体单位总量,简称单位总量,表示一个总体中所包含的总体单位总数,表示总体本身的规模大小;总体标志总量简称标志总量,是反映统计总体中各单位某一数量标志值的总和,表示总体某一数量特征的总量。就特定的统计总体来说,一定存在总体单位总量和总体标志总量两个基本的总量指标,两者相互联系、相辅相成。例如,要研究某市工业企业的经

营情况,该市全部工业企业构成统计总体,工业企业总数是这个总体的单位总量,而该市工业企业实现的商品销售额、利税总额、职工人数等就是这个统计总体的标志总量。一般来说,对于一个固定的总体,总体单位总量只有一个,而总体标志总量却有许多个。

2. 总量指标按其反映的时间状况不同,可分为时期指标与时点指标

时期指标是表明现象在一段时期内发展过程的总量指标。例如,一定时期的产品产量、工资总额、商品销售额等都是时期指标。时点指标是表明现象在某一时刻(瞬间)上发展状况的总量指标。例如,人口数、设备台数、商品库存量、储蓄存款余额等都是时点指标。

时期指标与时点指标相比各有特点:

(1) 时期指标的数值是连续计数的,即可以通过连续登记取得数据。它的每个数值都表示社会经济现象在这一时期内发生的总量;而时点指标的数值是间断计数的,即每隔一定时间登记一次,它的每个数值都表示社会经济现象发展到一定时点上所处的水平。

(2) 时期指标具有可加性,其相加累计的结果具有实际意义;例如,某企业1月份产量是该月每天产量的总和,全年产量是12个月产量的总和。而时点指标不能累加,累加的结果没有独立的经济意义。例如,企业年末职工人数不等于各月末人数之和,各月末人数相加是没有意义的。

(3) 时期指标是流量指标,其数值大小与所属时期长短有直接关系,时期越长,数值越大,反之数值越小。例如,一个企业一年的销售额必然大于一个季度的销售额。时点指标是存量指标,其数值大小与时间长短没有直接关系。比如,企业年末职工人数不一定大于某月末的职工人数。

3. 总量指标按其采用的计量单位不同,分为实物指标、价值指标、劳动指标和统计分指标

(1) 实物指标。实物指标是以实物单位计量的总量指标。实物指标最大特点是它直接反映现象的使用价值和经济内容,能够具体表明事物的规模或水平。因而广泛用来反映国民经济的基本情况,制定和检查计划,研究各种产品对生产和生活的满足程度等。

实物单位,是根据事物的自然属性和特点而采用的计量单位,主要有:自然单位、度量衡单位、标准实物单位、复合单位和双重或多重单位等。

① 自然单位,是指按照被研究现象的自然状态计量的单位,通常用于可数现象的计量。如人口按"人"、汽车按"辆"、鞋子按"双"、设备按"台"为单位。

② 度量衡单位,是指根据国内或国际上通行的度量衡制度对现象进行计量的单位,通常用于不可数现象的计量。如粮食以"千克"或"吨"为单位,布匹长度用"米"为单位、天然气以"米^3"为计量单位等。

③ 标准实物单位,是按照统一的折算标准来度量被研究现象数量的一种计量单位。在很多情况下,同类现象之间往往存在大小或品质方面的差异,如拖拉机的牵引能力、煤的发热量等,对这些现象不加区别、直接汇总,就不能客观反映这些现象的实际使用价值,所以必须对其按规定的标准进行计量。如拖拉机折合标准台,不同含量的化肥折合为100%的含量计算,各种不同发热量的煤折合为7 000大卡/千克的标准煤等。

④ 复合单位,是将两种计量单位结合在一起对研究现象进行计量的单位。当用一种计量单位无法准确地反映现象的总规模和水平时,往往采用复合单位进行计量。如运输企业核算货运量,只用载重量或运输距离均不能准确反映运输结果,故采用载重量乘运输距离的方法,以"吨公里"为计量单位。又比如,发电量用"千瓦时"表示,等等。

⑤ 双重或多重单位,是同时采用两种或两种以上计量单位对被研究现象进行计量的单位。例如,发动机的数量可以用台,也可以用千瓦表示,同时用台和千瓦表示即"台/千瓦"就是双重计量单位。又如船舶同时用艘、马力、吨位三种单位表示,就属于多重计量单位。复合单位、双重或多重单位可以更有效地反映出现象的使用价值或经济内容。

(2) 价值指标。价值指标是以货币为单位来计量的总量指标,反映社会经济现象价值量,如国内生产总值、工业增加值、销售收入、产品成本等。

与实物量指标相比,价值量指标具有最广泛的综合性和较强的概括力。它可以把那些不能直接加总的产品或商品数量过渡到可以直接加总,进而综合说明不同使用价值的产品或商品的总水平、总规模或总速度等。但是,价值量指标脱离了具体的物质内容,比较抽象,不能确切地反映实际情况。因此,价值指标应该与实物指标结合使用,以便全面说明问题。由于价格和价值时常背离,如果用价值量指标反映生产发展速度时,必须剔除价格变动的影响。

(3) 劳动指标。劳动指标是以劳动单位为计量单位的总量指标。劳动单位是由劳动和工作时间组合而成的复合单位,如"工时"、"工日"等。如一个工人工作一小时称为一个工时、工作一天为一个工日。例如,某车间有 50 个工人,生产某种产品各工作了 8 小时,则该车间共工作了 400 个工时。对于多种产品产量,可用定额工时来计量,表现为定额工时产量。其计算公式为:

$$定额工时产量 = \sum (工时定额 \times 合格产品产量)$$

如,某车间在一天内生产了甲、乙、丙、丁、戊五种产品,其产量分别为 24、12、40、4、8,其单位产品工时定额分别为 0.4、0.5、0.8、1.5、1.0,则该车间完成的定额工时产量为 61.6(=24×0.4+12×0.5+40×0.8+4×1.5+8×1.0)。

以劳动单位计算的劳动总消耗量指标,主要用于企业内部管理,反映劳动总成果,评价劳动时间利用程度和计算劳动生产率等,可用于劳务工资的核算,也可以用来编制生产作业计划并检查生产计划执行情况等。劳动指标在基层生产企业中应用最普遍。

(4) 统计分数。有些行业或项目统计,往往以统计分作为统计计量单位。如产品质量打分,体育行业的体操项目打分、篮球项目计分,文娱行业演唱比赛打分,学生考试成绩得分,等等。

第二节 比较度量

一、相对指标概述

(一) 相对指标的概念

相对指标又称相对数,是两个有联系的指标的比值,用以说明两个相互联系的社会经济现象之间的数量对比关系和联系程度。用来对比的两个数,既可以是绝对数,也可以是平均数和相对数。如我国 2007 年国民经济和社会发展统计公报称,全年国内生产总值同比增长 11.4%,人口自然增长率为 0.52%,居民消费价格指数 104.8%,城镇居民人均可支配收入 13 786 元,城镇居民家庭恩格尔系数为 36.3% 等,这些都是相对指标。

（二）相对指标的作用

运用相对指标进行对比分析,是统计分析中一个非常重要的方法,其作用主要有以下两方面。

(1) 相对指标可以综合反映现象的相互关系、内部结构、实现的程度、强度和速度等,从而说明总量指标不能充分表达的问题。社会经济现象之间是相互联系、相互依存的,不论是从时间上、空间上以及事物内部结构上都是如此。因此,要分析某一社会经济现象,仅利用总量指标是远远不够的,必须计算相对指标,全面地反映现象总体的内部结构、比例关系、现象的普遍程度、普及程度和发展速度。同总量指标相比,相对指标揭示了现象内涵方面的特征,它对现象总体数量特征的描述和反映是动态的、深入的。

(2) 相对指标可以使某些利用总量指标不能直接进行对比的社会经济现象,取得可以比较的基础。总量指标数值容易受总体范围的影响,总体范围大,指标数值也就越大,反之就越小。为了消除由于总体范围不同给统计对比分析带来的影响,就要使用相对指标。例如,甲企业年利润额为 200 万元,乙企业利润额为 180 万元,我们不能简单地认为甲企业获利情况好于乙企业。因为一个企业获利水平的高低受企业总体规模、销售规模以及生产力水平和劳动效率等一系列因素的影响,只有计算比较资金利润率、销售利润率以及人均创利润等相对指标,才能得出正确的结论。若设甲企业当年销售收入为 1 000 万元,乙企业为 800 万元,则甲企业销售利润率为 20%（=200÷1 000×100%）,乙企业的销售利润率为22.5%（=180÷800×100%）,相对指标可以确切地表明乙企业的产品获利水平要高于甲企业。

（三）相对指标的表现形式

相对指标的数值,通常有两种表现形式:有名数和无名数。

1. 有名数表示的相对指标

有名数表示的相对指标,主要用以表现事物的强度、密度和普遍程度。将分子指标和分母指标的计算单位同时使用,即采用复合单位计量。如人口密度用"人/平方公里"表示,城市人口拥有公共汽车用"辆/万人"表示,人均粮食产量用"千克/人"表示等。

2. 无名数表示的相对指标

无名数是一种抽象化的数值,常以系数、倍数、成数、百分数、千分数或翻番数表示。

(1) 系数和倍数。是将对比基数抽象化为 1 而计算的相对数。当分子数值和分母数值比较接近时,常用系数表示,如果子项特别大而母项特别小时,常用倍数。

(2) 成数。是将对比的基数抽象化为 10 而计算出来的相对数。如某地区 2007 年粮食产量比 2006 年增长两成,即增产 2/10。

(3) 百分数。是将对比的基数抽象化为 100 而计算的相对数。

(4) 千分数。千分数是将对比的基数抽象化为 1000 而计算的相对数,适用于分母数值特别大而分子特别小的情形。如人口出生率、死亡率、自然增长率等。

(5) 翻番数。翻番数是指两个相比较的数值中,一个数是另一个数的"2^m"倍,其中,m是番数。例如,十七大报告提出全面建设小康社会新的更高要求,"实现人均国内生产总值到 2020 年比 2000 年翻两番"。2000 年我国人均国内生产总值为 7 858 元,则 2020 年的人均国内生产总值应达到 31 432（=7 858×2^2）元。

（四）应用相对指标应遵循的原则

(1) 可比性原则。遵从可比性是计算相对指标应把握的总原则,两个对比的指标是否具有可比性,是计算结果能否正确反映现象之间数量对比关系的重要条件。可比性是指相互对比的两个统计指标,在经济内容、计算范围、计算方法和计量单位等方面保持一致,如果不可比,就需要进行调整。

(2) 正确选择对比基数的原则。基数是相对指标对比的依据或标准,基数选择不当,就会失去相对指标的作用,对同一现象、同一问题,采用不同的对比基数就会有不同的结果。因此,基数的选择必须从统计研究的目的和任务出发,结合研究对象的性质和特点,选择能最大限度反映现象内在联系和本质特征的指标作为对比基数。

(3) 多种相对指标结合运用的原则。因为客观经济现象是复杂的,而每一种相对指标只是反映经济现象的某一个侧面。在分析研究复杂的现象时,应该将多种相对指标结合起来使用,多角度、多侧面地分析研究经济现象,有助于深入、全面地分析问题和认识问题。

(4) 相对指标与总量指标结合运用的原则。总量指标能够反映事物发展的总规模和总水平,却不易看清事物差别的程度;相对指标反映了现象之间的数量对比关系和差异程度,却又将现象的具体规模和水平抽象化了,而无法说明现象之间的绝对量差异。因此,只有将相对指标同总量指标结合起来使用,才能克服认识上的片面性,实现对客观事物全面、正确的认识。

二、相对指标的种类及其计算方法

根据研究目的和任务不同,对比基数不同,相对指标可以分为计划完成相对数、结构相对数、比例相对数、比较相对数、动态相对数和强度相对数六种。

(一) 计划完成相对数

计划完成相对数也称计划完成百分比,它是现象在某一时期的实际完成数与其计划任务数的比值。它表明某一现象在一定时间计划的完成程度,用来检查、监督计划的执行情况,通常用百分数(%)表示。其基本计算公式为:

$$计划完成相对数 = \frac{实际完成数}{计划完成数} \times 100\%$$

式中,子项和母项在指标含义、计算口径、计算方法、计量单位以及时间空间范围等方面应完全一致。同时,分子、分母不允许互换。

实际工作中,由于计划数可表现为绝对数、相对数、平均数等多种形式,因此计算计划完成相对数的方法也不尽相同。

1. 计划数为绝对数

当计划任务数为绝对数即总量指标时,它一般适合于考核社会经济现象的规模或水平的计划完成情况。检查计划完成情况一般分为短期计划和中长期计划完成情况两种检查。

第一种,短期计划完成情况检查。可直接用实际完成数与计划完成数对比求得计划完成程度指标。计算公式为:

$$计划完成相对数 = \frac{实际完成数}{计划完成数} \times 100\%$$

第二种,中长期计划完成情况检查。在检查中长期计划(如五年计划)任务的完成情况时,根据计划指标的性质不同,分为水平法和累计法两种。

水平法,适用于反映生产能力的经济指标,如钢产量、煤产量、发电量、粮食产量等指标的计划完成情况检查。它是以计划期末(即最后一年)应达到的水平为对象考核的。计算公式为:

$$计划完成相对数 = \frac{计划期末(最后一年)实际达到的水平}{计划规定期末应达到的水平} \times 100\%$$

累计法,它是以计划期内各年计划数量的累计总和为对象考核的。适用于检查计划期内构成国民财产存量的经济指标,如基本建设投资额、造林面积、住宅建设、开垦荒地等计划完成情况。计算公式为:

$$计划完成相对数 = \frac{计划期间实际累计完成数}{计划期间规定的累计数} \times 100\%$$

2. 计划数为相对数

当计划任务数为相对数,而且以提高(或降低)百分数表示时,则不能以实际提高(或降低)百分数与计划提高(或降低)百分数直接对比,应在原有基数100%的基础上提高(或降低),才能对比。其计算公式为:

$$计划完成相对数(\%) = \frac{实际达到的百分数}{计划规定的百分数} \times 100\%$$

$$= \frac{1 \pm 实际提高(降低)百分数}{1 \pm 计划提高(降低)百分数}$$

【**例 4-1**】 某企业产量计划提高 10%,实际提高 15%,则:

$$产量计划完成相对数 = \frac{1+15\%}{1+10\%} \times 100\% = 104.55\%$$

计算结果表明,该企业产量超额 4.55% 完成计划。

【**例 4-2**】 某企业甲种产品单位成本计划降低 5%,实际成本降低 3%,则:

$$单位成本计划完成相对数 = \frac{1-3\%}{1-5\%} \times 100\% = 102.11\%$$

计算结果表明,该企业甲种产品的单位成本比计划高 2.11%,所以未完成计划。

若计划为相对数时,可以用相减的方法来检查计划完成情况。如上例,3%−5%=−2%,计算结果表明,甲种产品的单位成本比计划少降低 2 个百分点,所以未完成单位成本降低计划。百分点是百分数中相当于 1% 的单位,它与百分数不同,专用于表示同一内容在不同时期或不同地点的指标百分数的变化。

3. 计划数为平均数

当计划任务数为平均数时,计划完成程度的计算公式为:

$$计划完成相对数(\%) = \frac{实际完成的平均数}{计划规定的平均数} \times 100\%$$

需要说明的是,在分析计划完成情况时,要注意计划任务数的性质差异。凡是计划指标是以最低限额规定的,如产品产量、利润、销售额等指标,计划完成相对数等于或大于 100%,才算完成或超额完成计划。反之,凡是计划完成相对数是以最高限额规定的,如原材料消耗、单位成本、流通费等,其计划完成相对数等于或小于 100%,才算完成或超额完成计划。

(二)结构相对数

结构相对数是表明总体内部各组成部分在总体中所占比重的相对指标,也称比重相对数,一般用百分数表示。计算公式为:

$$结构相对数(\%) = \frac{总体中某一部分数值}{总体全部数值} \times 100\%$$

由于结构相对数是根据同一总体资料计算的,其分子只能是总体的一部分,因此个别结构相对数是一个大于 0 小于 1 的数值,而总体中各部分比重之和等于 100% 或 1。

结构相对数是描述总体特征的重要指标,它可以说明总体内部构成,分析总体内部构成的变化,反映事物发展变化的过程及趋势。现以表 4-1 为例,表中资料表明,改革开放以来,我国国内生产总值构成发生了显著变化,第一产业的比重明显下降,第三产业所占比重逐步上升,表明了我国国内生产总值结构的变动趋势。

表 4-1 我国国内生产总值构成变化表(%)

	A	B	C	D	E
1	年份	国内生产总值	第一产业	第二产业	第三产业
2	2001	100	14.39	45.05	40.46
3	2002	100	13.74	44.79	41.47
4	2003	100	12.80	45.97	41.23
5	2004	100	13.39	46.23	40.38
6	2005	100	12.12	47.37	40.51
7	2006	100	11.11	47.95	40.94
8	2007	100	10.77	47.34	41.89
9	2008	100	10.73	47.45	41.82
10	2009	100	10.35	46.30	43.36

(三)比例相对数

比例相对数是反映一个统计总体内部各个组成部分之间数量对比关系的相对指标,常用系数和倍数表示。

$$比例相对数 = \frac{总体中某一部分数值}{总体中另一部分数值}$$

【例 4-3】 我国以 2010 年 11 月 1 日零时为标准时点进行了第六次全国人口普查,普查登记的大陆 31 个省、自治区、直辖市和现役军人的人口共 1 339 724 852 人。其中,男性人口为 686 852 572 人,占 51.27%;女性人口为 652 872 280 人,占 48.73%。则

$$人口性别比例 = 686\ 852\ 572 \div 652\ 872\ 280 = 105.2 : 100$$

比例相对数的计算基数单位通常为 1、100、1000 等。例如我国计算农民和非农民的消费比例关系就是以农民消费水平为 1 计算的。在比例相对数的计算过程中,子项和母项可以互相颠倒,当然,分子和分母颠倒后,指标数值所说明的问题也正好反过来了。

比例相对数也有反映总体结构的作用,与结构相对数有着密切的联系,它是属于一种结构性的比例,两者作用相同,只是使用的方法不同,侧重点有所区别。计算比例相对指标对于分析研究国民经济的平衡比例关系、保持国民经济稳定协调发展具有重要意义。国民经济中客观存在着各种各样的比例关系,如物质生产部门和非物质生产部门的关系,积累和消费的比例关系,社会再生产中生产、流通、分配的比例关系等。

(四)比较相对数

比较相对数是反映同一时期的同类现象在不同地区、部门和单位之间数量对比关系的相对指标。其结果可以用百分数表示,也可以用倍数表示。计算公式为:

$$比较相对数 = \frac{某地区(单位)某期某类指标数值}{另一地区(单位)同期同类指标数值}$$

【例 4-4】 2010 年 GDP 美国 14 624 184,中国 5 745 133,日本 5 390 897;人均 GDP 美国 47 132,日本 42 325,中国 4 283。

从 GDP 总量来看,美国是中国的 2.55 倍(14 624 184/5 745 133),中国和日本相当;但从人均 GDP 看,美国是中国的 11 倍(47 132/4 283),日本是中国的 9.9 倍(42 325/4 283)。

运用比较相对数,可以揭示同类现象在不同空间条件下的差异程度。根据研究目的和方式不同,比较相对指标的分子指标和分母指标可以互换位置。它既可用于不同国家、地区、部门或单位之间的比较,也可用于先进与落后的比较,还可用于和标准水平或平均水平的比较。通过对比可以找出差距和不足,为管理决策提供参考依据。

计算比较相对指标,可以用绝对数,也可以用相对数或平均数,但不管用何种指标计算,都必须考虑是否具有可比性。

(五)动态相对数

动态相对数又称发展速度,它是把同一现象在不同时间上的指标数值进行对比的比值,用以说明现象发展变化的方向和程度。通常用百分数表示,也可用倍数或翻番表示。其计算公式为:

$$动态相对数 = \frac{某一现象报告期数值}{同一现象基期数值} \times 100\%$$

动态相对指标的表现形式有多种,本书将在第九章中详细介绍。

(六)强度相对数

强度相对数是两个性质不同但又相互联系的总量指标进行对比的比值,可以反映现象的强度、密度或普遍程度。计算公式为:

$$强度相对指标 = \frac{某一总量指标的数值}{另一有联系但性质不同的总量指标数值}$$

强度相对数的表现形式一般是复名数,由分子指标和分母指标的计算单位组成。如人均国民生产总值"元/人",人口密度"人/平方公里",等等。有的强度相对数用次数、倍数、系数、百分数或千分数表示,如高炉利用系数、资金周转次数、流通费用率、人口出生率等。

【例 4-5】 2010 年我国人口总数为 133 972 万人,国土面积为 960 万平方公里。则:

$$我国人口密度 = 133\,972/960 \approx 140(人/平方公里)。$$

大多数用复名数为单位的强度相对指标,其分子指标和分母指标可以互换,因此,派生出正指标和逆指标两种形式。正指标是指标数值大小与现象的发展程度或密度成正向变化的强度相对指标,即指标数值越大,现象的发展程度或密度越高,反之就越低;逆指标是数值大小与现象的发展程度或密度成反向变化的强度相对指标,即指标数值越大,现象的发展程度或密度越低,反之就越高。

【例 4-6】 某地区 2011 年总人口为 1 200 万人,有 60 000 个零售商业机构,则该地区零售商业网点密度指标是多少?

零售商业网点密度指标是衡量一个国家或地区商业发展水平的统计综合指标,可以用以下两种方法计算。

正指标:

$$零售商业网点密度 = \frac{某地区零售商业机构数}{该地区人口数} = \frac{60\,000}{1\,200} = 50(个/万人)$$

即平均每万人拥有 50 个零售商业机构为他们服务。

逆指标:

$$零售商业网点密度 = \frac{某地区人口数}{该地区零售商业机构数} = \frac{1\,200}{60\,000} = 200(人/个)$$

即每个零售商业机构为 200 人服务。

正指标越大,说明商业网点密度越高,反之,就越低。逆指标越大,说明商业网点密度越低,反之,就越高。

需要指出,计算强度相对指标必须注意社会经济现象之间客观上要存在一定的经济或技术上的联系,这样,两个指标对比才会有现实意义。

第三节 集中趋势的度量

集中趋势(Central tendency)是指一组数据向中心值靠拢的倾向,测度集中趋势也就是寻找数据一般水平的代表值或中心值。在统计学中用平均指标来测度。

平均指标就是表明同类社会经济现象在一定时间、地点条件下达到的一般水平,是总体内各单位参差不齐的标志值的代表值,它的数值表现就是平均数。从多数社会经济变量数列的分布来看,通常是接近平均数的变量值的次数较多,而远离平均数的变量值的次数较少,也就是,与平均数离差较小的变量值的次数比较多,而离差较大的变量值的次数比较少,形成正、负离差大致相等的状态。整个变量数列以平均数为中心而上下波动,所以,掌握了变量数列的平均数,就可以了解总体分布集中趋势的一般特征,它是变量分布的重要特征值,也是进行统计推断的一个非常重要的参数。

平均数按其度量的方法不同,可分为数值平均数和位置平均数。数值平均数是根据数列中的每一个数值或变量值计算的平均数,包括算术平均数、调和平均数和几何平均数;位置平均数是根据某数值在数列中所处的特殊位置而确定的平均数,包括中位数、众数、分位数等。各种平均数不仅计算方法不同,指标含义和应用场合、应用条件也不相同。

一、数值平均数

(一) 算术平均数(Arithmetic mean)

算术平均数也称为均值(Mean),是全部数据算术平均的结果。算术平均数是分析社会经济现象一般水平和典型特征的最基本指标,是集中趋势的最主要度量值,在统计学中具有重要的地位。其基本的计算公式为:

$$算术平均数 = \frac{总体标志总量}{总体单位总量}$$

很多社会经济现象,总体标志总量常常是总体单位变量值的算术总和。例如,工人工资总额是总体中每个工人工资的总和,某地区小麦总产量是所有耕地小麦产量的总和。在总体标志总量和总体单位总量的基础上,就可以计算平均指标。

根据所掌握数据形式的不同,算术平均数有简单算术平均数和加权算术平均数。

1. 简单算术平均数(Simple mean)

如果掌握的资料是未经分组整理的原始数据,即总体各单位的标志值,则可直接将各单位的标志值相加得出标志总量,再除以总体单位数,求出平均数,这种方法计算出来的平均数称为简单算术平均数。

设统计数据为 $x_1, x_2, \cdots, x_n$,则简单算术平均数 $\bar{x}$ 的计算公式为:

$$\bar{x} = \frac{x_1 + x_2 + \cdots + x_n}{n} = \frac{\sum_{i=1}^{n} x_i}{n} \tag{4-1}$$

【例 4-7】 一家汽车零售店的 15 名销售人员 6 月份销售的汽车数量(单位:台)为:7,10,10,4,12,14,2,15,10,9,12,5,11,2,3。试计算它们的平均销售量。

$$\bar{x} = \frac{\sum_{i=1}^{n} x_i}{n} = \frac{7+10+10+\cdots+3}{15} = 8.4(台)$$

相对应的 Excel 算术平均数函数为:AVERAGE,它用于计算一组数值的算术平均数。其语法结构为:AVERAGE(number1,number2,…)。其中,number1,number2,… 为需要计算算术平均数的 1 到 30 个参数。

Excel 的操作步骤如下:

(1) 单击 f_x,在弹出的"插入函数"对话框中,选择统计类别,选择 AVERAGE 函数。如图 4-1 所示。

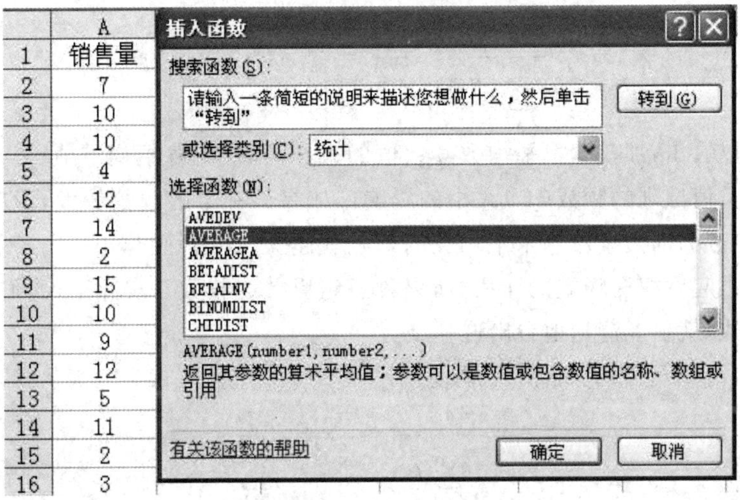

图 4-1 AVERAGE 函数

(2) 单击"确定",在弹出的"函数参数"对话框中,输入数据区域。

(3) 单击"确定",就得到计算结果,即 $\bar{x} = 8.4$。

2. 加权算术平均数(Weighted mean)

根据分组数据计算算术平均数,就要以各组变量值出现的次数或频数为权数计算加权的算术平均数。设原始数据被分成 k 组,各组的变量值为 $x_1, x_2, \cdots, x_k$,各组变量值的次数或频数分别为 $f_1, f_2, \cdots, f_k$,则加权的算术平均数为:

$$\bar{x} = \frac{x_1 f_1 + x_2 f_2 + \cdots + x_k f_k}{f_1 + f_2 + \cdots + f_k} = \frac{\sum_{i=1}^{k} x_i f_i}{\sum_{i=1}^{k} f_i} \tag{4-2}$$

【例 4-8】 某汽车配件厂有 40 名工人,他们每人每日加工的某种零件数,编制成单项数列资料见表 4-2,计算 40 名工人平均每人每日加工零件数。

表 4-2　某汽车配件厂工人每人每日加工某种零件情况

	A	B	C
1	按日产量分组（件）x_i	工人人数（人）f_i	总产量（件）$x_i f_i$
2	25	1	25
3	26	2	52
4	27	6	162
5	29	12	348
6	30	15	450
7	31	2	62
8	32	2	64
9	合　计	40	1163

解：根据(4-2)式得

$$\bar{x} = \frac{\sum_{i=1}^{k} x_i f_i}{\sum_{i=1}^{k} f_i} = \frac{1163}{40} = 29.075（件／人）$$

从上例可以看出，加权算术平均数其数值的大小，不仅受各组变量值(x_i)大小的影响，而且受各组变量值出现的频数(f_i)大小的影响。如果某一组的频数较大，说明该组的数据较多，那么该组数据的大小对算术平均数的影响就越大，反之，则越小。由于各组频数(f_i)对平均数的大小起到权衡轻重的作用，所以称各组频数为权数。实际上，我们将(4-2)式变形为下面的形式，就更能清楚地看出这一点。

$$\bar{x} = \frac{\sum_{i=1}^{K} x_i f_i}{\sum_{i=1}^{K} f_i} = \sum_{i=1}^{K} x_i \frac{f_i}{\sum_{i=1}^{K} f_i} \tag{4-3}$$

由(4-3)式可以清楚地看出，加权算术平均数受各组变量值(x_i)和各组权数即频率$f_i / \sum_{i=1}^{K} f_i$大小的影响。当我们掌握的权数不是各组变量值出现的频数，而是频率时，可直接根据(4-3)式计算算术平均数。以表 4-2 为例，计算过程见表 4-3。

表 4-3　某汽车配件厂工人每人每日加工某种零件情况

	A	B	C	D
1	按日产量分组（件）x_i	工人人数（人）f_i	$f_i / \sum_{i=1}^{n} f_i$	$x_i \cdot f_i / \sum_{i=1}^{n} f_i$
2	25	1	0.025	0.625
3	26	2	0.05	1.3
4	27	6	0.15	4.05
5	29	12	0.3	8.7
6	30	15	0.375	11.25
7	31	2	0.05	1.55
8	32	2	0.05	1.6
9	合　计	40	1	29.075

从表 4-3 计算可以看出，用频率加权计算的结果与用频数加权计算的结果是一致的。
本例是根据单变量数列计算的加权算术平均数，如果根据组距数列计算平均数时，则要

用各组的组中值代替变量值,然后进行加权平均。

【例 4-9】 已知某储蓄所为 120 个企业的贷款情况见表 4-4,求该储蓄所平均为每个企业提供的贷款额。

表 4-4 某储蓄所贷款情况表

	A 按贷款额分组（万元）	B 组中值 x_i	C 贷款户数（户）f_i	D 各组贷款额（万元）$x_i f_i$
2	20以下	10	16	160
3	20～40	30	28	840
4	40～60	50	45	2250
5	60～80	70	21	1470
6	80以上	90	10	900
7	合　计	—	120	5620

$$\bar{x} = \frac{\sum_{i=1}^{k} x_i f_i}{\sum_{i=1}^{k} f_i} = \frac{5\,620}{120} = 46.83(万元)$$

需要说明的是,用各组的组中值代替变量值计算具有假定性,即假定各组内部的变量值是均匀分布或对称分布的。事实上,这种均匀分布或对称分布的情况很少,因此,由组距数列计算的加权平均数只是平均数的近似值。

对同一资料,分别用未分组数据计算均值与用分组数据计算均值并不完全相同,然而,当组数相当大时,两个值会比较接近。因为对整个数列来说,影响变量值高低的各种因素由于分组在一定程度上起到相互抵消的作用,分组工作做得越好,加权算术平均数越接近于实际。

应该注意的是,当各组变量值出现的频数或频率相等,即当

$$f_1 = f_2 = \cdots = f_n \quad \text{或} \quad \frac{f_1}{\sum_{i=1}^{n} f_i} = \frac{f_2}{\sum_{i=1}^{n} f_i} = \cdots = \frac{f_n}{\sum_{i=1}^{n} f_i}$$

时,权数的作用就消失了,这就意味着各组变量值对总平均的结果所起的作用是一样的,此时,加权算术平均数就等于简单算术平均数。

在实际工作中,我们也会经常遇到由相对数计算平均数的情况。一般来说,求相对数的平均数应采用加权平均的方法,此时,用于加权平均的权数不再是频数或频率,而应根据相对数的含义,选择适当的权数。下面举一个实例说明。

【例 4-10】 某公司所属 10 个企业资金利润率分组资料见表 4-5,要求计算该公司 10 个企业的平均资金利润率。

表 4-5 某公司所属 10 个企业资金利润率分组资料

	A 资金利润率（%）x_i	B 企业数 n_i	C 资金总额（万元）f_i	D 利润总额（万元）$x_i f_i$
3	5	4	40	2
4	10	3	80	8
5	15	3	140	21
6	合　计	10	260	31

该例的平均对象是各企业的资金利润率,表中的企业数虽然是频数,但却不是合适的权数。因为,资金利润率=利润总额/资金总额,所以计算平均资金利润率需要以资金总额为权数,才能符合该指标的性质。因此,该公司10个企业的平均资金利润率为:

$$\bar{x} = \frac{\sum_{i=1}^{K} x_i f_i}{\sum_{i=1}^{K} f_i} = \frac{5\% \times 40 + 10\% \times 80 + 15\% \times 140}{40 + 80 + 140} = \frac{31}{260} = 11.9\%$$

当数据存在极端值时,为了消除影响,会用到另外一种度量,即调整平均数(trimmed mean),也称为切尾均值,从数据中删除掉极大值和极小值,然后将剩余的数据计算平均数。通过剪截数据,可以减少极端值对均值的影响,得到集中趋势更可靠的测度。

相对应的 Excel 切尾均值函数为:TRIMMEAN,返回数据分布中心部分的算术平均值。其语法结构为:TRIMMEAN(array,percent)。其中,array 为需要进行筛选并求平均值的组数或数据区域;percent 为计算时所要除去的数据点的比例。

仍以例 4-7 的资料为例,说明一下 TRIMMEAN 函数的使用方法。

(1) 单击 f_x,在弹出的"插入函数"对话框中,选择统计类别,选择 TRIMMEAN 函数。

(2) 单击"确定",在弹出的"函数参数"对话框中,在 Array 栏内输入数据区域,在 Percent 栏内输入 5%。

(3) 单击"确定",就得到计算结果。即两端各切掉 5% 后的平均数为 8.4。

(二) 调和平均数(Harmonic Mean)

在实际工作中,如果掌握了各组变量值和各组标志总量,未掌握各组单位数时,需要用调和平均数的形式计算平均指标。调和平均数是各个变量值倒数的算术平均数的倒数,又称倒数平均数,习惯上用 H 表示。从其计算方法来说,有简单调和平均数和加权调和平均数两种。

1. 简单调和平均数

为了方便理解简单算术平均数和简单调和平均数的概念和计算方法,我们举一个简单的例子。

【例 4-11】 某市场某种蔬菜的价格,早上 5.5 元/千克,中午 4.5 元/千克,下午 4 元/千克。若早午晚各买 1 千克蔬菜和各买 1 元钱的蔬菜,求蔬菜的平均价格。

对于第一种购买行为,实际上就是购买了 3 千克蔬菜,其平均价格的计算就用简单算术平均数公式,计算如下:

$$\text{蔬菜平均价格} = \frac{5.5 + 4.5 + 4}{1 + 1 + 1} = 4.67(元/千克)$$

对于第二种购买行为,实际上就是购买了 3 元钱的蔬菜,要计算平均价格,首先应计算早午晚各买蔬菜的数量,然后才能计算出购买蔬菜的平均价格。

早上购买蔬菜的数量 $= \frac{1}{5.5} = 0.18$(千克);中午购买蔬菜的数量 $= \frac{1}{4.5} = 0.22$(千克);下午购买蔬菜的数量 $= \frac{1}{4} = 0.25$(千克)。

$$\text{蔬菜平均价格} = \frac{1+1+1}{\frac{1}{4.5} + \frac{1}{4} + \frac{1}{5.5}} = 4.62(元/千克)$$

由于以上资料中缺乏总体单位总量,所以,就不能直接用算术平均的方法计算平均指标。首先要用变量值的倒数计算出总体单位总量来,然后再计算平均指标。这种方法计算的平均数被称为简单调和平均数。计算公式为:

$$H = \frac{1}{\frac{\frac{1}{x_1}+\frac{1}{x_2}+\cdots+\frac{1}{x_n}}{n}} = \frac{n}{\frac{1}{x_1}+\frac{1}{x_2}+\cdots+\frac{1}{x_n}} = \frac{n}{\sum_{i=1}^{n}\frac{1}{x_i}} \tag{4-4}$$

相对应的 Excel 调和平均数函数为:HARMEAN,它用于计算一组数值的调和平均数。其语法结构为:HARMEAN(number1,number2,…)。其中,number1,number2,…为需要计算调和平均数的 1 到 30 个参数。Excel 的操作步骤与方法同算术平均数。

2. 加权调和平均数

【例 4-12】 在例 4-11 中,如果在早上花费 5 元,中午费 8 元,下午花费 10 元,购买这些蔬菜的平均价格是多少?

$$蔬菜平均价格 = \frac{5+8+10}{\frac{5}{5.5}+\frac{8}{4.5}+\frac{10}{4}} = 4.43(元/千克)$$

由例 4-11 可以看出,三个集市购买蔬菜所花费的现金在计算平均价格的过程中起到权数的作用,因此,我们把这种方法称为加权调和平均法。计算公式为:

$$H = \frac{m_1+m_2+\cdots+m_k}{\frac{m_1}{x_1}+\frac{m_2}{x_2}+\cdots+\frac{m_k}{x_k}} = \frac{\sum_{i=1}^{K}m_i}{\sum_{i=1}^{K}\frac{m_i}{x_i}} \tag{4-5}$$

加权调和平均数实际上是加权算术平均数的另一种表现形式,式中 m_i(成交额)实际上是批发价格 x_i 与成交量 f_i 的乘积,即 $m_i = x_i f_i$,这从下面的式中可以清楚地看出来:

$$H = \frac{\sum_{i=1}^{k}m_i}{\sum_{i=1}^{k}\frac{m_i}{x_i}} = \frac{\sum_{i=1}^{k}x_i f_i}{\sum_{i=1}^{k}\frac{x_i f_i}{x_i}} = \frac{\sum_{i=1}^{k}x_i f_i}{\sum_{i=1}^{k}f_i} = \bar{x}$$

由此可见,调和平均数和算术平均数在本质上是一致的,唯一的区别是计算时使用了不同的数据。在实际应用时,可掌握这样的原则,当分子资料未知时,就采用加权算术平均数计算平均数,分母资料未知时,就采用加权调和平均数计算平均数。

(三) 几何平均数(Geometric Mean)

几何平均数是 n 个变量值连乘积的 n 次方根,是适应于特殊数据的一种平均数。当所掌握的变量值本身是比率的形式,而且各比率的乘积等于总的比率时,就应采用几何平均法计算平均比率。在实际应用中,通常用来计算平均比率或平均速度。

根据所掌握资料的表现形式不同,几何平均数可分为简单几何平均数和加权几何平均数两种形式。

1. 简单几何平均数

简单几何平均数是根据未分组资料计算的几何平均数,计算公式为:

$$G = \sqrt[n]{x_1 x_2 \cdots x_n} = \sqrt[n]{\prod_{i=1}^{n}x_i} \tag{4-6}$$

式中,G 为几何平均数,$\prod$ 为连乘符号。

相对应的 Excel 几何平均数函数为：GEOMEAN，它用于计算一组数值的几何平均数。其语法结构为：GEOMEAN(number1,number2,…)。其中，number1,number2,… 为需要计算几何平均数的 1 到 30 个参数。Excel 的操作步骤与方法同算术平均数。

2. 加权几何平均数

加权几何平均数是根据分组资料计算的几何平均数，计算公式为：

$$G = \sqrt[\sum_{i=1}^{k} f_i]{x_1^{f_1} x_2^{f_2} \cdots x_k^{f_k}} = \sqrt[\sum_{i=1}^{k} f_i]{\prod_{i=1}^{k} x_i^{f_i}} \tag{4-7}$$

【例 4-13】 某企业生产某种产品须经过毛坯、粗加工、精加工、装配四个连续作业车间才能完成，若某月份每个车间的产品合格率分别为 90%、96%、93%、87%，则该产品的企业合格率（即四个车间的平均合格率）是多少？

由于产品是由四个车间连续加工完成的，每一个车间加工的都是前一个车间完工的合格制品，因此，四个车间总合格率是四个车间相应合格率的连乘积，求平均合格率就不能采用算术平均法，而应当用几何平均法。则四个车间平均合格率为：

$$G = \sqrt[n]{x_1 x_2 \cdots x_n} = \sqrt[n]{\prod_{i=1}^{n} x_i} = \sqrt[4]{90\% \times 96\% \times 93\% \times 87\%} = 91.44\%$$

若每个车间的产品合格率分别为 90%、96%、93%、93%，则四个车间的平均合格率为：

$$G = \sqrt[\sum_{i=1}^{k} f_i]{\prod_{i=1}^{k} x_i^{f_i}} = \sqrt[4]{90\%^1 \times 96\%^1 \times 93\%^2} = 92.96\%$$

二、位置平均数

数值平均数是根据全部标志值计算的平均数，当某现象的次数分布数列不对称，且极端值影响很大时，数值平均数会失去代表值的意义。这种情况下，采用位置平均数作为集中趋势的测度值更具有代表意义。

（一）众数（Mode）

众数是指一组数据中出现次数最多的变量值，用 Mo 表示。一般情况下，只有在数据量较大的情况下，众数才有意义。

从变量分布的角度看，众数是具有明显集中趋势点的数值，一组数据分布的最高峰点所对应的数值即为众数。当然，如果数据的分布没有明显的集中趋势或最高峰点，众数也可以不存在；如果有多个高峰点，也就有多个众数。

1. 未分组数据或单变量数列计算方法

根据未分组数据或单变量值分组数据计算众数时，我们只需找出出现次数最多的变量值即为众数。

相对应的 Excel 的 MODE 函数，可以计算出一组数据中出现次数最多的数值。其语法结构为：MODE(number1,number2,…)。其中，number1,number2,… 为需要找出众数的 1 到 30 个参数。我们也可以使用单一数值（即对数组区域的引用）来代替由逗号分隔的参数。如果一组数据中不含有重复的数据，则 MODE 函数返回错误值 N/A。

【例 4-14】 抽取 15 头食用牛作为一个样本，记录下它们的屠宰重量（单位：斤）。数据图 4-2 中 A 列所示，试计算屠宰重量的众数。

Excel 的操作步骤如下：

(1) 单击f_x,在弹出的“插入函数”对话框中,选择统计类别,选择 MODE 函数。

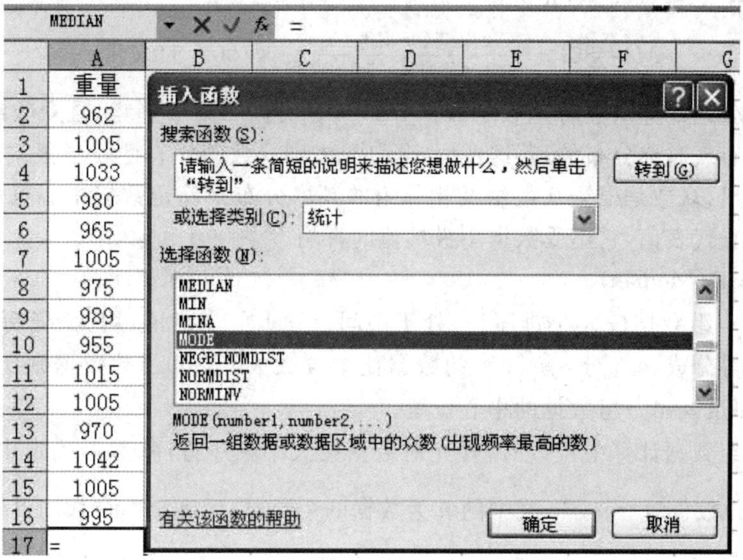

图 4-2 MODE 函数

(2) 单击“确定”,在弹出的“函数参数”对话框中,输入数据区域。

(3) 单击“确定”,就得到计算结果。即 $Mo=1\,005$。

2. 组距数列计算方法

对于组距分组数据,首先根据各组次数大小确定众数所在的组,然后按照下列近似公式计算出具体众数。

$$\text{下限公式:} Mo = L + \frac{f - f_{-1}}{(f - f_{-1}) + (f - f_{+1})} \times d \tag{4-8}$$

$$\text{上限公式:} Mo = U - \frac{f - f_{+1}}{(f - f_{-1}) + (f - f_{+1})} \times d \tag{4-9}$$

式中:L 表示众数所在组的下限;U 表示众数所在组的上限;d 表示众数所在组的组距。f、f_{-1}、f_{+1}分别为众数组、众数组前一组、众数组后一组的频数。

【例 4-15】 某企业 120 名工人月工资分组情况如表 4-6。计算工人月平均工资的众数。

表 4-6 某企业 120 名工人月工资情况

	A	B	C	D
1	按月工资分组(元) x_i	工人数 f_i	向上累计	向下累计
2	700以下	10	10	120
3	700~800	30	40	110
4	800~900	40	80	80
5	900~1000	25	105	40
6	1000以上	15	120	15
7	合计	120	—	—

从表中的数据可以看出,出现次数最多的是 40,即众数组为 800～900 这一组,$f=40$,$f_{-1}=30$,$f_{+1}=25$,根据(4-8)式可得众数为:

$$Mo=800+\frac{40-30}{(40-30)+(40-25)}\times 100=840(元)$$

利用上述公式计算众数时是假定数据分布具有明显的集中趋势,且众数组的频数在该组内是均匀分布或对称分布的,若这些假定不成立,则众数的代表性就会很差。从众数的计算公式可以看出,众数是根据众数组及相邻组的频率分布来确定数据中心点位置的,因此,众数是一个位置代表值,它不受数据中极端值的影响。

(二)中位数(Median)

中位数是一组数据按大小排序后,处于中间位置上的变量值,用 Me 表示。显然,中位数将全部数据等分成两部分,有 50% 的数据比中位数大,有 50% 的数据则比中位数小,所以,中位数可以反映出一组数据的中心位置。

根据未分组数据计算中位数时,要先对数据按大小顺序排序,然后确定中位数的位置,其公式为:中位数位置$=\frac{n+1}{2}$,式中的 n 为数据的个数,最后确定中位数的具体数值。

当 n 为奇数时,处在中间位置上只有一个变量值,则该变量值就是中位数;当 n 为偶数时,处在中间位置上有两个变量值,则这两个变量值的简单算术平均数就是该组数据的中位数。

相对应的 Excel 中位数函数为:MEDIAN,用于找出数据分布中心位置的数据。其语法结构为:MEDIAN(number1,number2,…)。其中,number1,number2,… 为需要找出中位数的 1 到 30 个参数。Excel 的操作步骤与方法同众数。

【例 4-16】 在某城市随机抽取 9 个家庭,调查得到每个家庭的人均月收入数据如下(单位:元),计算人均月收入的中位数。

1 500　750　780　1 080　850　960　2 000　1 250　1 630

解:先将上面的数据排序,结果如下:

750　780　850　960　1 080　1 250　1 500　1 630　2 000

中位数位置$=(9+1)\div 2=5$

所以中位数为 1 080,即 $Me=1 080$(元)。

下面,我们介绍当数据个数为偶数时如何计算中位数。

假定在上例中抽取了 10 个家庭,每个家庭的人均月收入数据排序后为:

660　750　780　850　960　1 080　1 250　1 500　1 630　2 000

中位数位置$=(10+1)\div 2=5.5$

所以中位数为 $Me=\frac{960+1 080}{2}=1 020$(元)。

由此可见,中位数是一个位置代表值,当一组数据中含有极端值时,用中位数反映该组数据的一般水平可避免极端数值对平均数的影响。中位数在研究收入分配时很有用。

根据分组资料计算中位数时,首先要计算各组累计次数,再根据公式 $\frac{\sum_{i=1}^{k}f_i}{2}$ 确定中位数的位置,并确定中位数所在的组,然后采用下面的公式计算中位数的近似值。

下限公式：

$$Me = L + \frac{\sum_{i=1}^{K} f_i}{2} - S_{m-1} \times d \quad (4-10)$$

上限公式：

$$Me = U - \frac{\sum_{i=1}^{k} f_i}{2} - S_{m+1} \times d \quad (4-11)$$

式中：L 表示中位数所在组的下限；U 表示中位数所在组的上限；S_{m-1} 表示中位数所在组前一组的累积频数；S_{m+1} 表示中位数所在组后一组的累积频数；f_m 表示中位数所在组的频数；$\sum_{i=1}^{K} f_i$ 表示各组频数之和，即总频数；d 表示中位数所在组的组距。

【例 4-17】 利用表 4-6 资料计算 120 名工人月工资的中位数。

由资料可知，中位数的位置 $= \frac{120}{2} = 60$，即中位数在 $800 \sim 900$ 这一组，$L = 800$，$S_{m-1} = 40$，$f_m = 40$，$d = 100$，根据（4-10）式，得

$$Me = 800 + \frac{\frac{120}{2} - 40}{40} \times 100 = 850（元）$$

利用分组资料计算中位数时，是假定中位数所在组的频数在该组内呈均匀分布。由于中位数是一个位置代表值，其数值的大小不受极大值和极小值的影响，因此中位数具有稳健性或耐抗性的特点。此外，中位数还具有这样一个性质，就是各变量值与中位数的离差绝对值之和最小，即 $\sum_{i=1}^{n} |x_i - Me| = \min$。这一性质表明，中位数与各数据的距离之和最短，这在工程设计中有一定的应用价值。

（三）分位数

中位数是从中间点将全部数据等分为两部分。与中位数类似的还有四分位数（quartile）、十分位数（decile）和百分位数（percentile）等。它们分别是用 3 个点、9 个点和 99 个点将数据 4 等分、10 等分和 100 等分后各分位点上的值。这里只介绍四分位数的计算，其他分位数与之类似。

一组数据排序后处于 25% 和 75% 位置上的值，称为四分位数，也称四分位点。

四分位数是通过三个点将全部数据等分为四部分，其中每部分包含 25% 的数据。很显然，中间的四分位数就是中位数，因此通常所说的四分位数是指处在 25% 位置上的数值（下四分位数）和处在 75% 位置上的数值（上四分位数）。与中位数的计算方法类似，根据未分组数据计算四分位数时，首先对数据进行排序，然后确定四分位数所在的位置。

设下四分位数为 Q_L，上四分位数为 Q_U，对于未分组的原始数据，各四分位数的位置分别为：

$$Q_L \text{ 位置} = \frac{n+1}{4} \qquad Q_U \text{ 位置} = \frac{3(n+1)}{4}$$

如果位置是整数,那么四分位数就是该位置对应的值;当四分位数的位置不是整数时,可根据四分位数的位置,按比例分摊四分位数两侧数值的差值。

【例 4-18】 根据例 4-17 中 10 个家庭的收入调查数据,计算人均月收入的四分位数。

$$Q_L \text{ 的位置} = \frac{10+1}{4} = 2.75$$

则 Q_L 在第 2 个数(750)和第 3 个数(780)之间 0.75 的位置上,故

$$Q_L = 750 + (780 - 750) \times 0.75 = 772.5(\text{元})$$

同样,Q_U 的位置 $= \frac{3 \times (10+1)}{4} = 8.25$

则 Q_U 在第 8 个数(1 500)和第 9 个数(1 630)之间 0.25 的位置上,故

$$Q_U = 1\,500 + (1\,630 - 1\,500) \times 0.25 = 1\,532.5(\text{元})$$

可以说,大约有一半家庭的人均月收入为 772.5~1 532.5 元。

利用 Excel 中的 QUARTILE 函数可以计算一组数据的四分位数。其语法结构为:QUARTILE(array,quart)。其中,array 为计算四分位数的数组或数据区域;quart 决定返回第几个四分位数。quart=0 时,函数 QUARTILE 返回最小值,quart=1 时,函数 QUARTILE 返回第 1 四分位数,quart=2 时,函数 QUARTILE 返回中位数,quart=3 时,函数 QUARTILE 返回第 3 四分位数,quart=4 时,函数 QUARTILE 返回最大值。

【例 4-19】 仍以例 4-7 的资料为例,说明 QUARTILE 函数的使用方法。

(1) 单击 f_x,在弹出的"插入函数"对话框中,选择统计类别,选择 QUARTILE 函数。

(2) 单击"确定",在弹出的"函数参数"对话框中,在 Array 栏内输入数据区域;在 Quart 栏内输入数字 1 或 3(如图 4-3 所示)。

(3) 单击"确定",分别得到第 1 四分位数为 4.5,第 3 四分位数为 11.5。

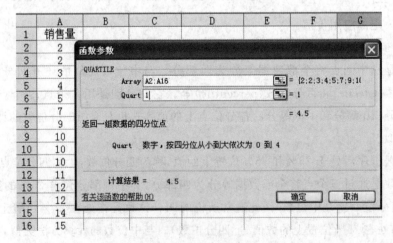

图 4-3 QUARTILE 函数

第四节 离散程度的度量

集中趋势只是数据分布的一个特征,它所反映的是各变量值向其中心值聚集的程度。而这种聚集的程度显然有强弱之分,这与各变量值的差异有着密切的联系。因此,要全面描述数据的分布特征,除了要对数据集中趋势加以度量外,还要对数据的差异程度进行度量。数据的差异程度就是各变量值远离其中心值的程度,因此也称为离中趋势。离中趋势的各测度值(标志变异指标或离散指标)就是对数据离散程度所作的描述。

集中趋势的测度值(平均指标)与离散程度的测度值(标志变异指标)是一对相互联系的对应指标,是从两个不同的侧面反映同质总体的共同特征。平均指标表明总体分布的集中趋势,它对一组数据的代表程度取决于该组数据的离散水平。标志变异指标值愈大,说明总体各单位变量值分布的离散趋势越高,平均数对该组数据的代表性愈低;反之,标志变异指标值愈小,变量值分布的离散趋势越低,平均数代表性愈高。标志变异指标还是衡量社会经济活动的稳定性、均衡程度以及风险程度的重要指标。

描述数据离散程度的测度值,根据所依据的数据类型不同,主要有异众比率、四分位差、极差、平均差、方差和标准差、离散系数等。

一、异众比率

非众数组的频数占总频数的比率(variation ratio),称为异众比率,用 V_r 表示。计算公式为:

$$V_r = \frac{\sum f_i - f_m}{\sum f_i} = 1 - \frac{f_m}{\sum f_i} \tag{4-12}$$

式中: $\sum f_i$ 为变量值的总频数; f_m 为众数组的频数。

异众比率的作用是衡量众数对一组数据的代表程度。异众比率越大,说明非众数组的频数占总频数的比重就越大,众数的代表性就越差;反之,异众比率越小,众数的代表性就越好。

【例 4-20】 为研究广告市场的状况,一家广告公司在某城市随机抽取 200 人就城市居民比较关心的哪一类广告进行了邮寄问卷调查。调查数据经分类整理后形成频数分布表(见表 4-7),试计算异众比率。

表 4-7 调查数据分类表

	A	B	C
1	广告类型	人数(人)	频率(%)
2	商品广告	112	56.00
3	服务广告	51	25.50
4	金融广告	9	4.50
5	房地产广告	16	8.00
6	招生招聘广告	10	5.00
7	其他广告	2	1.00
8	合计	200	100.00

解：$V_i = \dfrac{\sum f_i - f_m}{\sum f_i} = 1 - \dfrac{f_m}{\sum f_i} = \dfrac{200-112}{200} = 1 - \dfrac{112}{200} = 44\%$

该资料表明，在所调查的200人当中，关注商品广告的人数最多，众数为112，关注非商品广告的人数占44%，异众比率比较大。因此，用"商品广告"来反映城市居民对广告关注的一般趋势，其代表性不是很好。

此外，利用异众比率还可以对不同总体或样本的离散程度进行比较。假定我们在另一个城市对同一问题抽查了300人，关注商品广告的人数为186人，则异众比率为38%。通过比较可知，本次调查的异众比率小于上一次调查，因此，用"商品广告"作为该城市居民关注广告的代表值比上一个城市要好些。

二、四分位差、极差和平均差

（一）四分位差

上四分位数与下四分位数之差，称为四分位差（quartile deviation），亦称为内距或四分间距（inter-quartile range），用 Q_d 表示。

四分位差的计算公式为：

$$Q_d = Q_U - Q_L \tag{4-13}$$

四分位差反映了中间50%数据的离散程度，其数值越小，说明中间的数据越集中；数值越大，说明中间的数据越分散。此外，由于中位数处于数据的中间位置，因此，四分位差的大小在一定程度上也说明了中位数对一组数据的代表程度。四分位差不受极端值的影响。

【例4-21】 根据例4-19的计算结果，计算家庭人均收入的四分位差为：

$$Q_d = Q_U - Q_L = 1\,532.5 - 772.5 = 760(元)$$

（二）极差

极差（range）又称全距，是一组数据的最大值与最小值之差，用 R 表示。计算公式为：

$$R = \max(X_i) - \min(X_i) \tag{4-14}$$

式中，$\max(X_i)$、$\min(X_i)$ 分别表示为一组数据的最大值与最小值。

由于极差是根据一组数据的两个极值表示的，所以极差表明了一组数据数值的变动范围。R 越大，表明数值变动的范围越大，即数列中各变量值差异大，反之，R 越小，表明数值变动的范围越小，即数列中各变量值差异小。

【例4-22】 例4-7给出的15名汽车销售人员的销售量，销售量最高的15辆，最少的2辆，则极差为：

$$R = 15 - 2 = 13(辆)$$

极差是描述离散程度的最简单度量值，计算简单直观，易于理解，但由于只利用了两端数据，数值大小易受极端值的影响，且不反映中间变量值的差异，因而不能准确描述出数据的分散程度。

在Excel中，可以利用"排序"功能按升序排序，则第一个值就是极大值，最后一个值就是极小值。也可直接使用粘贴函数"MAX"求极大值和"MIN"求极小值。也可使用四分位数的函数QUARTILE，当quart=0时，函数QUARTILE返回最小值，当quart=4时，函数QUARTILE返回最大值。

（三）平均差

各变量值与其算术平均数离差绝对值的平均数，称为平均差（mean deviation），用 M_D 表示。根据掌握资料的不同，平均差有以下两种计算方法。

对于未分组资料，采用简单平均法。其计算公式为：

$$M_D = \frac{\sum_{i=1}^{n}|x_i - \bar{x}|}{n} \tag{4-15}$$

在资料分组的情况下，应采用加权平均式：

$$M_D = \frac{\sum_{i=1}^{k}|x_i - \bar{x}|f_i}{\sum_{i=1}^{k}f_i} \tag{4-16}$$

利用 Excel 中的 AVEDEV 函数可以计算一组数值型数据的平均差，其语法结构为：AVEDEV(number1,number2,…)。其中,number1,number2,…是用于计算绝对偏差平均值的一组参数，参数的个数可以有 1~30 个。

【例 4-23】 根据表 4-8 中的数据，计算工人月平均工资的平均差。（$\bar{x}=854$）

表 4-8　某企业工人月工资收入数据平均差计算表

	A	B	C	D	E
1	按月工资分组（元）	组中值 x_i	工人数 f_i	$|x_i-\bar{x}|$	$|x_i-\bar{x}|f_i$
2	700以下	650	10	204	2040
3	700~800	750	30	104	3120
4	800~900	850	40	4	160
5	900~1000	950	25	96	2400
6	1000以上	1050	15	196	2940
7	合计	——	120	——	10660

根据表 4-8 资料可得该企业的月平均工资和平均差为：

$$M_D = \frac{\sum_{i=1}^{k}|x_i - \bar{x}|f_i}{\sum_{i=1}^{k}f_i} = \frac{10\,660}{120} = 88.83（元）$$

计算结果表明，该企业 120 名工人的月工资水平差异程度平均为 88.83 元。

平均差以平均数为中心，反映了所有数据与平均数的平均差异程度，因此它能够全面准确地反映一组数值的离散状况。平均差越大，说明数据的离散程度越大；反之，说明数据的离散程度越小。但是，由于平均差是用绝对值消除离差的正负号进行运算的，它不适宜于代数形式处理，所以在实际应用上受到很大的限制。但平均差的实际意义清楚，容易理解。

三、方差和标准差

方差（variance）是各变量值与其算术平均数离差平方的算术平均数。标准差（standard deviation）是方差的平方根。

方差和标准差同平均差一样,也是根据全部数据计算的,反映每个数据与其算术平均数的平均差异程度,因此它能准确地反映出数据的离散程度。与平均差相比,方差与标准差在数学处理上是通过平方消除离差的正负号,更便于数学上的处理。因此,方差、标准差是实际中应用最广泛的离中程度度量值。根据总体数据和样本数据计算的方差和标准差在数学处理上略有不同。

(一) 总体的方差和标准差

设总体的方差为 σ^2,标准差为 σ,对于未分组整理的原始资料,方差和标准差的计算公式分别为:

$$\sigma^2 = \frac{\sum_{i=1}^{N}(X_i - \overline{X})^2}{N} \tag{4-17}$$

利用 Excel 计算总体方差的函数为:VARP。其语法结构为:VARP(number1,number2,…)。其中,number1,number2,…为对应于样本总体的 1~30 个参数。

$$\sigma = \sqrt{\frac{\sum_{i=1}^{N}(X_i - \overline{X})^2}{N}} \tag{4-18}$$

利用 Excel 计算总体标准差的函数为:STDEVP。其语法结构为:STDEVP(number1,number2,…)。其中,number1,number2,…为对应于样本总体的 1~30 个参数。

对于分组数据,方差和标准差的计算公式分别为:

$$\sigma^2 = \frac{\sum_{i=1}^{K}(X_i - \overline{X})^2 F_i}{\sum_{i=1}^{K} F_i} \tag{4-19}$$

$$\sigma = \sqrt{\frac{\sum_{i=1}^{K}(X_i - \overline{X})^2 F_i}{\sum_{i=1}^{K} F_i}} \tag{4-20}$$

【例 4-24】 现仍利用表 4-8 资料计算方差和标准差,计算过程见表 4-9。

表 4-9 某企业工人月工资收入数据方差和标准差计算表

	A	B	C	D	E	F	G
1	按月工资分组(元)		组中值 X_i	工人数 F_i	$X_i - \overline{X}$	$(X_i - \overline{X})^2$	$(X_i - \overline{X})^2 * F_i$
2	700以下		650	10	-204	41616	416160
3	700—800		750	30	-104	10816	324480
4	800—900		850	40	-4	16	640
5	900—1000		950	25	96	9216	230400
6	1000以上		1050	15	196	38416	576240
7	合计		——	120	——	——	1547920

$$\sigma^2 = \frac{\sum_{i=1}^{k}(X_i - \overline{X})^2 F_i}{\sum_{i=1}^{k} F_i} = \frac{1\,547\,920}{120} = 12\,899.33$$

$$\sigma = \sqrt{\sigma^2} = \sqrt{12\,899.33} = 113.58(元)$$

(二) 样本的方差和标准差

样本的方差、标准差与总体的方差、标准差在计算上的差别是：总体的方差和标准差在对各个离差平方平均时是除以数据个数或总频数，而样本的方差和标准差在对各个离差平方平均时是用样本数据个数或总频数减 1 去除总离差平方和。其中，样本数据个数减 1 即 $n-1$ 称为自由度 (Degree of freedom)。

设样本的方差为 S^2，标准差为 S，对于未分组整理的原始资料，方差和标准差的计算公式为：

$$S^2 = \frac{\sum_{i=1}^{n}(x_i - \bar{x})^2}{n-1} \tag{4-21}$$

利用 Excel 计算总体标准差的函数为：VAR。其语法结构为：VAR(number1,number2,…)。其中，number1,number2,… 为与总体抽样样本相应的 1~30 个数值。

$$S = \sqrt{\frac{\sum_{i=1}^{n}(x_i - \bar{x})^2}{n-1}} \tag{4-22}$$

利用 Excel 计算样本标准差的函数为：STDEV。其语法结构为：STDEV(number1,number2,…)。其中，number1,number2,… 为与总体抽样样本相应的 1~30 个数值。

对于分组数据，方差和标准差的计算公式为：

$$S^2 = \frac{\sum_{i=1}^{k}(x_i - \bar{x})^2 f_i}{\sum_{i=1}^{k} f_i - 1} \tag{4-23}$$

$$S = \sqrt{\frac{\sum_{i=1}^{k}(x_i - \bar{x})^2 f_i}{\sum_{i=1}^{k} f_i - 1}} \tag{4-24}$$

【例 4-25】 如果表 4-11 的数据为样本资料，则计算的样本方差和标准差为：

$$S^2 = \frac{\sum_{i=1}^{k}(x_i - \bar{x})^2 f_i}{\sum_{i=1}^{k} f_i - 1} = \frac{1\,547\,920}{120-1} = 13\,007.73$$

$$S = \sqrt{13\,007.73} = 114.05 (元)$$

这与根据总体的方差和标准差计算公式计算的结果相差不大。当 n 很大时，样本方差 S^2 与总体方差 σ^2 的计算结果相差很小，这时样本方差也可以用总体方差的公式来计算。

为什么样本方差是用自由度 $n-1$ 去除呢？从字面含义来看，自由度是指一组数据中可以自由取值的个数。当样本数据的个数为 n 时，若样本均值 $\bar{X}$ 确定后，只有 $n-1$ 个数据可以自由取值，其中必有一个数据不能自由取值，例如，假定样本有 3 个数值，即 $x_1=2, x_2=4, x_3=9$，则 $\bar{X}=5$。当 $\bar{X}=5$ 确定后，x_1, x_2 和 x_3 只有两个数据可以自由取值，另一个不能自由取值。比如 $x_1=5, x_2=7$，那么 x_3 必然取 3，而不能取其他值。样本方差用自由度去除，其原因可以从多方面解释。从实际应用角度看看，在抽样估计中，当我们用样本方差 S_{n-1}^2 去估计总体方差 σ^2 时，它是 σ^2 的无偏估计量。

(三) 是非标志的方差与标准差

在社会经济统计中，有些事物或现象的特征只表现为两种性质上的差异，例如，产品的质量表现为合格或不合格，人的性别表现为男或女，对某一电视节目表现为收看或不收看等。这种用"是"或"否"、"有"或"无"来表示的标志，称为是非标志，也称为交替标志。在进行抽样估计时，是非标志的方差或标准差具有很重要的意义。

1. 成数（比例）

如前所述，是非标志只有两种表现，我们把总体或样本中具有某种表现或不具有某种表现的单位数占全部单位数的比重称为成数，它反映了总体或样本中"是"与"非"的构成，并且代表着两种表现或性质各反复出现的程度，即频率。例如，检查一批产品的质量，合格品占95%，不合格品占5%。在这里，95%和5%均为成数。

若以 N_1 表示总体中具有某种表现的单位数，N_0 表示总体中不具有某种表现的单位数，N 表示总体单位数，则成数可表示为：

$$\pi = \frac{N_1}{N} \quad \text{或} \quad 1 - \pi = \frac{N_0}{N}$$

对于样本来说，与总体 N_1 对应的就是 n_1，与总体 N_0 对应的就是 n_0，样本单位数为 n，则有

$$p = \frac{n_1}{n} \quad \text{或} \quad 1 - p = \frac{n_0}{n}$$

在同一总体或样本中，对于某一交替标志，具有两种成数且其和为1。

2. 是非标志的平均数

是非标志是一种品质标志，其表现为文字。因此，在计算平均数时，首先需要将文字表现进行数量化处理。用"1"表示具有某种表现，用"0"表示不具有某种表现，然后以"1"和"0"作为变量值，计算加权算术平均数。

现以总体为例予以说明。

$$\bar{X}_\pi = \frac{\sum X_i F_i}{\sum F_i} = \frac{1 \times N_1 + 0 \times N_0}{N_1 + N_0} = \frac{N_1}{N} = \pi \tag{4-25}$$

由此可知，总体是非标志的平均数，即为被研究标志具有某种表现的成数 π，同样可得样本是非标志的平均数即为被研究标志具有某种表现的成数 p。

3. 是非标志的方差与标准差

将经过量化处理的是非标志的表现"1"和"0"作为变量值代入总体的方差计算公式：

$$\sigma_\pi^2 = \frac{\sum (X_i - \bar{X})^2 F_i}{\sum F_i} = \frac{(1-\pi)^2 N_1 + (0-\pi)^2 N_0}{N_1 + N_0} = \pi(1-\pi)$$

为区别于一般变量值的方差，我们将是非标志的方差记为 σ_π^2，即

$$\sigma_\pi^2 = \pi(1-\pi) \tag{4-26}$$

是非标志的标准差为：

$$\sigma_\pi = \sqrt{\pi(1-\pi)} \tag{4-27}$$

同理，可得样本是非标志的方差 S^2 和标准差 S 为：

$$S_p^2 = p(1-p) \tag{4-28}$$

$$S_p = \sqrt{p(1-p)} \tag{4-29}$$

【例 4-26】 某鞋厂生产皮鞋 5 000 双,从中抽取 100 双进行质量检查,结果为 98 双合格,2 双不合格,试计算合格品率的方差和标准差。

根据所给资料可得:

$$p = \frac{98}{100} \times 100\% = 98\% \qquad 1-p = \frac{2}{100} \times 100\% = 2\%$$

$$S_p^2 = 98\% \times 2\% = 1.96\% \qquad S_p = \sqrt{1.96\%} = 14\%$$

当成数 $p=0.5$ 时,方差、标准差均为最大值,分别为 0.25 和 0.5,也就是说,此时是非标志的变异程度最大。如某学生群体中男生数和女生数相等,即成数 $p=0.5$(或 50%),说明该学生群体性别差异程度最大。是非标志的方差、标准差的最小值均为 0。

(四)抽样误差

抽样误差是样本统计量与总体参数之间的差异。它是从总体中抽取所有可能的样本计算得到的统计量的值与总体参数的平均离差。这个平均离差可以由标准差公式计算。抽样误差就是样本平均数的标准差。第五章将进一步阐明,对于放回抽样的简单随机样本,抽样误差可以直接由总体标准差计算,等于 $\frac{1}{\sqrt{n}}$ 倍的标准差即 $\frac{\sigma}{\sqrt{n}}$。至于其他抽样方式的抽样误差,乃至回归分析中的估计标准误,也都是标准差这一基本公式在不同条件下的特殊形式。

(五)相对位置的度量:标准分数

平均数是最为广泛使用的数据位置的度量,而方差和标准差是最为广泛使用的衡量数据变异程度的度量。仅仅利用均值和标准差,我们还可以计算一组数据中各个数值的标准分数,以测度每个数据在该组数据中的相对位置,并可以用它来判断一组数据是否有离群值。

1. 标准分数

变量值与其平均数的离差除以标准差后的值,称为标准分数(standard score),也称标准化值或 Z 分数。

设标准分数为 Z,则有:

$$z_i = \frac{x_i - \mu}{\sigma} \quad \text{或} \quad z_i = \frac{x_i - \bar{x}}{S} \tag{4-30}$$

Z_i 可以解释为 x_i 距离平均数 $\overline{X}$ 的标准差的个数。比如,$Z_i = -2$,我们就知道 x_i 比平均数小 2 个标准差。由(4-30)式得知,Z 分数大于零表示相应的数据项比平均数大,Z 分数小于零表示相应的数据项比平均数小,Z 分数等于零表示相应的数据项等于平均数。

(4-30)式也就是我们常用的统计标准化公式,在对多个具有不同量纲的变量进行处理时,常常需要对各变量数值进行标准化处理。

利用 Excel 计算标准分数的函数为:STANDARDIZE。其语法结构为:STANDARDIZE(x, mean, standard_dev)。其中,x 为需要进行正态化的数值;mean 为分布的算术平均值;standard_dev 为分布的标准偏差。

【例 4-27】 仍以例 4-7 的资料为例,说明 STANDARDIZE 函数的使用方法。

(1) 单击 *fx*,在弹出的"插入函数"对话框中,选择统计类别,选择 STANDARDIZE 函数。

(2) 单击"确定",在弹出的"函数参数"对话框中,在 X 栏内输入数据单元格,如 A2;在 Mean 栏内输入均值,如 8.4;在 Standard_dev 栏内输入标准差,如 4.31。

(3) 单击"确定",就得到标准化的一个数据(B2 单元格变为 $-1.484\,818\,794$),拖动填充柄(至 B16)得到所有的标准化数据(如图 4-6 所示)。

由图 4-4 可知,最低销售量比平均销售量低 1.48 个标准差,而最高销售量比平均销售量高 1.53 个标准差。

标准分数具有均值为 0,标准差为 1 的特性,即

$$z = \frac{\sum z_i}{n} = \frac{1}{n} \times \frac{\sum (x_i - \bar{x})}{S} = \frac{1}{n} \times \frac{0}{S} = 0$$

$$S_z^2 = \frac{\sum (z_i - \bar{z})^2}{n} = \frac{\sum (z_i - 0)^2}{n} = \frac{\sum z_i^2}{n} = \frac{1}{n} \times \frac{\sum (x_i - \bar{x})^2}{S^2} = \frac{S^2}{S^2} = 1$$

实际上,Z 分数只是将原始数据进行了线性变换,它并没有改变一个数据在该组数据中的位置,也没有改变该组数分布的形状,而只是将该组数据变为均值为 0、标准差为 1。

比如,一组数据为 25,28,31,34,37,40,43,其平均数为 34,标准差为 6,标准化变换可用图 4-5 表示。

	A	B	C	D
	销售量	标准分数		
1				
2	2	-1.484918794		
3	2	-1.484918794		
4	3	-1.252900232		
5	4	-1.020881671		
6	5	-0.788863109		
7	7	-0.324825986		
8	9	0.139211137		
9	10	0.371229698		
10	10	0.371229698		
11	10	0.371229698		
12	11	0.60324826		
13	12	0.835266821		
14	12	0.835266821		
15	14	1.299303944		
16	15	1.531322506		

B2 的公式为 =STANDARDIZE(A2,8.4,4.31)

图 4-4 STANDARDIZE 函数

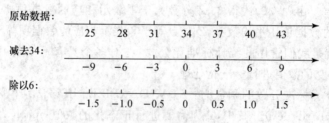

图 4-5 标准化变换

2. 经验法则

当一组数据对称分布时,经验法则表明:

——约有 68% 的数据落在平均数加减 1 个标准差的范围内;

——约有 95% 的数据落在平均数加减 2 个标准差的范围内;

——约有 99% 的数据落在平均数加减 3 个标准差的范围内。

由此可见，一组数据中低于或高于平均数 3 个标准差以上的数据很少。几乎所有的数据项与平均数的距离都在 3 个标准差之内。因此，在统计上，往往将平均数 3 个标准差以外的数据称为异常值或离群值(outlier)。

3. 切比雪夫不等式(Chebyshev's inequality)

如果一组数据不是对称分布，经验法则就不再适用，这时可使用切比雪夫不等式，它对任何分布形状的数据都适用。需要注意的是，切比雪夫不等式提供的是"下界"，也就是"所占比例至少是多少"。对于任意分布形态的数据，根据切比雪夫不等式，至少有$(1-1/Z^2)$的数据与平均数的距离在 Z 个标准差之内。其中 Z 是大于 1 的任意值，但不必一定是整数。

下面 $Z=2,3,4$ 个标准差时，该定理的含义是：

——至少有 75% 的数据落在平均数加减 2 个标准差的范围之内；

——至少有 89% 的数据落在平均数加减 3 个标准差的范围之内；

——至少有 94% 的数据落在平均数加减 4 个标准差的范围之内。

四、相对离散程度：离散系数

前面介绍的极差、平均差、方差和标准差都是反映一组数值变异程度的绝对值，其数值的大小，不仅取决于数值的变异程度，而且还与变量值水平的高低、计量单位的不同有关。所以，对于平均水平不同、计量单位不同的现象进行离散程度比较时，应当先对上述测度值做无量纲化处理，即将上述的反映数据的绝对差异程度的变异指标转化为反映相对差异程度的指标，然后再进行对比。

离散系数(coefficient of variation)也称为变异系数，它是一组数据的标准差与其相应的平均数的比值，是测度数据离散程度的相对指标。离散系数通常是用标准差来计算的，因此也称为标准差系数，其计算公式为：

$$V_\sigma = \frac{\sigma}{\overline{X}} \times 100\% \tag{4-31}$$

离散系数是一个无名数，它的作用主要是用于比较不同总体或样本数据的变异程度。离散系数大的说明数据的离散程度也就大，离散系数小的说明数据的离散程度也就小。

【例 4-28】 甲乙两企业月平均产量、标准差和离散系数资料见表 4-10。

表 4-10 甲乙两企业月平均产量、标准差和离散系数

	A	B	C	D	E
1	企业名称	计量单位	月平均产量	标准差	离散系数
2			$\overline{X}$	σ	V_σ
3	甲	件	5500	225	4.09
4	乙	公斤	640	50	7.81

从标准差来看，乙企业明显小于甲企业，但不能断言乙企业月平均产量的代表性高。这是因为两个企业生产的是不同的产品(计量单位不同)，平均产量相差悬殊(平均水平不同)，所以不能直接根据标准差的大小作结论，正确的方法要用离散系数进行比较分析。从两企业月平均产量的离散系数可以看出，甲企业相对的变异程度小于乙企业，因而得出结论：甲企业月平均产量比乙企业稳定，代表性高。

第五节　偏态与峰度的度量

集中趋势和离散程度是数据分布的两个重要特征,但要全面了解数据分布的特点,还需要知道数据分布的形状是否对称、偏斜的程度以及分布的扁平程度等。偏态和峰度就是对这些分布特征的进一步描述。

一、偏态及其测度

偏态(skewness)是对分布偏斜方向及程度的度量。频数分布有对称的即正态,有不对称的即偏态的。在偏态的分布中,又有左偏和右偏两种类型。第三节已经提到,利用众数、中位数和算术平均数之间的关系可以大体判断数据分布是左偏还是右偏。显然,判别偏态的方向并不困难,但要度量分布偏斜的程度,就需要计算偏态系数。

对数据分布不对称性的度量值,称为偏态系数(coefficient of skewness),记作 SK。偏态系数的计算方法很多,这里仅介绍其中比较常用的一种。计算公式为:

$$SK = \frac{\sum_{i=1}^{k}(x_i - \bar{x})^3 f_i}{\sigma^3 \sum_{i=1}^{k} f_i} \qquad (4\text{-}32)$$

从(4-32)式可以看到,偏态系数等于离差三次方的平均数再除以标准差的三次方。当分布对称时,离差三次方后正负离差可以相互抵消,因而分子为 0,则 $SK=0$;当分布不对称时,正负离差不能抵消,就形成正的或负的偏态系数。当 SK 为正值时,表示正偏离差值比负偏离差值要大,可以判断为正偏或右偏;反之,当 SK 为负值时,表示负偏离差值比正偏离差值要大,可以判断为负偏或左偏。在计算 SK 时,将离差三次方的平均数除以 σ^3,是将偏态系数转化为相对数。SK 的数值越大,表示偏斜的程度就越大。

利用 Excel 计算偏态系数的函数为:SKEW。其语法结构为:SKEW(number1,number2,…)。其中,number1,number2,…为需要计算偏斜度的 1~30 个参数。如果数据点少于 3 个,或样本标准偏差为零,则函数 SKEW 返回错误值 #DIV/0!。

【例 4-29】 利用表 4-8 资料,计算某企业 120 名工人月工资收入分布的偏态系数。

根据前面计算结果知,$\bar{x}=854$,$\sigma=113.58$。

将结果代入(4-32)式,得(有关计算见表 4-11):

$$SK = \frac{\sum_{i=1}^{k}(x_i - \bar{x})^3 f_i}{\sigma^3 \sum_{i=1}^{k} f_i} = \frac{16\ 416\ 320}{113.58^3 \times 120} = 0.093\ 4 > 0$$

从计算结果可以看出,偏态系数为正值,但数值较小,说明该企业工人月工资收入的分布为右偏分布。即月工资收入较少的工人占据多数,而月工资收入较高的工人则占少数,但是偏斜的程度不大。

表 4-11　某企业工人月工资收入数据偏态及峰度计算表

	A	B	C	D	E
1	按月工资分组（元）	组中值 x_i	工人数 f_i	$(x_i-\bar{x})^3 f_i$	$(x_i-\bar{x})^4 f_i$
2	700以下	650	10	-84896640	17318914560
3	700～800	750	30	-33745920	3509575680
4	800～900	850	40	-2560	10240
5	900～1000	950	25	22118400	2123366400
6	1000以上	1050	15	112943040	22136835840
7	合计	——	120	16416320	45088702720

二、峰度的度量

峰度(kurtosis)是指数据分布的集中程度或分布曲线的尖峭程度。对数据分布峰度的度量值，叫峰度系数(coefficient of kurtosis)，记作 K。计算公式如下：

$$K = \frac{\sum_{i=1}^{k}(x_i-\bar{x})^4 f_i}{\sigma^4 \sum_{i=1}^{k} f_i} - 3 \qquad (4-33)$$

(4-33)式中将离差的四次方除以 σ^4 是为了将峰度系数转化为无量纲的相对数，消除计量单位的影响。用峰度系数衡量分布的尖峭程度往往是以正态分布的峰度作为比较标准的。在正态分布条件下，峰度系数 $K=0$，所以，当 $K>0$ 时，表示分布的形状比正态分布更瘦更高，这意味着分布比正态分布更集中在平均数周围，这样的分布称为尖峰分布；当 $K<0$ 时，表示分布比正态分布更矮更胖，意味着分布比正态分布更分散，这样的分布称为平峰分布。

利用 Excel 计算峰度系数的函数为：KURT。其语法结构为：KURT(number1,number2,…)。其中，number1,number2,…为需要计算峰值的 1~30 个参数。如果数据点少于 4 个，或样本标准偏差为零，则函数 KURT 返回错误值 #DIV/0!。

【例 4-30】 根据表 4-11 中的数据，计算工人月工资收入分布的峰度系数。

根据表 4-11 的计算结果得：

$$K = \frac{\sum_{i=1}^{k}(x_i-\bar{x})^4 f_i}{\sigma^4 \sum_{i=1}^{k} f_i} - 3 = \frac{45\,088\,702\,720}{113.58^4 \times 120} - 3 = 2.257\,8 - 3 = -0.742\,2$$

由于 $K=-0.742\,2<0$，说明该企业工人月工资收入的分布为平峰分布，与正态分布相比数据的分布比较分散。

第六节　描述统计工具的使用

关于数据集中趋势、离散程度、偏态和峰度等有关指标的计算，大多都可以由 Excel 中的描述统计工具来实现。

Excel 中的描述统计工具的操作步骤如下。

第一步,选择"工具"下拉菜单;

第二步,选择"数据分析"选项;

第三步,在分析工具中选择"描述统计",然后单击"确定";

第四步,在"输入区域"输入需要计算的数据,在"输出选项"中选择输出区域、汇总统计等。

【例 4-31】 仍以例 4-7 的资料为例,说明 Excel 中的描述统计工具的操作过程。

(1) 单击"工具"菜单中的"数据分析"选项,此时弹出"数据分析"对话框。

(2) 在弹出的"数据分析"对话框中,选择"描述统计",再单击"确定"按钮,进入"描述统计"对话框(如图 4-6 所示)。

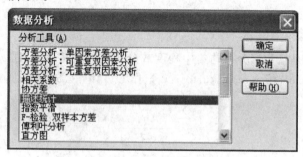

图 4-6 "数据分析"对话框

(3) 在"输入区域"输入待分析数据区域的单元格引用,该引用必须由两个或两个以上按列或行组织的相邻数据区域组成。

分组方式:如果需要指出输入区域中的数据是按行还是按列排列,请单击"逐行"或"逐列"。

标志位于第一行/列:如果输入区域的第一行(或列)中包含标志项,请选中"标志位于第一行(或列)"复选框;如果输入区域没有标志项,则不选择。

输出区域:在当前工作表中选择任一单元格,作为输出表的左上角单元格。

如果要将输出结果放在一个新工作表中,选择"新工作表组",可在当前工作簿中插入新工作表,并由新工作表的 A1 单元格开始粘贴计算结果(如图 4-7 所示)。

(4) 单击"确定"按钮,就得到如图 4-8 所示的结果。

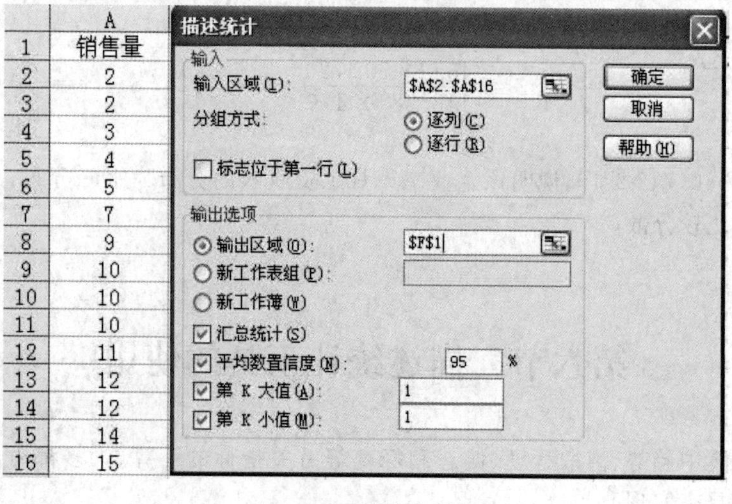

图 4-7 描述统计(1)

	A	B	C	D
1	销售量		列1	
2	2			
3	2		平均	8.4
4	3		标准误差	1.11184103
5	4		中位数	10
6	5		众数	10
7	7		标准差	4.306141793
8	9		方差	18.54285714
9	10		峰度	-1.2123218
10	10		偏度	-0.22963912
11	10		区域	13
12	11		最小值	2
13	12		最大值	15
14	12		求和	126
15	14		观测数	15
16	15		最大(1)	15
17			最小(1)	2
18			置信度(95.0%)	2.384661833

图 4-8　描述统计(2)

描述统计工具操作的结果解释：

1．"平均"指样本的算术平均数。即

$$\bar{x} = \frac{\sum_{i=1}^{n} x_i}{n} = \frac{2+2+3+4+\cdots+15}{15} = 8.4$$

2．"标准误差"指样本平均数的抽样误差，它等于标准差(即样本标准差)除以样本单位数的平方根。在本例中，计算公式和结果为：

$$\frac{S}{\sqrt{n}} = \frac{4.306\,141\,793}{\sqrt{15}} = 1.111\,841\,03$$

3．"中位数"。本例为 $Me=10$。

4．"众数"。本例为 $Mo=10$。

5．"标准差"即样本标准差。即

$$S = \sqrt{\frac{\sum_{i=1}^{n}(x_i - \bar{x})^2}{n-1}} = 4.306\,141\,793$$

6．"方差"即样本方差，它等于样本标准差的平方。本例为 $S^2=18.542\,857\,14$。

7．"峰度"即峰态系数。本例为 $K=-1.212\,321\,8$。

8．"偏度"即偏态系数。本例为 $SK=-0.229\,639\,12$。

9．"区域"即极差＝最大值－最小值＝13。

10．"最小值"。本例为 2。

11．"最大值"。本例为 15。

12．"求和"即所有数据的总和。本例为 126。

13．"观测数"即数值的个数。本例为 15。

14．"最大(1)"即一个最大值。

15．"最小(1)"即一个最小值。

16．"置信度(95.0%)"即置信度为 95% 时的 t 分布的临界值。本例为 2.384 661 833。

【练习题】

一、名词解释

总量指标;相对指标;时期指标和时点指标;算术平均数;调和平均数;几何平均数;中位数;众数;标准差;标准差系数。

二、简答题

1. 简述总量指标的概念及其作用。
2. 简述总量指标的分类。
3. 区分时期指标与时点指标。
4. 简述六种相对指标及其计算公式。
5. 有了标准差,为什么还要计算标准差系数?
6. 简述标志变异指标的作用。

三、填空题

1. 在平均指标中,算术平均数、调和平均数和几何平均数又称为_____,_____和_____又称为位置平均数。
2. 当_____时,加权算术平均数与简单算术平均数相等。
3. 在变量数列中,加权算术平均数更接近_____的这一组的变量值。
4. 调和平均数等于_____。
5. 在计算平均指标过程中,加权算术平均数是以_____作权数,加权调和平均数是以_____为权数。
6. 某日农贸市场某种蔬菜最普遍的价格,在统计上叫做_____。
7. 测定总体变异程度最常用的统计指标是_____,它采用_____的方法,消除总体各单位变量值与算术平均数离差的算术和等于 0 对变异分析造成的影响。
8. $\sum xf / \sum f$ 和 $\sum x \cdot f / \sum f$ 是_____的两个计算公式。
9. 在变量数列中,各组单位数称_____,各组单位数占总体单位总数的比重称_____。
10. 在所有相对指标中,分子指标和分母指标同属于一个总体的有_____、_____、_____和_____。
11. 所有的_____指标都用绝对数表示,而_____指标都用相对数和平均数表示。
12. 总量指标按其反映的总体内容不同,分为_____和_____;按时间状况不同可以分为_____和_____;按计量单位不同分为_____、_____和_____。
13. 某企业年末商品库存量属于_____指标,其数值_____相加;商品销售收入属于_____指标,其数值_____相加。

14. 总量指标是最基本的统计指标,它可以派生出_____指标和_____指标。

15. 结构相结指标是_____与_____之比;比例相对指标是_____与_____之比。

16. 强度相对指标区别于其他相对指标的特点之一是某些强度相对指标具有_____和形式。

四、选择题

1. 平均指标数值的大小( )。
   A. 只受各组变量值水平的影响,与各组单位数无关
   B. 只受各组单位数的影响,与各组变量值水平无关
   C. 既受各组变量值水平的影响,又与各组次数有关
   D. 既不受各组变量值水平的影响,也不受各组次数的影响

2. 在变量数列中,就总体分布因素来说,影响平均指标数值大小的是( )。
   A. 频数　　　　B. 频率　　　　C. 两者都不是　　　D. 两者都是

3. 在组距数列中,用组中值作为计算算术平均数直接依据的假定条件是( )。
   A. 各组次数必须相等
   B. 各组必须是闭口组
   C. 总体各单位变量值水平相等
   D. 总体各单位变量值水平在各组内呈均匀分布

4. 变异指标反映了总体各单位变量值分布的( )。
   A. 集中趋势　　B. 离散趋势　　C. 变动趋势　　　D. 长期趋势

5. 在对总体进行变异情况分析过程中,最常用的变异指标是( )。
   A. 全距　　　　B. 平均差　　　C. 标准差　　　　D. 变异系数

6. 比较不同总体的变异程度,应该使用( )。
   A. 全距　　　　B. 平均差　　　C. 标准差　　　　D. 变异系数

7. 下列变异指标中,受极端数值影响最大的是( )。
   A. 全距　　　　B. 平均差　　　C. 标准差　　　　D. 变异系数

8. 直接反映总体规模大小的指标是( )。
   A. 平均指标　　B. 相对指标　　C. 总量指标　　　D. 变异指标

9. 权数对算术平均数的影响作用,实质上取决于( )。
   A. 作为权数的各组单位数占总体单位数比重的大小
   B. 各组变量值占总体标志总量比重的大小
   C. 变量值本身的大小
   D. 变量值数量的多少

10. 平均数的计算方法有( )。
    A. 算术平均法　B. 众数法　　　C. 中位数法　　　D. 调和平均法
    E. 几何平均法

11. 加权算术平均数的大小受( )的影响。
    A. 各组频率　　　　　　　　　B. 各组变量值
    C. 各组频数　　　　　　　　　D. 各组变量值大小和频数

12. 在下列条件下,加权算术平均数和简单算术平均数相等( )。
    A. 各组次数相等   B. 各组变量值不等
    C. 变量数列为组距数列   D. 各组次数都为1
    E. 各组次数占总次数的比重相等
13. 平均指标反映了总体分布的( )。
    A. 集中趋势   B. 离散趋势   C. 变动趋势   D. 长期趋势
14. 下列指标中哪一个可用来分析不同水平的变量数列之间的差异程度?( )
    A. 全距   B. 平均差   C. 标准差   D. 标志变异系数
15. 某厂1985年产值计划比1984年增长10%,实际增长15.5%,则该厂1985年超额完成计划:( )。
    A. 5%   B. 15.5%   C. 5.5%   D. 105%
16. 若甲企业职工工资的标志变动系数 $V_甲=5.5\%$;乙企业的为 $V_乙=5.4\%$。则甲乙两企业职工平均工资的代表性相比较是( )。
    A. 甲高于乙   B. 乙高于甲   C. 相等   D. 无法比较
17. 计划规定成本降低5%,实际上成本提高了2%,则计划完成程度相对数为( )。
    A. 107%   B. 107.4%   C. 93.1%   D. 110%
18. 某厂生产了三批产品,第一批产品的废品率为1%,第二批产品的废品率为1.5%,第三批产品的废品率为2%;第一批产品数量占这三批产品总数的25%,第二批产品数量占这三批产品总数的30%,则这三批产品的平均废品率为( )。
    A. 1.5%   B. 1.6%   C. 4.5%   D. 1.48%
19. 每1000人中拥有11个公共饮食企业(甲),1985年某地区总人口中职工占了84.9%(乙)。试指出哪一个为强度相对数( )。
    A. 甲   B. 乙   C. 甲、乙   D. 甲、乙均不是
20. 以一个企业作为总体,下列属于总量指标的是( )。
    A. 职工人数   B. 工业总产值   C. 人均产值   D. 平均工资
    E. 资产负债率   F. 职工劳动效率   G. 产值利税率   H. 流动资金周转率
    I. 商品产值率
21. 以一个企业作为总体,下列属于相对指标的是( )。
    A. 职工人数   B. 工业总产值   C. 人均产值   D. 人均工资
    E. 资产负债率   F. 职工劳动效率   G. 产值利税率   H. 流动资金周转率
22. 在总量指标中,综合性最强的统计指标是( )。
    A. 实物指标   B. 价值指标   C. 劳动量指标
23. 实物指标的计量单位包括( )。
    A. 自然实物量单位   B. 度量衡单位
    C. 双重或多重单位   D. 标准实物量单位
    E. 复合单位
24. "中国人均收入是美国人均收入的1/3",这一指标是( )。
    A. 平均指标   B. 总量指标   C. 相对指标   D. 数量指标
25. 以一个企业作为总体,下列属于质量统计指标的有( )。
    A. 劳动生产率   B. 产品合格率   C. 商品库存量   D. 产品产量

26. 我国国有资产是非国有资产的三倍,这一指标是( )。
    A. 结构相对指标 B. 比例相对指标 C. 比较相对指标
    D. 动态相对指标 E. 强度相对指标

27. 我国国有工业企业产值占全部工业产值的4/5,这一指标是( )。
    A. 结构相对指标 B. 比例相对指标 C. 比较相对指标
    D. 动态相对指标 E. 强度相对指标

28. 我国1999年的税收收入是20年前的5倍,这一指标是( )。
    A. 结构相对指标 B. 比例相对指标 C. 比较相对指标
    D. 动态相对指标 E. 强度相对指标

29. 某厂1996年完成产值2 000万元,1997年计划增长10%,实际完成2 310万元,超额完成计划( )。
    A. 5.5%   B. 5%   C. 115.5%   D. 15.5%

30. 在相对指标中,分子指标与分母指标属于同一个总体的是( )。
    A. 结构相对指标 B. 比例相对指标 C. 比较相对指标
    D. 动态相对指标 E. 强度相对指标

31. 在相对指标中,分子指标与分母指标可以互换的是( )。
    A. 结构相对指标 B. 比例相对指标 C. 比较相对指标
    D. 动态相对指标 E. 强度相对指标

32. 下列属于数量指标的有( )。
    A. 劳动生产率   B. 产品合格率   C. 商品库存量   D. 产品产量

33. 在总量指标中,指标数值同时间长短直接相关的是( )。
    A. 时期指标   B. 时点指标   C. 平均指标   D. 相对指标

34. 计划完成相对指标的数值越大,说明计划完成情况( )。
    A. 越好   B. 越差   C. 不一定

35. 将比较的基数确定为10,计算出来的相对数是( )。
    A. 系数   B. 成数   C. 百分数   D. 千分数
    E. 倍数

36. 将比较的基数确定为100,计算出来的相对数是( )。
    A. 系数   B. 成数   C. 百分数   D. 千分数
    E. 倍数

37. 将比较的基数确定为1,计算出来的相对数是( )。
    A. 系数   B. 成数   C. 百分数   D. 千分数
    E. 倍数

38. 以一个企业为总体,该企业职工人数200人,全年工资总额250万元,则( )。
    A. 200人是总体标志总量,250万元是总体单位总量
    B. 200人是总体单位总量,250万元也是总体单位总量
    C. 200人是总体标志总量,250万元也是总体标志总量
    D. 200人是总体单位总量,250万元是总体标志总量

39. 在相对指标中,用有名数形式表现的统计指标是( )。
    A. 结构相对指标 B. 比例相对指标 C. 比较相对指标

D. 动态相对指标　E. 强度相对指标

五、计算题

1. 已知下表资料：

	A	B	C
1	日产量（件）	工人数（人）	工人比重（%）
2	65	20	10
3	70	50	25
4	75	80	40
5	80	36	18
6	85	14	7
7	合计	200	100

试根据频数和频率资料，分别计算工人平均日产量。

2. 甲、乙两市场农产品价格及成交量资料如下表，试比较哪个市场的平均价格高，并分析其原因。

	A	B	C	D
1	品种	价格（元/千克）	甲市场成交额（万元）	乙市场成交量（万千克）
2	甲	1.2	1.2	2
3	乙	1.4	2.8	1
4	丙	1.5	1.5	1
5	合计	—	5.5	4

3. 现有200个工人按日产量分组形成的变量数列，试计算标准差及标准差系数。

日产量(公斤)	工人数(人)
20～30	10
30～40	70
40～50	90
50～60	30
合　计	200

4. 某氮肥厂生产四种氮肥的产量资料如下：

产品名称	产量(吨)	含氮量(%)
碳酸氢铵	5000	16.8
硫酸铵	800	21.0
尿　素	1000	46.0
氨　水	3000	15.0
合　计	9800	—

要求：按100%的含氮量标准计算标准实物产量。

5. 将一笔钱存入银行，存期为10年，按复利计息。10年的利率分别是：第一年和第二年为0.05，第三年至第五年为0.08，第六年至第八年为0.1，第九年和第十年为0.12。求平均年利率。

6. 某公司下属 20 个商店 2011 年第三季度的统计资料如下表所示。

	A	B	C	D
1	按商品销售计划完成情况分组(%)	商店数目	实际商品销售额（万元）	流通费用率（%）
2	90以下	3	45.9	14.8
3	90～100	4	68.4	13.2
4	100～110	8	134.4	12
5	110以上	5	94.3	11
6	合　计	20	343	—

要求：(1) 计算该公司 20 个商店销售额平均计划完成程度；
(2) 计算总的流通费用率。(提示：流通费用率＝流通费用额/实际销售额)

7. 随机抽取 25 个网络用户，得到他们的年龄数据如下表所示(单位：周岁)。

	A	B	C	D	E	F	G	H	I	J	K	L	M
1	19	15	29	25	24	23	21	38	22	18	30	20	19
2	19	16	23	27	22	34	24	41	20	31	17	23	

要求：(1) 试计算众数、中位数、四分位数；(2) 计算平均数和标准差；(3) 计算偏态系数和峰度系数；(4) 对网民年龄的分布特征进行综合分析。

8. 某公司员工月收入情况如下表所示。

	A	B
1	月收入分组（元）	员工人数（人）
2	700～800	4
3	800～900	8
4	900～1000	15
5	1000～1100	20
6	1100～1200	30
7	1200～1300	12
8	1300～1400	8
9	合计	97

要求：(1) 计算该公司员工月收入的算术平均数、中位数和众数；(2) 计算平均差、标准差；(3) 计算偏度和峰度，并指出分布的类型。

9. 某管理局系统所属三个企业，2011 年产值计划完成情况如下：

企业	第一季度实际产值(万元)	第二季度				第二季度为第一季度(%)
		计划产值		实际产值		
		产值	比重	产值	比重	计划完成(%)	
甲	105	110		116			
乙	125	135				100	
丙	162			195		95.1	
合计	392						

要求：计算并填上表中空格数值。

10. 甲、乙两班各有 10 名同学参加一场智力测验，其成绩用 Excel 进行描述统计的结果如下表所示。

	A	B	C
1	统计量	甲 班	乙 班
2	平均成绩	86.3	91.4
3	标准误差	3.5	1.2
4	中位数	90.5	91
5	众数	93	91
6	标准差	11.1	3.7
7	样本方差	123.1	13.6
8	峰态系数	1.3	-1
9	偏态系数	-1.3	0.03
10	极差	36	11
11	最高成绩	62	86
12	最低成绩	98	97
13	总成绩	863	914
14	人数	10	10

根据上表资料,你认为哪个班的同学考得好些?为什么?

11. 一家公司在招收职员时,首先要通过两项能力测试。在 A 项测试中,平均分数是 100 分,标准差是 15 分;在 B 项测试中,平均分数是 400 分,标准差是 50 分。一位应试者在 A 项测试中得了 115 分,在 B 项测试中得了 425 分。与平均分数相比,该位应试者哪一项测试更为理想?并解释原因。

12. 有甲、乙两个品种的小麦作物,经播种实验后得知甲品种的平均亩产量为 998 斤,标准差为 162.7 公斤,乙品种实验资料如下:

亩产量(斤/亩)	播种面积(亩)
1000	0.8
950	0.9
1100	1.0
900	1.1
1050	1.2
合计	5

试研究两个品种的平均亩产量,确定哪一个品种具有较大稳定性,更有推广价值。

第五章 时序分析

【引导案例】

国内生产总值、可支配收入、恩格尔系数

国内生产总值是按市场价格计算的国内生产总值的简称。它是一个国家(地区)所有常住单位在一定时期内生产活动的最终成果。国内生产总值有三种表现形态,即价值形态、收入形态和产品形态。从价值形态看,它是所有常住单位在一定时期内所生产的全部货物和服务价值超过同期投入的全部非固定资产货物和服务价值的差额,即所有常住单位的增加值之和;从收入形态看,它是所有常住单位在一定时期内所创造并分配给常住单位和非常住单位的初次分配收入之和;从产品形态看,它是最终使用的货物和服务减去进口货物和服务。在实际核算中,国内生产总值的三种表现形态表现为三种计算方法,即生产法、收入法和支出法。三种方法分别从不同的方面反映国内生产总值及其构成。

支出法计算国内生产总值,指的是一个国家(或地区)所有常住单位在一定时期内用于最终消费和投资,以及净出口的货物和服务支出总额;它反映本期生产的国内生产总值的使用构成。这一总量就是支出法测算的国内生产总值,具体包括总消费、总投资和净出口。

总消费,指常住单位在一定时期内的货物和服务的全部最终消费支出,也就是常住单位为满足物质、文化和精神生活的需要,从本国经济领土或外国购买的货物和服务的消费支出(不包括非常住居民在本国经济领土内的消费支出)。总消费分为居民消费和社会消费。

(1)居民消费。这是指常住居民在一定时期内对于货物和服务的全部最终消费。包括居民以货币直接购买的各种消费品和直接支付的房租、交通、医疗、文教等各种服务费支出;居民本期自产自用的消费品和自有住房的虚拟消费;居民以实物工资形式获得的各种生活消费品等。不包括居民用于购买房屋和生产的支出。

(2)社会消费。这是指政府部门的总产出扣除其销售收入后的价值。也就是指社会公共服务部门将其生产活动总成果提供给政府,由政府部门购买并提供给全社会享用的社会消费支出。

总投资,指常住单位在一定时期内对固定资产和库存的投资支出合计,分为固定资产形成和库存增加两项。

(1)固定资产形成。这是指从常住单位在一定时期内购置、转入和自产自用的固定资产中,扣除已有固定资产的销售和转出后的价值。固定资产形成包括在一定时期内完成的建筑工程、安装工程和设备器具购置价值,以及新增役、种、奶、毛、娱乐用牲畜和新增经济林价值等。

(2) 库存增加。这是指常住单位一定时期内库存实物量变动的市场价值。期初与期末差额为正值表示库存增加，负值表示库存减少。具体包括本期购买的原材料、燃料和储备物资等商品库存；本期生产的产成品、半成品和在制品等产品库存。

净出口，指出口与进口的差额。出口包括常住单位向非常住单位出售或无偿转让的各种货物和服务的总值；进口包括常住单位从非常住单位购买或无偿得到的各种货物和服务的总值。由于服务活动提供与使用同时发生，因此服务的进出口业务并不发生出入境现象，应把常住单位从国外得到的服务作为进口，反之，非常住单位从我国得到的服务作为出口。

可支配收入全称"国民可支配收入"或"居民可支配收入"。"国内生产总值"（GDP）是反映一个国家最终生产成果的总量指标，而"国民可支配收入"（NDI）是衡量一个国家最终所得收入的总量指标，GDP代表的是生产总量；NDI代表的是收入总量。一国的GDP要经过收入的初次分配和再分配最终才能形成一国的NDI。

国民可支配收入＝国内生产总值＋生产要素净收入＋经常性转移净收入

生产要素收入＝劳动者报酬收入＋各项财产性收入

经常性转移收入＝补贴收入＋赠与收入＋无偿转移

恩格尔系数是食品支出总额占消费支出总额的比重。19世纪德国统计学家恩格尔根据统计资料，对消费结构的变化得出一个规律：一个家庭收入越少，家庭收入中（或总支出中）用来购买食物的支出所占的比例就越大，随着家庭收入的增加，家庭收入中（或总支出中）用来购买食物的支出比例则会下降。推而广之，一个国家越穷，每个国民的平均收入中（或平均支出中）用于购买食物的支出所占比例就越大，随着国家的富裕，这个比例呈下降趋势（见表5-1）。

表5-1 我国1990—2009年重要经济指标

年 份	国内生产总值（亿元）	总人口（年末）（万人）	城镇居民家庭人均可支配收入（元/人）	城镇居民家庭恩格尔系数（%）
1990	18 667.82	114 333	1 510.2	54.2
1991	21 781.50	115 823	1 700.6	53.8
1992	26 923.48	117 171	2 026.6	53.0
1993	35 333.92	118 517	2 577.4	50.3
1994	48 197.86	119 850	3 496.2	50.0
1995	60 793.73	121 121	4 283.0	50.1
1996	71 176.59	122 389	4 838.9	48.8
1997	78 973.03	123 626	5 160.3	46.6
1998	84 402.28	124 761	5 425.1	44.7
1999	89 677.05	125 786	5 854.0	42.1
2000	99 214.55	126 743	6 280.0	39.4
2001	109 655.17	127 627	6 859.6	38.2
2002	120 332.69	128 453	7 702.8	37.7
2003	135 822.76	129 227	8 472.2	37.1
2004	159 878.34	129 988	9 421.6	37.7
2005	184 937.37	130 756	10 493.0	36.7
2006	216 314.43	131 448	11 759.5	35.8
2007	265 810.31	132 129	13 785.8	36.3
2008	314 045.43	132 802	15 780.8	37.9
2009	340 506.87	133 474	17 174.7	36.5

资料来源：国家统计局网站 http://www.stats.gov.cn/tjsj/ndsj/。

时间序列分析简称时序分析,就其发展的历史阶段和所使用的统计分析方法来看,有传统时间序列分析和随机时间序列分析。本章主要讨论一些传统的时间序列分析方法。

第一节 时间序列分析的基本问题

一、时间序列概述

(一) 时间序列的概念

任何现象都不是静止的,而总是处在不断运动和不断地发展变化过程中。统计分析,不仅要从静态上分析现象所达到的规模、水平和比例关系等,而且要从动态上,即从时间的发展变动上来分析现象的发展变化情况。例如,表 5-1 列举了我国 1996—2009 年国内生产总值、年底总人口数、城镇居民家庭人均可支配收入、城镇居民家庭恩格尔系数等经济指标的时间序列。

如表 5-1 所排列的数据序列,这种将某一统计指标在不同时间上的数值按时间先后顺序编制所形成的序列,称为时间序列,亦称动态序列或时间数列。

时间序列由两大要素构成:一是现象数值所属的时间,即现象发生的时间,可以表现为年、月、日或季、周等时间单位;二是统计指标的具体数值。

统计指标是用来说明某种社会经济现象在某一个方面的数量特征的,社会经济现象的发展变化必然在不同时间的指标数值上有所反映。时间序列就是反映该现象发展变化过程的历史记录。这对统计分析工作来说,具有十分重要的意义。首先,编制时间序列,可以描述社会经济现象的发展状态、发展趋势和结果;其次,通过对时间序列的分析,可以掌握社会经济现象发展变化的规律性;再次,时间序列可用来对社会经济现象的发展方向和速度进行预测。

(二) 时间序列的编制原则

编制时间序列的目的是通过同一指标在不同时间上的数值对比来反映现象的发展过程及其规律性。因此,保证序列中指标值之间的可比性,就成为编制时间序列应遵守的基本原则。具体来讲,应注意以下几点。

1. 时期长短应尽量统一

在时期序列中,由于各指标数值的大小与时间的长短有直接的关系,所以,各个指标数值所属的时期长短应前后统一。时间越长,指标数值就越大,反之就越小。时期长短不一,往往就很难作直接比较。

对于时点序列来说,由于各个指标数值只反映现象在某一时点的状态,两时点间隔的长短,对时点指标数值大小没有直接影响,所以不存在时期长短应统一的问题。但为了更有利于对比,时点间隔最好能保持一致。

2. 总体范围应该一致

所谓总体范围,即所研究的现象总体所包括的地区范围、隶属关系范围、行政区划范围等。在实际工作中,因为各时期行政区划、经济管理体制、基层单位的隶属关系等方面发生变化,统计口径往往前后不一致。比如,要研究某地区的人口变动情况,如果所研究地区的行政区划发生了变化,那么,变动前后的两个人口数值就不能直接对比,需要加以调整,然后再进行动态分析。

3. 指标的经济内容应该一致

有时同一个指标虽然名称没有变动,但其经济内容却已有改变,这也是不可比的。对于这样的时间序列,根据不同时期指标数值的变化来进行分析,就会得出错误的结论。比如,编制某地1990—1995年资源税征收情况的时间序列,由于盐税1994年并入了资源税,使资源税的经济内容在1994前后发生了变化,如果不首先加以调整就不具有可比性,就会使所反映问题失实。

4. 计算口径应该统一

计算口径主要是指计算方法、计算价格以及计量单位等。比如,在研究某企业劳动生产率的增长情况时,如果各时期指标的计算方法不一致,有的按全部职工计算,有的按生产工人计算,指标数值的对比就失去意义;再比如,总产值有的按现价计算,有的按不变价格计算,或指标的计量单位有的按实物单位计量,有的按货币单位计量,这样所编制的时间序列势必会导致指标数值失去可比性。

二、时间序列分类

时间序列按其构成要素中统计指标值的表现形式,分为绝对数时间序列、相对数时间序列和平均数时间序列三种。其中绝对数时间序列是基本序列,相对数和平均数时间序列是派生序列。

1. 绝对数时间序列

把一系列同类的总量指标按时间先后顺序排列而成的数列,称为绝对数时间序列,它反映了现象在各期达到的绝对水平。表9-1中的国内生产总值和年底总人口数都是绝对数时间序列。绝对数时间序列是编制相对数时间序列和平均数时间序列的基础。

按照总量指标反映的现象的时间状态不同,绝对数时间序列又分为时期序列和时点序列两类。

(1) 时期序列。当序列中排列的指标为时期指标,反映现象在各段时期内发展过程的总量时,就称为时期序列。表5-1中的我国1990—2009年国内生产总值数列就是一个时期序列。时期序列的特点是:① 序列中各个指标的数值是可以相加的,即相加具有一定的经济意义。由于时期序列中每个指标数值是表示现象在一段时期内发展变化的累计总量,所以相加后的数值就表示现象在更长一段时期内发展变化的累计总量;② 序列中每一个指标数值的大小与所属的时间长短有直接的联系。在时期序列中,每个指标数值所对应的时间长度,称为"时期"。时期的长短,主要根据研究目的而定,可以是日、旬、月、季、年或更长时间。一般来说,时期愈长,指标数值就愈大,反之就愈小;③ 序列中每个指标数值,通常是通过连续不断的登记而取得的。

(2) 时点序列。当序列中排列的指标为时点指标,反映现象在某一时点上所处的状态时,称该序列为时点序列。表5-1中所列的我国1990—2009年全国年末人口数是时点序列。时点序列有如下特点:① 序列中各个指标数值是不能相加的,相加不具有实际经济意义。这是由于时点序列中每个指标数值都是表明某一时点上瞬间现象的总量,相加以后无法说明属于哪一时点上的数量。② 序列中指标数值的大小与其间隔长短没有直接联系。在时点序列中,两个相邻的指标数值间相隔的时间距离称为"间隔"。由于时点序列每个指标数值只表明现象在某一时点上的状态数量,指标数值大小与时间间隔长短没有直接联系,例如,年末数值可能大于月末数值,也可能小于月末数值。③ 序列中指标的每个数值,通常都是间隔一定时期通过一次性登记取得的。

2. 相对数时间序列

把一系列同类的相对指标按时间顺序排列而成的序列,称为相对数时间序列。它反映现象对比关系的发展变化情况,说明社会经济现象的比例关系、结构、速度的发展变化过程。表 5-1 中的我国城镇居民的恩格尔系数就是相对数时间序列。在相对指标时间序列中,各个指标数值也是不能相加的。

3. 平均数时间序列

把一系列同类的平均指标按时间顺序排列而成的序列,称为平均数时间序列。它反映现象一般水平的发展趋势。表 5-1 中的城镇居民家庭人均可支配收入即为平均数时间序列。在平均数时间序列中,各个指标数值相加也没有意义。

第二节 时间序列的水平分析

在对时间序列有了基本认识之后,要对时间序列做进一步的统计分析。本节主要讨论从时间序列的观察值本身出发,计算一系列水平指标,进行简单的统计水平分析。

一、发展水平与平均发展水平

(一) 发展水平

在时间序列中,每个统计指标的数值叫做发展水平,它是计算其他时间序列分析指标的基础。如果用符号 $a_0, a_1, a_2, a_3, \cdots, a_{n-1}, a_n$ 代表时间序列中各个发展水平,通常,时间序列中第一个指标数值 a_0 叫做最初水平;最后一个指标数值 a_n 叫做最末水平,其余各个指标数值叫做中间水平。此外,在动态分析中,常将所研究的那个时期的指标数值叫做报告期水平,用来进行比较的基础时期水平叫做基期水平。

(二) 平均发展水平

将不同时期的发展水平加以平均而得到的平均数叫做平均发展水平,又称为序时平均数。它概括性地描述出现象在一段时期内所达到的一般水平。由于不同时间序列中观察值的表现形式不同,序时平均数有不同的计算方法。

1. 根据绝对数时间序列计算序时平均数

绝对数时间序列序时平均数的计算方法是最基本的,它是计算相对数或平均数时间序列序时平均数的基础。由于绝对数时间序列有时期序列和时点序列之分,序时平均数的计算方法也有所不同。

(1) 时期序列的序时平均数。时期序列中的各观察值可以相加,形成一段时期内的累计总量,所以时期序列的序时平均数可直接用各时期的观察值之和除以时期项数来计算。其计算公式为:

$$\bar{a} = \frac{a_1 + a_2 + \cdots + a_n}{n} = \frac{\sum_{i=1}^{n} a_i}{n} \tag{5-1}$$

式中,$\bar{a}$ 为序时平均数;a_i 为第 i 个时期的观察值;n 为观察值的个数(时期项数)。

【例 5-1】 根据表 5-1 中的国内生产总值序列,计算 1990—2009 年的年平均国内生产总值。

解:$\bar{a} = \dfrac{\sum_{i=1}^{n} a_i}{n} = \dfrac{2\,482\,445.17}{20} = 124\,122.26(亿元)$

(2) 时点序列的序时平均数。根据所掌握的时点资料的不同,计算方法亦有所不同。时点数列一般都是不连续数列。但是,若是逐日记录而且逐日排列形成的时点数列资料则可将其看成连续的时点数列。以此为标准,可将时点数列分为连续时点数列和间断时点数列。

① 根据连续时点数列计算序时平均数。在连续时点数列中有间隔相等和间隔不等两种情况。

a. 间隔相等的连续时点数列。即时点数列资料是逐日排列形成的。其计算公式为:

$$\bar{a} = \frac{\sum a}{n} \tag{5-2}$$

例如,已知某单位一个月内每天当班的工人人数,要计算该月的每天平均工人数,可将每天的工人数相加,再除以该月的日历天数即可。

b. 间隔不等的连续时点数列。如果被研究的现象每隔一段时间才有变动,则用每次变动持续的间隔长度(f)为权数对各时点水平(a)加权,其计算公式为:

$$\bar{a} = \frac{\sum af}{\sum f} \tag{5-3}$$

【例 5-2】 某企业 2011 年 8 月 1 日至 8 月 12 日设备数为 103 台。8 月 13 日到月底增加到 110 台,则该企业 8 月份平均拥有设备数为:

$$\bar{a} = \frac{\sum af}{\sum f} = \frac{103 \times 12 + 110 \times 19}{12 + 19} = \frac{3\,326}{31} = 107(台)$$

② 根据间断时点数列计算序时平均数。间断时点数列中也有间隔相等和间隔不等两种情况。

a. 间隔相等的间断时点数列。在实际统计工作中,对时点性质的指标,为了简化登记手续,往往间隔一定时间登记一次。如商业企业的商品库存、工业企业中的职工人数与流动资产等,都只统计月末数字,从而组成间隔相等的间断时点数列。一般情况下,这时可以假定所研究的现象在两个相邻时点之间的变动是均匀的,则相邻两个时点之间的序时平均数,可以通过将两个相邻时点指标数值相加后除以 2 近似求得,然后根据这些平均数,再用简单算术平均法,求得整个研究时间的序时平均数。

【例 5-3】 已知某企业 2011 年 6 月至 9 月各月末职工人数如表 5-2 所示。

表 5-2 某企业 2011 年 6 月至 9 月各月末职工人数 (单位:人)

	A	B	C	D	E
1	日期	6月30日	7月31日	8月31日	9月30日
2	职工人数	136	142	140	152

根据表中资料,计算 7、8、9 各月和第三季度的平均职工人数如下:

7月份平均职工人数 $=\dfrac{136+142}{2}=139$(人)

8月份平均职工人数 $=\dfrac{142+140}{2}=141$(人)

9月份平均职工人数 $=\dfrac{140+152}{2}=146$(人)

第三季度平均职工人数 $=\dfrac{139+141+146}{3}=142$(人)

上述计算第三季度平均职工人数的两个步骤可以合并为：

第三季度平均职工人数 $=\dfrac{\dfrac{136+142}{2}+\dfrac{142+140}{2}+\dfrac{140+152}{2}}{3}$

$=\dfrac{\dfrac{136}{2}+142+140+\dfrac{152}{2}}{3}=142$(人)

由此可见，如果是间隔相等的间断时点数列，计算序时平均数的公式可表示为：

$$\bar{a}=\dfrac{\dfrac{a_0}{2}+a_1+\cdots+a_{n-1}+\dfrac{a_n}{2}}{n} \tag{5-4}$$

式中：n 表示时间项数。

b. 间隔不等的间断时点数列。根据间隔不等的每期期末时点资料，则可用时间间隔的长度为权数(f)，对各相应时点的平均水平进行加权平均。其计算公式为：

$$\bar{a}=\dfrac{\dfrac{a_0+a_1}{2}f_1+\dfrac{a_1+a_2}{2}f_2+\cdots+\dfrac{a_{n-1}+a_n}{2}f_n}{\sum f} \tag{5-5}$$

【例 5-4】 某地区人口资料如表 5-3 所示。

表 5-3 某地区 2011 年各时点的人口数 （单位：万人）

	A	B	C	D	E
1	日期	1月1日	4月1日	8月1日	12月31日
2	人口数	425.4	452.8	446.7	458.3

根据 5-3 资料，该地区 2005 年平均人口数为：

$$\bar{a}=\dfrac{\dfrac{425.4+452.8}{2}\times 3+\dfrac{452.8+446.7}{2}\times 4+\dfrac{446.7+458.3}{2}\times 5}{3+4+5}$$

$$=\dfrac{5\,378.8}{12}=448.23(万人)$$

根据间断时点数列计算序时平均数的前提是，假设被研究现象在相邻两个时点之间的变动是均匀的。当然这种现象的实际变动并不完全均匀，计算结果只能是实际值的近似值。同时，为了使计算结果能尽量反映实际情况，间断时点数列的间隔不宜过长。

2. 相对数或平均数时间序列的序时平均数

相对数和平均数通常是由两个绝对数对比形成的，即观察值 $c_i=\dfrac{a_i}{b_i}$，计算序时平均数时，应先分别求出构成相对数或平均数的分子 a_i 和分母 b_i 的平均数，而后再进行对比，即得相对数或平均数序列的序时平均数。其基本公式为：

$$\frac{\bar{a}}{\bar{b}} = \bar{c} \tag{5-6}$$

式中 $\bar{a}$ 和 $\bar{b}$ 可按绝对数时间序列序时平均数的计算方法求得。

【例 5-5】 某企业 2011 年各季度销售收入和流动资金资料如表 5-4 所示。

表 5-4 某企业 2011 年各季度销售收入与流动资金资料

	A 时间	B 第一季度	C 第二季度	D 第三季度	E 第四季度
1					
2	销售收入（万元）	110	120	126	125
3	期初流动资金余额（万元）	90	70	78	52
4	流动资金周转次数（次）	1.375	1.62	2.1	1.64

又知,该年末流动资金余额 100 万元。计算该企业 2011 年流动资金季平均周转次数。

解：设销售收入为 a，期初流动资金为 b，流动资金周转次数为 c，则

$$\bar{a} = \frac{\sum_{i=1}^{n} a_i}{n} = \frac{110+120+126++125}{4} = 120.25(万元)$$

$$\bar{b} = \frac{\frac{b_1}{2}+b_2+\cdots+b_{n-1}+\frac{b_n}{2}}{n-1} = \frac{\frac{90}{2}+70+78+52+\frac{100}{2}}{5-1} = 73.75(万元)$$

根据(5-6)式,得

$$\bar{c} = \frac{120.25}{73.75} = 1.63(次)$$

二、增长量与平均增长量

1. 增长量

增长量是时间序列中的报告期水平与基期水平之差,用于描述现象在观察期内增长的绝对量。若二者之差为正数,表示增长；若为负数,则表示为下降。

由于采用的基期不同,增长量有逐期增长量和累计增长量之分。逐期增长量是报告期水平与前一时期水平之差,表示本期比前一时期增长的绝对数量；累计增长量是报告期水平与某一固定时期水平之差,说明报告期比某一固定时期增长的绝对数量。可用符号表示如下：

逐期增长量：$a_1-a_0, a_2-a_1, \cdots, a_n-a_{n-1}$ (5-7)

累计增长量：$a_1-a_0, a_2-a_0, \cdots, a_n-a_0$ (5-8)

显见,两者之间具有一定的关系,累计增长量等于相应各个逐期增长量之和,即：

$$a_n - a_0 = \sum_{i=1}^{n}(a_i - a_{i-1})$$

2. 平均增长量

平均增长量是观察期各逐期增长量的平均数,用于描述在观察期内平均增长的数量。有两种计算方法：

第一种：根据逐期增长量求得,或根据累计增长量求得。其计算公式为：

$$平均增长量 = \frac{逐期增长量之和}{逐期增长量个数} = \frac{累计增长量}{观察值个数-1}$$

$$= \frac{\sum_{i=1}^{n}(a_i - a_{i-1})}{n} = \frac{a_n - a_0}{n} \tag{5-9}$$

第二种：利用等差级数来计算。

$$平均增长量 = \frac{2(\sum_{i=1}^{n} a_i - na_0)}{n(n+1)}$$

【例 5-6】 根据表 5-1 我国国内生产总值资料，计算各年逐期增长量和各年以 1990 年为基期的累计增长量，年平均增长量。

解： 根据(5-7)式和(5-8)式，可得计算结果如表 5-5 所示。

表 5-5　国内生产总值增长量计算表　　　　　　　　　　（单位：亿元）

年　份	国内生产总值	逐期增长量	累计增长量
1990	18 667.82	—	—
1991	21 781.50	3 113.68	3 113.68
1992	26 923.48	5 141.98	8 255.65
1993	35 333.92	8 410.45	16 666.10
1994	48 197.86	12 863.93	29 530.03
1995	60 793.73	12 595.87	42 125.91
1996	71 176.59	10 382.86	52 508.77
1997	78 973.03	7 796.44	60 305.21
1998	84 402.28	5 429.24	65 734.46
1999	89 677.05	5 274.77	71 009.23
2000	99 214.55	9 537.50	80 546.73
2001	109 655.17	10 440.62	90 987.35
2002	120 332.69	10 677.52	101 664.87
2003	135 822.76	15 490.07	117 154.93
2004	159 878.34	24 055.58	141 210.52
2005	184 937.37	25 059.03	166 269.55
2006	216 314.43	31 377.06	197 646.60
2007	265 810.31	49 495.88	247 142.48
2008	314 045.43	48 235.12	295 377.60
2009	340 506.87	26 461.44	321 839.04

根据(5-9)式，1990—2009 年国内生产总值的年平均增长量为：

国内生产总值年平均增长量＝321 839.04/19＝16 938.90（亿元）

第三节　时间序列的速度分析

一、发展速度与增长速度

1. 发展速度

发展速度是同一事物在两个不同时期发展水平对比的结果，用于描述现象在观察期内的相对发展变化程度，说明报告期水平是基期水平的百分之几或若干倍。当发展速度的计算结果大于100%,表明现象发展水平上升,反之,表明现象发展水平下降。当分子指标特别大而分母指标特别小的时候,也可以用倍数和翻番数表示,反之,可以用千分数或万分数表示。其计算公式:

$$发展速度 = \frac{报告期水平}{基期水平} \times 100\% \tag{5-10}$$

由于采用的基期不同,发展速度可以分为环比发展速度和定基发展速度。环比发展速度是报告期水平与前一期水平之比,说明现象逐期发展变化的程度;定基发展速度是报告期水平与某一固定时期水平之比,说明现象在整个观察期内总的发展变化程度。

设时间序列的观察值为 $a_i(i=1,2,\cdots,n)$,环比发展速度和定基发展速度的一般形式可以写为:

$$环比发展速度 \frac{a_i}{a_{i-1}} (i=1,2,\cdots,n) \tag{5-11}$$

$$定基发展速度 = \frac{a_i}{a_0} (i=1,2,\cdots,n) \tag{5-12}$$

环比发展速度与定基发展速度之间的关系是:
(1) 观察期内各个环比发展速度的连乘积等于最末期的定基发展速度;
(2) 相邻两个定基发展速度的比值等于相应时期的环比发展速度。
即

$$\prod \frac{a_i}{a_{i-1}} = \frac{a_n}{a_0} \quad (\prod 为连乘符号);\ \frac{a_i}{a_0} \div \frac{a_{i-1}}{a_0} = \frac{a_i}{a_{i-1}}$$

利用上述关系,可以根据一种发展速度去推算另一种发展速度。

2. 增长速度

增长速度也称增长率,是增长量与基期水平之比,用于描述现象的相对增长速度。它可以根据增长量求得,也可以根据发展速度求得。其基本计算公式为:

$$增长速度 = \frac{增长量}{基期水平} = \frac{报告期水平 - 基期水平}{基期水平} = 发展速度 - 1 \tag{5-13}$$

发展速度与增长速度所说明的问题不同。发展速度说明现象在不同时期的发展程度,而增长速度则是说明其提高(或降低)的程度。因此,当发展速度大于1时,增长速度为正值,表示正增长;当发展速度小于1时,增长速度为负值,表示负增长。

由于采用的基期不同,增长速度也可分为环比增长速度和定基增长速度。前者是逐期增长量与前一期水平之比,用于描述现象逐期增长的程度,后者是累计增长量与某一固定时期水平之比,用于描述现象在观察期内总的增长程度。

环比增长速度和定基增长速度的公式可写为:

$$环比增长速度 = \frac{a_i - a_{i-1}}{a_{i-1}} = \frac{a_i}{a_{i-1}} - 1 \quad (i=1,2,\cdots,n) \tag{5-14}$$

$$定基增长速度 = \frac{a_i - a_0}{a_0} = \frac{a_i}{a_0} - 1 \quad (i=1,2,\cdots,n) \tag{5-15}$$

需要指出,环比增长速度与定基增长速度之间没有直接的换算关系。在由环比增长速度推算定基增长速度时,可先将各环比增长速度加1后连乘,再将结果减1,即得定基增长速度。

【例5-7】已知我国历年按可比价格计算的国内生产总值如表5-6所示。试计算各年的发展速度和增长速度。

表 5-6 我国 1980—2008 年国内生产总值资料

年 份	国内生产总值	年 份	国内生产总值
	按 1980 年价格计算	1995	33 070.5
1980	4 567.9	1996	36 380.4
1981	4 807.4	1997	39 762.7
1982	5 242.8	1998	42 877.4
1983	5 811.8	1999	46 144.6
1984	6 693.8	2000	50 035.2
1985	7 595.2		按 2000 年价格计算
1986	8 267.1	2000	99 214.6
1987	9 224.7	2001	107 449.7
1988	10 265.3	2002	117 208.3
1989	10 682.4	2003	128 958.9
1990	11 092.5	2004	141 964.5
	按 1990 年价格计算	2005	158 020.7
1990	18 547.9		按 2005 年价格计算
1991	20 250.4	2005	184 937.4
1992	23 134.2	2006	208 381
1993	26 364.7	2007	237 892.8
1994	29 813.4	2008	260 812.9

解：依据公式(5-11、5-12、5-14、5-15)计算结果如表 5-7 所示。

表 5-7 发展速度和增长速度计算表

年 份	国内生产总值	环比发展速度/%	定基发展速度/%	环比增长速度/%	定基增长速度/%
	按 1980 年价格计算				
1980	4 567.9	—	—	—	—
1981	4 807.4	105.24	105.24	5.24	5.24
1982	5 242.8	109.06	114.77	9.06	14.77
1983	5 811.8	110.85	127.23	10.85	27.23
1984	6 693.8	115.18	146.54	15.18	46.54
1985	7 595.2	113.47	166.27	13.47	66.27
1986	8 267.1	108.85	180.98	8.85	80.98
1987	9 224.7	111.58	201.95	11.58	101.95
1988	10 265.3	111.28	224.73	11.28	124.73
1989	10 682.4	104.06	233.86	4.06	133.86
1990	11 092.5	103.84	242.84	3.84	142.84
	按 1990 年价格计算		1.67		
1990	18 547.9				
1991	20 250.4	109.18	265.13	9.18	165.13
1992	23 134.2	114.24	302.88	14.24	202.88
1993	26 364.7	113.96	345.18	13.96	245.18
1994	29 813.4	113.08	390.33	13.08	290.33

续 表

年 份	国内生产总值	环比发展速度/%	定基发展速度/%	环比增长速度/%	定基增长速度/%
1995	33 070.5	110.92	432.97	10.92	332.97
1996	36 380.4	110.01	476.31	10.01	376.31
1997	39 762.7	109.30	520.59	9.30	420.59
1998	42 877.4	107.83	561.37	7.83	461.37
1999	46 144.6	107.62	604.14	7.62	504.14
2000	50 035.2	108.43	655.08	8.43	555.08
	按 2000 年价格计算		1.98		
2000	99 214.6				
2001	107 449.7	108.30	709.45	8.30	609.45
2002	117 208.3	109.08	773.89	9.08	673.89
2003	128 958.9	110.03	851.47	10.03	751.47
2004	141 964.5	110.09	937.34	10.09	837.34
2005	158 020.7	111.31	1 043.36	11.31	943.36
	按 2005 年价格计算		1.17		
2005	184 937.4				
2006	208 381.0	112.68	1 175.62	12.68	1 075.62
2007	237 892.8	114.16	1 342.11	14.16	1 242.11
2008	260 812.9	109.63	1 471.42	9.63	1 371.42

二、平均发展速度与平均增长速度

(一) 平均发展速度

平均发展速度是各个时期环比发展速度的平均数,用于描述现象整个观察期内平均发展变化的程度。平均发展速度可能大于 100%,也可能小于 100%,前者说明现象的发展水平是上升的,后者说明现象的发展水平是下降的。

由于环比发展速度是根据同一现象在不同时期发展水平对比而得到的动态相对数,它所依据的基数不同,因此,计算平均发展速度不能用算术平均数方法,而通常采用水平法和累计法。

1. 水平法(几何平均法)

它是根据各期的环比发展速度采用几何平均计算出来的,计算公式为:

$$\overline{X} = \sqrt[n]{\frac{a_1}{a_0} \times \frac{a_2}{a_1} \times \cdots \times \frac{a_n}{a_{n-1}}} = \sqrt[n]{\prod \frac{a_i}{a_{i-1}}} = \sqrt[n]{\frac{a_n}{a_0}} \quad (i = 1, 2, \cdots, n) \tag{5-16}$$

式中,$\overline{X}$ 为平均发展速度;n 为环比发展速度的个数,它等于观察数据的个数减 1。

【例 5-8】 根据表 5-6 和 5-7 中的有关数据,计算我国 1980—2008 年间国内生产总值的年平均发展速度。

解:根据(5-16)式,得

$$\overline{X} = \sqrt[n]{\prod \frac{a_i}{a_{i-1}}} = \sqrt[28]{105.24\% \times 109.06\% \times \cdots \times 114.16 \times 109.63\%}$$

$$= \sqrt[28]{1471.42\%} = 110.08\%$$

应用水平法计算平均发展速度的基本思想和原理是,从最初水平 a_0 出发,每期按平均发展速度 $\overline{X}$ 发展,经过 n 期后将达到最末水平 a_n,即 $a_0 \times \overline{X}^n = a_n$。因此,用水平法计算的平均发展速度推算出的最末期的数值与最末期的实际观察值是一致的。从计算公式可以看出,按水平法计算的平均发展速度,实际上只与序列的最初观察值 a_0 和最末观察值 a_n 有关,而与其他各观察值无关,这一特点表明,水平法旨在考察现象在最末一期所应达到的发展水平。所以,在实际应用中,如果所关心的是现象在最后一期应达到的水平,例如最末期所达到的工业生产能力、产值、人口数的增长等,采用水平法计算平均发展速度比较合适。

2. 累计法(方程法)

在一个时间序列中,各期实际水平之和为

$$a_1 + a_2 + \cdots + a_n = \sum_{i=1}^{n} a_i$$

在最初水平 a_0 的基础上,若各期的发展速度为 $X_i (i=1,2,\cdots,n)$,那么 $\sum_{i=1}^{n} a_i$ 也可以表示为:

$$a_0 X_1 + a_0 X_1 X_2 + \cdots + a_0 X_1 X_2 \cdots X_n = \sum_{i=1}^{n} a_i$$

如果在最初水平 a_0 的基础上,每一期均按固定的平均发展速度 $\overline{X}$ 去发展,各期按固定平均发展速度计算的水平分别为 $a_0 \overline{X}^i (i=1,2,\cdots,n)$,并设定计算期的各期发展水平之和等于各期实际水平总和 $\sum_{i=1}^{n} a_i$,那么

$$a_0 \overline{X} + a_0 \overline{X}^2 + \cdots + a_0 \overline{X}^n = \sum_{i=1}^{n} a_i$$

将两边同除以 a_0 则有

$$\overline{X} + \overline{X}^2 + \cdots + \overline{X}^n = \frac{\sum_{i=1}^{n} a_i}{a_0}$$

解此高次方程所得 $\overline{X}$ 的正根,就是按累计法所求得的平均发展速度。

应用累计法计算平均发展速度的特点,是着眼于各期发展水平的累计之和。若在实际中侧重于考察现象各期发展水平的总和,例如累计新增固定资产数、累计毕业生人数等,则应采用累计法比较合适。

(二)平均增长速度

平均增长速度(平均增长率)则是用于描述现象在整个观察期内平均增长变化的程度,它通常用平均发展速度减 1 来求得。平均增长速度是现象各期环比增长速度的动态平均数,它表明现象在一个较长时期内平均增长的水平。平均增长速度与平均发展速度有密切的联系:

$$平均增长速度 = 平均发展速度 - 1 \tag{5-17}$$

平均增长速度可能是正数,也可能是负数,当平均发展速度大于 1 时,平均增长速度为正数,说明现象在一段时期内发展水平增长的平均程度;当平均发展水平小于 1 时,平均增长速度是负数,说明现象在一段时期内发展水平降低的平均程度。

【例 5-9】 根据例 5-8 的计算结果,计算我国 1980—2008 年间国内生产总值的年平均增长速度。

解: 根据(5-17)式得年平均增长速度 $=\overline{X}-1=110.08\%-1=10.08\%$

(三) 速度的分析与应用

平均发展速度指标,说明现象在一较长时期内各年环比发展速度的平均数,它掩盖了现象实际变化的程度。在计算和应用平均发展速度指标时,应注意以下问题:

1. 正确选择基期

在计算和应用平均速度时,应根据研究目的注意适当选择基期,并注意所选择的资料应具有同质性。例如,研究某地区第八个五年计划期间引进外资的发展情况,应选择"八五计划"的前一年为基期;要反映我国改革开放以来人民生活水平的平均变化情况,就应选择1978年为基期;若研究新中国成立以来的经济建设取得的成就,则应以建国初期为基期。

2. 总平均速度同分段平均速度相结合

现象在一较长历史时期内的不同阶段的变化情况是不同的,换句话说,无论是水平指标还是速度指标,在不同的历史阶段存在着变异,具体表现为有的时期多一些,有的时期少一些;有的时期快一些,有的时期慢一些,有的时期上升,有的时期下降。为更具体地反映现象变动的实际情况,往往需要用分段平均速度来补充说明总速度,可按加权几何平均法来计算。计算公式为:

$$\overline{X} = \sqrt[\sum t]{\prod x^t}$$

式中:t 代表各阶段平均发展速度所代表的时间长度;x 代表各段速度。

3. 避免速度指标的误用、滥用

对于大多数时间序列,特别是有关社会经济现象的时间序列,经常利用速度来描述其发展的数量特征。尽管速度的计算与分析都比较简单,但实际应用中,有时会出现误用乃至滥用速度的现象。因此,在应用速度分析实际问题时,应注意以下几方面的问题。

首先,当时间序列中的观察值出现0或负数时,不宜计算速度。例如,假定某企业连续五年的利润额分别为5万元、2万元、0万元、-3万元、2万元,对这一序列计算速度,要么不符合数学直觉,要么无法解释其实际意义。在这种情况下,适宜直接用绝对数进行分析。

其次,在有些情况下,不能单纯就速度论速度,要注意速度与绝对水平的结合分析。

【例 5-10】 假定有两个生产条件基本相同的企业,报告期与基期的利润额及有关速度资料见表5-8。

如果不看利润额的绝对值,仅就速度对甲乙两个企业进行分析评价。可以看出乙企业的利润增长速度比甲企业高出4倍。如果就此得出乙企业的生产经营业绩比甲企业要好得多,这样的结论就是不切实际的。因为速度是一个相对数,它与对比的基期值的大小有很大的关系。大的速度背后,其隐含的增长绝对值可能很小;小的速度背后,其隐含的增长绝对值可能很大。这就是说,由于对比的基点不同,可能会造成速度数值上的较大差异,进而造成速度上的虚假现象。上述例子表明,由于两个企业的生产起点不同,基期的利润额不同,才造成二者速度上的较大差异。从利润的绝对额来看,两个企业的速度每增长一个百分点所增加的利润绝对额是不同的。在这种情况下,需要将速度和绝对水平结合起来进行分析,通常要计算增长1%的绝对值来弥补速度分析中的局限性。

表 5-8 甲、乙两企业的有关资料

	A	B	C	D	E
1	时间	甲企业		乙企业	
2		利润额(万元)	增长率(%)	利润额(万元)	增长率(%)
3	报告期	1100	10	15	50
4	基期	1000	——	10	——

增长1%的绝对值表示速度每增长一个百分点而增加的绝对数量,其计算公式为:

$$增长1\%绝对值 = \frac{逐期增长量}{环比增长速度 \times 100} = \frac{前期水平}{100} \tag{5-18}$$

根据表5-8的资料计算,甲企业速度每增长1%的利润额为10万元,而乙企业则为0.1万元,甲企业远高于乙企业。这说明甲企业的生产经营业绩不是比乙企业差,而是更好。

第四节　时间序列的趋势分析

一、时间序列的构成要素与模型

(一) 构成要素

现象在其发展变化过程中,每一时刻都受到许多因素的影响。在诸多影响因素中,有的是长期起作用的,对事物的发展变化发挥决定性作用的因素;有的只是短期起作用,或者只是偶然发挥非决定性作用的因素。在分析时间序列的变动规律时,事实上不可能对每一个影响因素都一一划分开来,分别去作精确分析。但是,可以将众多影响因素,按照对现象变化影响的类型,划分为若干种时间序列的构成要素,然后,对这几类构成要素分别进行分析,以揭示时间序列的变动规律性。影响时间序列的构成要素通常可归纳为四种,即长期趋势、季节变动、循环变动、不规则变动。

1. 长期趋势(T)

长期趋势是时间序列的主要构成要素,它是指现象在较长时期内持续发展变化的一种趋向或状态。可能呈现出不断向上增长的态势,也可能呈现为不断降低的趋势,是受某种固定的起根本性作用的因素影响的结果。例如,中国改革开放以来经济持续增长,表现为国内生产总值逐年增长的态势。

2. 季节变动(S)

本来意义上的季节变动是指受自然因素的影响,在一年中随季节的更替而发生的有规律的变动。现在对季节变动的概念有了扩展,对一年内或更短的时间内由于社会、政治、经济、自然因素影响,形成的以一定时期为周期的有规则的重复变动,都称为季节变动。例如,农业产品的生产、某些商品的销售量变动都呈现出季节性的周期变动。

3. 循环变动(C)

循环变动指某种现象在比较长的时期内呈现出的有一定规律性的周期性波动。循环变动与长期趋势不同,它不是单一方向的持续变动,而是有涨有落的交替波动。循环变动与季节变动也不同,循环变动的周期长短很不一致,不像季节变动那样有明显的按月或按季的固定周期规律,循环变动的规律性不甚明显,通常较难识别。

4. 不规则变动(I)

不规则变动指现象受众多偶然因素影响,而呈现的无规则的变动。包括由突发的自然灾害、意外事故或重大政治事件所引起的剧烈变动,也包括大量无可名状的随机因素干扰造成的起伏波动。是时间序列长期趋势、季节变动和循环变动后余下的变动。

时间序列的变动一般都是以上四种构成要素或其中一部分要素的影响而形成的。时间序列分析的任务之一,就是对时间序列中的这几种构成要素进行统计测定和分析,从中划分出各种要素的具体作用,揭示其变动的规律和特征,为认识和预测事物的发展提供依据。

(二) 时间序列的分解模型

进行时间序列分析的一个重要前提,就是了解四种变动因素:长期趋势 T、季节变动 S、循环变动 C 和不规则变动 I 以什么样的形式相结合(假设在时间数列中均包含有四种因素,当然,实际中并非如此)。把这四个影响因素同时间序列的关系用一定的数学关系式表示出来,就构成了时间序列的分解模型。将各影响因素分别从时间序列中分离出来并加以测定的过程,称为时间序列的构成分析。

按四种因素对时间序列的影响方式不同,时间序列可分解为多种模型,如乘法模型、加法模型、混合模型等。各种模型都是在一定的假定情况下成立的。其中最常用的是乘法模型。

1. 乘法模型

假设四因素变动相互交叉影响时,则时间序列中的观察值是四个构成因素之积,即为乘法模型:

$$Y = T \cdot S \cdot C \cdot I \tag{5-19}$$

其中:Y——时间序列中的指标数值。

根据这个模型,要求出某个构成因素的影响,用其余构成部分除时间序列即可。例如,当求出长期趋势 T 以后,以 Y 除以 T,则可得不含长期趋势的派生时间序列:

$$\frac{Y}{T} = S \cdot C \cdot I$$

若再求出季节变动 S,用 S 去除,则可得不含长期趋势及季节变动的时间序列:

$$\frac{Y/T}{S} = C \cdot I$$

如果时间序列中仅含长期趋势和季节变动两个因素,则可以按以上相除的方法将两种因素分解开来分别进行分析。

2. 加法模型

假设四因素变动相互独立时,则时间序列中的观察值是四个构成因素之和,即为加法模型:

$$Y = T + S + C + I \tag{5-20}$$

同样,当欲求出某种因素变动的影响时,则可用相减的形式。如当长期趋势 T 测定出来后,用 Y 减去 T,即得不含长期趋势 T 的派生时间序列。如果此时时间序列只受两因素(T 和 S)的影响,则 $Y-T=S$,得到只含季节变动的时间数列,可直接分析季节变动这一因素了。

3. 混合模型

$$Y = T \cdot S + I, \qquad Y = S + T \cdot C \cdot R \text{ 等}。$$

在实际工作中,具体应用哪种模型进行分析,需根据研究对象的性质、目的和掌握的资料等情况而定,但一般以乘法模型应用较多。

对时间数列各个构成因素的分析,通常以长期趋势和季节变动为主。本节首先介绍长期趋势的测定,下一节介绍季节变动的测定。

对长期趋势的测定和分析,是时间序列分析的重要工作,其主要目的有三个:一是为了认识现象随时间发展变化的趋势和规律性;二是为了对现象未来的发展趋势做出预测;三是为了从时间数列中剔除长期趋势成分,以便于分解出其他类型的影响因素。

根据表现形态的不同,现象发展的变动趋势有线性趋势(Linear trend)和非线性趋势(Non-linear trend)。下面分别介绍它们的一些重要的分析方法。

二、线性趋势

线性趋势也称直线趋势,是指现象随着时间的推移而呈现出稳定增长或下降的线性变化规律。线性趋势的分析方法有很多,这里只介绍常用的几种。

(一)移动平均法

移动平均法是趋势变动分析的一种较简单的常用方法。当时间序列的变动趋势为线性状态时,可采用简单移动平均法进行描述和分析。该方法的基本思想和原理是,通过扩大原时间序列的时间间隔,并按一定的间隔长度逐期移动,分别计算出一系列移动平均数,由这些平均数形成的新的时间序列对原时间序列的波动起到一定的修匀作用,削弱了原序列中短期偶然因素的影响,从而呈现出现象发展的变动趋势。

设观测的时间序列为 $y_1, y_2, \cdots, y_n$,则 $k(1<k<n)$ 期的一次移动平均的计算公式为:

$$M_t^{(1)} = \frac{1}{k}(y_t + y_{t-1} + \cdots + y_{t-k+1}) \quad t = 1, 2, \cdots, n \tag{5-21}$$

【例 5-11】某厂各月销售机器台数的数据见表 5-9 前两列所示。采用 3 项、4 项和 5 项移动平均法分别进行修匀,计算其各个移动平均数,见表 5-9 后四列所示。

表 5-9 某机器厂各月生产机器台数的移动平均数

	A	B	C	D	E	F
1	月份	销售量	3项移动平均	4项移动平均	两两移动平均	5项移动平均
2	1	41	—		—	—
3						
4	2	42	45	—		—
5				44.5		
6	3	52	45.7		45	44.6
7				45.5		
8	4	43	46.7		46.7	46.6
9				47.8		
10	5	45	46.3		47.9	48.8
11				48		
12	6	51	49.7		47.7	46.4
13				47.3		
14	7	53	48		48.1	48
15				48.8		
16	8	40	48		48.6	48.8
17				48.3		
18	9	51	46.7		48.7	49.8
19				49		
20	10	49	52		50.8	50
21				52.5		
22	11	56	53	—	—	—
23						
24	12	54				

利用 Excel 软件计算移动平均数的步骤如下。

(1) 在"工具"的"数据分析"中单击"移动平均",如图 5-1 所示;

(2) 在弹出的对话框中,输入输入区域(如 B2:B13),若是四项移动平均,在间隔中输入"4",在"输出区域"中输入指定的区域(如 C2),单击"确定",如图 5-2 所示,即可得到四项移动平均的结果,如图 5-3 所示。

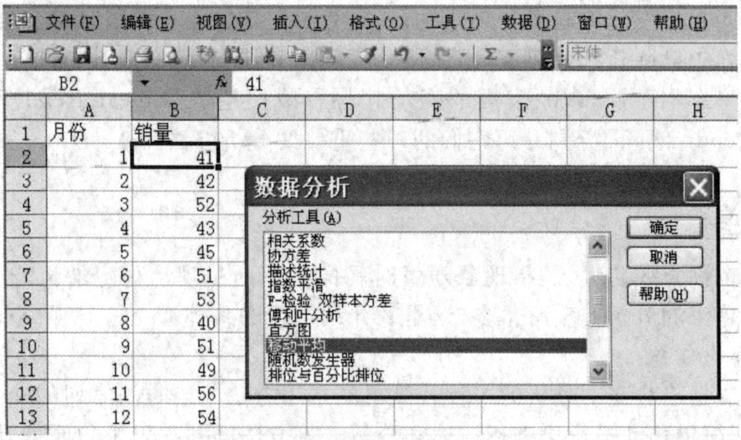

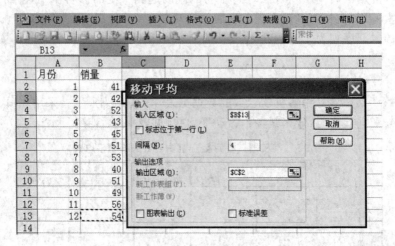

图 5-1 移动平均(1)

图 5-2 移动平均(2)

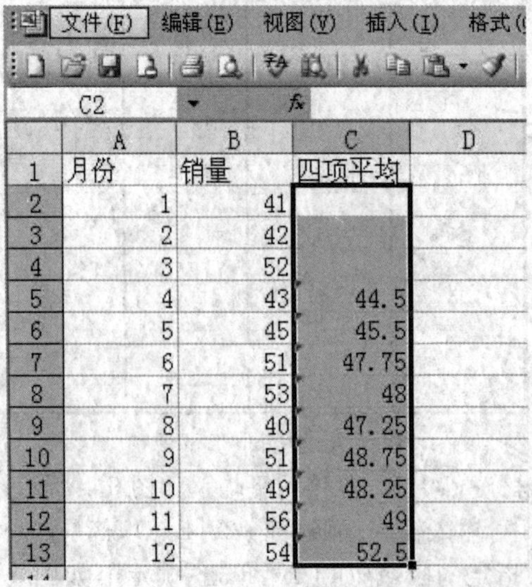

图 5-3 移动平均(3)

需要注意的是,Excel 中的移动平均不是放在被移动平均的中间时期的位置,而是为了预测的需要,放在被平均数据的最后一期,应将其调整到适当的位置。

应用移动平均法分析长期趋势时,应注意下列几个问题:

1. 用移动平均法对原时间序列修匀,修匀程度的大小,与平均的项数多少有关。这就是说,修匀的项数越多,效果越好,即趋势线越为平滑。

2. 移动平均法所取项数的多少,应视资料的特点而定,原时间数列如果有较明显的周期性波动,则移动平均的项数要以周期的长度为准。事实证明,当移动平均的时期长度等于周期长度整数倍时,就能把周期性的波动完全抹掉,从而使时间数列只显露长期趋势的影响。例如,当数列资料为季度资料时,可采用四季移动平均;若根据各年的月份资料,则应取 12 项移动平均,这样可消除季节性变动的影响,能较准确地揭示现象发展的长期趋势。

3. 移动平均法,采用奇数项移动平均比较简单,一次即得趋势值。如表 5-9 所示的 3 项移动平均和 5 项移动平均,以 3 项平均为例,第一个移动平均数(41+42+52)÷3=45(台),即可对正 2 月份的原值,第二个移动平均数为(42+52+43)÷3=45.7(台),即可对正 3 月份的原值,依此类推。采用偶数项移动平均数,由于偶数项移动平均数都是在两项中间位置,如表 5-9 中所示 4 项移动平均,第一个移动平均数为(41+42+52+43)÷4=44.5(台),应对正 2 月和 3 月中间,第二个移动平均数为(42+52+43+45)÷4=45.5(台)应对正 3 月和 4 月中间,依此类推。所以偶数项移动平均还需进行一次"移正平均",即将第一次移动平均值再进行两项移动平均,得出移正值时间序列,以显示出现象变动趋势。

4. 移动平均后的数列,比原数列项数要少。移动时采用的项数愈多,虽能更好地修匀数列,但所得趋势值的项数就越少。一般情况下,移动平均项数(设为 K)与趋势值的项数关系为:① 奇数项移动平均时,趋势值的项数=原数列项数$-K+1$,这样首尾各少$\frac{K-1}{2}$项,共丢失 $K-1$ 项;② 偶数项移动平均时,趋势值项数=原数列项数$-K$,这样首尾各少$\frac{K}{2}$项,共丢失 K 项。所以,移动平均法使数列首尾各丢失部分信息量,而且移动平均时间越长,丢失项数越多。因此,移动平均时间不宜过长。

(二)指数平滑法

指数平滑是另一种计算长期变动趋势的方法。移动平均法在逐期进行移动平均时,将每个样本点的作用等同对待。但在时间序列中,越靠近当前时刻的观察值越能反映当前时刻的性质,而远离当前时刻的观察值对当前时刻的代表性越弱。指数平滑法在计算移动平均时引入一个权数使离当前时刻越近的样本点所起的作用越大。

一次指数平滑公式为:

$$F_{t+1} = \alpha X_t + (1-\alpha) F_t \tag{5-22}$$

其中,X_t 表示时间序列第 t 时期的实际值,F_t 表示第 t 期的预测值,α 称为平滑系数,在 Excel 中$(1-\alpha)$称为阻尼系数,是介于 0 到 1 之间的数。

系数 α 的大小决定了平滑的程度,它与移动平均的间隔有类似的性质,适当选取 α 值是决定指数平滑结果优劣的重要因素。一般通过多次试算,然后比较各种 α 的趋势线以选出一个最优值。

需要注意的是,以指数平滑预测的结果存在滞后偏差,即当时间序列呈下降趋势时,预测值往往偏高;反之,则偏低。另外,一次指数平滑预测只能做下一期的预测。

以例 5-11 资料为例,利用 Excel 软件计算指数平滑的步骤如下。

(1) 在"工具"的"数据分析"中单击"指数平滑",如图 5-4 所示;

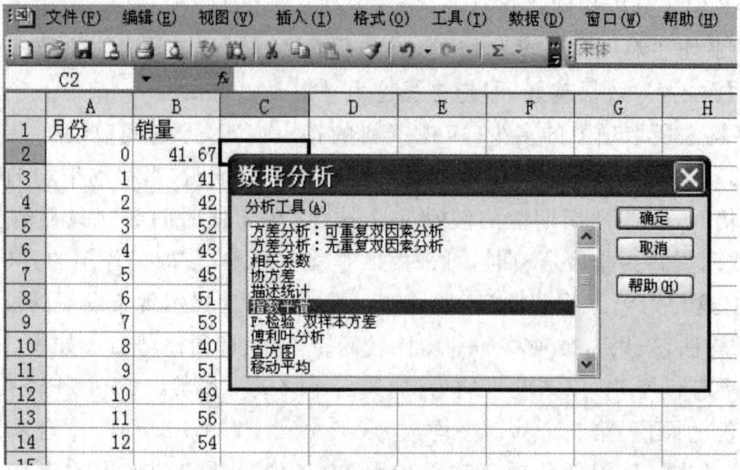

图 5-4　指数平滑(1)

(2) 假定平滑系数为 0.9,即阻尼系数为 0.1,初始值为前三期的简单算数平均数,在弹出的对话框中,输入输入区域"B2∶B14",阻尼系数"0.1",输出区域"C2",单击"确定",如图 5-5 所示。即可得到输出结果如图 5-6 所示。

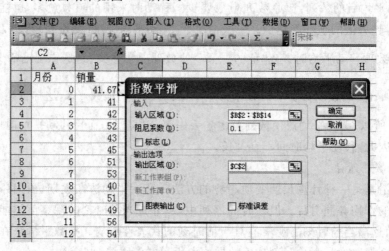

图 5-5　指数平滑(2)

(三) 直线趋势方程拟合法

直线趋势方程拟合法是利用直线回归的方法对原时间序列拟合线性方程,消除其他成分变动,从而揭示出数列长期直线趋势的方法。当现象的逐期增长量(一次差)大体相同时,可以考虑拟合直线趋势方程。直线趋势方程的一般形式为:

$$\hat{Y}_t = a + b \cdot t \tag{5-23}$$

式中:$\hat{Y}_t$ 为时间数列 Y_t 趋势值;t 为时间;a 为截距项,是 $t=0$ 时 $\hat{Y}_t$ 的初始值;b 为趋势线斜率,表示时间 t 变动一个单位时趋势值 $\hat{Y}_t$ 的平均变动数量。

	A	B	C	D
1	月份	销量		
2	0	41.67		
3	1	41	41.67	
4	2	42	41.067	
5	3	52	41.9067	
6	4	43	50.99067	
7	5	45	43.79907	
8	6	51	44.87991	
9	7	53	50.38799	
10	8	40	52.7388	
11	9	51	41.27388	
12	10	49	50.02739	
13	11	56	49.10274	
14	12	54	55.31027	

图 5-6　指数平滑(3)

趋势方程中的两个未知常数 a 和 b 通常按最小二乘法求得。该方法是根据回归分析中的最小二乘法原理，对时间序列配合一条趋势线，使之满足条件：各实际观察值(Y_t)与趋势值($\hat{Y}_t$)的离差平方和为最小，即 $\sum (Y_t - \hat{Y}_t)^2 =$ 最小值。然后，根据所确定的趋势线计算出各个时期的趋势值，从而观察和描述现象发展的变动趋势，并对未来的趋势值进行预测。

a、b 参数估计公式为：

$$\begin{cases} b = \dfrac{n\sum tY - \sum t \sum Y}{n\sum t^2 - (\sum t)^2} \\ a = \bar{y} - b \cdot \bar{t} \end{cases} \tag{5-24}$$

【例 5-12】　某啤酒厂最近 10 年的啤酒销售量资料见表 5-10。

表 5-10　某啤酒厂最近 10 年的啤酒销售量资料　（单位：万吨）

	A	B	C
1	年份	啤酒销售量	逐年增长量
2	1	188	—
3	2	346	158
4	3	518	172
5	4	685	167
6	5	856	171
7	6	1026	170
8	7	1198	172
9	8	1369	171
10	9	1542	173
11	10	1714	172

解： 由公式(5-24)可得：

$$b = \frac{n\sum tY - \sum t \sum Y}{n\sum t^2 - (\sum t)^2} = \frac{12 \times 8\,938 - 78 \times 1\,320}{12 \times 650 - 78^2} = 2.503\,497$$

$$a = \bar{y} - b\bar{t} = \frac{1\,320}{12} - 2.503\,497 \times \frac{78}{12} = 93.727\,27$$

所以，线性趋势方程为：

$$\hat{Y}_t = 93.727\,27 + 2.503\,497t$$

线性趋势方程拟合的计算也可以利用 Excel 实现。其实现步骤如下：

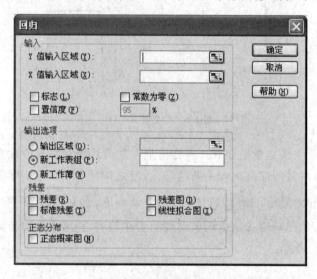

图 5-7　线性趋势方程(1)

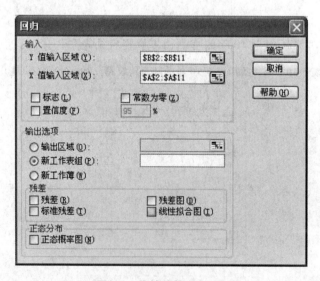

图 5-8　线性趋势方程(2)

(1) 在 Excel 工作表中，输入啤酒销售量数据 Y，并输入时间序号 t；

(2) 在"工具"的"数据分析"中单击"回归"，如图 5-7 所示；

(3) 在弹出的对话框的"Y 值输入区域"输入"B2：B11"，在"X 值输入区域"输入"A2：A11"，在"输出区域"中输入指定位置，单击"确定"（如图 5-8 所示）。即可得到分析结果（如图 5-9 所示）。

	A	B	C	D	E	F	G
1	回归统计						
2	Multiple R	0.999966834					
3	R Square	0.999933668					
4	Adjusted R Square	0.999925377					
5	标准误差	4.449548837					
6	观测值	10					
7	方差分析						
8		df	SS	MS	F	Significance F	
9	回归分析	1	2387651	2387651	120597.7	5.29369E-18	
10	残差	8	158.3879	19.79848			
11	总计	9	2387810				
12							
13		Coefficients	标准误差	t Stat	P-value	Lower 95%	Upper 95%
14	Intercept	8.533333333	3.039621	2.807368	0.022936	1.523955842	15.54271083
15	X Variable 1	170.1212121	0.489879	347.2718	5.29E-18	168.9915487	171.2508756

图 5-9　线性趋势方程(3)

三、非线性趋势

当现象的长期趋势不是线性的，但又有一定的规律性，这时称现象的长期趋势为非线性趋势。若现象呈现出某种非线性状态，就需要配合适当的趋势曲线。趋势曲线的形式很多，有抛物线型、指数曲线型、修正指数曲线型、Gompertz 曲线型、Logistic 曲线型等。下面介绍几种曲线的拟合方法。

（一）二次抛物曲线

二次抛物曲线的标准形式为：$\hat{Y}_t = a + bt + ct^2$ 　　　　　　　　　　　　　　(5-25)

该曲线的特点是各期观察值的二次差相等。二次差是各观察值逐期增长量的逐期增长量。

曲线中的三个未知参数 a, b, c，可根据最小二乘法求得。

根据最小二乘法导出下列三个标准求解方程式：

$$\begin{cases} \sum Y = na + b\sum t + c\sum t^2 \\ \sum tY = a\sum t + b\sum t^2 + c\sum t^3 \\ \sum t^2 Y = a\sum t^2 + b\sum t^3 + c\sum t^4 \end{cases} \quad (5\text{-}26)$$

可以将时间序列中间时期设为原点，即有 $\sum t = 0, \sum t^3 = 0$，则(5-26)式可简化为：

$$\begin{cases} \sum Y = na + c\sum t^2 \\ \sum tY = b\sum t^2 \\ \sum t^2 Y = a\sum t^2 + c\sum t^4 \end{cases} \quad (5\text{-}27)$$

【例 5-13】 某企业各季度产品销售量见表 5-11。由散点图 5-10 可以观察出销售量的变化近似于抛物线，一次可用抛物线方程拟合其长期趋势。

表 5-11 某企业产品销售量及有关数据 （单位：万件）

	A	B	C	D	E	F	G
1	序号t	时间 年/季	销售量Y	t^2	tY	t^2Y	t^4
2	-5	Jan-06	928	25	-4640	23200	625
3	-4	Feb-06	2845	16	-11380	45520	256
4	-3	Mar-06	3238	9	-9714	29142	81
5	-2	Apr-05	4942	4	-9884	19768	16
6	-1	Jan-07	4555	1	-4555	4555	1
7	0	Feb-07	6278	0	0	0	0
8	1	Mar-07	6485	1	6485	6485	1
9	2	Apr-07	6852	4	13704	27408	16
10	3	Jan-08	6849	9	20547	61641	81
11	4	Feb-08	7317	16	29268	117072	256
12	5	Mar-08	7023	25	35115	175575	625
13	合计 0	—	57312	110	64946	510366	1958

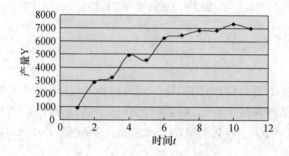

图 5-10 某企业销售量的散点图

解：为了简化计算可以将时间序号 t 设定为以中点为原点，即取中间的时间序号为 0，中点以前的时间序号分别为 $-1,-2,\cdots$，中点以后的时间序号分别为 $1,2,\cdots$（如表 5-10 所示）。代入公式(5-27)得到以下方程：

$$\begin{cases} 11a + 110c = 57\,312 \\ 110b = 64\,946 \\ 110a + 1\,958c = 51\,036b \end{cases}$$

解此方程组，得 $a=5\,941.58, b=590.42, c=-73.14$，则拟合的该企业销售量的抛物线方程为 $\hat{Y}_t=5\,941.58+590.42t-73.14t^2$。当需要预测 2008 年四季度销售量时，将时间 $t=6$ 代入方程，可得

$$\hat{Y}_{2008.4} = 5\,941.58 + 590.42 \times 6 - 73.14 \times 6^2 = 6\,851.052\,8(万件)$$

对于例 5-13，也可直接以 t 和 t^2 为解释变量，用 Excel 中的回归分析估计抛物线趋势方程的参数。其步骤如下：

(1) 在 Excel 表格中输入已知数据自变量 t 和 t^2 以及因变量 Y 的值；

(2) 在"工具"的"数据分析"中选"回归"，如图 5-11 所示；

(3) 在弹出的对话框的"Y 值输入区域"输入"C3：C13"，在"X 值输入区域"中输入"A3：B13"（注意，这里涵盖了 t 和 t^2 两个自变量），在"输出区域"中输入指定位置（如 D1），单击"确定"，如图 5-12 所示。即可得到分析结果，输出形式如图 5-13 所示。

图 5-11 抛物线方程(1)

图 5-12 抛物线方程(2)

	A	B	C	D	E	F	G	H	I	J	K	L
1	序号		销售量	SUMMARY OUTPUT								
2	t	t*t	Y									
3	-5	25	928	回归统计								
4	-4	16	2845	Multiple	0.98566							
5	-3	9	3238	R Square	0.971525							
6	-2	4	4942	Adjusted	0.964406							
7	-1	1	4555	标准误差	396.6131							
8	0	0	6278	观测值	11							
9	1	1	6485									
10	2	4	6852	方差分析								
11	3	9	6849		df	SS	MS	F	gnificance F			
12	4	16	7317	回归分析	2	42935118	21467559	136.4736	6.57E-07			
13	5	25	7023	残差	8	1258416	157302					
14				总计	10	44193534						
15												
16					Coefficien	标准误差	t Stat	P-value	Lower 95%	Upper 95%	下限 95.0%	上限 95.0%
17				Intercept	5941.58	180.6481	32.89036	7.96E-10	5525.005	6358.156	5525.005	6358.156
18				X Variabl	590.4182	37.81558	15.6131	2.82E-07	503.2153	677.6211	503.2153	677.6211
19				X Variabl	-73.1399	13.54015	-5.4017	0.000645	-104.363	-41.9162	-104.363	-41.9162

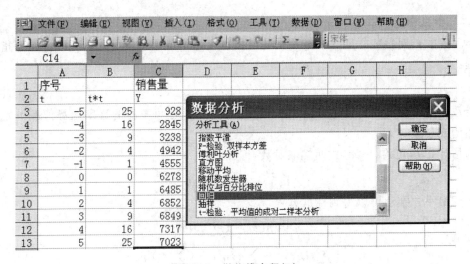

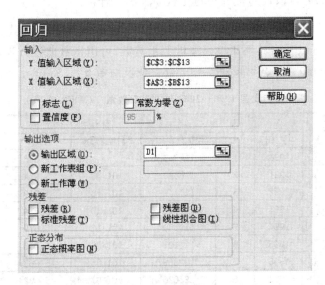

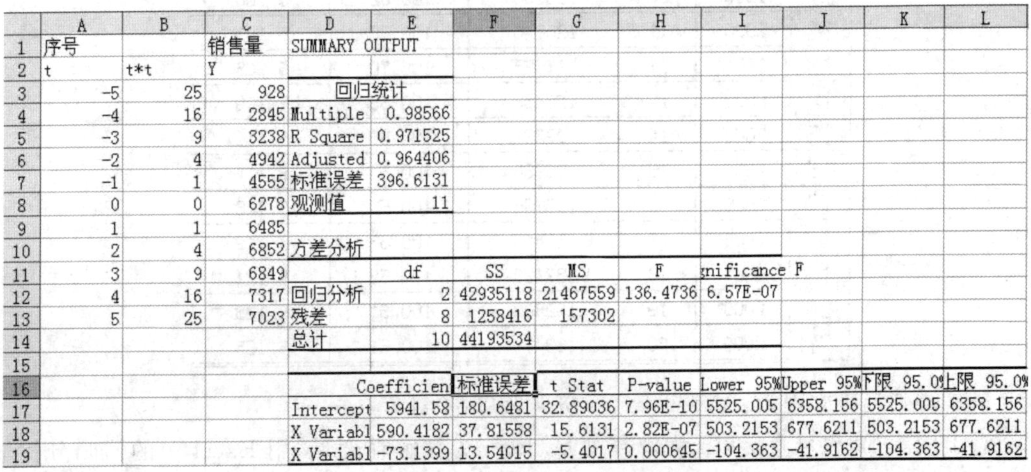

图 5-13 抛物线方程(3)

（二）指数曲线

当现象的长期趋势每期大体按相同的增长速度递增或递减变化时，可拟合如下指数曲线方程：

$$\hat{Y}_t = ab^t \tag{5-28}$$

指数曲线的特点是各期的环比增长速度相同，或者时间序列的逐期趋势值按一定的百分比递增或衰减。

为估计 a, b，可将(5-28)式两端取对数，得

$$\lg \hat{Y}_t = \lg a + t \lg b$$

运用最小二乘法可以得到标准方程：

$$\begin{cases} \sum \lg Y = n \lg a + (\sum t) \lg b \\ \sum t \lg Y = (\sum t) \lg a + (\sum t^2) \lg b \end{cases} \tag{5-29}$$

估计出 $\lg a$ 和 $\lg b$，再取反对数即可得参数 a, b 的估计值。

【例 5-14】 我国 1990—2009 年末人口数量如表 5-12 所示，试拟合其长期趋势。

解： 由表 5-12 可以看出其环比增长率近似于常数，可用指数曲线方程拟合其长期趋势。以(5-29)式计算得：$\lg a = 5.061$；$\lg b = 0.003\,48$。取反对数 $a = 115\,065.68$；$b = 1.008\,044\,7$。

表 5-12　我国 1990—2009 年末人口数量　（单位：万人）

	A	B	C	D	E
1	年 份	t	年末总人口y	环比速度%	logy
2	1990	1	114333	—	5.058
3	1991	2	115823	101.30	5.064
4	1992	3	117171	101.16	5.069
5	1993	4	118517	101.15	5.074
6	1994	5	119850	101.12	5.079
7	1995	6	121121	101.06	5.083
8	1996	7	122389	101.05	5.088
9	1997	8	123626	101.01	5.092
10	1998	9	124761	100.92	5.096
11	1999	10	125786	100.82	5.100
12	2000	11	126743	100.76	5.103
13	2001	12	127627	100.70	5.106
14	2002	13	128453	100.65	5.109
15	2003	14	129227	100.60	5.111
16	2004	15	129988	100.59	5.114
17	2005	16	130756	100.59	5.116
18	2006	17	131448	100.53	5.119
19	2007	18	132129	100.52	5.121
20	2008	19	132802	100.51	5.123
21	2009	20	133474	100.51	5.125

于是得到趋势方程为：$\hat{Y}_t = 115\,065.68 \times 1.008\,044\,7^t$

对于例 5-14，也可直接以 t 为解释变量、$\log y$ 为被解释变量，用 Excel 中的回归分析估计指数曲线趋势方程的参数。其步骤如下：

(1) 在 Excel 工作表中，输入时间序号 t 和年末总人口数据 y，并计算 $\log y(=\log_{10}(C2))$；如表 5-12 所示。

(2) 在"工具"的"数据分析"中单击"回归"，如图 5-14 所示；

(3) 在弹出的对话框的"Y 值输入区域"输入"E2：E21"，在"X 值输入区域"输入"B2：B21"，在输出选项中选择"新工作表组"，单击"确定"，如图 5-14 所示。即可得到分析结果，如图 5-15 所示。

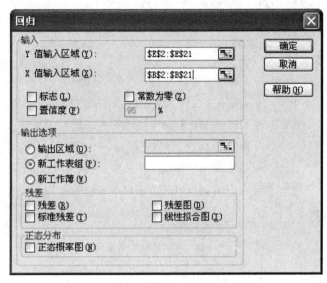

图 5-14 指数曲线回归对话框

	A	B	C	D	E	F	G
1	回归统计				a=	115065.677	
2	Multiple R	0.988015996			b=	1.00804468	
3	R Square	0.976175608					
4	Adjusted R Square	0.97485203					
5	标准误差	0.003304256					
6	观测值	20					
7	方差分析						
8		df	SS	MS	F	Significance F	
9	回归分析	1	0.008052412	0.0080524	737.528193	4.63638E-16	
10	残差	18	0.000196526	1.092E-05			
11	总计	19	0.008248938				
12							
13		Coefficients	标准误差	t Stat	P-value	Lower 95%	Upper 95%
14	Intercept	5.060945797	0.001534931	3297.1816	1.7344E-53	5.057721027	5.064170567
15	X Variable 1	0.003479783	0.000128134	27.15747	4.6364E-16	0.003210585	0.003748982

图 5-15 指数曲线回归结果

（三）修正指数曲线

在一般指数曲线的基础上增加一个常数 K，即为修正指数曲线（Modified exponential curve）。其一般形式为：

$$\hat{Y}_t = K + ab^t \tag{5-30}$$

式中，K、a、b 为未知参数，$K>0, a\neq 0, 0<b\neq 1$。

修正指数曲线用于描述这样一类现象：初期增长迅速，随后增长率逐渐降低，最终则以 K 为增长极限。即当 $K>0, a<0, 0<b<1$ 时，$t\to\infty$，$\hat{Y}_t\to K$。例如，某种刚问世的新产品，

初期销售量增长可能很快,当市场拥有量接近饱和时,销售量逐渐趋于某一稳定的水平。现实生活中有许多事物的发展过程符合修正指数曲线的形式。

修正指数曲线中的三个未知参数 K、a、b 可用三和法求解。其基本思想是:把整个时间序列分成相等项数的三个组,每个组有 m 项,根据趋势值($\hat{Y}_t$)的三个局部总和分别等于原数列观察值(Y_t)的三个局部总和来确定三个参数。

设观察值的三个局部总和分别为 S_1, S_2, S_3,即

$$S_1 = \sum_{t=0}^{m-1} Y_t, \quad S_2 = \sum_{t=m}^{2m-1} Y_t, \quad S_3 = \sum_{t=2m}^{3m-1} Y_t \tag{5-31}$$

根据三和法的要求,得

$$\begin{cases} S_1 = mK + a + ab + ab^2 + \cdots + ab^{m-1} \\ \quad\ = mK + a(1 + b + b^2 + \cdots + b^{m-1}) \\ S_2 = mK + ab^m + ab^{m+1} + \cdots + ab^{2m-1} \\ \quad\ = mK + ab^m(1 + b + b^2 + \cdots + b^{m-1}) \\ S_3 = mK + ab^{2m} + ab^{2m+1} + \cdots + ab^{3m-1} \\ \quad\ = mK + ab^{2m}(1 + b + b^2 + \cdots + b^{m-1}) \end{cases} \tag{5-32}$$

由(5-32)式,解得

$$\begin{cases} b = \left(\dfrac{S_3 - S_2}{S_2 - S_1}\right)^{\frac{1}{m}} \\ a = (S_2 - S_1)\dfrac{b-1}{(b^m-1)^2} \\ K = \dfrac{1}{m}\left(S_1 - \dfrac{a(b^m-1)}{b-1}\right) \end{cases} \tag{5-33}$$

(四)龚帕兹曲线

龚帕兹曲线(Gompertz curve)是以英国统计学家和数学家 B. Gompertz 而命名的。曲线方程为:

$$\hat{Y}_t = Ka^{b^t} \tag{5-34}$$

式中,K、a、b 为未知参数,$K>0$,$0<a\neq1$,$0<b\neq1$。

龚帕兹曲线所描述的现象的特点是:初期增长缓慢,以后逐渐加快,当达到一定程度后,增长率又逐渐下降,最后接近一条水平线。该曲线的两端都有渐进线,其上渐进线为 $Y=K$,下渐进线为 $Y=0$。该曲线多用于新产品的研制、发展、成熟和衰退分析,工业生产的增长、产品的寿命周期、一定时期内人口增长等现象也符合该曲线。

为求曲线中的参数,将(5-34)式两边取对数,可得

$$\lg \hat{Y}_t = \lg K + b^t \lg a \tag{5-35}$$

然后仿照修正指数曲线的参数求法,求出 $\lg a$, $\lg K$, b,取 $\lg a$ 和 $\lg K$ 的反对数求得 a 和 K。设

$$S_1 = \sum_{t=0}^{m-1} \lg Y_t, \quad S_2 = \sum_{t=m}^{2m-1} \lg Y_t, \quad S_3 = \sum_{t=2m}^{3m-1} \lg Y_t \tag{5-36}$$

则有

$$\begin{cases} b = \left(\dfrac{S_3 - S_2}{S_2 - S_1}\right)^{\frac{1}{m}} \\ \lg a = (S_2 - S_1)\dfrac{b-1}{(b^m-1)^2} \\ \lg k = \dfrac{1}{m}\left(S_1 - \dfrac{b^m-1}{b-1}\right)\lg a \end{cases} \tag{5-37}$$

（五）罗吉斯蒂曲线

罗吉斯蒂（Logistic）曲线是由比利时数学家（P. F. Verhulst）在研究人口增长规律时提出来的，又称为生长理论曲线。该曲线所描述的现象的特征与龚帕兹曲线类似，其曲线方程为：

$$\hat{Y}_t = \dfrac{1}{K + ab^t} \tag{5-38}$$

式中，K、a、b 为未知参数。

由于罗吉斯蒂曲线的倒数是修正指数曲线，因此，仿照修正指数曲线参数的确定方法，可得

$$S_1 = \sum_{t=0}^{m-1} Y_t^{-1}, \quad S_2 = \sum_{t=m}^{2m-1} Y_t^{-1}, \quad S_3 = \sum_{t=2m}^{3m-1} Y_t^{-1} \tag{5-39}$$

则有

$$\begin{cases} b = \left(\dfrac{S_3 - S_2}{S_2 - S_1}\right)^{\frac{1}{m}} \\ a = (S_2 - S_1)\dfrac{b-1}{(b^m-1)^2} \\ K = \dfrac{1}{m}\left(S_1 - a\left(\dfrac{b^m-1}{b-1}\right)\right) \end{cases} \tag{5-40}$$

当 Y_t^{-1} 为小数时，可乘以 10 的适当乘方化为整数，以便于计算。

四、趋势线的选择

趋势模型的选择是定性分析和定量分析相结合的过程。

首先，进行定性分析。应了解所研究现象的客观性质及其相关的理论知识，根据现象观察值的发展变化规律及其散点图的形态确定适当的趋势线类型。这在一定程度上取决于研究者的个人经验及理论知识水平。

其次，可根据所观察时间序列的数据特征，按以下标准考虑选择趋势线：

1. 若观察值的一次差（逐期增长量）大致相同，可配合直线；
2. 若二次差（逐期增长量的逐期增长量）大致相同，可配合二次曲线；
3. 若各观察值的环比增长速度大致相同，可配合指数曲线；
4. 若各观察值一次差的环比速度大致相同，可配合修正指数曲线；
5. 若各观察值对数一次差的环比速度大致相同，可配合龚帕兹曲线。
6. 若各观察值倒数一次差的环比速度大致相同，可配合罗吉斯蒂曲线。

最后，如果对同一时间序列有几种趋势线可供选择，可通过参数估计的若干统计量指标比较选择（具体指标见回归分析）。

第五节 时间序列的季节变动分析

一、季节变动及其测定目的

季节变动是指客观现象因受自然因素或社会经济因素影响,在一年内形成的有规律的周期性变动。它是时间序列的又一个主要构成要素。季节变动在现实生活中经常遇到,如商业活动中的"销售旺季"和"销售淡季"、农产品和以农产品为原料的某些工业生产的产量和销售量变化、旅游业的"旅游旺季"和"旅游淡季",等等。

季节变动中的"季节"一词是广义的,它不仅是指一年中的四季,而是泛指任何一种有规律的、按一定周期(季、月、旬、周、日)重复出现的变化。季节变动的原因通常与自然条件有关,同时也可能由于生产条件、节假日、风俗习惯等社会经济因素所致。季节变动常会给人们的社会经济生活带来某种影响,如会影响某些商品的生产、销售和库存。

测定季节变动的意义主要在于认识规律、分析过去、预测未来。其目的一是通过分析与预测过去的季节变动规律,为当前的决策提供依据。比如,对一个公司销售活动的研究,可以分析其销售额的变动是季节因素所致,还是由于经营手段或其他偶然因素的影响,从而制定出有效的经营策略;二是为了对未来现象的季节变动作出预测,以便提前作出合理的安排;三是为了当需要不包含季节变动因素数据时,能够消除季节变动对序列的影响,以便分析其他构成因素的影响。

二、季节变动的测定原理与方法

季节变动是一种各年变化强度大体相同且每年重现的有规律的变动。根据这一基本特征,可以将其归纳为一种典型的季节模型。所谓季节模型,就是指一时间序列在各年中所呈现出的典型状态,这种状态年复一年以基本相同的形态出现。季节模型是由一套指数组成的,各指数刻画了现象在一个年度内各月或各季的典型特征。如果所分析的是月份数据,季节模型就由12个指数组成;若为季度数据,季节模型就由4个指数组成。其中各个指数是以全年月或季度资料的平均数为基础计算的,因而12个月(或4个季度)指数的平均数应等于100%,而各月(或季)的指数之和应等于1200%(或400%)。季节模型正是以各个指数的平均数等于100%为条件而构成的,它反映了某一月份或季度的数值占全年平均数的大小。如果现象的发展没有季节变动,则各期的季节指数应等于100%;如果某一月份或季度有明显的季节变化,则各期的季节指数应大于或小于100%。因此,分析季节变动,也就是对一个时间序列计算出该月(或季)指数,即所谓季节指数,然后根据各季节指数与其平均数(100%)的偏差程度来测定季节变动的程度。这就是季节变动分析的基本原理。

测定现象季节变动的主要方法是计算季节指数。季节指数是各月(季)平均数与全年总月(季)平均数的比值,它以全期的总平均水平为基准(100%),用百分比形式来反映各月(季)平均水平相对于总平均水平的高低程度。季节指数高说明"旺",反之说明"淡"。

计算季节指数通常有两种方法:按月(季)平均法和趋势剔除法。

(一) 按月(或季)平均法

这是直接根据原时间序列通过简单平均来计算季节指数的一种常用的方法,该方法的基本思想是,计算出各年同月平均数,以消除随机影响,作为该月(或季)的代表值;然后计算出全部月(或季)的总平均数,作为全年的代表值;再将同月(或同季)平均数与全部月(或季)的总平均数进行对比,即为季节指数。按月(或季)平均法计算季节指数的具体步骤如下。

第一步,根据各年的月份(或季度)数据计算出同月(或同季)的平均数 $\bar{y}_i$;

第二步,计算出全部数据的总平均数 $\bar{y}$,找出整个序列的水平趋势;

第三步,计算出各同月(或同季)平均数与总平均数的百分比,即为季节指数(S_i)。其计算公式为:

$$S_i = \frac{\bar{y}_i}{\bar{y}} \times 100\% \quad (i \text{ 表示月份或者季度}) \tag{5-41}$$

在乘法模型中,季节指数有一个特性,这就是其总和等于季节周期 L(12 或 4),或平均等于 1,即

$$\bar{S} = \frac{\sum S_i}{L} = 1 \tag{5-42}$$

【例 5-15】 某服装公司 2008—2011 年各月销售量资料见表 5-13。试用按月(或季)平均法计算各月的季节指数。

表 5-13 2008—2011 年各月销售量资料及季节指数计算表

	A	B	C	D	E	F	G	H
1	月份	各年销售量(万件)				合计	同月平均	季节比率%
2		2008	2009	2010	2011	(4)=(1)+(2)	(5)=	(6)
3		(1)	(2)	(3)	(4)	(3)+(4)	(4)/4	=(5)/2232.6
4	1	1421.4	1757.8	1984.2	2179.1	7342.5	1835.6	82.2
5	2	1367.4	1485.7	1812.4	2408.7	7074.2	1768.6	79.2
6	3	1719.7	1893.9	2274.7	2869.4	8757.7	2189.4	98.1
7	4	1759.6	1969.8	2328.9	2916.7	8975.0	2243.8	100.5
8	5	1795.7	2033.7	2373.1	3022.1	9224.6	2306.2	103.3
9	6	1848.1	2103.0	2515.8	3274.5	9741.4	2435.4	109.1
10	7	1637.3	1836.3	2288.0	2862.9	8624.5	2156.1	96.6
11	8	1670.9	1914.7	2321.0	2864.2	8770.8	2192.7	98.2
12	9	1760.1	2022.2	2441.1	2908.0	9131.4	2282.9	102.3
13	10	1789.5	2045.1	2502.6	2911.8	9249.0	2312.3	103.6
14	11	1888.6	2069.2	2608.8	3101.3	9667.9	2417.0	108.8
15	12	1981.4	2136.0	2823.8	3664.3	10605.5	2651.4	118.8
16	合计	20639.7	23267.4	28274.4	34983.0	107164.5	26791.1	1200.0
17	平均	1720.0	1939.0	2356.2	2915.3	8930.4	2232.6	100.0

注:$\bar{y} = 1\,260.56$。

解: 根据上述步骤销售量季节指数计算过程见表 5-13。

表 5-13 中的季节指数一栏,是以指数形式表现的典型销售量。每个指数代表 2008—2011 年间每个月份的平均销售量。比如,一月份的季节指数为 82.2%,表示该月份销售量为全年月平均销售量的 82.2%,而全年月平均销售量则作为 100%。这样从各月的季节指数序列,可以清楚地表明该服装公司销售量的季节变动趋势。即 1、2、3、7、8 月份是销售淡季,4、5、6、9、10、11、12 月份为销售旺季,12 月份比全年月平均销售量高 18.8%。

按月(或季)平均法计算简单,易于理解。应用该方法的基本假定是:原时间序列没有明显的长期趋势和循环波动,因而,通过若干年同期数值的平均,不仅可以消除不规则波动,

而且当平均的周期与循环周期一致时,循环波动也可以在平均过程中得以消除,但实际上,许多时间序列所包含长期趋势和循环波动,很少能够通过平均予以消除。因此,当时间序列存在明显的长期趋势时,该方法的季节指数不够准确。当存在剧烈的上升趋势时,年末季节指数明显高于年初的季节指数;当存在下降趋势时,年末的季节指数明显低于年初的季节指数。只有当序列的长期趋势和循环波动不明显或影响不重要,可忽略不计时,应用该方法比较合适。

(二) 趋势剔除法

该方法的基本思想是,先将时间序列中的长期趋势予以消除,然后再计算季节指数。其中,序列中的趋势值可采用移动平均法求得,也可采用最小二乘法求得。利用前者分析季节变动又称为移动平均趋势剔除法,后者简称为趋势剔除法。

采用移动平均趋势剔除法分析季节变动时,假定时间序列各要素的关系结构为:$Y = T \times S \times C \times I$,同时假定各年度的不规则波动 I 彼此独立。由于12个月(或4个季度)的移动平均数与季节变动的周期(1年)相同,通过移动平均,可以完全消除季节变动和大部分不规则波动,而仅包含长期趋势和循环波动,结果即为 $T \times C$。

然后再将原数列 Y 除以移动平均趋势值 $T \times C$,所得百分比称为"季节变动和不规则波动相对数"或"移动平均百分比",即

$$\frac{T \times C \times S \times I}{T \times C} = S \times I$$

最后再将各年同月(季)的移动平均百分比加以平均,即可消除不规则波动的影响,只剩下季节变动 S。

具体步骤如下。

第一步,根据各年的月份(或季度)数据,计算12个月(或4个季度)移动平均趋势值 T;

第二步,将各实际观察值 Y 除以相应趋势值 T,即 $\frac{Y}{T} = S \times I$,记为 Y';

第三步,将 $S \times I$ 重新按月(季)排列,求得同月(或同季)平均数 $\overline{Y}'$,再将其除以总平均数 $\overline{\overline{Y}}'$,即得季节指数 S_i。

【例 5-16】根据表 5-13 的资料,按移动平均趋势剔除法计算销售量的季节指数。

解:首先求出12个月移动平均趋势值 T,并求得 $\frac{Y}{T}$,计算结果见表 5-14。

然后将表 5-14 中的 $\frac{Y}{T}$ 重新排列,见表 5-15,求出各年同月平均数 $\overline{y}'_i$,使不规则变动消除,进一步计算出季节指数,见表 5-15 中的 H 列。

若 2012 年计划完成销售量 30 000 万件,则各个月份应完成多少?

各个月份应完成销售量应该等于月平均销售量乘以季节指数。即用 30 000/12=2 500 乘以个月的季节指数得到,见表 5-15 中的 I 列。

表 5-14 销售量季节指数计算表(1) （单位：万件）

	A	B	C	D	E	F	G	H	I	J
1	时间	销售量y	12项平均	趋势值T	SI=y/T	时间	销售量y	12项平均	趋势值T	SI=y/T
2	2008.1	1421.4				2010.1	1984.2	2147.0	2128.2	93.2
3	2	1367.4				2	1812.4	2180.9	2164.0	83.8
4	3	1719.7				3	2274.7	2215.8	2198.4	103.5
5	4	1759.6				4	2328.9	2253.9	2234.9	104.2
6	5	1795.7				5	2373.1	2298.9	2276.4	104.2
7	6	1848.1	1720.0			6	2515.8	2356.2	2327.6	108.1
8	7	1637.3	1748.0	1734.0	94.4	7	2288.0	2372.4	2364.3	96.8
9	8	1670.9	1757.9	1753.0	95.3	8	2321.0	2422.1	2397.3	96.8
10	9	1760.1	1772.4	1765.2	99.7	9	2441.1	2471.7	2446.9	99.8
11	10	1789.5	1789.9	1781.2	100.5	10	2502.6	2520.7	2496.2	100.3
12	11	1888.6	1809.7	1799.8	104.9	11	2608.8	2574.8	2547.8	102.4
13	12	1981.4	1831.0	1820.4	108.8	12	2823.8	2638.0	2606.4	108.3
14	2009.1	1757.8	1847.6	1839.3	95.6	2011.1	2179.1	2685.9	2662.0	81.9
15	2	1485.7	1867.9	1857.8	80.0	2	2408.7	2731.2	2708.6	88.9
16	3	1893.9	1889.7	1878.8	100.8	3	2869.4	2770.1	2750.7	104.3
17	4	1969.8	1911.0	1900.4	103.7	4	2916.7	2804.2	2787.4	104.6
18	5	2033.7	1926.1	1918.6	106.0	5	3022.1	2845.2	2824.7	107.0
19	6	2103.0	1939.0	1932.6	108.8	6	3274.5	2915.3	2880.3	113.7
20	7	1836.3	1957.8	1948.4	94.2	7	2862.9			
21	8	1914.7	1985.0	1971.4	97.1	8	2864.2			
22	9	2022.2	2016.8	2000.9	101.1	9	2908.0			
23	10	2045.1	2046.7	2031.8	100.7	10	2911.8			
24	11	2069.2	2075.0	2060.9	100.4	11	3101.3			
25	12	2136.0	2109.4	2092.2	102.1	12	3664.3			

表 5-15 销售量季节指数计算表(2)

	A	B	C	D	E	F	G	H	I
1	月份	2008	2009	2010	2011	合计	同月平均	季节指数%	2012预测值
2	1		95.6	93.2	81.9	270.7	90.2	90.3	2258.4
3	2		80.0	83.8	88.9	252.7	84.2	84.3	2108.2
4	3		100.8	103.5	104.3	308.6	102.9	103.0	2574.6
5	4		103.7	104.2	104.6	312.5	104.2	104.3	2607.1
6	5		106.0	104.2	107.0	317.2	105.7	105.9	2646.3
7	6		108.8	108.1	113.7	330.6	110.2	110.3	2758.1
8	7	94.4	94.2	96.8		285.4	95.1	95.2	2381.0
9	8	95.3	97.1	96.8		289.2	96.4	96.5	2412.7
10	9	99.7	101.1	99.8		300.6	100.2	100.3	2507.9
11	10	100.5	100.7	100.3		301.5	100.5	100.6	2515.4
12	11	104.9	100.4	102.4		307.7	102.6	102.7	2567.1
13	12	108.8	102.1	108.3		319.2	106.4	106.5	2663.0
14	合计	—	—	—	—	3595.9	1198.6	1200.0	30000.0
15	平均	—	—	—	—	299.658	99.8861	100	2500.0

【练习题】

一、名词解释

时间序列；时期数列、时点数列；平均发展水平(序时平均数)；发展速度、平均发展速度；增长速度、平均增长速度；长期趋势；季节变动。

二、简答题

1. 简述定基发展速度与环比发展速度之间的关系。
2. 简述时间序列的编制原则。
3. 举例说明时期数列与时点数列的区别。
4. 简述如何根据具体时序选择适当的趋势线。
5. 简述平均法和趋势剔除法的步骤。

三、填空题

1. 时间数列的构成要素包括_____和_____。
2. 时间数列按指标的表现形式不同,分为_____时间数列、_____时间数列和_____时间数列,其中_____时间数列是基本数列。
3. 编制时间数列的基本要求是保证数列中各个指标数值具有_____。
4. 时间数列中的各项指标数值称为_____,它是计算_____的基础。
5. 报告期水平与最初水平的差数,称为增长量,报告期水平与前期的差数,称为_____。
6. 根据时期数列计算平均发展水平的方法是_____。
7. 如果增长速度为正数,则发展速度_____,发展速度小于 1,则增长速度为_____。
8. 由于现象发展的总速度不等于各期发展速度的合计数,而等于各期发展速度的_____,因此,计算平均发展速度必须采用_____平均法。
9. 移动平均的项数越大,时间数列所表现的_____越明显。
10. 定基发展速度等于_____的连乘积,_____等于累计增长量除以基期水平。
11. 水平法平均发展速度的基本要求是:从_____出发,每期按_____发展,经过 n 期后,达到_____。
12. 某地区工业总产值 1985 年是 1984 年的 120%,1986 年是 1984 年的 150%,则 1986 年比 1985 年增长_____。
13. 如果时间数列表明现象的发展大体上是按每期以相同的增长量增减变化时,则这种现象的发展是呈_____,可以配合相应的_____方程来预测。

四、选择题

1. 在时间数列中,累计增长量等于与之对应的各个逐期增长量之( )。
   A. 和　　　　B. 差　　　　C. 积　　　　D. 商
2. 在时间数列中,定基发展速度等于与之对应的各个环比发展速度之( )。
   A. 和　　　　B. 差　　　　C. 积　　　　D. 商
3. 某企业产品产量及工人人数资料如下:

指标	1月	2月	3月	4月	5月	6月	7月
产品产量(吨)	1 000	1 100	1 120	1 020	900	1 300	1 250
月初工人人数(人)	100	105	96	110	111	112	105

在以上资料中( )。
   A. 产品产量和月初工人人数数列都是时期数列
   B. 产品产量数列和月初工人人数数列都是时点数列
   C. 产品产量数列是时期数列,月初工人人数数列是时点数列
   D. 产品产量数列是时点数列,月初工人人数数列是时期数列
4. 根据时间数列计算的现象平均发展速度是( )。
   A. 时间数列中各环比发展速度的算术平均数

B. 时间数列中各环比发展速度的调和平均数

C. 时间数列中各环比发展速度的几何平均数

D. 时间数列中各定基发展速度的几何平均数

5. 平均增长量的计算公式是（　　）。

　　A. $\dfrac{逐期增长量之和}{逐期增长量个数}$
　　B. $\dfrac{逐期增长量之和}{逐期增长量个数-1}$

　　C. $\dfrac{期末累计增长量}{时间数列项项数}$
　　D. $\dfrac{期末累计增长量}{时间数列项数-1}$

6. 下列数列哪个属于时间数列（　　）。

　　A. 学生按成绩分组形成的数列　　B. 学生按性别分组形成的数列

　　C. 学生按身高分组形成的数列　　D. 产量按时间先后形成的数列

7. 说明现象在较长时期内发展总速度的指标是（　　）。

　　A. 环比发展速度　　B. 定基发展速度

　　C. 平均发展速度　　D. 平均增长速度

8. 根据间隔相等的间断型时点数列计算平均发展水平的方法是（　　）。

　　A. 简单算术平均法　　B. 加权算术平均法

　　C. 简单几何平均法　　D. 首尾折半法

9. 根据间隔不相等的间断型时点数列计算平均发展水平的方法是（　　）。

　　A. 简单算术平均法　　B. 加权算术平均法

　　C. 简单几何平均法　　D. 首尾折半法

10. 某产品产量1993年比1988年增加了35%，那么该产品产量的平均发展速度是（　　）。

　　A. 35%的平方根　　B. 135%的平方根

　　C. 35%的5次方根　　D. 135%的5次方根

11. 增长速度的计算方法有（　　）。

　　A. 报告期发展水平与基期发展水平之比

　　B. 增长量与基期水平之比

　　C. 增长量与报告期水平之比

　　D. 发展速度-100%

12. 简单算术平均法适合于计算（　　）。

　　A. 时点数列平均发展水平

　　B. 时期数列平均发展水平

　　C. 间隔相等的间断型时点数列平均发展水平

　　D. 间隔不相等的间断型时点数列平均发展水平

13. 用几何平均法计算平均发展速度时，被开方的指标是（　　）。

　　A. 环比发展速度的连乘积

　　B. 环比增长速度的连乘积

　　C. 报告期发展水平与基期发展水平之比

　　D. 发展总速度

14. 已知各期环比增长速度为2%、5%、8%和7%，则相应的定基增长速度的计算方法为（　　）。

A. (102% × 105% × 108% × 107%) − 100%

B. 102% × 105% × 108% × 107%

C. 2% × 5% × 8% × 7%

D. (2% × 5% × 8% × 7%) − 100%

15. 时期数列的特点有（　　）。
   A. 数列中各个指标数值不能相加
   B. 数列中各个指标数值可以相加
   C. 数列中每个指标数值大小与时间长短无直接关系
   D. 数列中每个指标数值的大小与时间长短有直接关系
   E. 数列中每个指标数值，通常是通过连续不断登记而取得的

16. 编制时期数列，各个指标所属的时间要求（　　）。
   A. 相等
   B. 不相等
   C. 一般应不相等，但有时也可以相等
   D. 一般应相等，但有时也可以不相等

17. 如果时间数列的一阶差分大体相等，则宜配合：（　　）。
   A. 直线模型　　B. 抛物线模型　　C. 曲线模型　　D. 指数曲线模型

18. 下列时间数列哪些直接相加无意义（　　）。
   A. 高校在校学生人数数列　　　　B. 年末职工人数数列
   C. 平均单位成本数列　　　　　　D. 企业计划完成程度数列

19. 某企业历年产量发展速度资料如下：1995—1998年平均110%，1998—2002年平均108%，则该企业1995—2002年产量平均发展速度为（　　）。
   A. $\sqrt[8]{110\%^4 \times 108\%^4}$　　　　B. $\sqrt[6]{110\%^3 \times 108\%^3}$
   C. $\sqrt[7]{110\%^3 \times 108\%^4}$　　　　D. $\sqrt{110\% \times 108\%}$

20. 根据某企业1995—2000年产值（单位：万元）数列拟合的线性趋势模型为 $Y = 300 + 12t$，该模型表明企业产值平均每年增加（　　）。
   A. 12万元　　　　B. 300万元　　　　C. 12%　　　　D. 300%

21. 根据间隔相等的间断型时点数列计算平均发展水平的方法是（　　）。

   A. $\bar{a} = \dfrac{\dfrac{a_1+a_2}{2}f_1 + \dfrac{a_2+a_3}{2}f_2 + \cdots + \dfrac{a_{n-1}+a_n}{2}f_{n-1}}{f_1 + f_2 + \cdots + f_{n-1}}$

   B. $\bar{a} = \dfrac{\dfrac{a_1}{2} + a_2 + a_3 + \cdots + \dfrac{a_n}{2}}{n-1}$

   C. $\bar{a} = \dfrac{a_1 + a_2 + a_3 + \cdots + a_n}{n}$

   D. $\bar{a} = \dfrac{a_1 f_1 + a_2 f_2 + a_3 f_3 + \cdots + a_n f_n}{f_1 + f_2 + f_3 + \cdots + f_n}$

22. 平均发展速度是：（　　）。
   A. 发展速度的算术平均数　　　　B. 各个时期环比发展速度的几何平均数
   C. 环比发展速度的算术平均数　　D. 环比发展速度加上100%

23. 平均增长量等于( )。
    A. 平均发展速度乘期初水平
    B. 平均增长速度乘期初水平
    C. 逐期增长量之和除以时间数列项数减一
    D. 以上都不对

24. 我国 1979—1983 年社会总产值,1979 年为 7 642 亿元,1983 年为 11 052 亿元,各年的环比发展速度为 111.63%,106.33%,109.83%,110.93%,其平均增减速度为( )。
    A. (111.63%＋106.33%＋109.83%＋110.93%)/4
    B. $\sqrt[4]{111.63\% \times 106.33\% \times 109.83\% \times 110.93\%}$
    C. $\sqrt[5]{111.63\% \times 106.33\% \times 109.83\% \times 110.93\%} - 1$
    D. $\sqrt[4]{111.63\% \times 106.33\% \times 109.83\% \times 110.93\%} - 1$
    E. $\sqrt[4]{11\,052/7\,642} - 1$

25. 影响时间数列变动的因素有( )。
    A. 季节变动　　B. 循环变动　　C. 规则变动　　D. 不规则变动
    E. 长期趋势变动

五、计算

1. 某企业 2011 年 6 月份职工人数资料如下:

时　间	人数(人)
6月1—6日	480
6月7—16日	490
6月17—26日	496
6月27—30日	487

要求:计算该企业 2011 年 6 月份平均职工人数。

2. 某企业 2011 年钢材库存量资料如下:

单位:万吨

时　间	1月1日	5月1日	9月1日	12月31日
库存量	22	24	18	17

要求:计算该企业 2011 年钢材平均库存量。

3. 某地 2005—2010 年的粮食产量资料如下:

年　份	粮食产量(万吨)
2005	85.6
2006	91.0
2007	96.1
2008	101.2
2009	107.0
2010	112.2
合计	593.1

试用最小平方法配合直线方程并预测2012年的粮食产量。

4. 某工业企业某年第二季度的总产值和职工人数资料如下表所示。

	A	B	C	D	E
1	月 份	3月	4月	5月	6月
2	总产值（万元）	1500	1600	1650	1850
3	月末职工人数（人）	600	615	630	660

要求计算：(1) 第二季度各个月的劳动生产率；(2) 第二季度月平均劳动生产率；(3) 第二季度劳动生产率。

5. 以第3题资料计算：(1) 各年逐期增长量、累积增长量及年平均增长量；(2) 各年环比发展速度、定基发展速度及各自的增长速度；(3) 按水平法计算年平均发展速度及平均增长速度。

6. 某地区粮食产量2000—2005年平均发展速度是103%，2005—2010年平均发展速度是105%，2011年比2010年增长了6%，试求2000—2011年的平均发展速度。

7. 1995年我国国民生产总值5.76万亿元。"九五"的奋斗目标是，到2000年增加到9.5万亿元；远景目标是，2010年比2000年翻一番。试问：

(1) "九五"期间的平均增长速度是多少？

(2) 1996—2010年（以1995年为基期）平均每年发展速度将达到多少才能实现远景目标？

8. 某旅游风景区最近三年的旅游收入资料如下表所示。

月 份	2009年	2010年	2011年
1	2 996.70	3 476.60	3 843.84
2	2 740.30	2 970.30	3 181.26
3	3 580.90	3 942.60	4 404.49
4	3 746.30	4 067.60	4 520.18
5	3 817.90	4 746.90	4 638.99
6	4 046.60	4 417.30	4 969.93
7	3 483.90	3 806.80	4 146.90
8	3 510.40	3 746.80	4 198.70
9	3 703.10	4 011.10	4 536.84
10	3 810.70	4 129.60	4 718.91
11	4 091.00	4 372.90	5 034.94
12	4 650.80	4 991.50	5 545.74

要求：(1) 按月平均法计算季节指数；(2) 按移动平均趋势剔除法计算季节指数。

9. 某企业2011年第一季度各月产量计划完成情况如下表所示。

	A	B	C	D
1	时 间	1月	2月	3月
2	计划完成（%）	80	100	120
3	实际产量（台）	440	620	700

要求：计算该企业2011年第一季度产量平均计划完成程度。

第六章

指数分析

【引导案例】

2011年10月份居民消费价格变动情况

2011年10月份,全国居民消费价格总水平同比上涨5.5%。其中,城市上涨5.4%,农村上涨5.9%;食品价格上涨11.9%,非食品价格上涨2.7%;消费品价格上涨6.6%,服务项目价格上涨2.8%。全国居民消费价格总水平环比上涨0.1%。其中,城市上涨0.1%,农村与上月持平;食品价格下降0.2%,非食品价格上涨0.2%;消费品价格上涨0.1%,服务项目价格上涨0.2%。

一、各类商品价格同比变动情况

食品类价格同比上涨11.9%,影响价格总水平上涨约3.62个百分点。其中,粮食价格上涨11.6%,影响价格总水平上涨约0.32个百分点;肉禽及其制品价格上涨26.1%,影响价格总水平上涨约1.72个百分点(猪肉价格上涨38.9%,影响价格总水平上涨约1.12个百分点);蛋价格上涨12.6%,影响价格总水平上涨约0.11个百分点;水产品价格上涨12.4%,影响价格总水平上涨约0.28个百分点;鲜菜价格下降6.8%,影响价格总水平下降约0.20个百分点;鲜果价格上涨11.1%,影响价格总水平上涨约0.19个百分点;油脂价格上涨15.8%,影响价格总水平上涨约0.18个百分点。

烟酒类价格同比上涨3.7%。其中,烟草价格上涨0.4%,酒类价格上涨8.7%。

衣着类价格同比上涨3.7%。其中,服装价格上涨4.0%,鞋类价格上涨2.5%。

家庭设备用品及维修服务类价格同比上涨3.1%。其中,耐用消费品价格上涨1.0%,家庭服务及加工维修服务价格上涨11.9%。

医疗保健和个人用品类价格同比上涨3.5%。其中,西药价格下降0.6%,中药材及中成药价格上涨13.0%,医疗保健服务价格上涨0.5%。

交通和通信类价格同比上涨0.8%。其中,交通工具价格下降0.3%,车用燃料及零配件价格上涨12.2%,车辆使用及维修价格上涨4.6%,城市间交通费价格上涨2.9%,市区公共交通费价格上涨1.9%;通信工具价格下降13.7%。

娱乐教育文化用品及服务类价格同比持平。其中,教育价格上涨0.9%,文娱费价格上涨1.5%,旅游价格上涨2.3%,文娱用耐用消费品及服务价格下降6.6%。

居住类价格同比上涨4.4%。其中,水、电、燃料价格上涨3.5%,建房及装修材料价格上涨4.5%,住房租金价格上涨3.6%。

据测算,在10月份5.5%的涨幅中,2010年价格上涨的翘尾因素近1.5个百分点,2011年新涨价因素约为4.04个百分点。

二、各类商品价格环比变动情况

2011年10月份,食品价格环比下降0.2%,影响价格总水平下降约0.06个百分点。其中,鲜菜价格环比下降3.4%,影响居民消费价格总水平下降约0.09个百分点。肉禽及其制品价格环比下降0.6%(猪肉价格环比下降1.8%,9月份环比上涨1.2%);蛋价格环比下降3.8%(9月份环比上涨2.4%);水产品价格环比下降1.5%,上述三项合计影响居民消费价格总水平环比下降约0.13个百分点。油脂价格环比上涨0.5%,比9月份的环比涨幅缩小1.0个百分点;鲜果价格环比上涨5.7%,比9月份的环比涨幅扩大2.6个百分点,油脂和鲜果价格上涨合计影响居民消费价格总水平上升约0.11个百分点。

10月份,非食品价格环比涨幅为0.2%,影响居民消费价格总水平环比上涨约0.15个百分点。其中,烟酒、衣着、家庭设备用品及维修服务、娱乐教育文化用品及服务、居住等类别价格环比分别上涨0.5%、1.6%、0.1%、0.2%和0.1%,医疗保健和个人用品、交通和通信类价格环比分别下降0.1%和0.3%,见表6-1。

表6-1 2011年10月份居民消费价格主要数据

	10月		1—10月
	环比涨跌幅(%)	同比涨跌幅(%)	同比涨跌幅(%)
居民消费价格	0.1	5.5	5.6
其中:城市	0.1	5.4	5.5
农村	0.0	5.9	6.2
其中:食品	-0.2	11.9	12.4
非食品	0.2	2.7	2.8
其中:消费品	0.1	6.6	6.5
服务项目	0.2	2.8	3.7
分类别			
食品	-0.2	11.9	12.4
烟酒及用品	0.5	3.7	2.6
衣着	1.6	3.7	1.8
家庭设备用品及维修服务	0.1	3.1	2.3
医疗保健和个人用品	-0.1	3.5	3.4
交通和通信	-0.3	0.8	0.5
娱乐教育文化用品及服务	0.2	0.0	0.4
居住	0.1	4.4	5.9

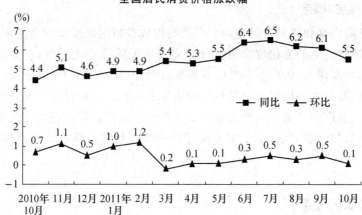

全国居民消费价格涨跌幅

附注：

1. 指标解释：居民消费价格指数(Consumer Price Index,CPI)，是度量居民生活消费品和服务价格水平随着时间变动的相对数，综合反映居民购买的生活消费品和服务价格水平的变动情况。

2. 统计范围：全国居民消费价格指数(CPI)涵盖全国城乡居民生活消费的食品、烟酒、衣着、家庭设备用品及维修服务、医疗保健和个人用品、交通和通信、娱乐教育文化用品及服务、居住等八大类、262个基本分类的商品与服务价格。数据来源于全国31个省(区、市)、500个市县、6.3万家价格调查点，包括食杂店、百货店、超市、便利店、专业市场、专卖店、购物中心以及农贸市场与服务消费单位等。

3. 调查方法：居民消费价格原始数据采用"定人、定点、定时"直接派人到调查网点采集。

4. 从2011年1月起，我国居民消费价格指数开始计算以2010年为对比基期的价格指数序列。这是自2001年计算定基价格指数以来，第二次进行例行基期更换，首轮基期为2000年，每五年更换一次，第二轮基期为2005年。

5. 根据2010年全国城乡居民家庭消费支出调查数据和有关部门调查数据，自2011年1月起，对CPI权数构成进行了例行调整。采用新权数计算的10月份CPI同比涨幅为5.495%，环比涨幅为0.093%；采用旧权数测算的10月份CPI同比涨幅为5.606%，环比涨幅为0.106%。

(来源：国家统计局 2011-11-09 09:30:56 http://www.stats.gov.cn/tjfx/jdfx/t20111109_402764721.htm)

第一节 统计指数概述

统计指数是从反映物价变动开始而产生的。18世纪后半期，欧洲各国为反映商品价格的变动，用两个不同时期的物价水平进行比较，得到的相对数即指数，用以反映物价变动的程度，这就是指数的起源。随着统计的发展，指数逐渐地运用于社会经济的许多方面，以反映现象的数量变动情况，它既反映个别事物的数量变动，又反映现象总体的数量变动。

一、统计指数的概念

指数的概念有广义和狭义两种理解。广义的指数是指用以反映社会经济现象数量方面在不同时间、不同空间上的变化情况以及计划完成情况的统计相对数,一般用百分数表示。随着指数应用的不断深入,指数更重要的是要反映多种事物数量的综合变动,这就是通常所讲的狭义的指数,即指数是用以反映多种事物或复杂现象总体数量综合变动的特殊相对数。例如,反映全部工业产品产量的综合变动的工业产品产量指数等。在统计学中,指数理论主要是研究狭义指数的编制方法,本章主要阐述狭义统计指数的基本计算原理、原则、方法在分析中的应用。

二、统计指数的分类

(1) 按其反映的对象范围不同,统计指数分为个体指数和总指数。

个体指数是反映简单现象总体数量变动的相对数。例如研究某种商品价格变动的指数即为个体指数。常用的个体指数有:个体物价指数、个体产量指数、个体成本指数等。

总指数是反映多种事物或复杂现象总体数量综合变动的相对数。例如,说明多种商品价格综合变动的物价总指数,说明多种商品销售量变动的销售量总指数等。

此外,指数分析法常与统计分组法相结合,即对总体进行分类或分组,从而需要编制类(组)指数,这样在总指数与个体指数之间就产生了类指数。如消费品价格总指数与每种消费品价格个体指数之间的食品类、衣着类、家庭设备用品类等类指数。类指数实质上也是一种总指数。

(2) 按其表明现象的数量特性不同,统计指数分为数量指标指数和质量指标指数。

数量指标指数是表明现象数量变动情况的指数,如工业产品产量指数、商品销售量指数等。质量指标指数是表明总体内含质量水平变动情况的指数,如商品价格指数、产品成本指数等。

(3) 按其反映的时间状态不同,统计指数分为动态指数和静态指数。

动态指数又叫时间性指数,由两个不同时间的指标对比形成,反映社会经济现象在不同时间上的发展变化。动态指数按所对比的基期的不同,分为定基指数和环比指数两种。静态指数包括空间指数和计划完成情况指数两种。空间指数指不同空间的同类现象水平在同一时间对比的结果,反映现象在不同空间的差异程度。计划完成情况指数则是将某种现象的实际水平与计划水平对比的结果,反映计划的完成情况。静态指数属于广义的统计指数。

三、统计指数的作用

(1) 统计指数可以综合反映多种事物或复杂现象总体数量的变动方向和变动程度,这是指数的根本作用。指数一般用百分数表示,百分数大于或小于100%,表示变动的升降方向,大于或小于100%的数额表示变动的升降程度。例如,物价指数为110%,表示物价的上升幅度为10%。同时,还可以利用分子和分母两个总量指标的差额计算绝对变动情况。

(2) 统计指数可以对现象的变动进行因素分析,研究各因素的变动对现象变动的影响程度和影响方向。社会经济现象的数量变动,受多个因素的影响,利用有关指数理论,一方面可以分析复杂社会经济现象总体变动中各个因素变动对总体变动的影响程度和影响方向;另一方面可以分析复杂现象平均水平的变动中各个因素变动对总平均水平变动的影响。

(3) 统计指数可以分析经济现象总体的长期变化趋势。通过编制指数数列,可以反映现象在较长时间的发展变化趋势。

(4) 统计指数可以对社会经济现象进行综合评价和测定。

随着指数在实际应用中的不断发展和完善,许多经济现象都可以运用统计指数进行综合评价和判断。例如,利用指数可以进行地区经济的综合评价、对比分析等。

第二节　综合指数和平均指数

一、综合指数

(一) 综合指数的概念和特点

综合指数与平均指数是总指数的两种重要形式。综合指数是总指数的基本形式。

综合指数是由两个不同时期的总量指标对比而形成的指数。凡是一个总量指标可以分解为两个或两个以上的因素指标,将其中一个或一个以上的因素指标固定下来,研究另一个因素指标的变动,这种指数即为综合指数。

综合指数有其鲜明的特点:

1. 先综合后对比,即首先将不可直接加总的多种事物(如多种产品或多种商品),借助同度量因素,使之过渡到能够进行加总;所谓同度量因素是指把不能直接加总的现象总体过渡到可以加总的现象总体的因素。例如,要计算社会商品零售价格总指数,由于商品的价格不能直接加总而无法计算,用同度量因素销售量把价格过渡到销售额即可加总。同样,要计算社会商品销售量指数,由于实物量计量单位不同不能加总,用同度量因素价格把它过渡到销售额即可。同度量因素不是随意选定的,它是从现象的经济联系中选择的,具有权数和同度量的作用。

2. 将同度量因素固定在同一时期,以测定所要研究的因素。

3. 必须以全面资料为基础,且分子、分母所包含的范围必须一致。

(二) 综合指数的编制

综合指数的编制,关键是要在现象的经济联系中寻找同度量因素,再把它固定下来以反映所要研究现象总体某种因素的变化情况。具体分为三个步骤:

(1) 确定同度量因素,将不可相加的现象总体过渡到可相加现象总体。

(2) 固定同度量因素的时期。例如,要反映两个不同时期物价的变动情况,在用销售量乘以价格转化为销售额的过程中,必须将销售量这个同度量因素固定在某一个时期,然后再进行比较,以反映物价的变动情况。

(3) 进行指标的对比。将所计算的两个总量指标进行对比,即得综合指数的计算公式。

前面提到,指数按其表明现象的数量特征不同分为数量指标指数和质量指标指数。综合指数也有两种,即数量指标综合指数和质量指标综合指数,下面分别说明其编制方法。

1. 数量指标综合指数的编制

数量指标综合指数是说明现象总体在数量上变动情况的动态相对数。

【例 6-1】 以商品销售量指数为例,假设某商店某年 5 月份三种商品的销售量及价格资料见表 6-2。

表 6-2 某商店某年 5 月份三种商品的销售量及价格资料

	A	B	C	D	E	F	G	H	I
1			价格		销售量		销售额		
2	商品	计量单位	基期 p_0	报告期 p_1	基期 q_0	报告期 q_1	p_0q_0	p_1q_1	p_0q_1
3	甲	件	2	4	120	100	240	400	200
4	乙	支	0.4	0.6	800	1000	320	600	400
5	丙	个	0.15	0.15	100000	120000	15000	18000	18000
6	合计	—	—	—	—	—	15560	19000	18600

要反映三种商品的销售量变动情况,若计算各种商品的个体销售量指数,可直接利用每种商品的报告期销售量与基期销售量对比即 q_1/q_0。但是,若要计算三种商品销售量综合指数以综合反映其销售量的综合变动情况,显然不能简单地加总比较,其方法是:

(1) 确定指数化指标。在这里,指数化指标为销售量。

(2) 选择确定同度量因素,将三种商品的销售量由不可直接加总过渡到能够加总。由于指数化指标为销售量,故选择价格作为同度量因素,两者相乘即为可相加的销售额指标。

(3) 将同度量因素固定在同一时期,即将价格固定在同一时期,以单纯反映销售量的变动情况。由于同度量因素的权数作用,即不同时期的价格对指数的影响是不相同的,所以,作为同度量因素的价格可以固定在基期,也可以固定在报告期。由此得出三种商品的销售量指数的以下两种计算方法。

以基期价格作为同度量因素时:

$$K_q = \frac{\sum q_1 p_0}{\sum q_0 p_0} \tag{6-1}$$

上式是德国经济学家拉斯佩雷斯(E. Laspeyres)在 1864 年提出的,因此称为拉氏指数。据表 6-1 资料计算三种商品销售量综合指数为:

$$K_q = \frac{18\,600}{15\,560} = 119.54\%$$

计算结果表明在物价水平不变的情况下,三种商品的销售量增长了 19.54%。

由于销售量的增长使销售额增加了:

$$\sum q_1 p_0 - \sum q_0 p_0 = 18\,600 - 15\,560 = 3\,040(元)$$

以报告期价格作为同度量因素时:

$$K_q = \frac{\sum q_1 p_1}{\sum q_0 p_1} \tag{6-2}$$

上式是德国的另一位经济学家帕舍(H. Paasche)在 1874 年提出的,称为帕氏指数。根据表 6-1 资料计算三种商品销售量综合指数为:

$$K_q = \frac{19\,000}{15\,960} = 119.05\%$$

计算结果表明在报告期价格水平下,三种商品的销售量增长了 19.05%。由于销售量的增长使销售额增加了:

$$\sum q_1 p_1 - \sum q_0 p_1 = 19\,000 - 15\,960 = 3\,040(元)$$

在统计实践中,计算数量指标综合指数时多选用公式(6-1),即选择拉氏指数。根据以上的计算可得出数量指标综合指数的编制原则:编制数量指标指数时应将做同度量因素的质量指标固定在基期水平。

2. 质量指标综合指数的编制

质量指标综合指数是说明总体内涵质量水平变动情况的指数。以商品物价指数为例,资料见表 6-1。

要反映三种商品的价格变动情况,若计算其个体价格指数,容易理解与计算。但若要计算三种商品价格的综合指数以综合反映其价格的总变动情况,亦不能简单加总比较。其方法是:

(1) 确定指数化指标。在此,指数化指标为价格。

(2) 选择确定同度量因素,将三种商品的价格由不可直接加总过渡到能够加总。由于指数化指标为价格,故选择销售量作为同度量因素,两者相乘即为可相加的销售额指标。

(3) 将同度量因素固定在同一时期,即将销售量固定在同一时期,以单纯反映价格的变动情况。由于同度量因素的权数作用,即不同时期的销售量对指数的影响是不相同的,所以,作为同度量因素的销售量可以固定在基期,也可以固定在报告期,由此同样得出三种商品价格指数的以下两种计算公式。

以基期销售量作为同度量因素时:

$$K_p = \frac{\sum p_1 q_0}{\sum p_0 q_0} \tag{6-3}$$

上式称为拉氏指数公式。

根据表 6-1 资料计算三种商品价格综合指数为

$$K_p = \frac{15\,960}{15\,560} = 102.57\%$$

计算结果表明在销售量不变的情况下,三种商品的价格上涨了 2.57%。

由于价格的上涨,使销售额增加了:

$$\sum p_1 q_0 - \sum p_0 q_0 = 15\,960 - 15\,560 = 400(元)$$

以报告期销售量作为同度量因素时:

$$K_p = \frac{\sum p_1 q_1}{\sum p_0 q_1} \tag{6-4}$$

上式称帕氏指数公式。

根据表 6-1 资料计算三种商品价格综合指数为:

$$K_p = \frac{19\,000}{18\,600} = 102.15\%$$

计算结果表明在按报告期销售量计算时,三种商品的价格上涨了 2.15%。由于价格的上涨,使销售额增加了:

$$\sum p_1 q_1 - \sum p_0 q_1 = 19\,000 - 18\,600 = 400(元)$$

在统计实践中,计算质量指标综合指数时多选用公式(6-4),即选择帕氏指数。根据以上的计算可得出质量指标综合指数的编制原则:编制质量指标指数时应将做同度量因素的数量指标固定在报告期水平。

二、平均指数

（一）平均指数的概念和特点

平均指数是总指数的又一重要形式。运用综合指数法编制总指数，要求掌握全面的统计资料，但是，有时候却难以取得。而平均指数则弥补了综合指数的这一不足，它是以个体指数为基础，通过对个体指数的加权平均得到的总指数。即先计算个别单位（如个别产品或个别商品）的个体指数，然后以基期或报告期的总量指标为权数进行加权平均来测定现象的变动程度。

平均指数有三个特点：第一，先对比后综合；第二，权数可以是基期或报告期总量指标，也可采用固定权数；第三，可以借助非全面资料计算，也可以采用全面资料。特别是在全面资料不易取得的场合有其特有的使用价值。平均指数有加权算术平均指数、加权调和平均指数固定权数的平均指数等形式。本节主要介绍加权算术平均指数、加权调和平均指数两种形式，固定权数的平均指数将在第五节中介绍。

（二）平均指数的编制

1. 加权算术平均指数

加权算术平均指数是将个体指数采用加权算术平均的形式求得的，其编制的步骤是：

(1) 计算个体指数，包括个体数量指标指数或个体质量指标指数。

(2) 取得基期的总量指标 $p_0 q_0$ 资料。

(3) 以个体指数为变量，基期的总量指标 $p_0 q_0$ 为权数，加权算术平均求得总指数。

加权算术平均指数以 $p_0 q_0$ 为权数，实质上相当于拉氏综合指数。其公式为：

$$\text{数量指标指数：} \overline{K}_q = \frac{\sum \frac{q_1}{q_0} \cdot p_0 q_0}{\sum p_0 q_0} = \frac{\sum K_q \cdot p_0 q_0}{\sum p_0 q_0} = \frac{\sum q_1 p_0}{\sum q_0 p_0} \quad (6-5)$$

$$\text{质量指标指数：} \overline{K}_p = \frac{\sum \frac{p_1}{p_0} \cdot p_0 q_0}{\sum p_0 q_0} = \frac{\sum K_p \cdot p_0 q_0}{\sum p_0 q_0} = \frac{\sum p_1 q_0}{\sum p_0 q_0} \quad (6-6)$$

【例 6-2】 已知某企业三种产品的有关资料见表 6-3。

表 6-3 某企业三种产品的产量资料

	A	B	C	D	E	F	G
1	商品	计量单位	产量		基期产值	个体指数	$\frac{q_1}{q_0} q_0 p_0$
2			基期 q_0	报告期 q_1	（万元）$p_0 q_0$	q_1/q_0 （%）	
3	甲	件	4500	5000	315	111.11	350
4	乙	吨	5000	5200	175	104	182
5	丙	套	9600	12000	48	125	60
6	合计	—				—	592

根据表 6-3 资料计算如下：

$$\overline{K}_q = \frac{\sum \frac{q_1}{q_0} \cdot p_0 q_0}{\sum p_0 q_0} = \frac{592}{538} = 110.04\%$$

计算结果表明,三种产品产量报告期比基期增长了 10.04%,绝对增加 592－538＝54(万元)的产值。

需要说明的是:计算加权算术平均指数,只要掌握了有关的个体指数和基期的数值 p_0q_0 即可计算,不必掌握全面资料,也不用计算假定指标,所以极易取得有关资料。

(4)进行加权算术平均,计算总指数。

2. 加权调和平均指数

加权调和平均指数是对个体指数采用加权调和平均的形式求得的。其编制步骤是:

(1)计算个体指数,包括个体数量指标指数或个体质量指标指数。

(2)取得报告期的总量指标 p_1q_1 资料。

(3)以个体指数为变量,报告期的 p_1q_1 为权数,加权调和平均求得总指数。

加权调和平均指数以 p_1q_1 为权数,实质上相当于帕氏综合指数。其公式为:

数量指标指数: $\overline{K}_q = \dfrac{\sum p_1q_1}{\sum \dfrac{p_1q_1}{q_1/q_0}} = \dfrac{\sum p_1q_1}{\sum \dfrac{1}{K_q}p_1q_1}$ (6-7)

质量指标指数: $\overline{K}_p = \dfrac{\sum p_1q_1}{\sum \dfrac{p_1q_1}{p_1/p_0}} = \dfrac{\sum p_1q_1}{\sum \dfrac{1}{K_p}p_1q_1}$ (6-8)

【例 6-3】 已知某企业两种产品的有关资料见表 6-4。

表 6-4　某企业两种产品的有关资料

商品	计量单位	价格(元) 基期 p_0	价格(元) 报告期 p_1	基期产值(万元) p_1q_1	个体指数 p_1/p_0(%)	$\dfrac{p_1q_1}{p_1/p_0}$(万元)
A	吨	1000	1054	4200	105	4000
B	件	500	450	3600	90	4000
合计	—	—	—	7800	—	8000

根据表 6-4 中资料计算如下:

$$\overline{K}_p = \dfrac{\sum p_1q_1}{\sum \dfrac{p_0}{p_1}p_1q_1} = \dfrac{7\,800}{8\,000} = 97.5\%$$

计算结果表明:两种产品的价格报告期比基期降低了 2.5%,产值减少了 200 万元(7 800－8 000＝200)。

需要说明的是:计算加权调和平均指数,只要掌握了个体指数和报告期的价值量 p_1q_1 即可计算,不需掌握全面资料,也不用计算假定指标,资料的取得简便、易行。

综上所述,对于平均指数有关公式的应用要根据掌握的不同资料和实际情况加以选择。若掌握了个体指数和 p_0q_0,一般采用加权算术平均指数;若掌握了个体指数和 p_1q_1,则一般采用加权调和平均指数。另外,若计算数量指标指数,一般采用加权算术平均指数;若计算质量指标指数,一般应采用加权调和平均指数。当然,在不同的国家或地区采用的方法有一定差别。

第三节　指数体系与因素分析

一、指数体系的意义及其作用

社会经济现象之间的联系是普遍的,统计中可以通过相应的指数体系将这种联系表现出来,例如,工业总产值指数＝产品产量指数×产品价格指数,商品销售额指数＝商品销售量指数×商品价格指数。通常把由三个或三个以上相互联系的指数构成的体系称为指数体系。指数体系的作用主要有:第一,它是因素分析的依据,利用指数体系可以分析复杂现象总体数量总变动中各因素变动影响的程度和方向;第二,利用各指数之间的联系可以进行指数间的相互换算;第三,分析总平均数的变动及受各因素变动影响的程度和方向。

借助于指数体系分析社会经济现象数量总变动中各种因素的变动对总体数量变动的影响程度和绝对效果的分析方法称为因素分析法。

因素分析的内容主要包括两方面:一是从相对数和绝对数两个方面分析现象总体总量指标的变动受各因素变动影响的情况,所用体系是综合指数体系;二是从相对数和绝对数两个方面分析现象总体平均指标的变动受各种因素变动的影响情况,所用体系是平均指标指数体系。

利用指数体系进行因素分析,一般要经过三步:第一,对现象总体进行定性分析,从现象和过程的固有联系中找出因素现象与复杂现象总体间及因素现象之间的联系;第二,将上述联系通过一定经济方程式表达出来。必须注意:要根据不同的分析任务建立不同的表达式;第三,依次分析每个因素的变动对总变动的影响情况。为此,各因素的排列应有一定顺序,因素现象中的指标有数量指标和质量指标,数量指标是基础,是前提,质量指标是数量指标的派生指标。所以,应按照先数量指标后质量指标的顺序排列。另外,在多因素分析中,相邻排列的两因素相乘应具有经济意义。

二、总体总量指标变动的因素分析

（一）总体总量指标变动的两因素分析

1. 简单现象变动的两因素分析

例如:总产值指数＝职工人数指数×劳动生产率指数

设 T 代表职工人数;q 代表劳动生产率;0、1 分别代表基期和报告期。

总产值指数体系用公式表示为:

$$\frac{T_1 q_1}{T_0 q_0} = \frac{T_1 q_0}{T_0 q_0} \times \frac{T_1 q_1}{T_1 q_0} \tag{6-9}$$

绝对分析:$T_1 q_1 - T_0 q_0 = (T_1 q_0 - T_0 q_0) + (T_1 q_1 - T_1 q_0)$ (6-10)

需要说明的是,在此相对数分析可以不考虑同度量因素,绝对数分析则必须加入同度量因素。

【例 6-4】 已知某企业总产值、职工人数、劳动生产率资料见表 6-5。

表 6-5 某企业总产值、职工人数、劳动生产率资料

统计指标	基期	报告期	指数（%）
总产值（万元）T_q	1200	1515	126
职工人数（人）T	500	505	101
劳动生产率（万元/人）q	2.4	3	125

总产值指数为：$\dfrac{T_1 q_1}{T_0 q_0} = \dfrac{1\,515}{1\,200} = 126\%$

增加的绝对额：$T_1 q_1 - T_0 q_0 = 1\,515 - 1\,200 = 315$（万元）

其中：（1）职工人数指数 $= \dfrac{T_1 q_0}{T_0 q_0} = \dfrac{1\,212}{1\,200} = 101\%$

增加的绝对额：$T_1 q_0 - T_0 q_0 = 1\,212 - 1\,200 = 12$（万元）

（2）劳动生产率指数 $= \dfrac{T_1 q_1}{T_1 q_0} = \dfrac{1\,515}{1\,212} = 125\%$

增加的绝对额：$T_1 q_1 - T_1 q_0 = 1\,515 - 1\,212 = 303$（万元）

则：
$$126\% = 101\% \times 125\% \quad 315 \text{万元} = 12 \text{万元} + 303 \text{万元}$$

计算结果表明：该企业总产值报告期比基期增长 26%，增加的绝对额为 315 万元。其中：由于职工人数增长 1%，使产值增加 12 万元，由于劳动生产率增长 25%，使产值绝对 303 万元。

2. 复杂现象总体总量指标变动的因素分析

对复杂现象总体总量指标的变动进行因素分析，需借助于综合指数体系。

例如：销售额指数 = 销售量指数 × 价格指数

用符号表示为：

$$\dfrac{\sum q_1 p_1}{\sum q_0 p_0} = \dfrac{\sum q_1 p_0}{\sum q_0 p_0} \times \dfrac{\sum q_1 p_1}{\sum q_1 p_0} \tag{6-11}$$

绝对额分析：

$$\left(\sum q_1 p_1 - \sum q_0 p_0\right) = \left(\sum q_1 p_0 - \sum q_0 p_0\right) + \left(\sum q_1 p_1 - \sum q_1 p_0\right) \tag{6-12}$$

【例 6-5】已知某区三种商品流转情况假定资料见表 6-6。

表 6-6 某区三种商品流转情况假定资料

商品	计量单位	销售量		价格		销售额		
		基期 q_0	报告期 q_1	基期 p_0	报告期 p_1	$p_0 q_0$	$p_1 q_1$	$p_0 q_1$
甲	万件	400	480	0.8	0.82	320	393.6	384
乙	万台	80	88	1.15	1.05	92	92.4	101.2
丙	万套	50	60	1.2	1.38	60	82.8	72
合计	—	—	—	—	—	472	568.8	557.2

根据表 6-6 中资料计算如下：

销售额指数 $= \dfrac{\sum q_1 p_1}{\sum q_0 p_0} = \dfrac{568.8}{472} = 120.51\%$

增加的绝对额：568.8 − 472 = 96.8(万元)

其中：(1) 销售量指数 $= \dfrac{\sum q_1 p_0}{\sum q_0 p_0} = \dfrac{557.2}{472} = 118.05\%$

增加的绝对额：$\sum q_1 p_0 - \sum q_0 p_0 = 557.2 - 472 = 85.2$（万元）

(2) 价格指数 $= \dfrac{\sum q_1 p_1}{\sum q_1 p_0} = \dfrac{568.8}{557.2} = 102.08\%$

增加的绝对额：$\sum q_1 p_1 - \sum q_1 p_0 = 568.8 - 557.2 = 11.6$(万元)

则：

$$120.51\% = 118.05\% \times 102.08\% \quad 96.8\,\text{万元} = 85.2\,\text{万元} + 11.6\,\text{万元}$$

计算结果表明：该地区这三种商品的销售额报告期比基期增长 20.51%，增加的绝对额为 96.6 万元。其中：由于销售量增长 18.05%，使销售额增加 85.2 万元；由于物价上涨 2.08%，使销售额增加 11.6 万元。

（二）总体总量指标变动的多因素分析

总量指标指数体系可以由更多（三个或三个以上）的指数组成，用以分析多因素变动对现象总体变动影响程度，说明总体现象变动的具体原因。例如，工业企业原材料支出总额的变动可以分解为产品产量，单位产品原材料消耗量和单位原材料价格三个因素的变动影响，因此，需要编制原材料支出总额指数及其包括的三个因素指数形成的总量指标指数体系，来进行多因素变动的分析。

多因素现象的指标体系，由于所包含的现象因素较多，指数的编制过程比较复杂，所以因此应注意以下两个问题。

1. 各因素的排列顺序。一般是数量指标在前，质量指标在后；主要指标在前，次要指标在后。总之，要根据所研究现象的经济内容，依据各因素之间的内在联系加以具体确定。

2. 相邻因素之间的经济含义。例如下例中研究工业生产原材料支出额变动时，影响原材料支出额变动的各因素的排列顺序为产品产量、单位产品原材料消耗量和单位原材料价格，相邻的两个因素相乘都应有明确的经济意义。

3. 在编制多因素指标所组成的综合指数时，为测定某一因素指标的变动影响，要把其中两个或两个以上的因素固定不变。原则上仍须遵循综合指数编制的一般要求，但由于指数体系中往往会有多个数量指标或多个质量指标，在具体操作时可采取逐项固定的方法，即未变动的因素做同度量因素时固定在基期，已变动的因素做同度量因素时固定在报告期。

以工业生产原材料支出额的变动为例。

工业生产原材料支出额 = 产品产量 × 单位产品原材料消耗量 × 单位原材料价格

由此建立的指数体系为：

原材料支出额指数 = 产品产量指数 × 单耗指数 × 原材料单价格指数

用符号表示为：

$$\dfrac{\sum q_1 m_1 p_1}{\sum q_0 m_0 p_0} = \dfrac{\sum q_1 m_0 p_0}{\sum q_0 m_0 p_0} \times \dfrac{\sum q_1 m_1 p_0}{\sum q_1 m_0 p_0} \times \dfrac{\sum q_1 m_1 p_1}{\sum q_1 m_1 p_0} \tag{6-13}$$

绝对额为：

$$\sum q_1 m_1 p_1 - \sum q_0 m_0 p_0 = \left(\sum q_1 m_0 p_0 - \sum q_0 m_0 p_0\right)$$
$$+ \left(\sum q_1 m_1 p_0 - \sum q_1 m_0 p_0\right) + \left(\sum q_1 m_1 p_1 - \sum q_1 m_1 p_0\right) \tag{6-14}$$

其中:q代表产品产量;m代表单位产品原材料消耗量;p代表单位原材料价格;0、1分别代表基期和报告期。

【例 6-6】 设有某企业三种产品的产量,单耗和原材料单价的相关资料,以及原材料支出总额的计算资料分别见表 6-7 和表 6-8。

根据表 6-7 和表 6-8 资料,可以分析原材料支出总额的变动情况及其原因。

原材料支出总额的变动情况,即

原材料支出总额指数:$I_{qmp} = \dfrac{\sum q_1 m_1 p_1}{\sum q_0 m_0 p_0} = \dfrac{48\,990}{33\,900} = 144.51\%$

表 6-7 三种产品的产量和单耗情况

	A	B	C	D	E	F	G	H
1	产品名称	产量(台)		材料名称	单位产品原材料消耗量(公斤)		单位原材料价格(元)	
2		基期 q_0	报告期 q_1		基期 m_0	报告期 m_1	基期 p_0	报告期 p_0
3								
4	甲	50	60	A	150	145	3	3.2
5	乙	50	50	B	62	65	1.5	1.8
6	丙	150	200	C	90	90	0.5	0.85

表 6-8 三种产品原材料支出总额计算表

	A	B	C	D	E
1	产品名称	原材料支出总额(元)			
2		$q_0 m_0 p_0$	$q_1 m_1 p_1$	$q_1 m_0 p_0$	$q_1 m_1 p_0$
3	甲	22500	27840	27000	26100
4	乙	4650	5850	4650	4875
5	丙	6750	15300	9000	9000
6	合计	33900	48990	40650	39975

原材料支出实际总差额:

$$\sum q_1 m_1 p_1 - \sum q_0 m_0 p_0 = 48\,990 - 33\,900 = 15\,090$$

它说明该工厂报告期原材料支出总额比基期增长 44.51%,增加金额即多用 15 090 元。

其中:

(1) 产量指数:$I_q = \dfrac{\sum q_1 m_0 p_0}{\sum q_0 m_0 p_0} = \dfrac{40\,650}{33\,900} = 119.91\%$

增加的绝对额:$\sum q_1 m_0 p_0 - \sum q_0 m_0 p_0 = 40\,650 - 33\,900 = 6\,750(元)$

它说明由于产量增加使原材料支出额增长 19.91%,多支出费用 6 750 元。

(2) 单位产品原材料消耗量变动的影响

产品单耗指数:$I_m = \dfrac{\sum q_1 m_1 p_0}{\sum q_1 m_0 p_0} = \dfrac{39\,975}{40\,650} = 98.34\%$

增加的绝对额:$\sum q_1 m_1 p_0 - \sum q_1 m_0 p_0 = 39\,975 - 40\,650 = -675(元)$

它说明由于单位产品原材料消耗量的降低使原材料支出额下降 1.66%,少支出 675 元。

(3) 单位原材料价格变动的影响

原材料价格指数:$I_p = \dfrac{\sum q_1 m_1 p_1}{\sum q_1 m_1 p_0} = \dfrac{48\,990}{39\,975} = 122.55\%$

增加的绝对额:$\sum q_1 m_1 p_1 - \sum q_1 m_1 p_0 = 48\,990 - 39\,975 = 9\,015(元)$

它说明由于原材料价格提高,使原材料支出额增加 22.55%,绝对额增加 9 015 元。

以上各指数之间的关系如下:
$$144.51\% = 119.91\% \times 98.34\% \times 122.55\%$$

其因素影响差额之间的关系为:
$$15\,090 = 6\,750 - 675 + 9\,015$$

可见,原材料支出总额增加 44.51%(绝对额为 15 090 元)是由于产量、单耗、原材料价格三个因素分别影响增加支出 19.91%(绝对额为 6 750 元),−1.66%(绝对额为 −675 元),22.55%(绝对额为 9 015 元)共同变动共同作用而造成的。

三、平均指标变动的因素分析

在资料分组条件下,平均指标的变动受两个因素的影响,一是各组平均指标的变动,二是各组单位数在总体中所占比重的变动。这样,可以运用指数因素分析方法来分析这两个因素变动对平均指标变动的影响方向和影响程度,即进行平均指标的两因素分析。

根据指数因素分析方法的要求,对于平均指标变动进行两因素分析,首先必须建立一个平均指标指数体系。其通用公式为:

$$可变构成指数 = 固定构成指数 \times 结构影响指数$$

上式用符号可以表示为:

$$\frac{\sum x_1 f_1}{\sum f_1} \div \frac{\sum x_0 f_0}{\sum f_0} = \left(\frac{\sum x_1 f_1}{\sum f_1} \div \frac{\sum x_0 f_1}{\sum f_1} \right) \times \left(\frac{\sum x_0 f_1}{\sum f_1} \div \frac{\sum x_0 f_0}{\sum f_0} \right) \quad (6-15)$$

而因素影响差额之间的关系为:

$$\frac{\sum x_1 f_1}{\sum f_1} - \frac{\sum x_0 f_0}{\sum f_0} = \left(\frac{\sum x_1 f_1}{\sum f_1} - \frac{\sum x_0 f_1}{\sum f_1} \right) + \left(\frac{\sum x_0 f_1}{\sum f_1} - \frac{\sum x_0 f_0}{\sum f_0} \right) \quad (6-16)$$

上述各项指数的具体含义说明如下:

1. 可变构成指数(I_{xf})

统计上把在分组条件下包含各组平均水平及其相应的单位数结构这两个因素变动的总平均指标指数,称为可变构成指数。其计算公式为:

$$I_{xf} = \frac{\bar{x}_1}{\bar{x}_0} = \frac{\sum x_1 f_1}{\sum f_1} \div \frac{\sum x_0 f_0}{\sum f_0} \quad (6-17)$$

式中,$\bar{x}$ 代表总平均指标,x 为各组标志值即平均水平,f 为各组单位数。

2. 固定构成指数(I_x)

为了单纯反映各组平均水平的变动影响,就需要消除总体中各组单位数所占比重变化的影响,即需要将总体内部结构固定下来计算平均指标指数,这样的指数叫固定构成指数。它只反映各组平均水平对总平均指标变动的影响。其计算公式可表示为:

$$I_x = \frac{\sum x_1 f_1}{\sum f_1} \div \frac{\sum x_0 f_1}{\sum f_1} \quad (6-18)$$

3. 结构影响指数(I_f)

为了单纯反映总体结构变动的影响,就需要把各组平均水平固定下来,这样计算的平均指标指数叫结构影响指数。它只反映总体结构变动对总平均指标变动的影响。其计算公式为:

$$I_f = \frac{\sum x_0 f_1}{\sum f_1} \div \frac{\sum x_0 f_0}{\sum f_0} \tag{6-19}$$

【例 6-7】 设有某公司员工人数和月平均工资的分组资料见表 6-9。试对该公司员工平均工资的变动进行因素分析。

表 6-9 某公司员工工资情况表

工人类别	工人数（人）		月均工资（元）		工资总额（元）		
	基期 f_0	报告期 f_1	基期 x_0	报告期 x_1	$x_0 f_0$	$x_1 f_1$	$x_0 f_1$
技工	300	400	280	300	84000	120000	112000
辅工	200	600	180	190	36000	114000	108000
合计	500	1000	—	—	120000	234000	220000

根据表 6-9 资料，具体分析步骤如下：

$$\overline{X}_1 = \frac{\sum x_1 f_1}{\sum f_1} = \frac{234\,000}{1\,000} = 234(元) \qquad \overline{X}_n = \frac{\sum x_0 f_1}{\sum f_1} = \frac{220\,000}{1\,000} = 220(元)$$

$$\overline{X}_0 = \frac{\sum x_0 f_0}{\sum f_0} = \frac{234\,000}{500} = 240(元)$$

(1) 可变构成指数 $= \dfrac{\overline{X}_1}{\overline{X}_0} = \dfrac{234}{240} = 97.5\%$

变动的绝对额：$\overline{X}_1 - \overline{X}_0 = 234 - 240 = -6(元)$

由表中资料知：两组工人的月均工资都增加，而总平均工资则下降了 2.5%，减少 6 元。显然是受工人月均工资和工人人数变动的影响。为进一步分析，需分别计算固定构成指数和结构影响指数。

(2) 固定构成指数 $= \dfrac{\overline{X}_1}{\overline{X}_n} = \dfrac{234}{220} = 106.36\%$

变动的绝对额：$\overline{X}_1 - \overline{X}_n = 234 - 220 = 14(元)$

计算结果表明：由于工人月平均工资增长 6.36%，使总平均工资增加 14 元。

(3) 结构影响指数 $= \dfrac{\overline{X}_n}{\overline{X}_0} = \dfrac{220}{240} = 91.67\%$

变动的绝对额：$\overline{X}_n - \overline{X}_0 = 220 - 240 = -20(元)$

计算结果表明：由于职工人数结构的变动使总平均工资降低 20 元。

以上各指数之间的关系为：$97.5\% = 106.36\% \times 91.67\%$

其因素影响差额之间的关系为：$-6 = 14 - 20$

上述结果表明：虽然各组工人月均工资上升，但是由于报告期与基期比较，工人人数的结构发生了较大变化，低收入的辅助工人数占全部工人数的比重由基期的 40%（= 300/500），上升到报告期的 60%（= 600/1 000），从而使总平均工资下降了 2.5%。

四、含总平均指标变动的总量指标变动的因素分析

(一) 含总平均指标变动的总量指标变动的两因素分析

平均指标的变动往往是总量指标变动的一个重要因素。例如，人们不仅关心总平均工资

的变动,还关心总平均工资的变动对工资总额的影响情况。因此,在分析总平均指标变动的绝对额时,还需进一步分析由于总平均指标的变动引起的总量指标变动的绝对变动情况。这种分析是将两个时期的平均指标的差额乘以报告期的总体单位数($\sum f_1$)即可确定。

根据表 6-9 中资料计算得:

$$(\overline{X}_1 - \overline{X}_0) \cdot \sum f_1 = (234 - 240) \times 1\,000 = -6\,000(元)$$

结果表示:由于总平均工资报告期比基期降低 6 元,使报告期工资总额减少 6000 元。其中:

1. 由于各组工人月均工资的变动使工资总额增加:

$$(\overline{X}_1 - \overline{X}_n) \sum f_1 = (234 - 220) \times 1\,000 = 14\,000(元)$$

2. 由于各组工人数结构的变动使工资总额减少:

$$(\overline{X}_n - \overline{X}_0) \sum f_1 = (220 - 240) \times 1\,000 = -20\,000(元)$$

(二)含总平均指标变动的总量指标变动的多因素分析

它是将总平均指标指数和总量指标指数结合起来进行分析,进一步分析总量指标变动中受总平均指标的变动影响情况。

根据总平均指标和总量指标间存在的经济联系,得出总平均指标指数体系与总量指标指数体系间必然的联系,然后,再进行分析。以工资总额指数体系为例。

工资总额指数＝职工人数指数×总平均工资指数

用公式表示为:

$$\frac{\sum x_1 f_1}{\sum x_0 f_0} = \frac{\sum f_1}{\sum f_0} \times \left(\frac{\sum x_1 f_1}{\sum f_1} \div \frac{\sum x_0 f_0}{\sum f_0} \right)$$

由于总平均工资可变构成指数＝固定构成指数×结构影响指数

则:工资总额指数＝职工人数指数×固定构成指数×结构影响指数

用公式表示为:

$$\frac{\sum x_1 f_1}{\sum x_0 f_0} = \frac{\sum f_1}{\sum f_0} \times \left[\left(\frac{\sum x_1 f_1}{\sum f_1} \div \frac{\sum x_0 f_1}{\sum f_1} \right) \times \left(\frac{\sum x_0 f_1}{\sum f_1} \div \frac{\sum x_0 f_0}{\sum f_0} \right) \right]$$

上述体系即为两种指数体系结合的表达式。仍以前面资料为例。

1. 相对分析:

$$工资总额指数 = \frac{\sum x_1 f_1}{\sum x_0 f_0} = \frac{234\,000}{120\,000} = 195\%$$

其中:

(1) $职工人数指数 = \dfrac{\sum f_1}{\sum f_0} = \dfrac{1000}{500} = 200\%$

(2) $固定构成指数 = \dfrac{\overline{X}_1}{\overline{X}_n} = 106.36\%$

(3) $结构影响指数 = \dfrac{\overline{X}_n}{\overline{X}_0} = 91.67\%$

即

$$195\% = 200\% \times 106.36\% \times 91.67\%$$

计算结果表明:工资总额上升 95%,是由于职工人数增加 100%,总平均工资下降 2.5%所致。(其中:由于组平均工资变动使其上升 6.36%,结构变动使其下降 8.33%)。

2. 绝对分析:

$$\sum x_1 f_1 - \sum x_0 f_0 = \left(\sum f_1 - \sum f_0\right) \cdot \frac{\sum x_0 f_0}{\sum f_0} + \left[\frac{\sum x_1 f_1}{\sum f_1} - \frac{\sum x_0 f_0}{\sum f_0}\right] \cdot \sum f_1$$

$$= \left(\sum f_1 - \sum f_0\right) \cdot \overline{X}_0 + (\overline{X}_1 - \overline{X}_n) \cdot \sum f_1 + (\overline{X}_n - \overline{X}0) \cdot \sum f_1$$

对于本例:234 000－120 000＝114 000(元)

其中:

(1) $\left(\sum f_1 - \sum f_0\right) \cdot \overline{X}_0 = (1\ 000 - 500) \times 240 = 120\ 000$(元)

结果表明:由于职工人数增加 100%,使工资总额增加 120 000 元。

(2) $(\overline{X}_1 - \overline{X}_0) \sum f_1 = (234 - 240) \times 1\ 000 = -6\ 000$(元)

结果表明,由于总平均工资下降使工资总额少支出 6 000 元。

又其中:

(a) 由于职工人数结构变动使工资总额减少:

$$(\overline{X}_n - \overline{X}_0) \sum f_1 = (220 - 240) \times 1\ 000 = -20\ 000(元)$$

(b) 由于组平均工资增加使工资总额增加:

$$(\overline{X}_1 - \overline{X}_n) \sum f_1 = (234 - 220) \times 1\ 000 = 14\ 000(元)$$

两者共同作用:－20 000＋14 000＝－6 000

即

$$114\ 000 = 120\ 000 - 20\ 000 + 14\ 000$$

第四节 常用的经济指数

统计指数的应用范围相当广泛,下面介绍几种常用的经济指数。

一、居民消费价格指数

居民消费价格指数在国外称之为消费者价格指数(Consumer Price Index,CPI),是度量一组代表性消费品及服务项目价格水平随时间而变动的指数,反映居民家庭所购买的消费品和服务价格水平变动的情况。通常被用来作为反映通货膨胀或通货紧缩程度的指标,借以观察和分析价格水平的变动对居民货币工资的影响,为研究居民生活、进行宏观经济分析与决策和进行价格总水平的监测和调控提供依据。我国现行居民消费价格指数主要是采用固定加权算术平均指数方法编制的。固定权数的平均指数是计算总指数的一种独立的形式,它简便灵活,使用方便,适合利用市场调查的资料进行计算。其计算公式为:

$$固定加权算术平均指数 = \frac{\sum KW}{\sum W}$$

式中:K 代表类指数;W 代表固定权数。

居民消费价格指数的编制程序如下。

(一) 消费品分类和代表性商品的选择

居民消费价格指数包括居民用于日常生活的全部消费品和服务项目。现行国家统计制度固定,将居民消费的商品分为八大类:(1) 食品;(2) 衣着;(3) 家庭设备用品;(4) 交通和通信工具;(5) 娱乐教育文化用品;(6) 医疗保健用品;(7) 居住;(8) 服务项目。每个大类包括若干个中类,中类之下又有基本分类,基本分类中包括若干代表性商品。由于社会商品的种类繁多,要编制包括所有商品的价格指数客观上是不可能的,因此必须从全部商品中选择一些购销量较大的商品作为代表性商品。用这些代表性商品的价格升降情况来综合反映全部商品价格变动的趋势和程度。

(二) 居民消费价格指数的编制

1. 计算代表性商品的环比价格指数:

$$K_P = \frac{P_1}{P_0}$$

式中:K_P 是代表性商品的环比价格指数,如果所属代表性商品有 n 种,则需分别计算 n 个环比价格指数。

2. 计算各代表性商品环比价格指数的几何平均数,形成基本中类指数。

$$\overline{K}_p = \sqrt[n]{k_{p1} k_{p2} \cdots k_{pn}}$$

式中:$\overline{K}_p$ 代表基本中类指数。

3. 计算中类指数:$\overline{K}_{类} = \dfrac{\sum KW}{\sum W}$。

4. 计算大类指数。

5. 计算总指数。

注:中类指数、大类指数和总指数的编制公式均采用固定加权算术平均指数的公式,见表 6-10。

表 6-10 居民消费价格指数的编制与计算

	A	B	C	D	E	F	G	H
1	商品类别及品名	代表规格品	计量单位	平均价格		权数W	指数(%)	KW
2				p_0	p_1		$K=p_0/p_1$	
3	一、食品					{45}	100.3	4513.5
4	(二) 粮食类					[25]	102.1	2552.5
5	1. 大米					-60	102.4	6144
6	基本分类							
7		早米	千克	2.2	2.2	40	100	4000
8		东北米	千克	2.93	3	40	102.4	4096
9		月牙米	千克	2.29	2.4	20	104.8	2096
10	2. 面粉					-10	104.4	1044
11	基本分类	精粉	千克	2.3	2.4	20	104.4	2088
12	3. 粮食					-20	101.8	2036
13	基本分类							
14	4. 其他					-10	98.2	982
15	(二) 副食品类					[48]	98.5	4728
16	(三) 烟酒类					[13]	103.5	1345.5
17	(四) 其他食品					[14]	100	1400
18	二、衣着					{8}	98.7	789.6
19	三、家庭设备用品					{6}	97.8	586.8
20	四、交通和通信工具					{7}	118.6	830.2
21	五、娱乐教育文化用品					{2}	100.8	201.6
22	六、医疗保健用品					{10}	99.6	996
23	七、居住					{12}	100.1	1201.2
24	八、服务项目					{10}	110.5	1205

1. 根据基本分类所属各规格品的报告期和基期的平均价格,计算环比价格指数。如:
$$东北米价格指数 = 3.00 \div 2.93 = 102.4\%$$

2. 计算各规格品环比价格指数的几何平均数。如大米基本分类指数:
$$\overline{K}_p = \sqrt[n]{k_{p1} k_{p2} \cdots k_{pn}} = 102.4\%$$

3. 计算中类指数,如粮食中类指数:
$$\overline{K}_{中类} = \frac{\sum KW}{\sum W}$$
$$= \frac{102.4\% \times 60 + 104.4\% \times 10 + 101.8\% \times 20 + 98.2\% \times 10}{100} = 102.1\%$$

4. 计算大类指数,如食品类指数:
$$\overline{K}_{大类} = \frac{\sum KW}{\sum W}$$
$$= \frac{102.1\% \times 25 + 98.5\% \times 48 + 103.5\% \times 13 + 100\% \times 14}{25 + 48 + 13 + 14} = 100.3\%$$

5. 计算居民消费价格指数
$$\overline{K}_{总} = \frac{\sum KW}{\sum W}$$
$$= \frac{100.3\% \times 45 + 98.7\% \times 8 + 97.8\% \times 6 + 118.6\% \times 7 \cdots + 110.5\% \times 10}{45 + 8 + 6 + 7 + 2 + 10 + 12 + 10}$$
$$= 102.24\%$$

计算结果表明,该地区居民消费价格指数为102.24%,报告期与基期相比消费品价格综合上升了2.24%。

二、工业生产指数

工业生产指数概括反映一个国家或一个地区各种产品产量的综合变动,它是衡量经济增长水平的指标。工业生产指数的编制方法有多种,下面介绍常见的两种方法。

(一) 固定权数的综合指数

这是我国长期采用的方法。以不变价格作为同度量因素计算产量综合指数,公式如下:
$$\overline{K}_q = \frac{\sum q_1 p_n}{\sum q_0 p_n}$$

式中:p_n 代表不变价格。我国先后采用的有 1952 年、1957 年、1970 年、1980 年、1990 年的不变价格。2000 年以后不再编制不变价格,也不计算不变价总产值了,所以这种方法不适用了。

(二) 工业生产指数法

目前,许多国家都十分重视编制综合反映工业发展变化的指数,以表明国家的经济发展状况,称为工业生产指数。编制工业生产指数一般采用基期固定权数,公式为:
$$\overline{K}_q = \frac{\sum k_q q_0 p_0}{\sum q_0 p_0}$$

式中,k 为部门重点产品或代表产品的个体指数,$q_0 p_0$ 为相应产品基期的增加值。在实际工作中,为了简化指数的编制工作,常常以各种工业品的增加值比重作为权数,并将其相对固定下来,运用固定加权算数平均指数编制工业生产指数(见表 6-11)。

计算公式为:

$$\overline{K}_q = \frac{\sum KW}{\sum W}$$

工业生产指数 $\overline{K}_q = \dfrac{\sum KW}{\sum W} = \dfrac{1\,221\,375.60}{10\,000} = 122.1\%$

表 6-11 工业生产指数的编制与计算

	A	B	C	D	E
1,2,3	生产部门	代表性产品数	部门权数 $W = \dfrac{q_0 p_0}{\sum q_0 p_0}$	部门指数 $K = \dfrac{q_1}{q_0}$	各部门指数×权数 KW
4	(甲)	(乙)	-1	-2	(3)=(2)×(1)
5	矿业	9	97.5	65.5	6386.25
6	制造业	523	122.3	9934.5	1214989.35
7	合计	532	—	10000	1221375.6

三、股票价格指数

股票价格指数简称股价指数,是用来反映股票市场价格变动的一种专用经济指标。股价指数可按年、季、月来编制,但因股价涨跌迅速,一般要求按日编制。股价指数的编制方法有算术平均法和加权综合指数法两种。

1. 算术平均股票价格指数

例如:假设某一证券市场基期有 4 种股票,其收市价格分别为:A=6 元,B=8 元,C=12 元,D=34 元,则该市场基期股票价格平均数为:

$$\overline{p}_0 = \frac{\sum p_0}{n} = \frac{6+8+12+34}{4} = 15$$

再假定该市场的股票价格有升有降,股票品种也有所增加,各种股票的每股收市价格分别为:A=10 元,B=7 元,C=11 元,D=39 元,E=27 元,F=26 元,则该市场报告期股票价格平均数为:

$$\overline{p}_1 = \frac{\sum p_0}{n} = \frac{10+7+11+39+27+26}{6} = 20$$

所以,该市场的股票价格指数为:

$$\overline{K}_P = \frac{\overline{p}_1}{\overline{p}_0} = \frac{20}{25} = 133.33\%$$

计算结果表明,该市场的股票价格平均水平上涨了 33.33%。

2. 加权综合股票价格指数

它一般以股票发行量作为权数,也可以成交量为权数对股票价格进行加权综合计算的指数。以某年某月某一日的股价作为基期股价,这一日称为基日,基日指数通常定为 100,以后各日的股价同基日股价相比计算出百分数,即为各日股价指数。其计算公式为:

$$\overline{K}_p = \frac{\sum p_1 q_0}{\sum p_0 q_0}$$

式中，p_0 为基期股票价格；P_1 为报告期股票价格；q_0 为基期股票发行量。

这种股票价格指数也是以"点"作为它的单位。

四、货币购买力指数

货币购买力是指单位货币所能购买商品或非商品性劳务的数量。货币购买力的变化对城乡居民生活具有直接的意义：当居民的生活费收入不变，而货币购买力提高时，则居民消费水平也会提高；相反，当货币购买力降低时，则居民消费水平也随之降低。因此，居民消费水平与货币购买力的变化成正比。货币购买力与商品价格和劳务价格的变动成反比，当消费品与劳务价格降低，则单位货币所能购买的商品和服务的数量增加；若消费品与劳务价格提高，单位货币所能购买的商品和服务的数量则减少。以此可见，货币购买力与消费品价格及劳务价格是倒数关系。利用这种关系可推算货币购买力指数为：

$$货币购买力指数 = \frac{1}{居民消费价格指数}$$

货币购买力指数反映的是每单位货币中商品及劳务含量的变化，居民消费价格指数反映的是每单位商品及劳务中货币含量的变化，两者分别从两个不同的侧面反映商品、劳务与货币的关系。

【练习题】

一、名词解释

指数；个体指数、总指数；数量指标指数、质量指标指数；综合指数、平均数指数、平均指标对比指数；同度量因素。

二、简答题

1. 指数有哪些作用？
2. 编制综合指数时确定同度量因素的一般原则是什么？
3. 如何区分综合指数和平均数指数？

三、填空题

1. 统计指数可按其所反映对象范围的分为_____和_____；按所对比指标的性质不同分为_____和_____；按所采用的比较基础不同分为_____和_____。

2. 同度量因素就是在计算_____时，为了解决现象_____而使用的一个媒介因素。

3. 指数化指标是指_____中反映其变动或差异的指标。

4. 综合指数是计算_____的基本形式。

5. 加权平均指数是_____的另一种形式,是对_____的加权平均。
6. 在编制数(质)量指标指数时,应将作为同度量因素的_____固定在_____。

四、选择题

1. 凡是用来反映现象数量对比的相对数就称为( )。
   A. 增(减)量 B. 增长速度 C. 广义指数 D. 狭义指数
2. 用来反映个别(单项)事物数量对比的相对数称为( )。
   A. 总指数 B. 类指数 C. 个体指数 D. 平均指数
3. 用综合指数法编制商品销售量总指数,一般用( )作同度量因素。
   A. 报告期销售量 B. 基期销售量
   C. 基期价格 D. 报告期价格
4. 在综合指数的变形中,加权算术平均指数所用权数是( )。
   A. p_1q_1 B. p_1q_0 C. p_0q_1 D. p_0q_0
5. 在运用同度量因素时,应将所对比的子项母项都固定在( )。
   A. 基期 B. 报告期 C. 同一时期 D. 计划期
6. 在加权算术平均指数的算式 $\dfrac{\sum k_q q_0 p_0}{\sum q_0 p_0}$ 中,k_q 表示( )。
   A. 权数 B. 同度量因素
   C. 数量指标个体指数 D. 质量指标个体指数
7. 已知三个厂同种产品在两个不同时期的单位成本与产量资料,要分析其总平均成本的变动时,应计算( )。
   A. 总量指数 B. 静态指数 C. 可变指数 D. 地区指数
8. 若销售量增长5%,零售价格增长2%,则商品销售额增长( )。
   A. 7% B. 10% C. 7.1% D. 15%
9. 某工厂总生产费用今年比去年上升了50%,产量增加了25%,则单位成本提高了( )。
   A. 25% B. 2% C. 75% D. 20%
10. 某厂职工工资总额今年比去年减少了2%,平均工资上升了5%,则职工人数( )。
    A. 增加7% B. 减少3% C. 增加10% D. 减少6.7%
11. 某企业报告期三种不同产品实际总产值为计划的105%,这是( )。
    A. 总指数 B. 广义指数 C. 狭义指数 D. 静态指数
    E. 计划指数
12. 三个商店同种钢笔报告期销量是基期的105%,这是( )。
    A. 总指数 B. 个体指数 C. 数量指数 D. 质量指数
    E. 动态指数
13. 某市三种消费品销量未变,其价格总系数为110%,它的影响额为5万元,这表明( )。
    A. 这三种商品价格平均上涨10%
    B. 因涨价而使销售额增10%

C. 因涨价而使商品销售额增加 5 万元

D. 由于涨价,居民要维持原有生活水平,需为此比基期多支出 5 万元

14. 用综合指数法计算总指数的关键问题是( )。
   A. 选择指数化指标　　　　　B. 选择同度量因素
   C. 选择指数化指标所属的时期　　D. 选择同度量因素所属的时期

15. 下列属于质量指标指数的是( )。
   A. 物价指数　　　　　　　B. 商品销售量指数
   C. 平均工资指数　　　　　D. 劳动生产率指数

16. 某商店第四季度全部商品销售量为第三季度的 102%,这个指数属于( )。
   A. 总指数　　B. 个体指数　　C. 数量指标指数　D. 质量指标指数
   E. 季节指数

17. 下列哪些属于质量指标指数( )。
   A. 单位产品成本指数　　　　B. 商品价格指数
   C. 工人人数指数　　　　　　D. 商品销售额指数
   E. 全社会零售商品价格指数

18. 在下面说法中,请指出其中正确的说法( )。
   A. 在统计调查中,调查单位就是填报单位
   B. 抽样调查的主要目的是用样本指标来推算总体指标
   C. 各时期环比发展速度的连乘积减去 1 等于最末一期的定基增长速度
   D. 统计分组的关键问题是确定组距和组数
   E. 统计指数按所反映的对象范围不同可分为个体指数和总指数

五、计算题

1. 已知某商店三种商品价格及销售量资料如下表：

品 名	计量单位	销量		价格(元)	
		基期	报告期	基期	报告期
A	个	400	600	25	25
B	包	500	600	40	36
C	米	200	180	50	60
合计	——				

试从相对数和绝对数两方面对商品销售额的变动进行因素分析。

2. 某企业产量和产值资料如下：

产 品	计量单位	产量指数(%)	基期总产值
甲	件	98	315
乙	台	110	175
丙	吨	86	48
合计	——	120	538

要求：根据上述资料计算该企业三种产品产量总指数。

3. 某企业产品单位成本和总成本资料如下：

产品	单位	价格指数(%)	报告期总产值(万元)
甲	件	98	4 200
乙	台	110	3 600
合计	——	86	7 800

要求：根据上述资料计算该企业价格总指数。

4. 利用指数体系之间的关系回答下列问题：

(1) 某企业 2011 年同 2010 年相比，各种产品的产量增长了 8%，总生产费用增长了 12%，该企业 2011 年的单位成本有何变化？

(2) 某地区今年用同样多的人民币只能购买去年商品的 90%，求物价指数？若同样多的人民币比去年可多购买 10% 的商品，物价指数是多少？

(3) 某企业 2011 年比 2010 年职工人数增加了 2%，工业总产值增长了 17.3%。试计算该企业全员劳动生产率提高程度。

(4) 某市 2011 年社会商品零售额为 8 600 万元，2007 年增加为 12 890 万元，物价上涨 11.5%。试计算该市零售额变动中零售量和价格两因素变动的影响程度和绝对值。

(5) 报告期产量同基期比较增加 15%，生产总费用增加 12%。试分析报告期单位成本同基期比较的变动情况。

(6) 某产品生产总费用 2011 年为 12.9 万元，比 2010 年多 9000 元，单位产品成本比 2010 低 3%。试确定：(1) 生产总费用指数；(2) 产品物量指数；(3) 由于成本降代而节约的绝对量。

5. 给出某城市三个市场上有关同一种商品的销售资料如下表所示。

	A	B	C	D	E
1	市场	销售价格（元/公斤）		销售量（公斤）	
2		基期	报告期	基期	报告期
3	A市场	2.5	3	740	560
4	B市场	2.4	2.8	670	710
5	C市场	2.2	2.4	550	820
6	合计	—	—	1 960	2 090

要求：

(1) 分别编制该商品总平均价格的可变构成指数、固定构成指数和结构变动影响指数；

(2) 建立指数体系，从相对数的角度进行总平均价格变动的因素分析；

(3) 进一步综合分析销售总量变动和平均价格变动对该种商品销售总额的影响。

6. 某厂生产两种产品，某产量和原材料消耗的有关资料如下表所示。

	A	B	C	D	E	F	G
1	产品	产量（件）		每件原材料消耗量（公斤）		每公斤原材料价格（元）	
2		基期	报告期	基期	报告期	基期	报告期
3	甲	20	22	5	4	50	58
4	乙	9	10	8	8	95	100

要求：分析原材料消耗总额的变动及各因素的影响程度和影响绝对额。

7. 已知某企业工资统计资料如下表所示。

	A	B	C	D	E	F	G	H
1	指标	工人人数（人）		工资总额（万元）		平均工资（元／人）		工资指数
2	分组	基期	报告期	基期	报告期	基期	报告期	（%）
3	老职工	1000	1200	66.48	84.24	664.8	702	105.6
4	新职工	200	800	9.72	42.08	486	526	108.23
5	合计	1200	2000	76.2	126.32	635	631.6	99.46

从上表可以看出，新老职工报告期的平均工资分别比基期增加了5.6%和8.23%，但全部职工的总平均工资反而下降了0.54%。试计算分析说明。

8. 已知某企业所有产品生产费用2011年为300万元，比上年增加了50万元；单位产品成本平均比上年降低2%。试确定：

（1）产品产量指数；

（2）由于成本降低而节约的生产费用额。

第七章

抽样调查及参数估计

【引导案例】

二战中德军有多少辆坦克？

第二次世界大战期间，盟军非常想知道德军总共制造了多少辆坦克。德国人在制造坦克时是墨守成规的，他们把坦克从1开始进行了连续编号。在战争过程中，盟军缴获了一些敌军坦克，并记录了它们的生产编号。那么怎样利用这些号码来估计坦克总数呢？在这个问题中，总体参数是未知的坦克总数N，而缴获坦克的编号则是样本。

假设我们是盟军手下负责解决这个问题的统计人员。制造出来的坦克总数肯定大于等于记录的最大编号。为了找到它比最大编号大多少，我们先找到被缴获坦克编号的平均值，并认为这个值是全部编号的中点。因此样本均值乘以2就是总数的一个估计；当然要特别假设缴获的坦克代表了所有坦克的一个随机样本。这种估计N的公式的缺点是：不能保证均值的2倍一定大于记录中的最大编号。

N的另一个点估计公式是：用观测到的最大编号乘以因子$1+1/n$，其中n是被俘虏坦克个数。假如俘虏了10辆坦克，其中最大编号是50，那么坦克总数的一个估计是$(1+1/10) \times 50 = 55$。此处我们认为坦克的实际数略大于最大编号。

从战后发现的德军记录来看，盟军的估计值非常接近所生产的坦克的真实值。记录仍然表明统计估计比通常通过其他情报方式作出估计要大大接近于真实数目。统计学家们做得比间谍们更漂亮！

（资料来源：GUDMUND R. IVERSEN 和 MARY GERGRN 著，吴喜之等译．《统计学——基本概念和方法》，高等教育出版社，施普林格出版社，2000）

统计研究的目的是分析和说明某一现象总体的数量特征。如果能够掌握总体的全部数据，就可以直接计算总体的均值、比例、标准差等指标来描述总体的特征。但是现实情况比较复杂，有些现象的范围比较广，不可能对总体的每个单位都进行测定。或者有些总体的个体数很多，不可能也没必要进行一一测定，而只能按照随机原则，以一定概率从总体中抽取一定容量的单位作为样本进行调查，根据样本统计量（描述样本数量特征的指标）对总体参数（描述总体数量特征的指标）作出具有一定可靠程度的估计与推断。这一完整过程，就是通常所说的抽样调查或抽样推断。从方法论上说，抽样推断有两种类型：一类是参数估计

(Parameter estimation),由对部分进行观测取得的数据对研究对象整体的数量特征取值给出估计。另一类是假设检验(Hypothesis testing),由对部分进行观测取得的数据对研究对象的数量规律性是否具有某种指定特征进行检验。如果说估计像是公安和检察部门所做的直接搜捕嫌疑人的工作,那么假设检验则是法院的工作,他们要通过审判对公检部门提出的起诉(相当于假设)作出判决,判定起诉的罪名是否成立。本章介绍抽样调查及参数估计问题,下一章介绍假设检验问题。

第一节 抽样推断

一、抽样推断

1. 抽样推断的概念及特点

抽样推断是研究如何有效地收集和使用被研究客观事物的不完整并且带有随机干扰的数据资料,以对其群体特征和数量规律性给出尽可能精确、可靠的推断性结论的一种统计方法。

抽样推断方法与其他统计调查方法相比,具有省时、省力、快捷的特点,从而能以较小的代价及时获得总体的有关信息。

(1) 遵循随机原则抽取样本单位。这是它与其他非全面调查,如重点调查、典型调查的主要区别之一。重点调查和典型调查的调查单位是由调查者有意识选取的,而抽样调查的调查单位选取不受调查者主观意志的影响。只有这样,才有较大的可能性保证样本与总体有相同的分布与结构,才有可能计算抽样误差,这是抽样推断的先决条件。

(2) 推断被调查对象的总体特征。用样本的实际资料对总体的指标数值作出具有一定可靠性的估计和推断,是抽样推断与其他非全面调查的又一大区别。重点调查是通过对重点单位的观察,了解总体的基本情况,了解现象发展的趋势。典型调查的主要任务是通过对典型单位的调查研究,达到对总体本质的认识。抽样调查和全面调查相比,虽然目的一致,都是为了达到对总体数量的认识,但达到目的的手段完全不同。前者的手段是科学的推断,而后者的手段则是综合汇总。

(3) 抽样推断的误差可以计算并能够加以控制。抽样推断必然会产生误差,这是由抽样方法本身所决定的,这个误差不但事前可以计算,而且可以采取措施将其控制在一定范围之内,从而使抽样推断达到一定的可靠程度。其他非全面调查中的典型调查也能用部分典型单位的指标值去估计总体的指标值,但这种估计不能计算误差,也不能说明估计的准确程度和可靠程度。

2. 抽样推断的作用

抽样推断的特点使它成为统计调查方法的主体,有广泛的应用范围,在社会经济领域和自然科学领域中发挥多方面的作用。

(1) 对有些无法进行全面调查的现象采用抽样推断的方法。例如,对无限总体不能采用全面调查。另外,有些产品的质量检查具有破坏性,也不能进行全面调查,如轮胎的里程试验、灯泡的寿命检查、罐头的防腐期限检测、棉纱的强力试验、青砖的抗压程度测试等。

(2) 对有些理论上可以进行全面调查但实际上没有必要或很难办到现象进行抽样推断。例如,要了解全国城乡人民的家庭生活状况,从理论上讲可以挨门逐户进行全面调查,但是调查范围太大,调查单位太多,实际上难以办到,也没必要。类似的情况很多,如水库的鱼苗数估计、森林的木材蓄积量调查、居民收支情况调查、民意测验等,对这类情况的了解一般采取抽样推断的方法,可以取得事半功倍的效果。

(3) 抽样推断的结果可以对全面调查的结果进行检查和修正。全面调查涉及面广,工作量大,参加人员多,调查结果容易出现差错。因此,在全面调查之后进行抽样复查,根据复查结果计算差错率,并以此为依据检查和修正全面调查结果,从而提高全面调查的质量。

(4) 抽样推断可用于工业生产过程的质量控制。在工业产品成批或大量连续生产过程中,利用抽样推断可以检验生产过程是否正常,是否存在某些系统性的偏差,及时提供有关信息,分析可能的原因,进行质量控制,保证生产质量稳定。

(5) 抽样推断可以用于对总体的某种假设进行检验,以判断这种假设的真伪,决定行动的取舍。例如,新教学法的采用,新工艺新技术的改革、新医疗方法的使用等是否收到明显的效果,需对未知的或不完全知道的总体作出一些假设,然后利用抽样推断的方法,根据实验材料对所做的假设进行检验,作出判断。

二、抽样单元与抽样框

总体是由个体组成的。在某地区人口抽样调查中,每个人就是一个个体,该地区全体人口构成人口总体。在农民收入调查中,每个农户就是一个个体,全体农户构成农户总体。在企业调查中,每个独立经营核算企业就是一个个体,全体独立经营核算企业构成企业总体。在大规模抽样调查中,当总体包含个体数量非常庞大时,直接对个体抽样在操作上往往是不方便的。为使概率抽样能够实施,同时也为了具体抽样便利,通常将总体划分成互不重叠且又穷尽的若干部分,每个部分称为一个抽样单元(Sampling unit),每个抽样单元都是由若干个体组成的集合。如果抽样单元只由一个个体组成就称为最小抽样单元。抽样单元的划分应视具体情况而定,它可以是自然形成的,也可以是人为划定的。例如在人口变动抽样调查中可将县(区)、乡(街道)或村(居)民委员会作为抽样单元;在农产量抽样调查中可将人为分割的等面积的地块作为抽样单元。为抽样便利,在大规模抽样调查中往往分成不同级别的抽样单元。例如在职工收入抽样调查中将企(事)业单位作为一级抽样单元,将职工作为二级抽样单元;在农产量抽样调查中,若以省为总体,可分别将县、乡、村、农户作为一、二、三、四级抽样单元。将抽样单元分级主要是基于具体抽样方法的考虑。在抽样单元分为不同级别时,最末一级抽样单元即最小抽样单元是调查单元。

为了抽样方便,必须有一份关于抽样单元的名册或清单,这样的名册或清单称为抽样框(Sampling frame)。在抽样框中,每个抽样单元都被编上一个号码,由此可以按一定随机化程序对号码进行抽样。抽出号码后,抽样调查工作者根据抽样框找到与被抽到的号码相对应的具体抽样单元实施调查。当抽样单元有不同级别之分时,相应地应建立不同级别的抽样框。例如以省为总体的农产量抽样调查,当分别以县、乡、村、农户作为各级别抽样单元时,相应地应编制县抽样框、乡抽样框、村抽样框和户抽样框。一旦上一级别的某个抽样单元被抽中,必须在下一级别抽样框中连续抽样。

显然,一个有效的抽样框所包含的抽样单元应既无遗漏又无重复。编制高质量的抽样框是保证抽样调查达到预期目的的前提条件之一。

三、概率抽样及其组织形式

在实际统计应用中,从总体中抽取样本的方法主要有两种:概率抽样和非概率抽样。

1. 概率抽样

在抽样调查中,为了使样本能最大限度地避免人为干扰和偏差,同时还能对由于抽样引起的误差——抽样误差进行估计,并且使抽样误差控制在所允许的限度内,即使估计量——用于对目标量进行估计的统计量具有一定精度,科学地获得样本的方法是对总体进行概率抽样。概率抽样(Probability sampling)也称随机抽样,是指按随机原则进行的抽样,总体中的每个单位都有一定的机会被选入样本。它具有如下特点:

(1) 能够确切地区分不同的样本,即能够明确表明一个确定的样本究竟是由哪些个体组成;

(2) 对每个可能的样本都赋予一个被抽到的概率;

(3) 按照事先赋予的概率通过某种随机形式抽取样本;

(4) 利用样本调查数据估计目标量时仍需与抽样概率相联系。

在实际问题中,抽样可以逐个进行,即每次只从总体中抽取一个个体,连续抽 n 次,也可以一次性抽取容量为 n 的样本。在逐个抽取时每次抽取个体可以采用放回抽取也可以采用不放回抽取,前者称为放回抽样,后者称为不放回抽样。在抽取个体时不同的个体可以按相等的概率被抽到,也可以按不等概率被抽到,前者称为等概率抽样,后者称为不等概率抽样。

2. 概率抽样的组织形式

(1) 简单随机抽样

简单随机抽样(Simple random sampling),也称为单纯随机抽样。从包含 N 个抽样单元的总体中抽取容量为 n 的简单随机样本,可以是从总体中逐个不放回地抽取 n 次,每次都是在尚未入样的单元中等概率抽取的,也可以是从总体中一次取得全部 n 个单元,只要保证全部可能的样本每个被抽到的概率都相等即可。

简单随机抽样是其他抽样方法的基础,因为它在理论上最容易处理,并且当总体包含的抽样单元数 N 不太大时实施并不困难。但是当 N 很大时实施就很困难,主要是编制一个包含全部 N 个抽样单元的抽样框通常很不容易。另外当 N 很大时所抽到的样本单元往往很分散,使调查极不方便。因此在大规模的抽样调查中很少单独采用简单随机抽样。

简单随机抽样的具体方法有如下三种。

抽签法。即先给每个总体单位编上序号,将号码写在纸片上,掺和均匀后,从中抽选,抽到哪个号就检查哪个单位,直到抽够预先规定的数量为止。这种类似"抓阄"的办法很容易操作,在实际工作中应用也很广泛。

随机数字表法。随机数字表是由 0 到 9 这 10 个数码随机组合的数字表格。在这个表格里 0 到 9 的每个数码出现的概率是相同的,表上数字也有大体相同的出现机会。随机数字表有各种不同的样式,可以是 2 个数码一组、4 个数码一组,甚至 10 个数码一组等。由于随机数字表中数字的出现和排列是随机产生的,所以在使用时也要遵循随机原则。先将总体所有单位编号,根据编号的位数,确定使用表中若干位数字,然后,以表中任一列、任一行的数字为起点,向任一方向数过去,凡属于编号范围内的数字即为抽取的单位编号,而不在编号范围内的数字就跳过去,直到抽够样本容量为止。应当注意,若采用不重复抽样,要将重复的数字删去。

Excel 软件中的随机数发生器产生随机数的功能。随机数发生器的操作步骤如下：

单击"工具"→"数据分析"，选择"随机数发生器"，单击"确定"，就打开了"随机数发生器"对话框，如图 7-1 所示。

变量个数是指有几个变量，也是输出表的列数；随机数个数是指每个变量有几个数，也是输出表的行数；随机数基数为随机种子，如果不选，就取默认值；输出区域为输出的第一单元格的行列号；单击"分布"下拉按钮，就会有 7 种分布类型可供选择，根据需要选择某一类型，然后在"参数"框中输入相应分布的参数值。下面以正态分布随机数的产生为例。

【例 7-1】 要求生成 $X \sim N(100, 20^2)$ 的 1 000 个随机数。

Excel 操作步骤与结果如下：

单击"工具"→"数据分析"，选择"随机数发生器"，单击"确定"，输入有关项目如图 7-2 所示。

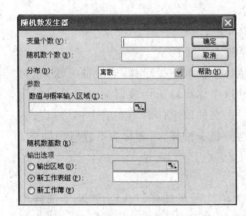

图 7-1 随机数发生器

图 7-2 正态分布随机数

这样产生出的随机数排列在 A1：A1000 单元格内。若将变量个数中的 1 改为 20，将随机数个数中的 1 000 改为 500，则产生出的随机数将排列在 A20：A500 单元格内。

(2) 分层抽样

分层抽样又称类型抽样，它将总体中的抽样单元按某种原则划分为若干个子总体，每个子总体称为层。在每个层内独立地进行抽样，这样的抽样称为分层抽样（Stratified sampling）。如果在每层内均采用简单随机抽样，就称为分层随机抽样。在分层抽样中，先根据层样本对层的参数进行估计，然后再将这些层估计值加权平均或求和作为总体均值或总值的估计。

分层抽样特别适用于既要对总体参数进行估计也要对子总体（层）参数进行估计的情形。分层抽样实施和组织都比较方便，样本单元分布比较均匀。当层内单元指标差异较小而层间单元指标差异较大时，采用分层抽样可以大大提高估计的精度。例如在居民收入调查中，按收入分布情况将居民分为最高收入层、高收入层、中等偏上层、中等收入层、中等偏下层、低收入层、最低收入层实施分层抽样，估计精度就会比简单随机抽样显著提高。

(3) 二阶抽样与多阶抽样

为抽样方便，有时把总体分成两个级别的抽样单元：初级抽样单元和次级抽样单元，总体由若干初级单元组成，每个初级抽样单元由若干次级单元组成，先按某种方法在由初级单元构成的一级抽样框中抽样，然后在中选的初级单元中由次级单元构成的二级抽样框中抽样,抽样过程分为两个阶段,这种抽样方法称为二阶抽样(Two stage sampling)。例如在企业职工收入调查中,把企业作为初级抽样单元,职工作为次级抽样单元,先对企业进行抽样,再在被抽中企业内对职工进行抽样,然后对被抽中的职工进行调查,这就是二阶抽样。如果总体可以划分成多个级别的抽样单元,每一级别的抽样单元由若干下一级别的抽样单元组成,相应地存在多个级别的抽样框,抽样时先在一级抽样框中对一级单元抽样,再在中选的一级单元中对二级单元抽样,依次类推,这种抽样方法称为多阶抽样(Multi-stage sampling)。多阶抽样实施方便,而且不需对每个高级别的抽样单元建立关于低级别抽样单元的抽样框,调查费用较低。在省抽县、县抽乡、乡抽村、村抽户的农产量四阶抽样中,未被抽中的县、乡、村就不必编制关于乡、村、户的抽样框。多阶抽样的主要缺点是估计量的结构比较复杂,估计量方差的估计也很复杂。

在二阶抽样中,如果对初级单元不再进行随机抽样,让所有的初级单元都入样,而在初级单元中对次级单元进行随机抽样,这样的二阶抽样就是分层随机抽样,层即初级单元。

(4) 整群抽样

在二阶抽样中如果把初级抽样单元称作由次级抽样单元组成的群,在抽中的群内不再对次级单元进行抽样而是进行普查,那么这种抽样方法就称为整群抽样(Cluster sampling)。当总体包含的次级单元为数众多且又缺少必要的档案资料因而无法直接对次级单元编制抽样框,而由次级单元组成的群的抽样框是现成的或者很容易编制时,常常采用整群抽样。整群抽样的优点是只需具备群即初级抽样单元的抽样框即可,无须具备关于次级单元的抽样框。整群抽样的效率与群的划分密切相关,如果总体划分成群后,群内差异小而群间差异大则估计精度就比较低。因此群的划分原则应是尽量扩大群内差异,使每个群都有较好的代表性。由此可知,划分群的原则正好和分层的原则相反。

(5) 系统抽样

若总体中的抽样单元都按一定顺序排列,在规定的范围内随机抽取一个单元作为初始单元,然后按照一套事先定好的规则确定其他样本单元,这种抽样方法称为系统抽样(Systematic sampling)。与其他几种抽样方法不同的是,这里只有初始单元是随机抽取的,其他样本单元都随着初始单元的确定而确定。最简单的系统抽样是在取得一个初始单元后按相等的间隔抽取后继样本单元,这种系统抽样称为等距抽样。等距抽样的优点是实施简单,整个样本中只是初始单元需随机抽取,其余单元皆由此决定。等距抽样有时甚至不需要编制抽样框,只需给出总体抽样单元的一个排列即可。如果对总体抽样单元的排列规则有所了解并加以正确利用,那么等距抽样就能达到相当高的精度。等距抽样的主要缺点是估计量精度的估计比较困难。

以上介绍了几种常见的概率抽样方式。概率抽样最主要的优点是,可以依据调查结果,计算估计量误差,从而得到对总体目标量进行推断的可靠程度。从另一个方面讲,也可以按照要求的精确度,计算必要的样本数目。所有这些都为统计估计结果的评估提供了有力的依据,所以,统计分析的样本主要是概率样本。但对于一些探索性研究,其调查结果只是用于发现问题,为更深入的数量分析提供准备,可以采用非概率抽样(Non-probability sampling)方法,即:不是依据随机原则,而是根据研究目的对数据的要求,采用某种方式从总体中抽出部分单位对其实施调查。其特点是操作简便、时效快、成本低,而且对于抽样中的统计学专业技术要求不是很高。非概率抽样的方式有方便抽样、判断抽样、自愿抽样、滚雪球抽样及配额抽样等。限于篇幅,本书不作详述。

四、抽样调查设计

一次大规模抽样调查欲想取得预期效果,必须经过周密准备、科学设计和规范实施才能实现。进行抽样调查首先必须明确调查目的,规定调查内容,确定调查对象,只有这样才能编制一个高质量的抽样框,为抽样的实施提供良好的前提。当然在这一阶段还须进行调查人员培训,落实调查经费,开展试调查以为正式调查提供经验,发现并处理抽样方案设计中需改进之处,使日后大规模进行的抽样调查能科学、严格地实施。

一次抽样调查实施效果如何,关键取决于抽样调查设计。抽样调查设计的核心部分包括以下三个方面。

1. 抽样方案设计

这一部分主要包括两个问题,一个是抽样方法的选择和组合,即决定如何进行抽样的问题;另一个是样本容量的确定,即在选定的抽样方法下抽多少样本单元的问题。抽样方法的选择和组合应考虑到尽可能使抽样方便,易于实施,同时还必须考虑到应使样本有较好的代表性,有利于依此样本所进行的估计有较高的精度。样本容量的确定则与精度和费用两个因素有关。在一定的抽样方法下,欲想提高估计精度必须扩大样本量,欲想节省调查费用必须压缩样本量,两者对样本量的要求是矛盾的。因此不存在使精度最高且使费用最省的抽样设计。在实际问题中只能采用如下的原则确定样本量:

(1) 使估计量达到规定的精度要求,确定使费用最省的样本量;

(2) 在调查费用固定的约束下,确定使估计精度最高的样本量。

以上原则称为最优设计原则。

2. 调查方法确定

按已设计好的抽样方案抽得样本单元后,接下来需进行的工作即是调查,从调查单元收集所需的调查项目的数据。如何保证调查数据完整、真实、可靠,使源头数据不存在调查误差,是这一部分的关键问题。调查方法多种多样,可以采用问卷调查,也可以采用座谈会调查、电话调查、面访调查,问卷可以当面发放、回收,也可以通过邮寄、上网发放回收。问卷设计格式灵活多样,提哪些问题,采用什么方式提,各问题排列顺序如何,均应视调查对象的特点进行恰当的设计,以有利于被调查者更好地配合,提高回收率,减少无回答率。

3. 估计量的构造

取得调查数据后,下一步的工作就是如何使用这些数据,即根据调查目的对目标量给出尽可能精确、可靠的估计。这里首先应解决的问题是建立由所得数据能够给出目标量估计值的估计方法,也就是构造估计量的问题。估计量把样本中反映总体参数特征的信息集中在一起,提供了由样本数据给出总体参数估计值的方法。从信息使用角度而言,一个好的估计量应该是包含待估参数尽可能多的信息从而精度比较高的估计量,所以在构造估计量时除了必须使用调查指标的样本信息即基本信息外,还应考虑是否存在可供利用的辅助信息,若存在可供利用的辅助信息,而且获得这些信息不需很多投入,那么综合使用了基本信息和辅助信息的估计量就比只使用单一的基本信息的估计量含有更多的有用信息,从而有利于提高估计量的精度。其次,应使估计量具有较好的概率性质,例如无偏性、方差小。这就必须研究所构造的估计量是否具有无偏性,并从理论上给出其方差计算公式,方差越小的估计量精度越高。再次,虽然估计量方差计算公式可以在理论上对其精度进行分析,但对一次具体的抽样调查而言不能计算出方差的真值,因为要计算方差真值必须使用全面调查资料。

为了描述估计效果的好坏,必须给出依据样本能对估计量方差进行估计的方法,这就是构造估计量方差的估计量,有了样本数据由此可给出估计量方差的估计值。最后,在大规模社会经济抽样调查中,取得调查数据后,后期数据处理工作通常异常巨大,为了使数据处理尽可能简便,应尽可能采用自加权估计量,即估计量能表示成样本调查值之和与某一固定常数乘积的形式,从而大大简化估计量冗繁的计算。同时也有助于简化估计量方差的估计量的计算。在构造估计量时,兼顾估计量应具有良好的性质同时又具有方便的计算形式是这一阶段设计时必须周密考虑的问题。

五、利用 Excel 进行抽样

【例 7-2】 已知一总体 $N=1\,000$,某一指标数值列于图 7-3 中 A 列(本例指标数值是通过随机数发生器产生的,只是为了方便),要求利用 Excel 提供的函数,抽取样本容量为 10 的样本。

(1) 选中 B1:B10 单元格;单击 ƒx,在弹出的"插入函数"对话框中,选择"数学与三角函数"类别,选择 RAND 函数;按住 Ctrl+Shift 键,单击"确定";将单元格 B1 中的公式改为 =1 000 * RAND(),使用 Ctrl+Shift+Enter 复合键,得到 B1:B10 单元格中的数据,见图 7-4 中的 B 列。

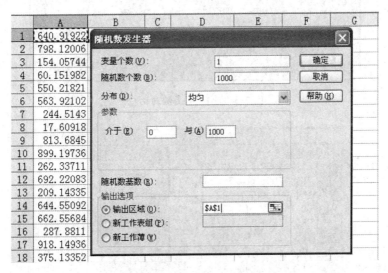

图 7-3 随机数发生器产生的数据

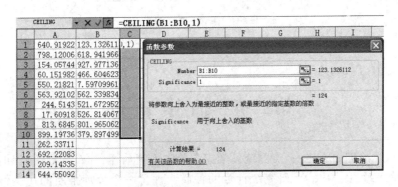

图 7-4 CEILING 函数对话框

(2) 选中 C1：C10 单元格；单击 fx，在弹出的"插入函数"对话框中，选择"数学与三角函数"类别，选择 CEILING 函数，在弹出的对话框中输入有关参数，如图 7-4 所示。按住 Ctrl+Shift 键，单击"确定"就得到 C1：C10 单元格中的数据。每按 F9 键一次，就得到一个样本的 10 个序号。

(3) 选中 D1：D10 单元格；单击 fx，在弹出的"插入函数"对话框中，选择"查找与引用"类别，选择 INDEX 函数，在弹出的对话框中选择 reference, row_num, column_num, area_num，单击"确定"；在弹出的对话框中输入有关参数，如图 7-5 所示。按住 Ctrl+Shift 键，单击"确定"就得到 D1：D10 单元格中的数据。每按 F9 键一次，就得到一个样本的 10 个数值。如图 7-6 所示。

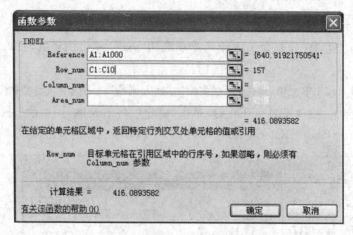

图 7-5 INDEX 函数对话框

	A	B	C	D	E
1	640.91922	198.211084	199	229.6517838	
2	798.12006	714.792297	715	818.9031648	
3	154.05744	557.702191	558	647.0229194	
4	60.151982	945.485734	946	590.9604175	
5	550.21821	371.917407	372	505.9968871	
6	563.92102	530.08886	531	491.0428175	
7	244.5143	406.154644	407	906.674398	
8	17.60918	821.390843	822	717.0628986	
9	813.6845	400.181368	401	793.81695	
10	899.19736	0.79857319	1	640.9192175	

图 7-6 Excel 抽样结果

第二节 抽样分布

近代统计学的创始人之一，英国统计学家费希尔曾把抽样分布、参数估计和假设检验看做统计推断的三个中心内容。研究统计量的性质和评价一个统计推断的优良性，完全取决于其抽样分布的性质。所以，抽样分布的研究是统计学中的重要内容，只有了解了统计量的分布,才能进行参数估计和假设检验。某个样本统计量的抽样分布,从理论上说就是在重复选取容量为 n 的样本时,由每一个样本算出的该统计量数值的相对数频数分布或概率分布。

一、样本均值的抽样分布

从单位数为 N 的总体中抽取样本容量为 n 的随机样本,在重复抽样的条件下共有 N^n 个可能的样本,在不重复抽样条件下,共有 $C_N^n = \dfrac{N!}{n!(N-n)!}$ 个可能样本。对于每一个样本,都可以计算出样本的均值 $\bar{x}$(或 s^2 或 p),因此,样本均值是一个随机变量。所有的样本均值形成的分布就是样本均值的抽样分布。

【例 7-3】 设一个总体含有 4 个个体(元素),即 $N=4$,取值分别为:

$$X_1=1 \quad X_2=2 \quad X_3=3 \quad X_4=4$$

总体分布为均匀分布,如图 7-7 所示。

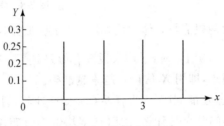

图 7-7 均匀分布

总体均值:$\mu = \bar{X} = \dfrac{10}{4} = 2.5$

总体方差:$\sigma^2 = \dfrac{\sum(X-\bar{X})^2}{N} = 1.25$

若重复抽样,$n=2$,则共有 $4^2=16$ 个可能样本。具体列示见表 7-1。

表 7-1 可能的样本及其均值

样本序号	样本元素	样本均值	样本序号	样本元素	样本均值
1	1, 1	1	9	3, 1	2
2	1, 2	1.5	10	3, 2	2.5
3	1, 3	2	11	3, 3	3
4	1, 4	2.5	12	3, 4	3.5
5	2, 1	1.5	13	4, 1	2.5
6	2, 2	2	14	4, 2	3
7	2, 3	2.5	15	4, 3	3.5
8	2, 4	3	16	4, 4	4

每个样本被抽中的概率相同,均值为 $\dfrac{1}{16}$。

样本均值的抽样分布如表 7-2 和图 7-8 所示。

样本均值 $\bar{x}$ 抽样分布的形状与原有总体的分布有关。由于正态分布是最常见的分布之一,所以下面主要介绍在总体分布为正态分布 $N(\mu,\sigma^2)$ 时样本均值 $\bar{X}$ 的分布。

如果原有总体是正态分布 $N(\mu,\sigma^2)$ 时,那么,样本均值也服从正态分布,$\overline{X}$ 的数学期望为 μ,方差为 $\dfrac{\sigma^2}{n}$,则 $\overline{X} \sim N\left(\mu, \dfrac{\sigma^2}{n}\right)$。

表 7-2　样本均值的抽样分布

	A	B	C
1	$\overline{x}$	f	$\dfrac{f}{\sum f} = P(\overline{x})$
2	1.0	1	0.0625
3	1.5	2	0.1250
4	2.0	3	0.1875
5	2.5	4	0.2500
6	3.0	3	0.1875
7	3.5	2	0.1250
8	4.0	1	0.0625
9	合计	16	1.0000

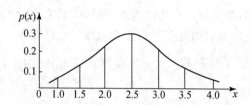

图 7-8　样本均值的抽样分布

上面的结果表明,$\overline{X}$ 的期望值与总体均值相同,而方差则缩小为总体方差的 $\dfrac{1}{n}$。这说明当用样本均值 $\overline{X}$ 去估计总体均值 μ 时,平均来说没有偏差(这一点称为无偏性);当 n 越来越大时,$\overline{X}$ 的散布程度越来越小,即用 $\overline{X}$ 估计 μ 越来越准确。

如果总体分布是非正态分布,当 x 为大样本($n \geqslant 30$)时,人们证明了如下的中心极限定理。该定理指出,不管总体的分布是什么,此时样本均值的分布总是趋于服从正态分布,只要总体的方差 σ^2 有限。设总体共有 N 个元素,其均值为 μ,方差为 σ^2,从中抽取容量为 n 的样本,总有

$$E(\overline{x}) = \overline{\overline{x}} = \overline{X} = \mu; \quad \sigma_{\overline{x}}^2 = \frac{\sigma^2}{n}(\text{重复抽样}); \quad \sigma_{\overline{x}}^2 = \frac{\sigma^2}{n}\left(\frac{N-n}{N-1}\right)(\text{不重复抽样})$$

对于无限总体,样本均值的方差,不重复抽样也可按重复抽样来处理;对于有限总体,当 N 很大,而 n/N 又很小,修正系数 $\dfrac{N-n}{N-1}$ 会趋于1,不重复抽样也可按重复抽样来处理。

样本均值 $\overline{x}$ 抽样分布的特征——数学期望和方差的计算公式,可以通过例 7-3 验证。

样本均值的均值 $\overline{\overline{x}} = \dfrac{1.0 + 1.5 + \cdots + 3.5 + 4.0}{16} = \dfrac{40}{16} = 2.5 = \mu$

样本均值的方差 $\sigma_{\overline{x}}^2 = \dfrac{\sum(\overline{x}_i - \mu)^2}{n} = \dfrac{10}{16} = \dfrac{1.25}{2} = \dfrac{\sigma^2}{n}$

所以当 n 比较大时,$\overline{X}$ 近似服从 $N\left(\mu, \dfrac{\sigma^2}{n}\right)$

等价的有标准正态分布 $z = \dfrac{\overline{X} - \mu}{\sigma/\sqrt{n}} \sim N(0, 1)$。

需要指出,从总体中抽取全部可能样本来构造平均数的抽样分布,只是出于理论研究的需要,其目的纯粹是为了能概括出有关平均数抽样分布的一般规律,以便加以应用,而并非在实践中都要一一构造这样的抽样分布。

给出一个具有任意函数形式的总体,其平均值 μ 和方差 σ^2 有限。在对该总体进行抽样时,随着样本容量 n 的增大,由这些样本算出的样本平均数 $\overline{X}$ 的抽样分布将近似服从平均数为 μ 和方差为 $\dfrac{\sigma^2}{n}$ 的正态分布。

中心极限定理说明了不仅从正态分布的总体中抽取样本时,样本均值这一统计量服从正态分布,即使是从非正态分布的总体进行抽样,只要样本容量 n 足够大,样本平均数也趋向正态分布。

样本容量多大才算足够大呢？这与总体的分布形状有关。总体偏离正态越远,则所需的样本容量 n 越大。一般情况下,通常以 $n \geqslant 30$ 为大样本。

二、样本比例的抽样分布

有些现象的特征只有两种表现,例如,产品的质量表现为合格或不合格,人的性别表现为男性或女性,消费者对产品表现为满意或不满意等。这些只表现为是或否、有或无的标志称为是非标志。总体或样本中具有某种表现的单位数占全部单位数的比重称为比例。比例即结构相对数,即成数。在重复选取容量为 n 的样本时,由样本比例的所有可能取值形成的相对频数分布即样本比例的抽样分布。

总体比例 $\pi = \frac{N_1}{N}$，$1-\pi = \frac{N_0}{N}$；样本比例 $p = \frac{n_1}{n}$，$1-p = \frac{n_0}{n}$

当 n 很大时,样本比例 p 的抽样分布可用正态分布近似 $p \sim N\left(\pi, \frac{\pi(1-\pi)}{n}\right)$,即样本比例服从期望值为 π,方差为 $\frac{\pi(1-\pi)}{n}$ 的正态分布。

对于样本比例 p,若 $np \geqslant 5$ 和 $n(1-p) \geqslant 5$,就可以认为样本容量足够大了。

$$E(P) = \pi \quad \sigma_P^2 = \frac{\pi(1-\pi)}{n}\text{(重复抽样)} \quad \sigma_P^2 = \frac{\pi(1-\pi)}{n}\left(\frac{N-n}{N-1}\right)\text{(不重复抽样)}$$

与样本均值分布的方差一样,样本比例的方差,对于无限总体,不重复抽样也可按重复抽样来处理；对于有限总体,当 N 很大,而 $n/N \leqslant 5\%$,修正系数 $\frac{N-n}{N-1}$ 会趋于 1,不重复抽样也可按重复抽样来处理。

三、抽样推断中几种常用的统计量及其分布

精确的抽样分布大多是在正态总体情况下得到的。在正态总体条件下,主要有 χ^2 分布、t 分布、F 分布,通常称为统计三大分布。

（一）Z 统计量及其分布

设随机变量 $X \sim N(\mu, \sigma^2)$,n 个随机变量 $X_1, X_2, \cdots, X_n$ 为 X 的一个简单随机样本,则样本均值 $\overline{X} \sim N\left(\mu, \frac{\sigma^2}{n}\right)$,将其标准化,就得到 Z 统计量及其分布：

$$Z = \frac{\overline{X} - \mu}{\sigma / \sqrt{n}} \sim N(0, 1)$$

Excel 提供的相应函数有：密度函数 NORMSDIST 用来求得概率和分布函数,NORMSINV 用来求得区间点。

1. NORMSDIST 为返回标准正态累积分布函数,该分布的平均值为 0,标准偏差为 1。可以使用该函数代替标准正态曲线面积表。

语法结构：NORMSDIST(z)

其中,Z 为需要计算其分布的数值。

Excel 操作步骤如下：

(1) 单击 f_x，在弹出的"插入函数"对话框中，选择"统计"类别，选择 NORMSDIST 函数。

(2) 单击"确定"，在弹出的"函数参数"对话框中，输入 z 值，如输入 1.96，就得到 97.5%（$1-\alpha/2$）。即 $1-\alpha=95\%$。

2. NORMSINV 为返回标准正态累积分布函数的反函数。该分布的平均值为 0，标准偏差为 1。

语法结构：NORMSINV(Probability)

其中，Probability 为正态分布的概率值。

Excel 操作步骤如下：

(1) 单击 f_x，在弹出的"插入函数"对话框中，选择"统计"类别，选择 NORMSINV 函数。

(2) 单击"确定"，在弹出的"函数参数"对话框中，输入 $1-\frac{\alpha}{2}$（单侧检验为 $1-\alpha$），如输入 97.5%，单击"确定"，就得到 $z_{\frac{5\%}{2}}=1.96$；如输入 95%，就得到 $z_{5\%}=1.645$。

（二）χ^2 统计量及其分布

χ^2 分布是由阿贝(Abbe)于 1863 年首先提出，后来由海尔墨特(Hermert)和卡·皮尔逊(K. Pearson)分别于 1875 年和 1900 年推导出来的。它主要适用于对拟合优度检验和独立性检验，以及对总体方差的估计和检验等。

设随机变量 $X_1, X_2, \cdots, X_n$ 相互独立，$X \sim N(\mu, \sigma^2)$，且服从标准正态分布 $z=\frac{X-\mu}{\sigma} \sim N(0,1)$，则它们的平方和 $\sum_{i=1}^{n} X_i^2$ 服从自由度为 n 的 χ^2 分布，记作 $\chi^2 \sim \chi^2(n)$。

如令 $Y=z^2$，则 Y 服从自由度为 1 的 χ^2 分布，即 $Y \sim \chi^2(1)$。

当总体 $X \sim N(\mu, \sigma^2)$，从中抽取容量为 n 的样本，记样本方差为 S^2，则 χ^2 统计量及其分布为：

$$\chi^2 = \frac{\sum_{i=1}^{n}(x_i-\bar{x})^2}{\sigma^2} = \frac{(n-1)S^2}{\sigma^2} \sim \chi^2(n-1)$$

χ^2 分布具有如下性质。

(1) χ^2 分布的数学期望为：$E(\chi^2)=n$；

(2) χ^2 分布的方差为：$D(\chi^2)=2n$；

(3) χ^2 分布具有可加性。若 $X_1 \sim \chi^2(n_1), X_2 \sim \chi^2(n_2)$，且相互独立，则有：

$$X_1+X_2 \sim \chi^2(n_1+n_2)$$

(4) χ^2 分布曲线的形状随 n 的变化而变化，如图 7-9 所示。

(5) χ^2 分布是一种非对称分布。但 χ^2 分布的这种非对称分布一般为正偏分布。由图 7-9 可以看出，当自由度 n 增加到足够大时，χ^2 分布的概率密度曲线趋于对称。当 $n \to +\infty$ 时，χ^2 分布的极限分布是正态分布。

(6) χ^2 分布的变量值始终为正。

Excel 提供的相应函数有：密度函数 CHIDIST 用来求得概率和分布函数，CHIINV 用来求得区间点。下面举例说明这两个函数的操作步骤。

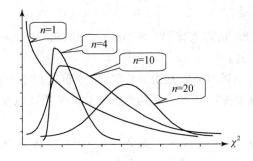

图 7-9　不同容量样本的 χ^2 分布示意图

【例 7-4】 已知 $\chi^2 \sim \chi^2(15)$，求 $P(\chi^2 \geqslant 2.6)$。

(1) 单击 f_x，在弹出的"插入函数"对话框中，选择"统计函数"类别，选择 CHIDIST 函数；

(2) 在弹出的"函数参数"对话框中，输入有关参数，如图 7-10 所示。单击"确定"，就得到 $P(\chi^2 \geqslant 2.6) = 0.999\,836\,508$。

【例 7-5】 已知 $\chi^2 \sim \chi^2(15)$，$P(\chi^2 \geqslant \chi_\alpha^2) = 0.01$，求 χ_α^2。

(1) 单击 f_x，在弹出的"插入函数"对话框中，选择"统计函数"类别，选择 CHIINV 函数；

(2) 在弹出的"函数参数"对话框中，输入有关参数，如图 7-11 所示。单击"确定"，就得到 $\chi_{0.01}^2(15) = 30.577\,914\,17$。

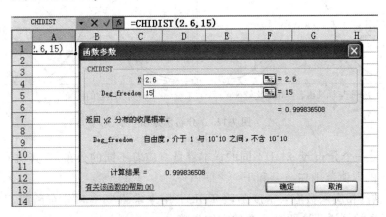

图 7-10　CHIDIST 函数对话框

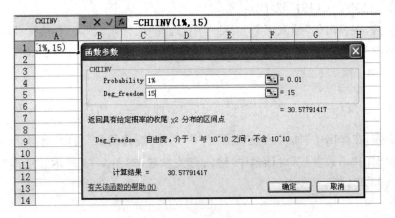

图 7-11　CHIINV 函数对话框

(三) t 统计量及其分布

t 分布也称学生氏分布,是高塞特(W. S. Gosset)于 1908 年在一篇以"Student"(学生)为笔名的论文中首次提出的。

t 分布是小样本分布,小样本一般是指 $n<30$。t 分布适用于当总体标准差 σ 未知时用样本标准差 S 代替总体标准差 σ,由样本平均数推断总体平均数以及两个小样本之间差异的显著性检验等。

设随机变量 $X \sim N(\mu,\sigma^2)$,n 个随机变量 $X_1,X_2,\cdots,X_n$ 为 X 的一个简单随机样本,记样本均值为 $\overline{X}$,方差为 S^2,则 t 统计量及其分布为:

$$t = \frac{\overline{X}-\mu}{S/\sqrt{n}} \sim t(n-1)$$

t 分布的性质:

1. t 分布是类似正态分布的一种对称分布,且其均值为 0,它通常要比正态分布平坦和分散。

2. t 分布是一个特定的分布,依赖于称之为自由度的参数。随着自由度的增大,分布也逐渐趋于正态分布。一般地,自由度大于 45 时,可用正态分布近似的来代替 t 分布,如图 7-12 所示。

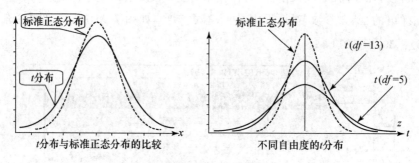

图 7-12 t 分布示意图

3. t 分布是一个分布族,对于不同的样本容量对应着不同的分布,且其均值都为 0。
4. 变量 t 的取值范围在 $-\infty$ 和 $+\infty$ 之间。

Excel 提供的相应函数有:密度函数 TDIST 用来求得概率和分布函数,TINV 用来求得区间点。下面举例说明这两个函数的操作步骤。

【例 7-6】 已知 $t \sim t(19)$,求 $P(t \geqslant 2.7)$。

(1) 单击 f_x,在弹出的"插入函数"对话框中,选择"统计函数"类别,选择 TDIST 函数;

(2) 在弹出的"函数参数"对话框中,输入有关参数,如图 7-13 所示。单击"确定",就得到 $P(t \geqslant 2.7) = 0.014\,189\,282$。

【例 7-7】 已知 $t \sim t(19)$,$P(|t| \geqslant t_{\alpha/2}) = 0.05$,即 $\alpha = 0.05$,$\frac{\alpha}{2} = 0.025$,求 $t_{0.05/2}$。

(1) 单击 f_x,在弹出的"插入函数"对话框中,选择"统计函数"类别,选择 TINV 函数;

(2) 在弹出的"函数参数"对话框中,输入有关参数,如图 7-14 所示。单击"确定",就得到 $t_{0.05/2} = 2.093\,024\,05$。

图 7-13 TDIST 函数对话框

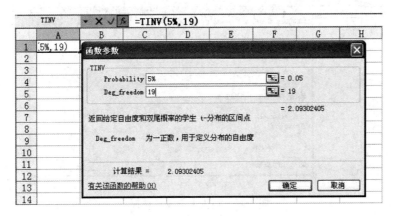

图 7-14 TINV 函数对话框

(四) F 统计量及其分布

F 分布是由统计学家费希尔(R. A. Fisher)提出的,以其姓氏的第一个字母来命名。

F 分布定义为两个独立的 χ^2 分布被各自的自由度除以后的比率这一统计量的分布,F 分布的用途很广,可用于方差分析、协方差分析和回归分析等。

设随机变量 X 与 Y 相互独立,$X \sim \chi^2(n)$,$Y \sim \chi^2(m)$,则 F 统计量及其分布为:

$$F = \frac{X/n}{Y/m} \sim F(n,m)$$

F 分布的性质:

(1) 如果 $X \sim F(n,m)$,则 $\frac{1}{X} \sim F(m,n)$。

(2) F 分布曲线是右偏型的,并且随着自由度 n,m 取值的变小,F 分布曲线的偏斜程度越大,如图 7-15 所示。

Excel 提供的相应函数有:密度函数 FDIST 用来求得概率和分布函数 FINV 用来求得区间点。下面举例说明这两个函数的操作步骤。

【例 7-8】 已知 $F \sim F(10,20)$,$F = 2.5$,求 $P(F \geqslant 2.5)$。

(1) 单击 fx,在弹出的"插入函数"对话框中,选择"统计函数"类别,选择 FDIST 函数;

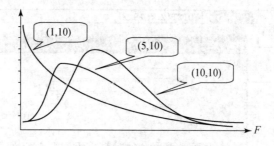

图 7-15　不同自由度的 F 分布

（2）在弹出的"函数参数"对话框中，输入有关参数，如图 7-16 所示。单击"确定"，就得到 $P(F \geqslant 2.5)=0.038\,903\,636$。

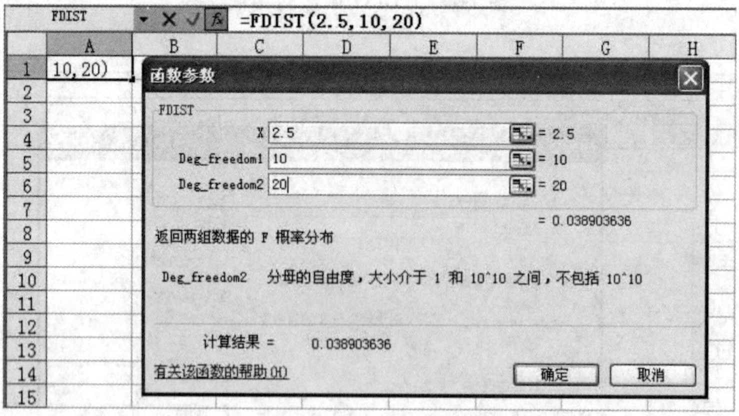

图 7-16　FDIST 函数对话框

【例 7-9】　已知 $F \sim F(10,20)$，$P(F \geqslant F_\alpha)=0.05$，即 $\alpha=5\%$，求 F_α。

（1）单击 f_x，在弹出的"插入函数"对话框中，选择"统计函数"类别，选择 FINV 函数；

（2）在弹出的"函数参数"对话框中，输入有关参数，如图 7-17 所示。单击"确定"，就得到 $F_{0.05}=2.347\,877\,567$。

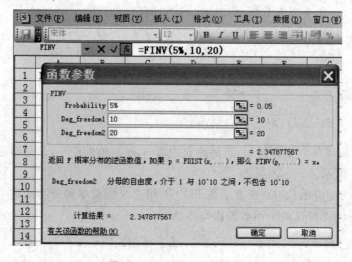

图 7-17　FINV 函数对话框

四、两个样本平均值之差的分布

在某些情况下,需要对来自两个不同总体的平均数进行比较,例如,比较两种不同管理方法下的工作效率;比较两种不同的投资项目的预期回报等。为了通过样本数据对两个总体平均数之差作出推断,就需要知道两个样本均值($\overline{X}_1-\overline{X}_2$)之差的抽样分布的性质。

设 $\overline{X}_1$ 是独立的抽自总体 $X_1 \sim N(\mu_1, \sigma_1^2)$ 的一个容量为 n_1 的样本的均值。$\overline{X}_2$ 是独立的抽自总体 $X_2 \sim N(\mu_2, \sigma_2^2)$ 的一个容量为 n_2 的样本的均值,则有

$$E(\overline{X}_1-\overline{X}_2) = E(\overline{X}_1)-E(\overline{X}_2) = \mu_1 - \mu_2$$

$$D(\overline{X}_1-\overline{X}_2) = D(\overline{X}_1)+D(\overline{X}_2) = \frac{\sigma_1^2}{n_1} + \frac{\sigma_2^2}{n_2}$$

如果两个总体都为正态分布,则两个样本均值之差($\overline{X}_1-\overline{X}_2$)的抽样分布也服从正态分布,其均值和方差分别为 $\mu_1 - \mu_2$ 和 $\frac{\sigma_1^2}{n_1} + \frac{\sigma_2^2}{n_2}$。

上面所讲的两个样本独立,是指一个样本中容量的抽取对另一个样本中容量的抽取没有影响。如果是从两个非正态总体中抽取两个独立的样本,这时,只要能够保证抽取足够大的样本容量,即 $n \geqslant 30$,那么,根据中心极限定理,样本平均数之差的抽样分布就会逼近正态分布,其平均数和方差同样为 $\mu_1 - \mu_2$ 和 $\frac{\sigma_1^2}{n_1} + \frac{\sigma_2^2}{n_2}$。

五、两个样本比例之差的分布

在实际工作中,常会遇到比较两个比例的问题,如比较人们的实际购买行为中喜欢产品甲的比例与喜欢产品乙的比例;不同班组生产的不合格品的比例的比较等。为了通过样本数据对两个总体比例之差作出推断,就需要知道两个样本比例之差(p_1-p_2)的抽样分布的性质。

设两个总体的比例分别为 π_1 和 π_2,分别从两个总体各随机抽取容量为 n_1 和 n_2 的两个样本,计算出两个样本的比例分别为 p_1 和 p_2。当 n_1 和 n_2 很大时,两个样本比例之差 p_1-p_2 的抽样分布近似于正态分布,且其平均值和方差分别为:

$$\mu_{p_1-p_2} = \pi_1 - \pi_2, \sigma_{p_1-p_2} = \sqrt{\frac{\pi_1(1-\pi_1)}{n_1} + \frac{\pi_2(1-\pi_2)}{n_2}}$$

为回答与两个样本比例之差的有关概率问题,可利用下列公式把 p_1-p_2 的值变换为服从正态分布的变量 z 的值:

$$z = \frac{(p_1-p_2)-(\pi_1-\pi_2)}{\sqrt{\frac{p_1(1-p_1)}{n_1} + \frac{p_2(1-p_2)}{n_2}}} \sim N(0,1)$$

六、关于样本方差的分布

(一)样本方差的分布

在重复选取容量为 n 的样本时,由样本方差的所有可能取值形成的相对频数分布即样本方差的分布。对于来自正态总体的简单随机样本 $X_1, X_2, \cdots, X_n$,可以推导出如下结果:

设总体分布为 $N(\mu,\sigma^2)$ 的正态分布,则样本方差 S^2 的分布为:

$$\frac{(n-1)S^2}{\sigma^2} \sim \chi^2(n-1)$$

其中,$\chi^2(n-1)$ 称为自由度为 $(n-1)$ 的卡方分布。

(二)两个样本方差比的分布

设两个总体方差分别为 σ_1^2 和 σ_2^2,分别从两个总体各随机抽取容量为 n_1 和 n_2 的两个样本,计算出两个样本的方差分别为 S_1^2 和 S_2^2,通常假定 $S_1^2 \geqslant S_2^2$。当两个总体均服从正态分布,且相互独立时,有:

$$\frac{S_1^2}{S_2^2} \times \frac{\sigma_2^2}{\sigma_1^2} \sim F(n_1-1, n_2-1)$$

即两个样本方差比的抽样分布,服从分子自由度为 (n_1-1),分母自由度为 (n_2-1) 的 F 分布。

七、利用 Excel 进行抽样分布模拟

在实际应用中,可以利用 Excel 进行抽样分布模拟。

方法是:首先利用 Excel 的分析工具库中的"随机数发生器"工具得到总体数据;然后利用"抽样"工具或 RAND 函数抽取适当的样本,并计算出样本统计量的值;最后根据样本统计量的值计算或作图,显示抽样分布的特征。

【例 7-10】 某公司生产的 100 件产品重量数据,见表 7-3。

表 7-3 某公司生产的 100 件产品重量数据统计表

	A	B	C	D	E	F	G	H	I	J
1	62	59	66	79	72	45	48	79	58	63
2	48	73	72	58	41	58	65	67	68	55
3	68	60	60	66	46	53	62	57	38	49
4	59	52	82	48	56	62	65	59	39	73
5	67	78	51	68	52	59	43	81	67	60
6	44	86	72	70	57	58	59	42	51	59
7	59	56	56	48	68	63	61	47	80	63
8	60	78	53	62	75	62	79	58	65	41
9	71	67	62	72	63	54	55	68	61	57
10	60	43	61	30	67	54	58	65	57	87

要求:(1)从 100 件产品中抽取 8 件进行检查分析;

(2)请验证样本均值的抽样分布与总体分布之间的关系。

1. 用 Excel 进行抽样

(1)利用"抽样"工具进行抽样

第一步,为总体单位编号。在 A2:A101 中输入总体数据,在 A1 中输入标志"总体";在 B2:B101 中输入总体单位编号 1~100,在 B1 中输入标志"编号"。

第二步,调用"抽样"工具。单击"工具"菜单中的"数据分析"命令,从中选择"抽样"工具,然后在"抽样"对话框中进行设置,如图 7-18 所示。

注意:在抽样方法项下,有周期和随机两种抽样模式。

"周期"模式即等距抽样,采用这种方法,需将总体单位数除以要抽取的样本单位数,求得取样的周期间隔。如要在 100 个总体单位中抽取 8 个,则在"间隔"文本框中输入 12。

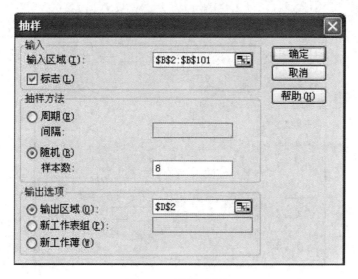

图 7-18 抽样对话框

"随机"模式适用于简单随机抽样,只需在"样本数"文本框中输入要抽取的样本单位数即可。本题输入"8"。

第三步,显示抽样结果。单机"确定"按钮,可得到编号抽样结果,如表 7-4 的 D 列所示。然后,在 E2 单元格中输入公式 INDEX($A$2:$A$101,D2),并将公式拖曳复制到 E9 单元格中,即可得到抽样结果,见表 7-4 的 E 列所示。

(2)利用 RAND 函数进行抽样

第一步,抽取样本编号。在 H2 中输入公式 CEILING(100 * RAND(),1),并将公式拖曳复制到 H9 单元格中,可得到编号抽样结果,见表 5-5 的 H 列所示。

第二步,获取样本数据。在 I2 种输入公式 INDEX($A$2:$A$101,H2),并将公式拖曳复制到 I9 单元格中,可得到抽样结果,见表 7-5 的 I 列所示。

表 7-4 抽样结果(一)

	A	B	C	D	E
1	总体	编号		样本编号	样本
2	62	1		17	56
3	48	2		16	86
4	68	3		30	61
5	59	4		71	79
6	67	5		48	75
7	44	6		87	80
8	59	7		20	43
9	60	8		32	58
10	71	9			
11	60	10			
12	59	11			
13	73	12			
14	60	13			
15	52	14			

表 7-5 抽样结果(二)

	A	B	C	H	I
1	总体	编号		样本编号	样本
2	62	1		41	72
3	48	2		44	56
4	68	3		51	45
5	59	4		1	62
6	67	5		98	41
7	44	6		11	59
8	59	7		17	56
9	60	8		87	80
10	71	9			
11	60	10			
12	59	11			
13	73	12			
14	60	13			
15	52	14			

注意:抽样结果是可变的。

2. 用 Excel 进行抽样分布模拟

第一步,产生总体数据(如图 7-19 所示)。单击"确定",即可得到 100 个服从标准正态分布的总体数据,如表 7-6 的 A 列所示。

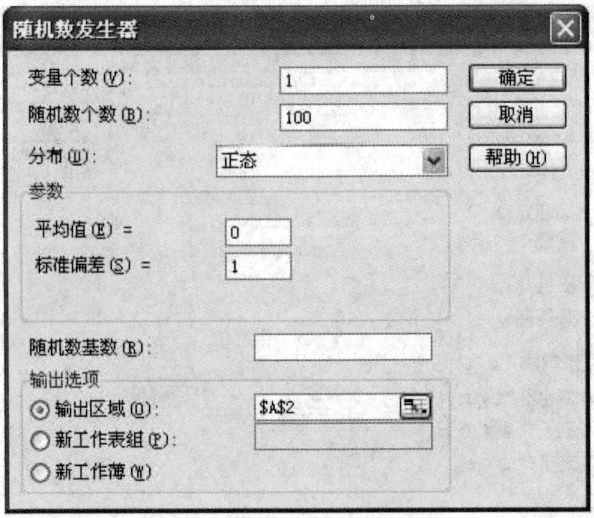

图 7-19 随机数发生器对话框

表 7-6 总体分布与抽样分布表

名称框	B	C	D	E	F	G	H	I	J	K	L
1 总体	样本	样本1	样本2	样本3	样本4	样本5	样本6	样本7	样本8	样本9	样本10
2 −0.30023		0.828331	0.638406	−0.83992	−0.03248	1.238195	−0.36549	−1.6124	0.11296	1.884846	−1.52157
3 −1.27768		−0.02551	−0.23418	−0.08452	−0.91096	0.131536	2.375655	−1.27976	−0.36288	−1.84691	−0.77351
4 0.244257		1.342642	−0.36288	0.757714	0.711325	−0.08452	2.194502	−0.65358	−1.11574	0.072239	−0.38132
5 1.276474		−0.51321	0.028117	−0.23418	−0.08452	−0.65358	1.884846	2.375655	1.095023	−1.44419	−0.08452
6 1.19835		0.862008	0.874609	−0.5238	0.538948	−0.24095	−1.0867	−0.42899	−1.6124	−0.24095	0.134853
7 1.733133		−0.83992	1.972212	−1.77481	1.342642	−1.27768	0.617906	−0.45336	1.342642	0.444224	−0.56792
8 −2.18359		0.638406	−0.91096	−0.36549	−1.27768	−0.92319	0.453701	−0.83992	−2.18359	−1.02693	0.134853
9 −0.23418			−1.0867	−1.05468	1.19835	1.44767	−0.83992	−1.52157	−2.11793	0.557798	−0.24095	0.466712
10 1.095023		−1.02693	0.244257	−0.83992	0.829841	0.487198	−0.08452	−0.84724	0.213473	−0.36549	0.453701
11 −1.0867		1.891916	1.918916	0.444224	1.884846	−1.74248	0.001951	1.111189	−0.24095	1.238195	−2.57758
12 −0.6902	样本均值	−0.01479	0.311382	−0.22623	0.444886	−0.39054	0.447028	−0.47463	−0.21937	−0.15259	−0.47163
13 −1.69043		均值	标准差								
14 −1.84691	总体分布	−0.04048	1.080186								
15 −0.97763	抽样分布	−0.07465	0.340886								
16 −0.77351											
17 −2.11793											
18 −0.56792											
19 −0.40405											
20 0.134853											

第二步,抽取样本。在 C2 单元格中输入公式 INDEX($A$2：$A$101,CEILING(100 * RAND( ),1)),并将公式拖曳复制到 L11 单元格中,可得到 10 个样本容量为 10 的抽样结果,如表 7-6 的 C～L 列所示。

第三步,计算样本均值。在 C12 种输入公式 AVERAGE(C2：C11),并将公式拖曳复制到 L12 单元格中,结果见表 7-6 的 C12：L12 区域。

第四步,分别计算出总体分布于抽样分布的均值与标准差,见表 C13：D15 区域所示。

第五步,验证抽样分布与总体分布的关系。比较总体分布于抽样分布的均值与标准差的计算结果,可以验证：样本均值＝总体均值;抽样标准差＝总体标准差/SQRT(n)。

注意:(1)计算结果不完全相等,是因为只抽取了很少一部分样本。(2)表中数据是可变的。

第三节 参 数 估 计

在许多实际问题中,总体被理解为所研究的那个统计指标,它在一定范围内取数值,而且是以一定的概率取各种数值的,从而形成一个概率分布,但是这个概率分布往往是未知的。例如为了制定绿色食品的有关规定,需要研究蔬菜中残留农药的分布状况,对这个分布人们知之甚少,以致它属于何种类型都不清楚。有时可以断定分布的类型,例如在农民收入调查中,根据实际经验和理论分析如概率论中的中心极限定理,可以断定收入服从正态分布,但分布中的参数取何值却是未知的。这就导致统计估计问题。统计估计问题专门研究由样本估计总体的未知分布或分布中的未知参数。直接对总体的未知分布进行估计的问题称为非参数估计;当总体分布类型已知,仅需对分布的未知参数进行估计的问题称为参数估计。本节研究参数估计问题。本节及以后假定抽样方法为有放回简单随机抽样,样本的每个分布都与总体同分布,它们之间相互独立。

一、参数估计的基本问题

(一) 估计量与估计值

(1) 参数估计就是用样本统计量去估计总体参数。比如,用样本均值 $\bar{X}$ 估计总体均值 μ,用样本比例 p 估计总体比例 π,用样本方差 S^2 估计总体方差 σ^2,等等。如果将总体参数笼统地用一个符号 θ 表示,而用于估计总体参数的统计量用 $\hat{\theta}$ 表示,那么,参数估计就是如何用 $\hat{\theta}$ 来估计 θ。

(2) 用来估计总体参数的统计量的名称称为估计量,如样本均值、样本比例、样本方差等都可以是一个估计量(estimator)。

(3) 估计量的具体数值称为估计值。

(二) 点估计与区间估计

参数估计方法有点估计与区间估计两种方法。

1. 参数估计的点估计法

设总体 X 的分布类型已知,但包含有未知参数 θ,从总体中抽取一个简单随机样本 $(X_1, X_2, \cdots, X_n)$,欲利用样本提供的信息对总体未知参数 θ 进行估计。构造一个适当的统计量

$$\hat{\theta} = T(X_1, X_2, \cdots, X_n)$$

作为 θ 的估计,称 $\hat{\theta}$ 为未知参数 θ 的点估计量。当有了一个具体的样本观察值 $(x_1, x_2, \cdots, x_n)$ 后,将其代入估计量中就得到估计量的一个具体观察值 $T(x_1, x_2, \cdots, x_n)$,称为参数 θ 的一个点估计值。今后点估计量和点估计值这两个名词将不强调它们的区别,通称为点估计,根据上下文不难知道此处的点估计究竟是点估计量还是点估计值。

一般地说,用样本估计量的值直接作为总体参数的估计值称为点估计(Point estimate)。例如:用样本均值直接作为总体均值的估计;用两个样本均值之差直接作为总体均值之差的估计。例如,在某城市居民家庭中随机抽取 2 500 户进行调查,得出他们的年人均收入为 30 000 元,则认为该城市的居民家庭的年人均收入为 30 000 元。又比如,调查数字显示,全

世界大约有 10 亿人收看了 2008 年北京奥运会开幕式,收视率为 15%,则认为全球 2008 年北京奥运会开幕式的收视率为 15%。

虽然在重复抽样条件下,点估计的均值可望等于总体真值,但由于样本是随机的,抽出一个具体的样本得到的估计值很可能不同于总体真值。在用点估计值代表总体参数真值时,还必须给出点估计值的可靠性,也就是说,必须能说出点估计值与总体参数的真实值接近的程度。但一个点估计量的可靠性是由它的抽样标准误差来衡量的,这表明一个具体的点估计值无法给出估计的可靠性的度量,因此就不能完全依赖于点估计值,而是围绕点估计值构造总体参数的一个区间,这就是区间估计。

2. 参数估计的区间估计法

设 θ 是未知参数,$(X_1,X_2,\cdots,X_n)$ 是来自总体的样本,构造两个统计量 $\hat{\theta}_1=T_1(X_1,X_2,\cdots,X_n)$,$\hat{\theta}_2=T_2(X_1,X_2,\cdots,X_n)$,对于给定的 $\alpha(0<\alpha<1)$,若 $\hat{\theta}_1$、$\hat{\theta}_2$ 满足

$$P\{\hat{\theta}_1\leqslant\theta\leqslant\hat{\theta}_2\}=1-\alpha$$

则称随机区间 $[\hat{\theta}_1,\hat{\theta}_2]$ 是参数 θ 的置信水平(Confidence level)为 $1-\alpha$ 的置信区间(Confidence interval),$\hat{\theta}_1$,$\hat{\theta}_2$ 称为置信限(Confidence limit)。

α 是事先确定的一个概率值,也被称为风险值,它是总体均值不包括在置信区间的概率。$1-\alpha$ 称为 $[\hat{\theta}_1,\hat{\theta}_2]$ 的置信水平(Confidence level),也称置信系数或置信度(Confidence coefficient)。如果将构造置信区间的步骤重复很多次,置信区间包含总体参数真值的次数所占的比例称为置信水平。比如,抽取 100 个样本,根据每一个样本构造一个置信区间,有 95% 的区间包含了总体参数的真值,而 5% 则没包含,则 95% 这个值被称为置信水平。

这里有几点需要说明:

(1) 区间 $[\hat{\theta}_1,\hat{\theta}_2]$ 的端点 $\hat{\theta}_1$,$\hat{\theta}_2$ 及长度 $\hat{\theta}_2-\hat{\theta}_1$ 都是样本的函数,从而都是随机变量,因此 $[\hat{\theta}_1,\hat{\theta}_2]$ 是一个随机区间。

(2) $P\{\hat{\theta}_1\leqslant\theta\leqslant\hat{\theta}_2\}=1-\alpha$ 是说随机区间 $[\hat{\theta}_1,\hat{\theta}_2]$ 以 $1-\alpha$ 的概率包含未知参数真值,区间长度 $\hat{\theta}_2-\hat{\theta}_1$ 描述估计的精度,置信水平 $1-\alpha$ 描述了估计的可靠度。

(3) 因为未知参数 θ 是非随机变量,所以不能说 θ 落入区间 $[\hat{\theta}_1,\hat{\theta}_2]$ 的概率是 $1-\alpha$,而应是随机区间 $[\hat{\theta}_1,\hat{\theta}_2]$ 包含 θ 的概率是 $1-\alpha$。

通俗地说,在点估计的基础上,给出总体参数的一个范围称为区间估计(Interval estimation)。区间估计是在点估计的基础上,给出总体参数估计的一个区间范围,该区间由样本统计量加减估计误差而得到的。进行区间估计时,根据样本统计量的抽样分布能够对样本统计量与总体参数的接近程度给出一个概率度量。下面以总体均值的区间估计为例来说明区间估计得到基本原理。

由样本均值的抽样分布可知,在重复抽样或无限总体抽样的情况下,样本均值的数学期望等于总体均值,即 $E(\bar{x})=\mu$,样本均值的标准误差为 $\sigma_{\bar{x}}=\sigma/\sqrt{n}$,由此可知样本均值 $\bar{x}$ 落在总体均值 μ 的两侧各为一个抽样标准差范围内的概率为 0.682 7;落在两个抽样标准差范围内的概率为 0.954 5;落在三个抽样标准差范围内的概率为 0.997 3;等等。

但实际估计时,情况恰恰相反。$\bar{x}$ 是已知的,而 μ 是未知的,也正是将要估计的。由于 $\bar{x}$ 和 μ 的距离是对称的,如果某个样本的平均值落在 μ 的两个标准误差范围之内,反过来,μ

也就被包括在以 $\bar{x}$ 为中心左右两个标准误差的范围之内。因此约有 95% 的样本均值会落在 μ 的两个标准误差的范围之内。也就是说,约有 95% 的样本均值所构造的两个标准误差的区间会包括 μ(如图 7-20 所示)。

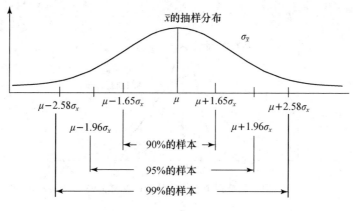

图 7-20　区间估计示意图

常用的置信水平及正态分布曲线下右侧面积为 $\frac{\alpha}{2}$ 时的 z 值,见表 7-7。

表 7-7　常用置信水平的 $z_{\frac{\alpha}{2}}$ 值

	A	B	C	D
1	置信水平	α	$\frac{\alpha}{2}$	$z_{\frac{\alpha}{2}}$
2	90%	0.1	0.05	1.645
3	95%	0.05	0.025	1.96
4	99%	0.01	0.005	2.58

(三)评价估计量的标准

在对总体参数作出估计时,并非所有的估计量都是优良的,比如,用于估计总体均值的估计量有很多,既可以用样本均值作为总体均值的估计量,也可以用样本中位数作为总体均值的估计量,等等。那么,究竟用哪种估计量来估计总体参数呢?当然使用效果最好的那种估计量。什么样的估计量才算是一个好的估计量呢?这就需要评价估计量是否优良的标准。一个估计量如满足下面三个标准,即无偏性、一致性、有效性,就称该估计量是最优估计量。

1. 无偏性

无偏性(unbiasedness)指估计量抽样分布的数学期望等于被估计的总体参数。设总体参数为 θ,其估计量为 $\hat{\theta}$,若 $E(\hat{\theta}) = \theta$,则称 $\hat{\theta}$ 为 θ 的无偏估计量(如图 7-21 所示)。

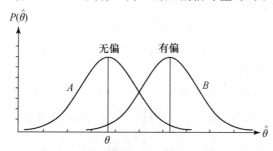

图 7-21　无偏和有偏估计量的示意图

2. 有效性

有效性(efficiency)是指对同一总体参数的两个无偏点估计量,有更小标准差的估计量更有效。设 $\hat{\theta}_1$ 和 $\hat{\theta}_2$ 是总体参数 θ 的两个无偏估计量,如果 $D(\hat{\theta}_1)<D(\hat{\theta}_2)$,则称 $\hat{\theta}_1$ 是更有效的估计量(如图 7-22 所示)。

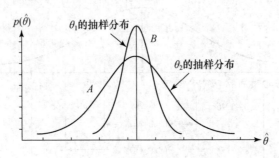

图 7-22 两个无偏估计量的抽样分布

3. 一致性

一致性(consistency)是指随着样本量的增大,估计量的值越来越接近被估计的总体参数。设总体参数 θ 的估计量为 $\hat{\theta}$,若满足任意 $\varepsilon>0$,有 $\lim\limits_{n\to\infty} p\{|\bar{\theta}-\theta|<\varepsilon\}=1$,则称 $\hat{\theta}$ 是 θ 的一致估计量(如图 7-23 所示)。

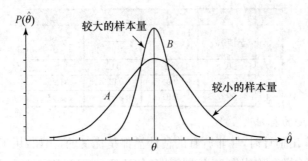

图 7-23 两个不同样本量的样本统计量的抽样分布

例如,样本均值是总体均值的一致估计量。因为由均值的无偏估计可知,样本均值的期望值等于总体均值,当样本单位数无限增加时,根据大数定律则有:

$$\lim_{n\to\infty} p\left\{\left|\frac{1}{n}\sum_{i=1}^{n} X_i - \mu\right|<\varepsilon\right\}=1$$

二、一个总体参数的区间估计

一个总体参数的区间估计,主要有总体均值 μ、总体比例 π 和总体方差 σ^2 等的区间估计。下面分别介绍如何用样本统计量来构造一个总体参数的置信区间。

(一)总体均值的区间估计

1. 正态总体且方差已知;或非正态总体、方差未知、大样本情况下

在这种情况下,样本均值的抽样分布呈正态分布,其数学期望为总体均值 μ,方差为 $\dfrac{\sigma^2}{n}$。

如果不是正态分布,但 $n\geqslant 30$,可由正态分布来近似。则 $\bar{X}\pm Z_{\frac{\alpha}{2}}\cdot\dfrac{\sigma}{\sqrt{n}}$ 称为总体均值在 $1-\alpha$

置信水平下的置信区间。$z_{\frac{\alpha}{2}} \cdot \frac{\sigma}{\sqrt{n}}$ 是估计总体均值时的边际误差,也成为估计误差或误差范围。

设样本 $(X_1,X_2,\cdots,X_n)$ 来自正态总体 $N(\mu,\sigma^2)$, μ 是总体均值, σ^2 是总体方差,当 σ^2 已知时,数理统计证明 $\overline{X}$ 服从正态分布 $N\left(\mu,\frac{\sigma^2}{n}\right)$,从而 $\frac{\overline{X}-\mu}{\sigma/\sqrt{n}}$ 服从标准正态分布 $N(0,1)$,对给定的置信系数 $1-\alpha$ 查 $N(0,1)$ 表可得上 $\frac{\alpha}{2}$ 分位点 $Z_{\frac{\alpha}{2}}$,使得

$$P\left\{\left|\frac{\overline{X}-\mu}{\sigma/\sqrt{n}}\right| \leqslant Z_{\frac{\alpha}{2}}\right\} = 1-\alpha$$

从而有

$$P\left\{\overline{X}-Z_{\frac{\alpha}{2}}\frac{\sigma}{\sqrt{n}} \leqslant \mu \leqslant \overline{X}+Z_{\frac{\alpha}{2}}\frac{\sigma}{\sqrt{n}}\right\} = 1-\alpha$$

取

$$\hat{\mu}_1 = \overline{X}-Z_{\frac{\alpha}{2}}\frac{\sigma}{\sqrt{n}}, \quad \hat{\mu}_2 = \overline{X}+Z_{\frac{\alpha}{2}}\frac{\sigma}{\sqrt{n}} \tag{7-1}$$

则 $[\hat{\mu}_1,\hat{\mu}_2]$ 即是 μ 的置信水平为 $1-\alpha$ 的置信区间。

【例 7-11】 保险公司从投保人中随机抽取 36 人,计算得 36 人的平均年龄 $\overline{X}=39.5$ 岁,已知投保人平均年龄近似服从正态分布,标准差为 7.2 岁,试求全体投保人平均年龄的置信水平为 99% 的置信区间。

解: $1-\alpha=0.99$, $\alpha=0.01$, $\alpha/2=0.005$, $1-\alpha/2=0.995$

使用 NORMSINV 函数(注:在 probability 栏内输入 $1-\alpha/2$ 值)得:$Z_{0.005}=2.575\,829\,304$

$$\overline{X}-Z_{\frac{\alpha}{2}}\frac{\sigma}{\sqrt{n}} = 39.5-2.575\,829\,304 \times \frac{7.2}{\sqrt{36}} = 36.41$$

$$\overline{X}+Z_{\frac{\alpha}{2}}\frac{\sigma}{\sqrt{n}} = 39.5+2.575\,829\,304 \times \frac{7.2}{\sqrt{36}} = 42.59$$

故全体投保人平均年龄的置信水平为 99% 的置信区间为 $[36.41,42.59]$。

也可以直接使用 CONFIDENCE 函数求置信区间,其操作步骤如下:

(1) 单击 f_x,在弹出的"插入函数"对话框中,选择"统计函数"类别,选择 CONFIDENCE;

(2) 在弹出的"函数参数"对话框中,输入有关参数(如图 7-24 所示)。

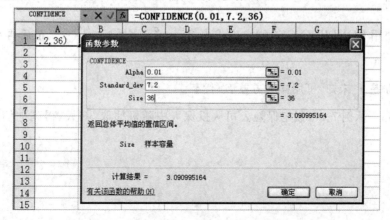

图 7-24 CONFIDENCE 函数对话框

(3) 单击"确定",就得到 $Z_{\frac{\alpha}{2}} \cdot \frac{\sigma}{\sqrt{n}} = 3.090\ 995\ 164$。

(4) 再用 $\overline{X} = 39.5$ 加减 $Z_{\frac{\alpha}{2}} \cdot \frac{\sigma}{\sqrt{n}} = 3.090\ 995\ 164$ 即可。

在不重复抽样条件下,置信区间为:

$$\overline{X} \pm Z_{\frac{\alpha}{2}} \cdot \frac{\sigma}{\sqrt{n}} \sqrt{\frac{N-n}{N-1}} \tag{7-2}$$

【例 7-12】 一家食品公司,每天生产袋装食品,按规定每袋的重量应为 100 g。为对产品质量进行检测,该企业质检部门采用抽样技术,每天抽取一定数量的食品,以分析每袋重量是否符合质量要求。现从某一天生产的一批食品 8 000 袋中随机抽取了 25 袋(不重复抽样),测得它们的重量见表 7-8。

表 7-8　25 袋食品重量

	A	B	C	D	E
1	112.5	101	103	102	100.5
2	102.6	107.5	95	108.8	115.6
3	100	123.5	102	101.6	102.2
4	116.6	95.4	97.8	108.6	105
5	136.8	102.8	101.5	98.4	93.3

已知产品重量服从正态分布,且总体方差为 100 g。试估计该批产品平均重量的置信区间,置信水平为 95%。

解:已知 $\sigma^2 = 100$ g,$n = 25$,$1-\alpha = 0.95$,$\alpha/2 = 0.025$,$1-\alpha/2 = 0.975$。

使用 NORMSINV 函数(注:在 Probability 栏内输入 $1-\alpha/2$ 值)得:$Z_{0.025} = 1.959\ 963\ 985$。

根据样本资料,计算的样本均值为(也可直接通过 Excel 软件中的描述统计功能计算):

$$\overline{X} = \frac{\sum X}{n} = \frac{2\ 634}{25} = 105.36$$

根据(7-2)式得

$$\overline{X} \pm Z_{\frac{\alpha}{2}} \cdot \frac{\sigma}{\sqrt{n}} \sqrt{\frac{N-n}{N-1}} = 105.36 \pm 1.96 \times \sqrt{\frac{100}{25}} \times \sqrt{\frac{8\ 000-25}{8\ 000-1}}$$

即 $105.36 \pm 3.914\ 115 = (101.445\ 9, 109.274\ 1)$,即为该批产品平均重量在 95% 置信水平下的置信区间。

也可以使用 CONFIDENCE 函数,先求出 $Z_{\frac{\alpha}{2}} \cdot \frac{\sigma}{\sqrt{n}}$,再乘以 $\sqrt{\frac{N-n}{N-1}}$,最后再与 $\overline{X}$ 加减得到置信区间。

若总体方差 σ^2 未知,可用样本方差 S^2 代替。

【例 7-13】 承例 7-11,假定保险公司从投保人中随机抽取 36 人,得到他们的年龄数据见表 7-9。

表 7-9 36 名投保人的年龄

	A	B	C	D	E	F
1	23	35	39	27	36	44
2	36	42	46	43	31	33
3	42	53	45	54	47	24
4	34	28	39	36	44	40
5	39	49	38	34	48	50
6	34	39	45	48	45	32

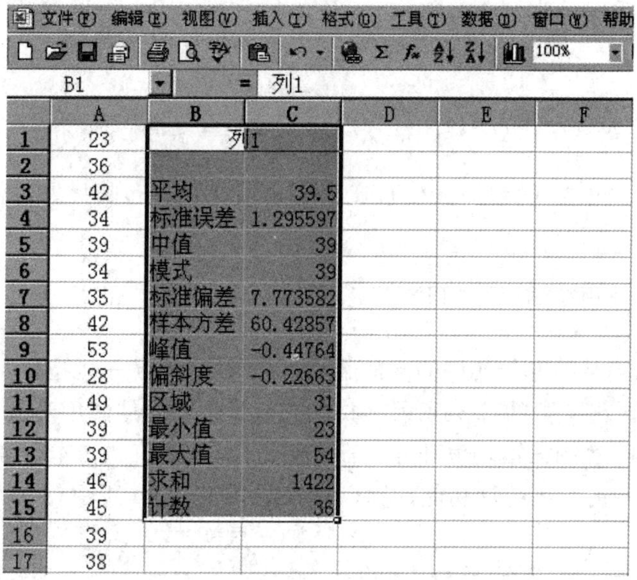

	A	B	C	D	E	F
1	23	列1				
2	36					
3	42	平均	39.5			
4	34	标准误差	1.295597			
5	39	中值	39			
6	34	模式	39			
7	35	标准偏差	7.773582			
8	42	样本方差	60.42857			
9	53	峰值	-0.44764			
10	28	偏斜度	-0.22663			
11	49	区域	31			
12	39	最小值	23			
13	39	最大值	54			
14	46	求和	1422			
15	45	计数	36			
16	39					
17	38					

图 7-25 描述统计运行结果

若总体方差未知,试建立投保人年龄 90%的置信区间。

解:已知 $n=36$,$1-\alpha=90\%$,$1-\alpha/2=0.95$。

使用 NORMSINV 函数(注:在 Probability 栏内输入 $1-\alpha/2$ 值)得:$Z_{0.05}=1.644\,853\,627$。

由于总体方差 σ^2 未知,但为大样本,故可用样本方差代替。

根据样本资料计算的样本均值和样本标准差为(样本均值和样本标准差的计算,也可直接通过 Excel 软件中的描述统计功能计算,计算结果如图 7-25 所示):

$$\overline{X}=\frac{\sum X}{n}=\frac{1\,422}{36}=39.5,\quad S=\sqrt{\frac{\sum(X-\overline{X})^2}{n-1}}=7.773\,582$$

则置信区间为:

$$\overline{X}\pm Z_{\frac{\alpha}{2}}\cdot\frac{S}{\sqrt{n}}=39.5\pm1.644\,853\,627\times\frac{7.773\,582}{\sqrt{36}}$$

即 $39.5\pm2.13=(37.37,41.63)$,投保人平均年龄在 90%的置信水平下的置信区间为 37.37～41.63 岁。

当然也可以使用 CONFIDENCE 函数,先求出 $Z_{\frac{\alpha}{2}}\cdot\frac{S}{\sqrt{n}}$,再与 $\overline{X}$ 加减得到置信区间。

2. 正态总体、方差未知、小样本情况下

如果总体服从正态分布,无论样本容量大小,样本均值的抽样分布都服从正态分布。只要总体方差已知,即使在小样本情况下,也可以按(5-1)式或(5-2)式计算总体均值的置信区间。如果总体方差 σ^2 未知，而且是在小样本情况下，则需用样本方差 S^2 代替 σ^2，这时，应用 t 分布统计量 $t=\dfrac{\overline{X}-\mu}{s/\sqrt{n}}\sim t(n-1)$ 来建立总体均值的置信区间。

t 分布是类似正态分布的一种对称分布，他通常要比正态分布平坦和分散。随着自由度的增大，t 分布逐渐趋于正态分布。

正态总体、方差未知、小样本情况下，总体均值在 $1-\alpha$ 置信水平下的置信区间为：

$$\overline{X}\pm t_{\alpha/2}(n-1)\cdot\frac{S}{\sqrt{n}} \quad \text{（重复抽样条件下）} \tag{7-3}$$

$$\overline{X}\pm t_{\alpha/2}(n-1)\cdot\frac{S}{\sqrt{n}}\sqrt{\frac{N-n}{N-1}} \quad \text{（不重复抽样条件下）} \tag{7-4}$$

其中 $t_{\frac{\alpha}{2}}(n-1)$ 为自由度为 $n-1$ 的 t 分布临界值，可以查 t 分布临界值表得到，也可由 Excel 计算得到。

Excel 计算，可使用粘贴函数“TINV”完成。操作步骤为：TINV→$\dfrac{\alpha}{2}$→$n-1$→确定。

【例 7-14】 已知某种电子元件的寿命服从正态分布，现从一批电子元件中随机抽取 16 只，测得其寿命如图 7-26 中的 A 列所示。试建立该批电子元件使用寿命 95%的置信区间。

根据样本资料计算的样本均值和样本标准差为(样本均值和样本标准差的计算，也可直接通过 Excel 软件中的描述统计功能计算，计算结果如图 5-26 所示)：

$$\overline{X}=\frac{\sum X}{n}=\frac{23\,840}{16}=1\,490,\quad S=\sqrt{\frac{\sum(X-\overline{X})^2}{n-1}}=24.765\,57$$

已知 $1-\alpha=95\%$，$\dfrac{\alpha}{2}=0.025$，$n=16$

使用 TINV 函数(注：在 Probability 栏内输入 α 值)得：$t_{0.025}(15)=2.131\,4$

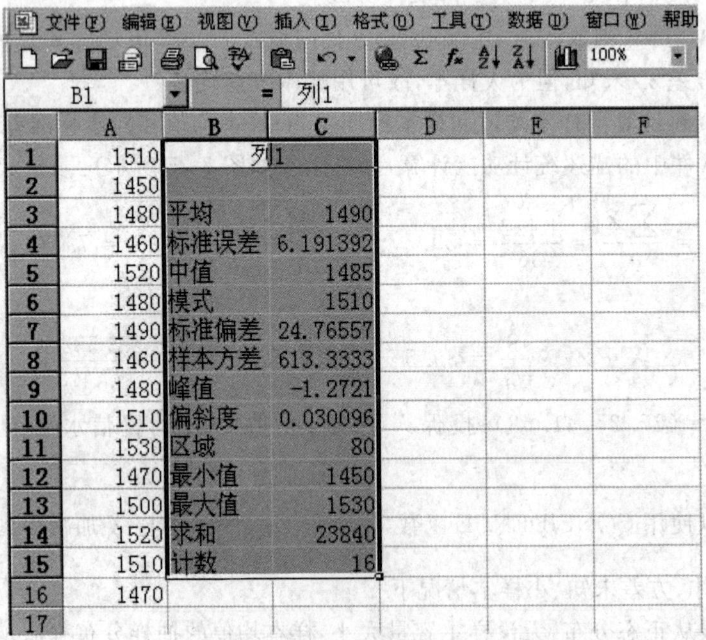

	A	B	C	D	E	F
1	1510	列1				
2	1450					
3	1480	平均	1490			
4	1460	标准误差	6.191392			
5	1520	中值	1485			
6	1480	模式	1510			
7	1490	标准偏差	24.76557			
8	1460	样本方差	613.3333			
9	1480	峰值	-1.2721			
10	1510	偏斜度	0.030096			
11	1530	区域	80			
12	1470	最小值	1450			
13	1500	最大值	1530			
14	1520	求和	23840			
15	1510	计数	16			
16	1470					
17						

图 7-26　16 只电子元件寿命原始数据及描述统计部分结果

则该批电子元件平均使用寿命95%的置信区间为：

$$\overline{X} \pm t_{\frac{\alpha}{2}}(n-1) \cdot \frac{s}{\sqrt{n}} = 1\,490 \pm 2.131\,4 \times \frac{24.77}{\sqrt{16}}$$

即 $1\,490 \pm 13.2 = (1\,476.8, 1\,503.2)$，该批电子元件平均使用寿命在95%的置信水平下的置信区间为 $1\,476.8 \sim 1\,503.2$ 小时。

现将总体均值的区间估计总结见表7-10。

表7-10　不同情况下总体均值的区间估计

	总体分布	样本容量	σ 已知	σ 未知
1				
2	正态分布	大样本	$\bar{x} \pm Z_{\frac{\alpha}{2}} \cdot \frac{\sigma}{\sqrt{n}}$	$\bar{x} \pm Z_{\frac{\alpha}{2}} \cdot \frac{S}{\sqrt{n}}$
3		小样本		$\bar{x} \pm t_{\frac{\alpha}{2}} \cdot \frac{S}{\sqrt{n}}$
4	非正态分布	大样本		$\bar{x} \pm Z_{\frac{\alpha}{2}} \cdot \frac{S}{\sqrt{n}}$

（二）总体比例的区间估计

在大样本（一般经验规则：$np \geq 5$ 和 $n(1-p) \geq 5$）条件下，样本比例的抽样分布可用正态分布近似。在这种情况下，数理统计已经证明如下结论：

置信水平为 $1-\alpha$ 的置信区间为：

$$p \pm Z_{\frac{\alpha}{2}} \cdot \sqrt{\frac{p(1-p)}{n}} \quad \text{（重复抽样）} \tag{7-5}$$

$$p \pm Z_{\frac{\alpha}{2}} \cdot \sqrt{\frac{p(1-p)}{n}\left(\frac{N-n}{N-1}\right)} \quad \text{（不重复抽样）} \tag{7-6}$$

【例7-15】某城市想要估计下岗职工中女性所占的比例，采取重复抽样方法随机抽取了100名下岗职工，其中65人为女性。试以95%的置信水平估计该城市下岗职工中女性所占比例的置信区间。

解：已知 $n=100, p=\frac{65}{100}=65\%, 1-\alpha=0.95, 1-\alpha/2=0.975$。

使用NORMSINV函数（注：在Probability栏内输入 $1-\alpha/2$ 值）得：$Z_{0.025}=1.959\,963\,985$。

$$p \pm Z_{\frac{\alpha}{2}} \cdot \sqrt{\frac{p(1-p)}{n}} = 65\% \pm 1.959\,963\,985 \times \sqrt{\frac{65\% \times (1-65\%)}{100}}$$

即 $65\% \pm 9.35\% = (55.65\%, 74.35\%)$，95%的置信水平下估计该城市下岗职工中女性所占比例的置信区间为 $55.65\% \sim 74.35\%$。

当然，也可以选定单元格，输入计算公式直接计算上下限。对于本例，其操作方法如下：

（1）选择一个单元格（如A1），然后输入计算公式"=65%-NORMSINV(0.975)*SQRT(65%*35%/100)"，回车后就得到置信区间下限55.65%。

（2）然后再选择一个单元格（如B1），输入计算公式"=65%+NORMSINV(0.975)*SQRT(65%*35%/100)"，回车后就得到置信区间上限74.35%。

【例7-16】某企业共有职工1 000人，企业准备实行一项改革，在职工中征求意见，采用不重复抽样方法，随机抽取200人作为样本，调查结果显示，由150人表示赞成这项改革，有50人表示反对。试以95%的置信水平确定赞成改革的人数比例的置信区间。

解：已知 $n=200, p=\frac{150}{200}=75\%, 1-\alpha=0.95, 1-\alpha/2=0.975$。

使用 NORMSINV 函数(注:在 Probability 栏内输入 $1-\alpha/2$ 值)得: $Z_{0.025}=1.959\,963\,985$。

$$p \pm Z_{\frac{\alpha}{2}} \cdot \sqrt{\frac{p(1-p)}{n}\left(\frac{N-n}{N-1}\right)} = 75\% \pm 1.959\,963\,985 \times \sqrt{\frac{75\%(1-75\%)}{200}\left(\frac{1\,000-200}{1\,000-1}\right)}$$

即 $75\%\pm5.37\%=(69.63\%,80.37\%)$,95%的置信水平下估计赞成改革的人数比例的置信区间为 69.63%~80.37%。

当然,也可以选定单元格,输入计算公式直接计算上下限。方法同例 7-15。

(三) 总体方差的区间估计

在现实问题中,时常会遇到需对作为衡量变量偏离总体平均数尺度的方差进行估计。例如,一匹电池的平均使用寿命虽然合乎要求,但若各电池寿命可能相差很大,即方差很大,那么这些电池的质量还是有问题的。因此,经常要知道总体方差或标准差的大小。

数理统计证明,对于容量为 n 的正态总体样本方差 S^2,若总体方差为 σ^2,则 $\dfrac{(n-1)S^2}{\sigma^2}$ 服从自由度为 $n-1$ 的 χ^2 分布。对给定的置信水平 $1-\alpha$,查 χ^2 分布表可得 $\dfrac{\alpha}{2}$ 分位点 $\chi^2_{\frac{\alpha}{2}}(n-1)$ 和 $1-\dfrac{\alpha}{2}$ 分位点 $\chi^2_{1-\frac{\alpha}{2}}(n-1)$,使得

$$P\left\{\chi^2_{1-\frac{\alpha}{2}}(n-1) \leqslant \frac{(n-1)S^2}{\sigma^2} \leqslant \chi^2_{\frac{\alpha}{2}}(n-1)\right\} = 1-\alpha$$

从而有

$$P\left\{\frac{(n-1)S^2}{\chi^2_{\frac{\alpha}{2}}(n-1)} \leqslant \sigma^2 \leqslant \frac{(n-1)S^2}{\chi^2_{1-\frac{\alpha}{2}}(n-1)}\right\} = 1-\alpha$$

取 $\hat{\sigma}_1^2 = \dfrac{(n-1)S^2}{\chi^2_{\frac{\alpha}{2}}(n-1)}$,$\hat{\sigma}_2^2 = \dfrac{(n-1)S^2}{\chi^2_{1-\frac{\alpha}{2}}(n-1)}$

则 $[\hat{\sigma}_1^2,\hat{\sigma}_2^2]$ 即是 σ^2 的置信水平为 $1-\alpha$ 的置信区间。图 7-27 所示。

即

$$\frac{(n-1)S^2}{\chi^2_{\frac{\alpha}{2}}(n-1)} \leqslant \sigma^2 \leqslant \frac{(n-1)S^2}{\chi^2_{1-\frac{\alpha}{2}}(n-1)} \tag{7-7}$$

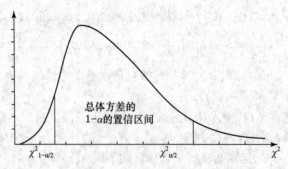

图 7-27 自由度为 $n-1$ 的 χ^2 分布

【例 7-17】 某食品厂从生产的罐头中随机抽取 15 个称量其重量,得样本方差 $S^2=1.65^2$(克^2),设罐头重量服从正态分布,试求其方差的置信水平为 90%的置信区间。

解:$n=15,1-\alpha=90\%,\dfrac{\alpha}{2}=0.05,1-\dfrac{\alpha}{2}=0.95$。

使用 CHIINV 函数(函数格式:CHIINV(0.05,14);CHIINV(0.95,14))得:

$$\chi^2_{0.05}(14) = 23.685, \chi^2_{0.95}(14) = 6.571$$

$$\frac{(n-1)S^2}{\chi^2_{\frac{\alpha}{2}}(n-1)} = \frac{14 \times 1.65^2}{23.685} = 1.61, \frac{(n-1)S^2}{\chi^2_{1-\frac{\alpha}{2}}(n-1)} = \frac{14 \times 1.65^2}{6.571} = 5.8$$

故总体方差的置信水平为90%的置信区间为(1.61,5.8)。

当然,也可以选定单元格,输入计算公式直接计算上下限。对于本例,其操作方法如下:

(1) 选择一个单元格(如 A1),然后输入计算公式"=14*1.65^2/CHIINV(0.05,14)",回车后就得到置信区间下限 1.61。

(2) 然后再选择一个单元格(如 B1),输入计算公式"=14*1.65^2/CHIINV(0.95,14)",回车后就得到置信区间上限 5.8。

三、两个总体参数的区间估计

(一)两个总体均值之差的区间估计

1. 正态总体,方差已知;或非正态总体,方差已知,但大样本情况下:

若 $X_1, X_2, \cdots, X_n$ 和 $X_1, X_2, \cdots, X_m$ 分别为来自两个正态总体的样本,或者两个总体都服从正态分布但两个样本都为大样本时,则两个样本均值之差 $\overline{X}_1 - \overline{X}_2$ 的抽样分布服从正态分布,其分布的数学期望为两个总体均值之差 $E(\overline{X}_1 - \overline{X}_2) = \mu_1 - \mu_2$,方差为各自的方差之和 $\sigma^2_{\overline{X}_1 - \overline{X}_2} = \frac{\sigma_1^2}{n_1} + \frac{\sigma_2^2}{n_2}$,而两个样本均值之差经标准化后服从标准正态分布,即

$$z = \frac{(\overline{X}_1 - \overline{X}_2) - (\mu_1 - \mu_2)}{\sqrt{\frac{\sigma_1^2}{n_1} + \frac{\sigma_2^2}{n_2}}} \sim N(0,1)$$

当已知总体方差分别为 σ_1^2 和 σ_2^2 时,则可以在一定的概率$(1-\alpha)$保证下,两个总体均值之差的置信区间为:

$$(\overline{X}_1 - \overline{X}_2) \pm Z_{\alpha/2} \cdot \sqrt{\frac{\sigma_1^2}{n_1} + \frac{\sigma_2^2}{n_2}}$$

Excel 操作方法如下:

选择一个单元格(如 A1),然后输入计算公式 $=(\overline{X}_1 - \overline{X}_2) - \text{NORMSINV}\left(1-\frac{\alpha}{2}\right) * \text{SQRT}(\sigma_1^2/n_1 + \sigma_2^2/n_2)$,回车后就得到置信区间下限。

然后再选择一个单元格(如 B1),输入计算公式 $=(\overline{X}_1 - \overline{X}_2) + \text{NORMSINV}\left(1-\frac{\alpha}{2}\right) * \text{SQRT}(\sigma_1^2/n_1 + \sigma_2^2/n_2)$,回车后就得到置信区间上限。

当两个总体方差 σ_1^2 和 σ_2^2 未知时,可用两个样本方差 S_1^2 和 S_2^2 来代替,这时,两个总体均值之差 $(\mu_1 - \mu_2)$ 在$(1-\alpha)$置信水平下的置信区间为:

$$(\overline{X}_1 - \overline{X}_2) \pm Z_{\alpha/2} \cdot \sqrt{\frac{s_1^2}{n_1} + \frac{s_2^2}{n_2}}$$

【例 7-18】 某银行负责人想知道储户存入两家银行的钱数,他从每一家银行各抽选了 1 个由 25 个储户组成的随机样本。样本平均值为:$\overline{X}_1 = 450$ 元;$\overline{X}_2 = 325$ 元。两个总体均服从方差分别为 $\sigma_2^2 = 850$ 和 $\sigma_1^2 = 750$ 的正态分布。试构造 $\mu_1 - \mu_2$ 的 95% 的置信区间。

解：由于两个总体均服从正态分布，因此，$\overline{X}_1 - \overline{X}_2$ 也服从正态分布，从而计算总体均值之差 $\mu_1 - \mu_2$ 的置信区间为：$(\overline{X}_1 - \overline{X}_2) \pm Z_{\alpha/2} \cdot \sqrt{\dfrac{\sigma_1^2}{n_1} + \dfrac{\sigma_2^2}{n_2}}$

已知 $\sigma_2^2 = 850$，$\sigma_1^2 = 750$，$X_1 = 450$，$X_2 = 325$，$z_{\frac{\alpha}{2}} = z_{\frac{0.05}{2}} = 1.96$

所以，95%的置信区间为：$(450 - 325) \pm 1.96 \times \sqrt{\dfrac{750}{25} + \dfrac{850}{25}}$

即 (109.32, 140.68)，意味着有95%的把握认为总体均值之差为 109.32～140.68 元。

2. 正态总体，方差未知，且方差相等情况下：

若 $X_1, X_2, \cdots, X_n$ 和 $X_1, X_2, \cdots, X_m$ 分别为来自两个正态总体的样本，两个总体方差虽然未知，但知道两者相等，则可以在一定的概率 $(1-\alpha)$ 保证下，两个总体均值之差的置信区间为：

$$(\overline{X}_1 - \overline{X}_2) \pm t_{\alpha/2}(n_1 + n_2 - 2) \cdot S \cdot \sqrt{\dfrac{1}{n_1} + \dfrac{1}{n_2}}$$

其中：$S = \sqrt{\dfrac{(n_1-1)S_1^2 + (n_2-1)S_2^2}{n_1 + n_2 - 2}}$

S 为两个总体的共同标准差，因为两个样本方差都有理由作为共同方差 σ^2 的估计值 S^2，所以通常计算它们的加权平均数，权数就是他们的自由度。

那么，两个样本均值之差经标准化后服从自由度为 $(n_1 + n_2 - 2)$ 的 t 分布，即

$$t = \dfrac{(\overline{X}_1 - \overline{X}_2) - (\mu_1 - \mu_2)}{s\sqrt{\dfrac{1}{n_1} + \dfrac{1}{n_2}}} \sim t(n_1 + n_2 - 2)$$

Excel 操作方法如下：

选择一个单元格（如 A1），然后输入计算公式 $= (\overline{X}_1 - \overline{X}_2) - \text{TINV}(\alpha, n_1 + n_2 - 2) * \text{SQRT}(((n_1-1)S_1^2 + (n_2-1)S_2^2)/(n_1+n_2-2)) * \text{SQRT}(1/n_1 + 1/n_2)$，回车后就得到置信区间下限。

然后再选择一个单元格（如 B1），输入计算公式 $= (\overline{X}_1 - \overline{X}_2) + \text{TINV}(\alpha, n_1 + n_2 - 2) * \text{SQRT}(((n_1-1)S_1^2 + (n_2-1)S_2^2)/(n_1+n_2-2)) * \text{SQRT}(1/n_1 + 1/n_2)$，回车后就得到置信区间上限。

【例 7-19】 为检验两种化肥对某作物的作用，从施用1号化肥的试验基地中抽取了25个样本地块，从施用2号化肥的试验基地中抽取了12个样本地块，测试结果：施用1号化肥样本地块的平均产量为44.1公斤，方差为36，施用2号化肥样本地块的平均产量为31.7公斤，方差为44。根据技术人员经验，两基地农作物产量近似服从正态分布，且两种化肥影响产量的波动基本是相等的，试以95%的可靠性估计两种化肥对农作物产量影响的差异。

解：已知 $\sigma_1^2 = \sigma_2^2$，所以，以 $\overline{X}_1 - \overline{X}_2$ 估计 $\mu_1 - \mu_2$，可以得到置信区间：

$$(\overline{X}_1 - \overline{X}_2) \pm t_{\alpha/2}(n_1 + n_2 - 2) \cdot S \cdot \sqrt{\dfrac{1}{n_1} + \dfrac{1}{n_2}}$$

$$\overline{X}_1 - \overline{X}_2 = 44.1 - 31.7 = 12.4$$

查表得：$t(n_1 + n_2 - 2) = t(25 + 12 - 2) = 2.032$

$$S^2 = \dfrac{(n_1-1)S_1^2 + (n_2-1)S_2^2}{n_1 + n_2 - 2} = \dfrac{(25-1) \times 36 + (12-1) \times 44}{25 + 12 - 2} = 38.51$$

于是得到置信区间：$12.4 \pm 2.032 \times \sqrt{38.51} \times \sqrt{\frac{1}{25}+\frac{1}{12}}$

即(7.97，16.83)，因此，有 95% 的把握推测两种化肥对产量的影响差异大约在 8 千克到 17 千克之间。

3. 正态总体，方差未知，且方差不等情况下

若 $X_1, X_2, \cdots, X_n$ 和 $X_1, X_2, \cdots, X_m$ 分别为来自两个正态总体的样本，两个总体方差未知，且不等，则可以在一定的概率$(1-\alpha)$保证下，两个总体均值之差的置信区间为：

$$(\overline{X}_1 - \overline{X}_2) \pm t_{\alpha/2}(df) \cdot \sqrt{\frac{S_1^2}{n_1} + \frac{S_2^2}{n_2}}$$

其中：$df = \left(\frac{S_1^2}{n_1}+\frac{S_2^2}{n_2}\right)^2 \Big/ \left[\frac{\left(\frac{S_1^2}{n_1}\right)^2}{n_1-1}+\frac{\left(\frac{S_2^2}{n_2}\right)^2}{n_2-1}\right]$

Excel 操作方法如下：

(1) 首先计算出 df 值。选择一个单元格(如 C1)，然后输入计算公式 $=(S_1^2/n_1+S_2^2/n_2)$^2/$((S_1^2/n_1)$^2/$(n_1-1)+(S_2^2/n_2)$^2/$(n_2-1))$。

(2) 选择一个单元格(如 A1)，然后输入计算公式 $=(\overline{X}_1-\overline{X}_2)-\text{TINV}(\alpha, \text{C1})*\text{SQRT}(S_1^2/n_1+S_2^2/n_2)$，回车后就得到置信区间下限。

(3) 然后再选择一个单元格(如 B1)，输入计算公式 $=(\overline{X}_1-\overline{X}_2)+\text{TINV}(\alpha, \text{C1})*\text{SQRT}(S_1^2/n_1+S_2^2/n_2)$，回车后就得到置信区间上限。

【例 7-20】 为估计两种方法组装产品所需时间的差异，假定第一种方法随机安排 12 名工人，第二种方法随机安排 8 名工人，即 $n_1=12, n_2=8$，所得的有关数据见表 7-11。假定两种方法组装产品的时间服从正态分布，且方差不相等。以 95% 的置信水平建立两种方法组装产品所需平均时间差值的置信区间。

表 7-11 两种方法组装产品所需时间 （单位：分钟）

	A	B	C	D	E	F	G	H	I	J	K	L	M
1	方法 1	28.3	30.1	29	37.6	32.1	28.8	36	37.2	38.5	34.4	28	30
2	方法 2	27.6	22.2	31	33.8	20	30.2	31.7	26.5				

解： 根据样本数据计算得

$$\overline{X}_1 = 32.5; \quad S_1^2 = 15.996; \quad \overline{X}_2 = 27.875; \quad S_2^2 = 23.014$$

自由度为：

$$df = \left(\frac{S_1^2}{n_1}+\frac{S_2^2}{n_2}\right)^2 \Big/ \left[\frac{\left(\frac{S_1^2}{n_1}\right)^2}{n_1-1}+\frac{\left(\frac{S_2^2}{n_2}\right)^2}{n_2-1}\right] = \frac{\left(\frac{15.996}{12}+\frac{23.014}{8}\right)^2}{\frac{(15.996/12)^2}{12-1}+\frac{(23.014/8)^2}{8-1}} = 13.188 \approx 13$$

根据自由度 13 查 t 分布表得：$t_{0.05/2}(13) = 2.1604$

两个总体均值之差 $\mu_1 - \mu_2$ 在 $1-\alpha$ 置信水平下的置信区间为：

$$(\overline{X}_1 - \overline{X}_2) \pm t_{\alpha/2}(df) \cdot \sqrt{\frac{S_1^2}{n_1}+\frac{S_2^2}{n_2}} = (32.5-27.875) \pm 2.1604 \times \sqrt{\frac{15.996}{12}+\frac{23.014}{8}}$$

$$= 4.625 \pm 4.433$$

即两种方法组装产品所需平均时间之差的置信区间为 0.192~9.058 分钟。

（二）两个总体比例之差的区间估计

设两个总体的比例分别为 π_1 和 π_2，分别从两个总体各随机抽取容量为 n_1 和 n_2 的两个样本，计算出两个样本的比例分别为 p_1 和 p_2。当 n_1 和 n_2 很大，p_1-p_2 的抽样分布近似正态分布，且

$$\mu = \pi_1 - \pi_2, \quad \sigma = \sqrt{\frac{\pi_1(1-\pi_1)}{n_1} + \frac{\pi_2(1-\pi_2)}{n_2}}$$

则两个总体的比例之差 $\pi_1-\pi_2$，在一定的概率 $(1-\alpha)$ 保证下的置信区间为：

$$(p_1 - p_2) \pm Z_{\alpha/2}\sqrt{\frac{p_1(1-p_1)}{n_1} + \frac{p_2(1-p_2)}{n_2}}$$

Excel 操作方法是选定单元格，输入计算公式直接计算上下限。方法同两个总体均值之差的区间估计。

【例 7-21】 某企业有甲乙两个车间，为了降低废品率，该企业对乙车间的工人首先进行了业务培训。3 个月后，该企业负责人对两个车间的产品质量进行了检验。从甲车间抽取了 200 件产品，从乙车间抽取了 220 件产品。查得废品率甲车间为 $p_1=15\%$，乙车间为 $p_2=3\%$。试在 95% 的把握程度下，构造两个废品率之差的置信区间。

解：

$$S_{p_1-p_2} = \sqrt{\frac{p_1(1-p_1)}{n_1} + \frac{p_2(1-p_2)}{n_2}}$$

$$= \sqrt{\frac{0.15 \times (1-0.15)}{200} + \frac{0.03 \times (1-0.03)}{220}} = 0.0277$$

当置信度为 95% 时，$z_{\alpha/2}=1.96$，从而其估计区间为：

$$(p_1 - p_2) \pm Z_{\alpha/2} S_{p_1-p_2} = (0.15 - 0.03) \pm 1.96 \times 0.0277$$

即 $(0.066, 0.174)$。因此，有 95% 的把握说甲车间与乙车间的废品率之差在 6.6% 至 17.4% 之间。这说明，乙车间人员的业务培训收到了效果。

（三）两个总体方差比的区间估计

设两个总体方差分别为 σ_1^2 和 σ_2^2，分别从两个总体各随机抽取容量为 n_1 和 n_2 的两个样本，计算出两个样本的方差分别为 S_1^2 和 S_2^2，通常假定 $S_1^2 \geqslant S_2^2$。当两个总体均服从正态分布，且相互独立时，有：

$$F = \frac{S_1^2}{S_2^2} \times \frac{\sigma_2^2}{\sigma_1^2} F(n_1-1, n_2-1)$$

则在一定的概率 $(1-\alpha)$ 保证下，两个总体方差比的置信区间为：

$$\frac{S_1^2/S_2^2}{F_{\alpha/2}(n_1-1, n_2-1)} \leqslant \frac{\sigma_1^2}{\sigma_2^2} \leqslant \frac{S_1^2/S_2^2}{F_{1-\alpha/2}(n_1-1, n_2-1)}$$

式中：$F_{1-\alpha/2}(n_1-1, n_2-1) = \dfrac{1}{F_{\alpha/2}(n_2-1, n_1-1)}$

因为 F 分布表中不含与 $1-\dfrac{\alpha}{2}$ 对应的 $F_{1-\alpha/2}$ 的值，所以，先去查得 $F_{\alpha/2}$ 值，然后求倒数得 $F_{1-\alpha/2}$。

Excel 操作方法如下：

(1) 选择一个单元格（如 A1），然后输入计算公式 $=(S_1^2/S_2^2)/\text{FINV}\left(\dfrac{\alpha}{2}, n_1-1, n_2-1\right)$，回车后就得到置信区间下限。

(2) 然后再选择一个单元格(如B1)，输入计算公式＝$(S_1^2/S_2^2)/\text{FINV}\left(1-\dfrac{\alpha}{2}, n_1-1, n_2-1\right)$，回车后就得到置信区间上限。

【例 7-22】 为了研究男女学生在生活费支出(单位：元)上的差异，在某大学各随机抽取 25 名男学生和 25 名女学生，得到下面的结果：

男学生：$\bar{X}_1=520, s_1^2=260$，女学生：$\bar{X}_2=480, s_2^2=280$

试以 90％置信水平估计男女学生生活费支出方差比的置信区间。

解： 根据自由度 $n_1-1=25-1=24, n_2-1=25-1=24$，查得

$$F_{\alpha/2}(24,24)=1.98, \quad F_{1-\alpha/2}(24,24)=1/1.98=0.505$$

σ_1^2/σ_2^2 置信度为 90％的置信区间为：$\dfrac{260/280}{1.98} \leqslant \dfrac{\sigma_1^2}{\sigma_2^2} \leqslant \dfrac{260/280}{0.505}$

因此，男女学生生活费支出方差比的置信区间为 0.47～1.84。

四、样本量的确定

在抽取样本时样本容量应多大是一个很实际的问题。样本容量取得比较大，收集的信息就比较多，从而估计精度比较高，但进行观测所投入的费用、人力及时间就比较多；样本容量取得比较小，则投入的费用、人力及时间就比较少，但收集的信息也比较少，从而估计精度比较低。这说明精度和费用对样本量的影响是矛盾的，不存在即使精度最高又使费用最省的样本量。一个常用的准则是在使精度得到保证的前提下寻求使费用最省的样本量。由于费用通常是样本量的正向线性函数，故使费用最省的样本量也就是使精度得到保证的最小样本量。

(一) 估计总体均值时样本量的确定

在简单随机重复抽样下，设样本 $(X_1, X_2, \cdots, X_n)$ 来自正态总体 $N(\mu, \sigma^2)$，总体均值 μ 的点估计为样本均值 $\bar{X}$。如果要求以 $\bar{X}$ 估计 μ 时的绝对误差为 Δ，可靠度为 $1-\alpha$，即要求 $P\{|\bar{X}-\mu| \leqslant \Delta\}=1-\alpha$

由
$$P\left\{\left|\dfrac{\bar{X}-\mu}{\sigma/\sqrt{n}}\right| \leqslant Z_{\alpha/2}\right\}=1-\alpha$$

知
$$P\left\{|\bar{X}-\mu| \leqslant Z_{\alpha/2}\dfrac{\sigma}{\sqrt{n}}\right\}=1-\alpha$$

故只要需取绝对误差 $\Delta=Z_{\alpha/2} \cdot \dfrac{\sigma}{\sqrt{n}}$

从而解得

$$n=\dfrac{Z_{\alpha/2}^2 \cdot \sigma^2}{\Delta^2} \quad (\text{重复抽样条件下}) \tag{7-8}$$

同理，在简单随机不重复抽样条件下，可以得出估计总体均值时样本容量的计算公式为：

$$n=\dfrac{N \cdot Z_{\alpha/2}^2 \cdot \sigma^2}{(N-1)\Delta^2+Z_{\alpha/2}^2 \sigma^2} \quad (\text{不重复抽样条件下}) \tag{7-9}$$

【例 7-23】 在某企业中采用简单随机抽样调查职工月平均奖金额，设职工月奖金额服从标准差为 10 元的正态分布，要求估计的绝对误差为 3 元，可靠度为 95％，试问应抽多少职工？

解： 已知 $\sigma=10, \Delta=3, 1-\alpha=0.95, 1-\alpha/2=0.975$。

使用 NORMSINV 函数(注：在 Probability 栏内输入 $1-\alpha/2$ 值)得：
$$Z_{0.025} = 1.959\,963\,985$$

$$n = \frac{Z_{\alpha/2}^2 \cdot \sigma^2}{\Delta^2} = \frac{1.96^2 \times 10^2}{3^2} = 42.68 \approx 43$$

即需抽取43名职工作为样本进行调查。

(二)估计总体比例时样本量的确定

在简单随机重复抽样条件下，估计总体比例时，可以定义绝对误差 Δ 为：

$$\Delta = Z_{\alpha/2} \cdot \sqrt{\frac{p(1-p)}{n}}$$

从而得到样本容量：

$$n = \frac{Z_{\alpha/2}^2 \cdot \pi \cdot (1-\pi)}{\Delta^2} \quad (\text{重复抽样条件下}) \tag{7-10}$$

同理，在简单随机不重复抽样条件下，可以得出估计总体比例时样本容量的计算公式为：

$$n = \frac{N \cdot Z_{\alpha/2}^2 \cdot \pi \cdot (1-\pi)}{(N-1) \cdot \Delta^2 + Z_{\alpha/2}^2 \cdot \pi \cdot (1-\pi)} \quad (\text{不重复抽样条件下}) \tag{7-11}$$

【例 7-24】 根据以往的生产统计，某种产品的合格率为90%，现要求绝对误差为5%，在置信水平为95%的置信区间时，应抽取多少个产品作为样本？

已知，$\pi = 90\%$，$\Delta = 5\%$，$1-\alpha = 0.95$，$1-\alpha/2 = 0.975$

使用 NORMSINV 函数(注：在 Probability 栏内输入 $1-\alpha/2$ 值)得：
$$Z_{0.025} = 1.959\,963\,985$$

则

$$n = \frac{Z_{\alpha/2}^2 \cdot \pi \cdot (1-\pi)}{\Delta^2} = \frac{1.96^2 \times 0.9 \times (1-0.9)}{0.05^2} = 139$$

(三)估计两个总体均值之差时样本量的确定

设 n_1 和 n_2 为来自两个总体的样本，并假定 $n_1 = n_2$，根据均值之差的区间估计公式可得两个样本的容量 n 为

$$n_1 = n_2 = n = \frac{(z_{\alpha/2})^2 \cdot (\sigma_1^2 + \sigma_2^2)}{\Delta^2} \tag{7-12}$$

其中：$\Delta = z_{\alpha/2}\sqrt{\dfrac{\sigma_1^2 + \sigma_2^2}{n}}$。式中，$n_1$ 和 n_2 为来自两个总体的样本量；σ_1^2 和 σ_2^2 为两个总体的方差。

【例 7-25】 假定两个总体的标准差分别为：$\sigma_1 = 12$，$\sigma_2 = 15$，若要求误差范围不超过5，相应的置信水平为95%，假定 $n_1 = n_2$，估计两个总体均值之差 $\mu_1 - \mu_2$ 时所需的样本量为多大？

解： 已知 $\sigma_1 = 12$，$\sigma_2 = 15$，$\Delta = 5$，$n_1 = n_2$，当 $\alpha = 0.05$ 时，$z_{\alpha/2} = 1.96$

应抽取的样本量为：

$$n_1 = n_2 = \frac{(z_{\alpha/2})^2 \cdot (\sigma_1^2 + \sigma_2^2)}{\Delta^2} = \frac{1.96^2 \times (12^2 + 15)}{5^2} \approx 57$$

(四)估计两个总体比例之差时样本量的确定

设 n_1 和 n_2 为来自两个总体的样本，并假定 $n_1 = n_2$，根据比例之差的区间估计公式可得两个样本的容量 n 为：

$$n_1 = n_2 = n = \frac{(z_{\alpha/2})^2 \cdot [\pi_1(1-\pi_1) + \pi_2(1-\pi_2)]}{\Delta^2} \tag{7-13}$$

其中：$\Delta = z_{\alpha/2} \sqrt{\frac{\pi_1(1-\pi_1) + \pi_2(1-\pi_2)}{n}}$。式中，$n_1$ 和 n_2 为来自两个总体的样本量；π_1 和 π_2 为两个总体的比例。

【例 7-26】 假定 $n_1 = n_2$，误差范围为 $\Delta = 0.05$，相应的置信水平为 95%，估计两个总体比例之差 $\pi_1 - \pi_2$ 时所需的样本量为多大？

解：已知 $\Delta = 0.05$，$n_1 = n_2$，当 $\alpha = 0.05$ 时，$z_{\alpha/2} = 1.96$

由于没有 π_2 和 π_1 的信息，此时用 0.5 作为 π_2 和 π_1 的近似值。应抽取的样本量为：

$$\begin{aligned} n_1 = n_2 &= \frac{(z_{\alpha/2})^2 \cdot [\pi_1(1-\pi_1) + \pi_2(1-\pi_2)]}{\Delta^2} \\ &= \frac{1.96^2 \times [0.5 \times (1-0.5) + 0.5 \times (1-0.5)]}{0.05^2} \approx 769 \end{aligned}$$

【练习题】

一、名词解释

抽样推断；抽样单元、抽样框；概率抽样；简单随机抽样；分层抽样；阶段抽样；整群抽样；系统抽样；Z 统计量及其分布；χ^2 统计量及其分布；t 统计量及其分布；F 统计量及其分布；参数估计；抽样误差。

二、简答题

1. 简述确定样本量的最有原则。
2. 影响抽样误差的主要因素有哪些？
3. 简述概率抽样的五种方式。
4. 简述影响样本容量的因素。
5. 简述评价估计量的标准。

三、填空题

1. 抽样推断是在_____的基础上，利用样本资料计算样本指标，并据以推算_____特征的一种统计分析方法。
2. 从全部总体单位中随机抽选样本单位的方法有两种，即_____抽样和_____抽样。
3. 常用的抽样组织形式有_____、_____、_____、_____、_____等五种。
4. 影响抽样误差大小的因素有总体各单位标志值的差异程度、_____、_____和抽样调查的组织形式。
5. 总体参数区间估计必须具备估计值、_____、_____等三个要素。
6. 从总体单位数为 N 的总体中抽取容量为 n 的样本，在重复抽样和不重复抽样条件下,可能的样本个数分别是_____和_____。

7. _____抽样是最基本的抽样组织方式,也是其他复杂抽样设计的基础。

8. 影响样本容量的主要因素包括_____、_____、_____、_____、_____等。

四、选择题

1. 抽样调查需要遵守的基本原则是(　　)。
   A. 准确性原则　　　B. 随机性原则　　　C. 代表性原则　　　D. 可靠性原则
2. 抽样调查的主要目的是(　　)。
   A. 用样本指标推断总体指标　　　B. 用总体指标推断样本指标
   C. 弥补普查资料的不足　　　D. 节约经费开支
3. 抽样平均误差反映了样本指标与总体指标之间的(　　)。
   A. 实际误差　　　B. 实际误差的平均数
   C. 可能的误差范围　　　D. 实际的误差范围
4. 对某种连续生产的产品进行质量检验,要求每隔一小时抽出10分钟的产品进行检验,这种抽查方式是(　　)。
   A. 简单随机抽样　　　B. 类型抽样
   C. 等距抽样　　　D. 整群抽样
5. 在其他情况一定的情况下,样本单位数与抽样误差之间的关系是(　　)。
   A. 样本单位数越多,抽样误差越大　　　B. 样本单位数越多,抽样误差越小
   C. 样本单位数与抽样误差无关　　　D. 抽样误差是样本单位数的10%
6. 用简单随机重复抽样方法抽取样本单位,如果要使抽样平均误差降低50%,那么样本容量需扩大到原来的(　　)。
   A. 2倍　　　B. 3倍　　　C. 4倍　　　D. 5倍
7. 在抽样调查中(　　)。
   A. 只存在登记性误差,不存在代表性误差
   B. 只存在代表性误差,不存在登记性误差
   C. 既不存在登记性误差,也不存在代表性误差
   D. 既存在登记性误差,也存在代表性误差
8. 在抽样调查中,样本单位(　　)。
   A. 越少越好　　　B. 越多越好
   C. 取决于对抽样推断可靠性的要求　　　D. 取决于调查者的意志和愿望
9. 为了解某企业职工家庭收支情况,按该企业职工名册依次每50人抽取1人组成样本,在这个基础上,对每个家庭的生活费收入和支出情况进行调查,这种调查属于(　　)。
   A. 简单随机抽样　　　B. 等距抽样
   C. 类型抽样　　　D. 整群抽样
10. 影响抽样误差的因素包括(　　)。
    A. 全及总体本身的变异程度　　　B. 抽样调查的目的和要求
    C. 样本单位的数目　　　D. 样本指标

11. 在抽样调查中（　　）。
    A. 样本是唯一的,样本指标也是唯一的
    B. 样本是随机变量
    C. 样本指标是随机变量
    D. 样本不是唯一的,样本指标也不是唯一的
12. 从总体中抽取样本单位的具体方法有（　　）。
    A. 简单随机抽样　　B. 重复抽样　　　　C. 不重复抽样
    D. 等距抽样　　　　E. 非概率抽样
13. 抽样调查的特点是（　　）。
    A. 只对样本单位进行调查　　　　B. 抽样误差可以计算和控制
    C. 遵循随机原则　　　　　　　　D. 以样本指标推断总体指标
14. 抽样调查方式的优越性表现在以下几个方面：（　　）。
    A. 全面性　　　B. 经济性　　　C. 时效性　　　D. 准确性
    E. 灵活性
15. 抽样误差是指（　　）。
    A. 在调查过程中由于观察、测量等差错所引起的误差
    B. 在调查中违反随机原则出现的系统误差
    C. 随机抽样而产生的代表性误差
    D. 人为原因所造成的误差
16. 在一定的抽样平均误差条件下（　　）。
    A. 扩大极限误差范围,可以提高推断的可靠程度
    B. 扩大极限误差范围,会降低推断的可靠程度
    C. 缩小极限误差范围,可以提高推断的可靠程度
    D. 缩小极限误差范围,不改变推断的可靠程度
17. 反映样本指标与总体指标之间的平均误差程度的指标是（　　）。
    A. 抽样误差系数　　　　　　B. 概率度
    C. 抽样平均误差　　　　　　D. 抽样极限误差
18. 抽样平均误差是（　　）。
    A. 全部总体的标准差　　　　B. 样本的标准差
    C. 抽样指标的标准差　　　　D. 抽样误差的平均差
19. 在其他条件不变的情况下,提高估计的概率保证程度,其估计的精确程度（　　）。
    A. 随之扩大　　B. 随之缩小　　C. 保持不变　　D. 无法确定
20. 影响抽样平均误差的因素有（　　）。
    A. 是有限总体还是无限总体　　B. 是变量总体还是属性总体
    C. 是重复抽样还是不重复抽样　　D. 抽样单位数的多少
    E. 全及总体标志的变动程度
21. 在其他条件不变的情况下,抽样极限误差的大小和置信度的关系是（　　）。
    A. 抽样极限误差的数值愈大,则置信度愈大
    B. 抽样极限误差的数值愈小,则置信度愈小
    C. 抽样极限误差的数值愈小,则置信度愈大

D. 成正比关系

E. 成反比关系

五、计算题

1. 某种零件的长度服从正态分布,从某天生产一批零件中按重复抽样方法随机抽取 9 个,测得其平均长度为 21.4 cm。已知总体标准差为 $\sigma=0.15$ cm。试估计该批零件平均长度的置信区间,置信水平为 95%。

2. 一家食品生产企业以生产袋装食品为主,为对食品质量进行监测,企业质检部门经常要进行抽检,以分析每袋重量是否符合要求。现从某天生产的一批食品中随机抽取了 25 袋,测得每袋重量如下表所示。已知产品重量的分布服从正态分布,且总体标准差为 10 g。试估计该批产品平均重量的置信区间,置信水平为 95%。

25 袋食品的重量

112.5	101.0	103.0	102.0	100.5
102.6	107.5	95.0	108.8	115.6
100.0	123.5	102.0	101.6	102.2
116.6	95.4	97.8	108.6	105.0
136.8	102.8	101.5	98.4	93.3

3. 某大学从该校学生中随机抽取 100 人,调查到他们平均每天参加体育锻炼的时间为 26 分钟。试以 95% 的置信水平估计该大学全体学生平均每天参加体育锻炼的时间(已知总体方差为 36 分钟)。

4. 一家保险公司收集到由 36 个投保人组成的随机样本,得到每个投保人的年龄(单位:周岁)数据如下表。试建立投保人年龄 90% 的置信区间。

36 个投保人年龄的数据

23	35	39	27	36	44
36	42	46	43	31	33
42	53	45	54	47	24
34	28	39	36	44	40
39	49	38	34	48	50
34	39	45	48	45	32

5. 某城市想要估计下岗职工中女性所占的比例,随机抽取了 100 个下岗职工,其中 65 人为女性职工。试以 95% 的置信水平估计该城市下岗职工中女性比例的置信区间。

6. 某企业共有职工 1 000 人。企业准备实行一项改革,在职工中征求意见,采取不重复抽样方法随机抽取 200 人作为样本,调查结果显示,有 150 人表示赞成该项改革,50 人表示反对。试以 95% 的概率确定赞成改革的人数比例的置信区间。

7. 一家食品生产企业以生产袋装食品为主,为对食品质量进行监测,企业质检部门经常要进行抽检,以分析每袋重量是否符合要求。现从某天生产的一批食品中随机抽取了 25 袋,测得每袋重量如下表所示。已知产品重量的分布服从正态分布,且总体标准差为 10g。试估计该批产品平均重量的置信区间,置信水平为 95%。

	A	B	C	D	E
1	112.5	101	103	102	100.5
2	102.6	107.5	95	108.8	115.6
3	100	123.5	102	101.6	102.2
4	116.6	95.4	97.8	108.6	105
5	136.8	102.8	101.5	98.4	93.3

8. 某制造厂质量管理部门的负责人希望估计移交给接收部门的 5 500 包原材料的平均重量。一个 250 包原材料组成的随机样本所给出的平均值 $\bar{x}=65$ 千克。总体标准差 $\sigma=15$ 千克。假定 95% 的置信区间已能令人满意,并假定总体为正态分布,试构造总体未知的平均值 μ 的置信区间。

9. 某职业介绍所的职员从申请某一职业的 1 000 名申请者中采用不重复抽样方式随机抽取了 200 名申请者,借此来估计 1 000 名申请者的平均成绩。已知由 200 名申请者构成的样本平均分 $\bar{x}=78$ 分,由以往经验已知总体方差为 90,但该职员不知总体服从何种分布。试求 μ 的 90% 的置信区间。

10. 一家袜厂其原料加弹尼龙来自甲、乙两家工厂,为了估计甲乙两厂提供的产品的拉力强度之差异,从甲厂随机抽取了 25 个样品,从乙厂抽取了 16 个样品,测试结果甲厂产品的平均拉力强度为 22 千克,乙厂产品的平均拉力强度为 20 千克,根据过去记录,两个工厂产品的拉力强度的方差均为 10,要求以 95% 的把握对两厂产品拉力强度的差异情况作出判断。

11. 某工厂中有两台生产金属棒的机器。一个随机样本由机器 A 生产的 11 根金属棒组成,另一个随机样本由机器 B 生产的 21 根金属棒组成。两个样本分别给出两台机器所生产金属棒的长度数据如下:$\bar{X}_1=6.10$ 英寸,$\bar{X}_2=5.95$ 英寸;$S_1^2=0.018, S_2^2=0.020$。假定两个总体近似服从正态分布,且总体方差相等,试构造 $\mu_1-\mu_2$ 的 95% 的置信区间。

12. 假定 11 题中的两个总体方差不等,试构造 $\mu_1-\mu_2$ 的 95% 的置信区间。

13. 在某个电视节目的收视率调查中,农村随机调查了 400 人,有 32% 的人收看了该节目;城市随机调查了 500 人,有 45% 的人收看了该节目。试以 95% 的置信水平估计城市与农村收视率差别的置信区间。

14. 对 25 位男同学与 16 位女同学进行统计学考试,考试结果为:男生平均成绩为 82 分,标准差为 3 分;女生平均成绩为 78 分,标准差为 7 分。设所有学生的统计学成绩呈正态分布,试求出 $\dfrac{\sigma_1^2}{\sigma_2^2}$ 的 98% 的置信区间。

15. 拥有工商管理学士学位的大学毕业生年薪的标准差大约为 2 000 元,假定想要估计年薪 95% 的置信区间,希望边际误差为 400 元,应抽取多大的样本量?

16. 根据以往的生产统计,某种产品的合格率约为 90%,现要求边际误差为 5%,在求 95% 的置信区间时,应抽取多少个产品作为样本?

17. 一所中学的教务处想要估计试验班和普通班英语考试成绩平均分数差值的置信区间。要求置信水平为 95%,预先估计两个班考试分数的方差分别为:试验班 $\sigma_1^2=90$,普通班 $\sigma_2^2=120$。如果要求估计的误差范围(边际误差)不超过 5 分,在两个班应分别抽取多少名学生进行调查?

18. 一家瓶装饮料制造商想要估计顾客对一种新型饮料认知的广告效果。他在广告前和广告后分别从市场营销区各抽选一个消费者随机样本，并询问这些消费者是否听说过这种新型饮料。这位制造商想以10%的误差范围和95%的置信水平估计广告前后知道该新型饮料消费者的比例之差，他抽取的两个样本分别应包括多少人？（假定两个样本量相等）

第八章

假设检验与方差分析

【引导案例】

小概率事件

如果你是中国消费者协会的官员,负责治理缺斤少两的不法行为。假如你知道可口可乐公司,他们生产的一种瓶装雪碧,包装上标明其净含量是 500 mL,在市场上随机抽取了 25 瓶,测得到其平均含量为 499.5 mL,标准差为 2.63 mL。你拿着这些数据可能做两件事:一是你做一个估计:该种包装的雪碧平均含量为 498.03~500.97 mL,然后向消协写份报告;二是你做一个裁决:说"可口可乐公司有欺骗消费者的行为"的证据不足。前者是参数估计;后者是假设检验。

无论是假设检验还是参数估计,都要用到小概率。概率是从 0 到 1 之间的一个数,因此小概率就应该是接近 0 的一个数。著名的英国统计家费歇(Ronald Fisher)把 1/20 作为标准,这也就是 0.05,从此 0.05 或比 0.05 小的概率都被认为是小概率。费歇没有任何深奥的理由解释他为什么选择 0.05,只是说他忽然想起来的。小概率事件原理是,假定在一次实验中,小概率事件不发生,如果发生了,我们就有充足的理由拒绝原假设。下面就让我们详细看看在实际中是如何进行假设检验的吧。

第一节 假设检验的基本问题

假设检验是除参数估计之外的另一类重要的抽样推断问题,它是先对研究总体的参数做出某种假设,然后通过样本的观察来决定假设是否成立,以此为决策取舍依据的一种统计分析方法。

一、假设检验的有关概念

(一)假设检验的有关概念

1. 统计假设。统计假设是对总体参数的具体数值所作的陈述。常用的总体参数包括总体均值 μ、比例 π、方差 σ^2 等。

2. 假设检验。假设检验是先对总体的参数(或分布形式)提出某种假设,然后利用样本信息判断假设是否成立的过程。有参数检验和非参数检验两种。逻辑上运用反证法,统计上依据小概率原理。

3. 原假设。原假设是研究者想搜集证据予以反对的假设,又称"零假设",用符号表示为 H_0。之所以用零来修饰原假设,其原因是原假设的内容总是没有差异或没有改变,或变量间没有关系,等等。关于样本统计量如样本均值或样本均值之差的零假设是没有意义的,因为样本统计量是已知的,当然能说出它们等于几或是否相等。

4. 备择假设。备择假设也称"研究假设",是研究者想搜集证据予以支持的假设。用符号表示为 H_1。

5. 双侧检验与单侧检验。如果备择假设没有特定的方向性,并含有符号 $\neq$,这样的假设检验称为双侧检验或双尾检验。如果备择假设具有特定的方向性,并含有符号">"或"<"的假设检验,称为单侧检验或单尾检验。备择假设的方向为"<",称为左侧检验;备择假设的方向为">",称为右侧检验。

6. 提出假设。原假设和备择假设是一个完备事件组,而且相互对立。在一项假设检验中,原假设和备择假设必有一个成立,而且只有一个成立。

通常先确定备择假设,再确定原假设。等号"="总是放在原假设上。

因研究目的不同,对同一问题可能提出不同的假设(也可能得出不同的结论)。

【例 8-1】 一种零件的生产标准是直径应为 10 cm,为对生产过程进行控制,质量监测人员定期对一台加工机床检查,确定这台机床生产的零件是否符合标准要求。如果零件的平均直径大于或小于 10 cm,则表明生产过程不正常,必须进行调整。如果检验生产过程是否正常,原假设和备择假设分别是什么。

解:研究者想搜集证据予以证明的假设应该是"生产过程不正常"。

所以建立的原假设和备择假设为:

$$H_0: \mu = 10 \text{ cm} \quad H_1: \mu \neq 10 \text{ cm}$$

【例 8-2】 某品牌洗涤剂在它的产品说明书中声称:平均净含量不少于 500 克。从消费者的利益出发,有关研究人员要通过抽检其中的一批产品来验证该产品制造商的说明是否属实。试陈述用于检验的原假设与备择假设。

解:研究者抽检的意图是倾向于证实这种洗涤剂的平均净含量不符合说明书中的陈述。

所以建立的原假设和备择假设为:

$$H_0: \mu \geqslant 500 \quad H_1: \mu < 500$$

【例 8-3】 一家研究机构估计,某城市中家庭拥有汽车的比例超过 30%。为验证这一估计,该研究机构随机抽取了一个样本进行检验。试陈述用于检验的原假设与备择假设。

解:研究者想搜集证据予以支持的假设是"该城市中家庭拥有汽车的比例超过 30%"。

建立的原假设和备择假设为:

$$H_0: \mu \leqslant 30\% \quad H_1: \mu > 30\%$$

(二)假设检验中的两类错误

假设检验的目的是要根据样本信息做出决策,也就是做出是否拒绝原假设而倾向于备择假设的决策。显然,研究者总是希望能做出正确的决策,但由于决策是建立在样本信息的基础之上,而样本又是随机的,因而就有可能犯错。

1. 第Ⅰ类错误(弃真错误)。当原假设为真时拒绝原假设,所犯的错误称为第Ⅰ类错误,又称弃真错误。犯第Ⅰ类错误的概率记为 α。

2. 第Ⅱ类错误(取伪错误)。当原假设为假时没有拒绝原假设,所犯的错误称为第Ⅱ类错误,又称取伪错误。犯第Ⅱ类错误的概率记为 β。

自然,人们希望犯两类错误的概率越小越好,但对于一定的样本容量 n,不能同时做到犯这两类错误的概率都很小。通常,人们只对犯第Ⅰ类错误的概率 α 加以限制,这种假设检验称为显著性检验。

3. 显著性水平 α。显著性水平指的是当原假设为真时,拒绝原假设的概率,即犯第Ⅰ类错误的概率 α。α 越小,犯第Ⅰ类错误的可能性自然就越小。著名的英国统计学家 Ronald Fisher 在他的研究中把小概率的标准定为 0.05,所以作为一个普遍适用的原则,人们通常选择显著性水平为 0.05 或比 0.05 更小的概率。

假如选择 $\alpha=0.05$,样本数据能拒绝原假设的证据要强到:当 H_0 正确时,这种样本结果发生的频率不超过 5%;如果选择 $\alpha=0.01$,就是要求拒绝 H_0 的证据要更强,这种样本结果发生的频率只有 1%。

4. 统计显著性(significant)。"significant"(显著的)一词的意义在这里并不是"重要的",而是指"非偶然的"。

在假设检验中,如果样本提供的证据拒绝原假设,则说检验的结果是显著的,如果不拒绝原假设,则说结果是不显著的。一项检验在统计上是"显著的",意思是指:这样的(样本)结果不是偶然得到的,或者说,不是靠机遇能够得到的。

拒绝原假设,表示这样的样本结果并不是偶然得到的;不拒绝原假设(拒绝原假设的证据不充分),则表示这样的样本结果只是偶然得到的。

(三)假设检验的基本思路

对实际问题所作的假设检验尽管有种种不同的形式,但对这些假设进行检验的基本思路都是相同的,即都采用某种带有概率性质的反证法。

首先,讨论一个例子来说明假设检验的基本思想。

【例 8-4】 某装置的工作温度 X 服从正态分布 $N(\mu,5^2)$。制造商称它的平均工作温度是 80℃。某公司从该装置试运转中随机测试 16 次,得到平均工作温度为 83℃。该公司考虑,测试结果与制造商所说的是否有显著差异?制造商的说法是否可以接受?

这样一个假设检验问题可以表示为:

$$H_0: \mu = 80℃ \quad H_1: \mu \neq 80℃$$

如果测试结果不是 83℃,而是 100℃甚至更高,从直观上就会感到制造商所说的真实性可疑。而现在的问题是样本平均工作温度为 83℃,这固然与制造商说的 80℃有差异,但这种差异可能是由于抽样的随机性带来的。这种情况下要对原假设做出接受还是拒绝的选择,就需要对样本值与原假设的差异进行分析,即对 $|\bar{x}-80|$ 进行分析,如果有充分理由认为这种差异并非完全是由偶然或随机因素造成的,也即认为差异是显著的,就有理由拒绝原假设,否则就不拒绝假设。

那么$|\bar{x}-80|$大到何种程度才能作出拒绝的决定呢？为此，需要制定一个检验规则：

$|\bar{x}-80|\geqslant C$时(C为待定参数，称为临界值)，就拒绝原假设H_0；

$|\bar{x}-80|<C$时，不能拒绝原假设H_0。

由于该装置的工作温度$X\sim N(80,5^2)$，于是容量$n=16$的样本的平均工作温度$\bar{x}$服从$N(80,5^2/16)$。于是得：

$$|Z|=\frac{|\bar{x}-80|}{5/\sqrt{16}}\geqslant\frac{C}{5/\sqrt{16}}=\frac{C}{1.25}$$时，拒绝原假设H_0。

$$|Z|=\frac{|\bar{x}-80|}{5/\sqrt{16}}<\frac{C}{5/\sqrt{16}}=\frac{C}{1.25}$$时，不能拒绝原假设H_0。

$C/1.25$究竟是多大，这取决于检验的概率要求。假定本检验要求显著性水平为0.05，即$\alpha=0.05$，则$P\left(|Z|\geqslant\frac{C}{1.25}\right)=0.05$

由于$Z\sim N(0,1)$，故$\frac{C}{1.25}=Z_{0.05/2}$成为临界值，查表得$Z_{0.025}=1.96$

此时，$|Z|=\frac{|\bar{x}-80|}{5/\sqrt{16}}=2.4>1.96$，拒绝原假设$H_0$。

由此认为这种装置的平均工作温度与制造商所称的有显著差异。

从上例的讨论中可以看出，假设检验的思想是应用小概率原理。所谓小概率原理，是指发生概率很小的随机事件在一次试验中几乎是不可能发生的，如果在一次试验中小概率事件一旦发生，就有理由拒绝原假设；小概率由研究者事先确定。

概率是从0到1之间的一个数，因此小概率就应该是接近0的一个数。Ronald Fisher把1/20作为标准，这也就是0.05，从此0.05或比0.05小的概率都被认为是小概率。Fisher没有任何深奥的理由解释他为什么选择0.05，只是说他忽然想起来的。

（四）检验统计量与拒绝域

1. 检验统计量

检验统计量是根据样本观测结果计算得到的，并据以对原假设和备择假设作出决策的某个样本统计量。是对样本估计量的标准化结果，即原假设H_0为真时点估计量的抽样分布。

$$标准化检验统计量=\frac{点估计量-假设值}{点估计量的抽样标准差}$$

2. 拒绝域

拒绝原假设的统计量的所有可能取值组成的集合，称为拒绝域。如果利用样本观测结果计算出来的检验统计量的具体数值落在了拒绝域内，就拒绝原假设，否则就不拒绝原假设。

拒绝域的大小与事先选定的显著性水平有一定关系。在确定了显著性水平α之后，就可以根据α值的大小确定出拒绝域的边界值。根据给定的显著性水平确定的拒绝域的边界值，称为临界值。将检验统计量的值与临界值进行比较，就可以做出拒绝或不拒绝原假设的决策。

在给定的显著性水平α条件下，拒绝域和临界值可用图8-1表示。

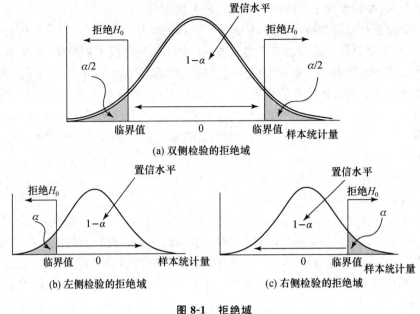

图 8-1 拒绝域

二、假设检验的步骤

1. 陈述原假设和备择假设(见表 8-1);

表 8-1 原假设和备择假设

	A	B	C	D
1	假设形式	双侧检验	左侧检验	右侧检验
2		$H_0: \mu = \mu_0$	$H_0: \mu \geq \mu_0$	$H_0: \mu \leq \mu_0$
3		$H_0: \mu \neq \mu_0$	$H_0: \mu < \mu_0$	$H_0: \mu > \mu_0$
4				

2. 从所研究的总体中抽出一个随机样本;
3. 确定一个适当的检验统计量,并利用样本数据算出其具体数值;
4. 确定一个适当的显著性水平,并计算出其临界值,指定拒绝域;
5. 将统计量的值与临界值进行比较,作出决策。

统计量的值落在拒绝域,拒绝 H_0,否则不拒绝 H_0。

双侧检验:统计量>临界值,或统计量<负临界值,拒绝 H_0。

左侧检验:统计量<临界值,拒绝 H_0。

右侧检验:统计量>临界值,拒绝 H_0。

也可以直接利用 p 值作出决策,若 p 值<α,拒绝 H_0。

显著性水平 α 是在检验之前确定的,这也就意味着事先确定了拒绝域。这样,不论检验统计量的值是大还是小,只要它的值落入拒绝域就拒绝原假设 H_0。这种检验方法的不足在于,它只能够提供检验结论可靠性的一个大致范围,而对于一个特定的假设检验问题,却无法给出观测数据与原假设之间不一致程度的精确度量。

P 值(P-value)是指如果原假设为真,所得到的样本结果会像实际观测结果那么极端或更极端的概率,也被称为观察到的(或实测的)显著性水平。

P 值与原假设对或错的概率无关,它是关于数据的概率。P 值显示,在某个总体的许多样本中,某一类数据出现的经常程度。也就是说,如果原假设是正确的话,P 值意味着观测数据会有多么的不可能得到。相当不可能得到的数据,就是原假设不对的合理证据。

P 值是用于确定是否拒绝原假设的另一个重要工具,它有效地补充了 α 提供的关于检验可靠性的有限信息。为便于理解,这里统一使用符号 Z 表示检验统计量,Z_c 表示检验统计量的取值,μ 为总体参数,计算 P 值的一般表达式如下:

左侧检验:P 值 $= P(Z \leqslant Z_c \mid \mu = \mu_0)$

右侧检验:P 值 $= P(Z \geqslant Z_c \mid \mu = \mu_0)$

双侧检验:P 值 $= 2P(Z \geqslant |Z_c| \mid \mu = \mu_0)$

不论是单侧检验还是双侧检验,用 P 值进行决策的准则都是:P 值 $< \alpha$,拒绝 H_0。

随着计算机的普及应用,多数统计软件都能够输出有关假设检验的主要计算结果,其中就包括 P 值。可以说,P 值的应用几乎取代了传统的统计量检验方法,它不仅能得到与统计量检验相同的结论,而且给出了统计量检验不能给出的信息。利用统计量根据显著性水平做出决策,如果拒绝原假设,也仅仅是知道犯错误的可能性是 α 那么大,但究竟是多少却不知道。而 P 值则是犯错误的实际概率。

第二节 一个总体参数的检验

一、总体均值的检验

1. 总体:正态总体或非正态总体。样本:大样本($n \geqslant 30$)。方法:Z 检验统计量

(1) σ^2 已知

总体均值检验的统计量为:$Z = \dfrac{\bar{x} - \mu_0}{\sigma / \sqrt{n}}$ (8-1)

【例 8-5】 一种罐装饮料采用自动生产线生产,每罐的容量是 255 mL,标准差为 5 mL。为检验每罐容量是否符合要求,质检人员在某天生产的饮料中随机抽取了 40 罐进行检验,测得每罐平均容量为 255.8 mL。取显著性水平 $\alpha = 0.05$,检验该天生产的饮料容量是否符合标准要求?

解:H_0:$\mu = 255$,H_1:$\mu \neq 255$

$\mu_0 = 255$,$\sigma = 5$,$n = 40$,$\bar{x} = 255.8$,$\alpha = 0.05$

$$Z = \dfrac{255.8 - 255}{5 / \sqrt{40}} = 1.01$$

由于这是一个双侧检验,临界值为 $Z_{\alpha/2}$。根据给定的显著性水平 $\alpha = 0.05$,查标准正态分布表,得 $Z_{\alpha/2} = Z_{0.025} = 1.96$。也可以利用 Excel 中的统计函数 normsiv($1 - \alpha/2$) 计算得到。

由于 $|Z| = 1.01 < Z_{\alpha/2} = 1.96$,所以,不拒绝原假设。检验结果表明:样本提供的证据不足以推翻原假设,说明该天生产的饮料符合标准要求。

此题中的检验也可以利用 P 值进行。P 值可以利用 Excel 中的统计函数功能计算,具体操作的步骤如下。

第一步,进入 Excel 表格界面,直接单击"f_x"(粘贴函数)。

第二步,在函数分类中单击"统计",并在函数名菜单下选择"NORMSDIST",然后确定。

第三步,在对话框中输入 z 的绝对值 1.01,得到的函数值为 0.843 752 355。该值表示的是在标准正态分布条件下 Z 值 1.01 左边的面积。

由于 P 值 $=2\times(1-0.843\ 752\ 355)=0.312\ 495$,远远大于 $\alpha=0.05$,所以不拒绝 H_0,得到的结论与前面相同。

(2) σ^2 未知,可以用样本方差 S^2 来近似代替总体方差

总体均值检验统计量为:

$$Z=\frac{\bar{x}-\mu_0}{S/\sqrt{n}} \tag{8-2}$$

【例 8-6】 一种机床加工的零件尺寸绝对平均误差允许值为 1.35 mm。生产厂家现采用一种新的机床进行加工以期进一步降低误差。为检验新机床加工的零件平均误差与旧机床相比是否有显著降低,从某天生产的零件中随机抽取 50 个进行检验。测得数据见表 8-2。试检验新机床加工的零件尺寸的平均误差与旧机床相比是否有显著降低?($\alpha=0.01$)

表 8-2 新机床加工的零件尺寸

	A	B	C	D	E	F	G	H	I	J
1	1.26	0.99	1.19	1.45	1.31	1.24	0.97	1.01	1.81	2.03
2	1.13	1.98	0.96	1.97	1.06	0.91	1.00	1.22	0.94	1.06
3	0.98	1.11	1.10	1.54	1.12	1.08	1.03	1.10	1.16	1.64
4	1.12	1.70	1.12	2.37	0.95	1.38	1.02	1.60	1.13	1.26
5	1.23	1.17	0.74	1.12	1.50	1.23	0.50	0.82	0.59	0.86
6										

解:对于本例,我们所关心的是新机床加工的零部件平均误差与旧机床相比是否有显著降低,也就是均值是否小于 1.35 mm,因此本例是一个左侧检验。提出的假设为:

$$H_0: \mu \geqslant 1.35;\quad H_1: \mu < 1.35$$

根据样本数据计算得:

$$\bar{x}=1.215\ 2,\quad S=0.365\ 749$$

计算检验统计量的值:

$$Z=\frac{1.215\ 2-1.35}{0.365\ 749/\sqrt{50}}=-2.606\ 1$$

由于这是一个左侧检验,临界值是 $-Z_\alpha$。根据给定的显著性水平 $\alpha=0.01$,查标准正态分布表得 $-Z_\alpha=-Z_{0.01}=-2.33$。也可以利用 Excel 中的统计函数 normsiv$(1-\alpha)$ 计算得到。

由于 $Z=-2.606\ 1<-Z_{0.01}=-2.33$,所以拒绝原假设。检验结果表明:新机床加工的零件尺寸的平均误差与旧机床相比有显著降低。

直接根据原始数据计算 P 值的 Excel 操作步骤如图 8-2、图 8-3 所示。P 值为 $1-0.995\ 421=0.004\ 579$。P 值 $<\alpha$,拒绝原假设。

2. 总体:以服从正态分布为假设前提;样本:小样本($n<30$);方法:依照总体方差是否已知来选择合适的统计量。

(1) σ^2 已知,即使是在小样本情况下,检验统计量仍服从标准正态分布。

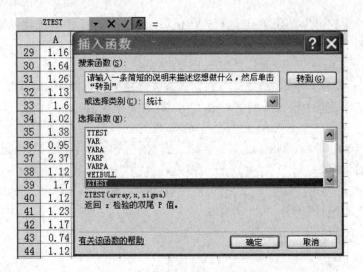

图 8-2 例 8-6 计算(1)

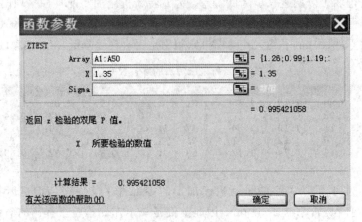

图 8-3 例 8-6 计算(2)

检验统计量与检验程序与大样本时完全相同,不再赘述。

(2)σ^2 未知,需要用样本方差 S^2 代替总体方差 σ^2,此时检验统计量服从自由度为 $n-1$ 的 t 分布,检验统计量为:

$$t = \frac{\bar{x}-\mu_0}{S/\sqrt{n}} \tag{8-3}$$

小样本情况下,一个总体均值的检验方法如表 8-3 所示。

表 8-3 小样本情况下一个总体均值的检验方法

	双侧检验	左侧检验	右侧检验
假设形式	$H_0: \mu=\mu_0$; $H_1: \mu\neq\mu_0$	$H_0: \mu\geqslant\mu_0$; $H_1: \mu<\mu_0$	$H_0: \mu\leqslant\mu_0$; $H_1: \mu>\mu_0$
检验统计量	σ 未知:$t=\frac{\bar{x}-\mu_0}{s/\sqrt{n}}$ (σ 已知:$z=\frac{\bar{x}-\mu_0}{\sigma/\sqrt{n}}$)		
α 与拒绝域	$\|t\|>t_{\alpha/2}(n-1)$	$t<-t_\alpha(n-1)$	$t>t_\alpha(n-1)$
P 值决策准则	$P<\alpha$,拒绝 H_0		

【例 8-7】 一种汽车配件的平均长度要求为 12 cm,高于或低于该标准均被认为是不合格的。汽车生产企业在购进配件时,通常是经过招标,然后对中标的配件提供商提供的样品进行检验,以决定是否购进。现对一个配件提供商的 10 个样品进行了检验,结果如下(单位:cm):

12.2　10.8　12.0　11.8　11.9　12.4　11.3　12.2　12.0　12.3

假定该供货商生产的配件长度服从正态分布,在 0.05 的显著性水平下,检验该供货商提供的配件是否符合要求?

解：H_0：$\mu=12$　H_1：$\mu\neq12$

依据样本数据计算得：$\bar{x}=11.89$,$S=0.4932$

由于是小样本,所以采用 t 统计量

$$t=\frac{11.89-12}{0.4932/\sqrt{10}}=-0.7053$$

根据自由度 $n-1=10-1=9$,查 t 分布表得：$t_{\alpha/2}(n-1)=t_{0.025}(9)=2.262$。也可以利用 Excel 中的统计函数 $TINV(\alpha,n-1)$ 计算得到。

由于 $|t|=0.7053<t_{0.025}(9)=2.262$,所以不拒绝原假设,认为该供货商提供的零件符合要求。

t 检验的 P 值同样可以利用 Excel 计算,具体操作步骤如下。

第一步,进入 Excel 表格界面,直接单击"f_x"(粘贴函数)。

第二步,在"函数分类"中单击"统计",并在"函数名"菜单下选择"TDIST",然后确定。

第三步,在出现对话框的 X 设置中输入计算出的 t 的绝对值 0.705 3。在 Deg-freedom(自由度)设置框中,输入自由度,本例为"9"。Tail 设置框中,双侧检验输入 2,单侧检验输入 1,本例输入 2。单击"确定"即可得到 P 值为 0.498 469 786。

由于 P 值=0.498 469 786>0.05,所以不拒绝原假设。

二、总体比例的检验

总体比例是指总体中具有某种相同特征的个体所占的比例,通常用字母 π 表示,用 p 表示样本比例。总体比例的检验与上面介绍的总体均值检验基本上是相同的,区别只在于参数和检验统计量的形式不同。总体均值检验的整个程序都可以作为总体比例检验的参考。大样本情况下一个总体比例的检验方法如表 8-4 所示。

表 8-4　大样本情况下一个总体比例的检验方法

	双侧检验	左侧检验	右侧检验
假设形式	H_0：$\pi=\pi_0$ H_1：$\pi\neq\pi_0$	H_0：$\pi\geq\pi_0$； H_1：$\pi<\pi_0$	H_0：$\pi\leq\pi_0$； H_1：$\pi>\pi_0$
检验统计量	$z=\dfrac{p-\pi_0}{\sqrt{\dfrac{\pi_0(1-\pi_0)}{n}}}$ 近似服从标准正态分布		
α 与拒绝域	$|z|>z_{\alpha/2}$	$z<-z_\alpha$	$z>z_\alpha$
P 值决策准则	$P<\alpha$,拒绝 H_0		

【例 8-8】 一种以休闲和娱乐为主题的杂志,声称其读者群中有 80% 为女性。为验证这一说法是否属实,某部门抽取了由 200 人组成的一个随机样本,发现有 146 个女性经常阅读该杂志。分别取显著性水平 $\alpha=0.05$ 和 $\alpha=0.01$,检验该杂志读者群中女性的比例是否为 80%,它们的 P 值各是多少?

解: $H_0: \pi=80\%$;$H_1: \pi \neq 80\%$。

根据抽样结果计算得 $p=\frac{146}{200}=73\%$,检验统计量为

$$Z = \frac{0.73-0.8}{\sqrt{\frac{0.8(1-0.8)}{200}}} = -2.475$$

根据显著性水平 $\alpha=0.05$ 查标准正态分布表得 $Z_{\alpha/2}=Z_{0.025}=1.96$。由于 $|Z|=2.475 > Z_{\alpha/2}=1.96$,所以拒绝原假设。在显著性水平为 0.05 的条件下,样本提供的证据表明该杂志的说法并不属实。

根据显著性水平 $\alpha=0.01$ 查标准正态分布表得 $Z_{\alpha/2}=Z_{0.005}=2.58$。由于 $|Z|=2.475 < Z_{\alpha/2}=2.58$,所以不拒绝原假设。在显著性水平为 0.01 的条件下,样本提供的证据表明该杂志的说法是属实的。

由 Excel 计算出的 P 值为 0.013 328。显著性水平为 0.05 时,$P < \alpha=0.05$,拒绝 H_0;显著性水平为 0.01 时,$P > \alpha=0.01$,不拒绝 H_0。结论与统计量检验一致。

从上面的例子中可以看出,对于同一个检验,不同的显著性水平将会得出不同的结论,这也是自然的。

三、总体方差的检验

总体方差的检验使用 χ^2 分布。此外,总体方差的检验,不论样本容量 n 是大是小,都要求总体服从正态分布,这是由检验统计量的抽样分布决定的。

用 σ_0^2 表示假定的总体方差的某一取值,总体方差假设检验的 3 种基本形式如表 8-5 所示。

表 8-5 一个总体方差检验的方法

	双侧检验	左侧检验	右侧检验
假设形式	$H_0: \sigma^2 = \sigma_0^2$; $H_1: \sigma^2 \neq \sigma_0^2$	$H_0: \sigma^2 \geq \sigma_0^2$; $H_1: \sigma^2 < \sigma_0^2$	$H_0: \sigma^2 \leq \sigma_0^2$; $H_1: \sigma^2 > \sigma_0^2$
检验统计量		$\chi^2 = \frac{(n-1)s^2}{\sigma_0^2}$	
α 与拒绝域	$\chi^2 > \chi_{\alpha/2}^2(n-1)$ 或 $\chi^2 < \chi_{1-\alpha/2}^2(n-1)$	$\chi^2 < \chi_{1-\alpha}^2(n-1)$	$\chi^2 > \chi_{\alpha}^2(n-1)$

【例 8-9】 啤酒生产企业采用自动生产线罐装啤酒,每瓶的装瓶量为 640 mL,但由于受某些不可控因素的影响,每瓶的装瓶量会有差异。此时,不仅每瓶的平均装瓶量很重要,装填的方差 σ^2 同样很重要。如果 σ^2 很大,会出现装填量太多或太少的情况,这样要么生产企业不划算,要么消费者不满意。假定生产标准规定每瓶装填量的标准差不应超过和不应

低于 4 mL。企业质检部门抽取了 10 瓶啤酒进行检验,得到的样本标准差为 $S=3.8$ mL。试以 0.10 的显著性水平检验装填量的标准差是否符合要求?

解:H_0:$\sigma^2=4^2$ H_1:$\sigma^2\neq4^2$。

计算检验统计量为
$$\chi^2=\frac{(10-1)\times 3.8^2}{4^2}=8.1225$$

根据显著性水平 $\alpha=0.10$ 和自由度 $(10-1)=9$,查 χ^2 分布表得
$$\chi^2_{0.10/2}(n-1)=\chi^2_{0.05}(10-1)=16.9190$$
$$\chi^2_{1-0.10/2}(n-1)=\chi^2_{0.95}(10-1)=3.32511$$

由于 $\chi^2_{0.95}(9)=3.32511<\chi^2=8.1225<\chi^2_{0.05}(9)=16.9190$,所以不拒绝原假设 H_0。样本提供的证据表明装填量的标准差符合要求。

若要计算 P 值,可使用 Excel 统计函数中的"CHIDIST"函数。该函数计算出的是落在 8.1225 右侧的概率 $1-p=0.521849971$,所以 $P=1-0.521849971>\alpha$,所以不拒绝原假设。

第三节 两个总体参数的检验

上节讨论了关于单个总体的均值、比例和方差的检验,本节将讨论有关两个总体的检验,包括两个总体的均值之差、比例之差和方差之比。

一、两个总体均值之差的检验

在实际研究中,经常要比较两个总体之间的差异,比如两个班级的平均分之差,生产企业引进新设备前后的平均产量之差等,这些问题都属于两个总体均值之差的检验问题,用符号表示成 $\mu_1-\mu_2$。

两个总体均值之差的三种基本假设检验形式如下:

双侧检验　　　　　　H_0:$\mu_1-\mu_2=0$　　H_1:$\mu_1-\mu_2\neq0$;
左侧检验　　　　　　H_0:$\mu_1-\mu_2\geq0$　　H_1:$\mu_1-\mu_2<0$;
右侧检验　　　　　　H_0:$\mu_1-\mu_2\leq0$　　H_1:$\mu_1-\mu_2>0$。

两个总体均值的检验也分为独立样本和匹配样本两种情况,而且也有大样本和小样本之分。

1. 两个总体均值之差的检验:独立样本

两个总体均值之差的检验是以两个样本均值之差 $\bar{x}_1-\bar{x}_2$ 的抽样分布为基础构造出来的。大样本和小样本情况不同。

(1) 大样本的检验方法

大样本下,两个样本均值之差 $\bar{x}_1-\bar{x}_2$ 近似服从正态分布,经过标准化后则服从标准正态分布。如果两个总体的方差 σ_1^2 和 σ_2^2 已知,检验统计量为:

$$Z=\frac{\bar{x}_1-\bar{x}_2-(\mu_1-\mu_2)}{\sqrt{\frac{\sigma_1^2}{n_1}+\frac{\sigma_2^2}{n_2}}} \tag{8-4}$$

如果两个总体的方差 σ_1^2 和 σ_2^2 未知,则用样本方差代替总体方差,检验统计量为:

$$Z = \frac{\bar{x}_1 - \bar{x}_2 - (\mu_1 - \mu_2)}{\sqrt{\frac{S_1^2}{n_1} + \frac{S_2^2}{n_2}}} \tag{8-5}$$

检验方法如表 8-6 所示。

表 8-6 两个总体均值之差的检验方法

	A	B	C	D
1		双侧检验	左侧检验	右侧检验
2	假设形式	$H_0: \mu_1 - \mu_2 = 0$ $H_1: \mu_1 - \mu_2 \neq 0$	$H_0: \mu_1 - \mu_2 \geq 0$ $H_1: \mu_1 - \mu_2 < 0$	$H_0: \mu_1 - \mu_2 \leq 0$ $H_1: \mu_1 - \mu_2 > 0$
3-4	检验统计量	σ_1^2, σ_2^2 已知 $Z = \frac{\bar{x}_1 - \bar{x}_2 - (\mu_1 - \mu_2)}{\sqrt{\frac{\sigma_1^2}{n_1} + \frac{\sigma_2^2}{n_2}}}$ σ_1^2, σ_2^2 未知 $Z = \frac{\bar{x}_1 - \bar{x}_2 - (\mu_1 - \mu_2)}{\sqrt{\frac{S_1^2}{n_1} + \frac{S_2^2}{n_2}}}$		
5	α 与拒绝域	$\lvert z \rvert > z_{\alpha/2}$	$z < -z_\alpha$	$z > z_\alpha$
6	P值决策准则	$P < \alpha$,拒绝 H_0		

【例 8-10】 某公司对男女职员的平均小时工资进行了调查,独立抽取了具有同类工作经验的男女职员的两个随机样本,并记录下两个样本的均值、方差等资料,样本资料见表 8-7。

表 8-7 样本资料

	A	B
1	男性职员	女性职员
2	$n_1 = 44$	$n_2 = 32$
3	$\bar{x}_1 = 75$	$\bar{x}_2 = 70$
4	$S_1^2 = 64$	$S_2^2 = 42.25$

在显著性水平为 $\alpha = 0.05$ 的条件下,能否认为男性职员与女性职员的平均小时工资有显著差异?

解:设 $\mu_1 =$ 男性职员的平均小时工资;$\mu_2 =$ 女性职员的平均小时工资。

$$H_0: \mu_1 - \mu_2 = 0 \quad H_1: \mu_1 - \mu_2 \neq 0$$

由于两个总体的方差未知,所以计算统计量如下:

$$Z = \frac{\bar{x}_1 - \bar{x}_2 - (\mu_1 - \mu_2)}{\sqrt{\frac{S_1^2}{n_1} + \frac{S_2^2}{n_2}}} = \frac{75 - 70}{\sqrt{\frac{64}{44} + \frac{42.25}{32}}} = 3.002$$

查标准正态分布表,$z_{0.025} = 1.96$,因为 $\lvert Z \rvert = 3.002 > Z_{0.025} = 1.96$,所以拒绝原假设,认为该公司男女职员的平均小时工资之间是存在显著差异的。

(2) 小样本的检验方法

小样本情况下,检验分为四种情况。

① 总体分布:正态分布;两总体方差 σ_1^2, σ_2^2 已知。这种情况下,无论样本容量大小,两个样本均值之差都服从正态分布。检验统计量如(6-4)式所示。

② 总体分布：正态分布；两总体方差 σ_1^2、σ_2^2 未知，但相等。这种情况下，需要用样本方差 S_1^2、S_2^2 代替总体方差 σ_1^2、σ_2^2，还要将两个样本的数据组合在一起给出总体方差的合并统计量 $S_p^2 = \dfrac{(n_1-1)S_1^2 + (n_2-1)S_2^2}{n_1+n_2-2}$。此时，两个样本均值之差经标准化后服从自由度为 n_1+n_2-2 的 t 分布，检验统计量为：

$$t = \dfrac{(\bar{x}_1 - \bar{x}_2) - (\mu_1 - \mu_2)}{S_p\sqrt{\dfrac{1}{n_1} + \dfrac{1}{n_2}}} \tag{8-6}$$

③ 总体分布：正态分布；两总体方差 σ_1^2、σ_2^2 未知，且不相等。此时，如果两个样本的容量相等，即 $n_1 = n_2 = n$，则两样本均值之差经标准化后服从自由度为 $n_1+n_2-2 = 2(n-1)$ 的 t 分布，检验统计量为：

$$t = \dfrac{(\bar{x}_1 - \bar{x}_2) - (\mu_1 - \mu_2)}{\sqrt{\dfrac{S_1^2}{n_1} + \dfrac{S_2^2}{n_2}}} = \dfrac{(\bar{x}_1 - \bar{x}_2) - (\mu_1 - \mu_2)}{\sqrt{\dfrac{S_1^2 + S_2^2}{n}}} \tag{8-7}$$

④ 总体分布：正态分布；两总体方差 σ_1^2、σ_2^2 未知，且不相等，同时两个样本容量也不相等。两个样本均值之差标准化后服从自由度为 v 的 t 分布。

$$v = \dfrac{\left(\dfrac{S_1^2}{n_1} + \dfrac{S_2^2}{n_2}\right)^2}{\dfrac{(S_1^2/n_1)^2}{n_1-1} + \dfrac{(S_2^2/n_2)^2}{n_2-1}} \quad (\text{四舍五入取整数}) \tag{8-8}$$

检验统计量为：

$$t = \dfrac{(\bar{x}_1 - \bar{x}_2) - (\mu_1 - \mu_2)}{\sqrt{\dfrac{S_1^2}{n_1} + \dfrac{S_2^2}{n_2}}} \tag{8-9}$$

【例 8-11】 甲、乙两台机床同时加工某种同类型的零件，已知两台机床加工的零件直径 (cm) 分别服从正态分布 $N(\mu_1, \sigma_1^2)$、$N(\mu_2, \sigma_2^2)$，并且 $\sigma_1^2 = \sigma_2^2$。为比较两台机床的加工精度有无显著性差异，分别独立抽取了甲机床加工的 8 个零件和乙机床加工的 7 个零件，通过测量得到的数据见表 8-8。

表 8-8 两台机床加工的零件直径 (cm) 数据

	A	B	C	D	E	F	G	H	I
1	机床	零件直径							
2	甲	20.5	19.8	19.7	20.4	20.1	20	19	19.9
3	乙	20.7	19.8	19.5	20.8	20.4	19.6	20.2	

在 $\alpha = 0.05$ 的显著性水平下，样本数据是否提供证据支持"两台机床加工的零件直径不一致"的说法？

解： $H_0: \mu_1 - \mu_2 = 0 \quad H_1: \mu_1 - \mu_2 \neq 0$。

两个样本都是小样本，总体方差未知但相等。根据样本数据计算得：

$$\bar{x}_1 = 19.925, \quad \bar{x}_2 = 20.143, \quad S_1^2 = 0.2164, \quad S_2^2 = 0.2729$$

总体方差的合并统计量为：

$$S_p^2 = \dfrac{(n_1-1)S_1^2 + (n_2-1)S_2^2}{n_1+n_2-2} = \dfrac{(8-1)\times 0.2164 + (7-1)\times 0.2729}{8+7-2} = 0.2425$$

检验统计量为：

$$t = \frac{\bar{x}_1 - \bar{x}_2}{S_p\sqrt{\frac{1}{n_1}+\frac{1}{n_2}}} = \frac{(19.925-20.143)}{\sqrt{0.2425}\times\sqrt{\frac{1}{8}+\frac{1}{7}}} = -0.855$$

计算自由度 $n_1+n_2-2=8+7-2=13$，查 t 分布表得临界值 $t_{\alpha/2}(n_1+n_2-2)=t_{0.025}(13)=2.16$，由于 $|t|<2.16$，因而不拒绝原假设，即没有理由认为甲、乙两台机床加工的零件直径不一致。

上述计算可以用 Excel 完成，步骤如下。

第一步，将原始的样本数据输入到 Excel 工作表中。

第二步，选择"工具"下拉框并选择"数据分析"。

第三步，在"数据分析"对话框中选择"t-检验：双样本等方差假设"（如图 8-4 所示）。

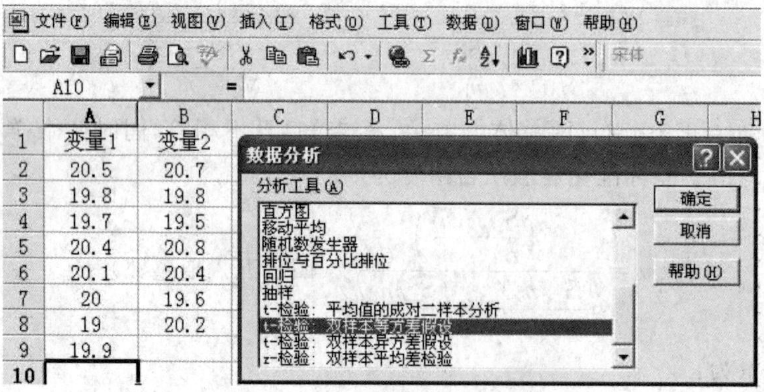

图 8-4　双样本等方差检验(1)

第四步，当对话框出现后，在"变量 1 的区域"设置框中输入第一个样本的数据区域；在"变量 2 的区域"设置框中输入第二个样本的数据区域；在"假设平均差"设置框中输入两个总体之差的假定值（本例为 0）；在"α"设置框中输入给定的显著性水平（本例为 0.05）；在"输入选项"选择计算结果的输出位置，如图 8-5 所示。单击"确定"，计算结果如图 8-6 所示。

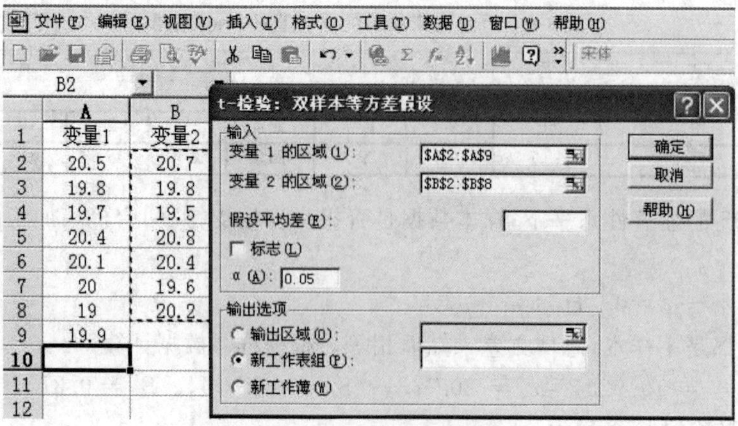

图 8-5　双样本等方差检验(2)

	A	B	C
1	t-检验: 双样本等方差假设		
2			
3		变量 1	变量 2
4	平均	19.925	20.14285714
5	方差	0.216428571	0.272857143
6	观测值	8	7
7	合并方差	0.242472527	
8	假设平均差	0	
9	df	13	
10	t Stat	−0.854848035	
11	P(T<=t) 单尾	0.204056849	
12	t 单尾临界	1.770931704	
13	P(T<=t) 双尾	0.408113698	
14	t 双尾临界	2.16036824	

图 8-6 双样本等方差检验(3)

可以看到,上述计算结果和手工计算的结果基本一致(仅仅存在四舍五入的差别),由于例题中提出的是双侧检验,所以只需要将检验统计量的值与输出结果中的"t 双尾临界"值进行比较,或是将"$P(T<=t)$双尾"的值 0.408 113 698 与 $\alpha=0.05$ 进行比较,就可以得到完全相同的决策结果。

【例 8-12】 以上例为背景,假定两台机床加工的零件直径分别服从正态分布 $N(\mu_1, \sigma_1^2)$、$N(\mu_2, \sigma_2^2)$,并且 $\sigma_1^2 \neq \sigma_2^2$。由于两个样本的容量不相等,在 $\alpha=0.05$ 的显著性水平下,利用 Excel 检验:样本数据是否提供证据支持"两台机床加工的零件直径不一致"的看法?

解: 根据已知条件,计算统计量。与上题不同的是只需将 Excel 检验的第三步"t-检验:双样本等方差假设"改选成"t-检验:双样本异方差假设"。由 Excel 给出的计算结果如图 8-7 所示。

	A	B	C
1	t-检验: 双样本异方差假设		
2			
3		变量 1	变量 2
4	平均	19.925	20.14285714
5	方差	0.216428571	0.272857143
6	观测值	8	7
7	假设平均差	0	
8	df	12	
9	t Stat	−0.847794808	
10	P(T<=t) 单尾	0.206571505	
11	t 单尾临界	1.782287548	
12	P(T<=t) 双尾	0.413143011	
13	t 双尾临界	2.178812827	

图 8-7 双样本异方差检验

由于"$P(T<=t)$双尾"的值$=0.408\,113\,698 > \alpha=0.05$,所以不拒绝原假设,没有理由认为甲、乙两台机床加工的零件直径不一致。

【例 8-13】 为估计两种组装产品的方法在组装时间上是否存在差异,分别对两种不同的组装方法各随机安排 12 个工人,每个工人组装一件产品所需的时间见表 8-9。

表 8-9　工人组装一件产品所需的时间表

	A	B	C	D	E	F	G	H	I	J	K	L	M
1	方法1	28.3	30.1	29.0	37.6	32.1	28.8	36.0	37.2	38.5	34.4	28.0	30.0
2	方法2	27.6	22.2	31.0	33.8	20.0	30.2	31.7	26.0	32.0	31.2	33.4	26.5

假定两种方法组装产品的时间服从正态分布,但方差未知且不相等。取显著性水平 $\alpha=0.05$,能否认为方法 1 组装产品的平均数量显著地高于方法 2?

解: $H_0: \mu_1 - \mu_2 \leqslant 0$　$H_1: \mu_1 - \mu_2 > 0$。

由于两个样本的容量相等,所以使用统计量 $t = \dfrac{(\bar{x}_1 - \bar{x}_2) - (\mu_1 - \mu_2)}{\sqrt{\dfrac{S_1^2 + S_2^2}{n}}}$。

利用 Excel 中的"t-检验:双样本异方差假设"给出的检验结果如图 8-8 所示。

	A	B	C
1	t-检验: 双样本异方差假设		
2			
3		变量 1	变量 2
4	平均	32.5	28.8
5	方差	15.99636364	19.35818182
6	观测值	12	12
7	假设平均差	0	
8	df	22	
9	t Stat	2.155607659	
10	P(T<=t) 单尾	0.021158417	
11	t 单尾临界	1.717144335	
12	P(T<=t) 双尾	0.042316835	
13	t 双尾临界	2.073873058	

图 8-8　例 8-13 输出结果

由于"$P(T<=t)$ 单尾"值 $=0.021158417 < \alpha = 0.05$,所以拒绝原假设,有理由认为方法 1 组装产品的平均数量显著地高于方法 2。

2. 两总体均值之差的检验:匹配样本

独立样本提供的数据值可能因为样本个体在其他因素方面的"不同质"而对它们所提供的有关总体均值的信息产生干扰,为有效地排除样本个体之间这些"额外"差异带来的误差,可以考虑选用匹配样本。为便于介绍匹配样本时两个总体均值之差的假设检验,首先定义几个新的符号。

d_i:第 i 个配对样本数据的差值,$i=1,2,\cdots,n$;

$\bar{d}$:配对样本数据差值的平均值,即 $\bar{d} = \dfrac{\sum\limits_{i=1}^{n} d_i}{n}$;

S_d^2:配对样本数据差值的方差,即 $S_d^2 = \dfrac{\sum\limits_{i=1}^{n}(d_i - \bar{d})^2}{n-1}$。　　　　(8-10)

在检验时,需要假定两个总体配对差值构成的总体服从正态分布,而且配对差是由差值总体中随机抽取的。对于小样本情形,配对差值经标准化后服从自由度为 $n-1$ 的 t 分布。因此选择的检验统计量为:

$$t = \dfrac{\bar{d} - (\mu_1 - \mu_2)}{S_d / \sqrt{n}} \quad (8\text{-}11)$$

匹配小样本情形下,两总体均值之差的检验方法见表 8-10。

表 8-10　匹配小样本情形下,两总体均值之差的检验方法

	A	B	C	D
1		双侧检验	左侧检验	右侧检验
2	假设形式	$H_0: \mu_1 - \mu_2 = 0$ $H_1: \mu_1 - \mu_2 \neq 0$	$H_0: \mu_1 - \mu_2 \geqslant 0$ $H_1: \mu_1 - \mu_2 < 0$	$H_0: \mu_1 - \mu_2 \leqslant 0$ $H_1: \mu_1 - \mu_2 > 0$
3	检验统计量	$t = \dfrac{\bar{d} - (\mu_1 - \mu_2)}{S_d/\sqrt{n}}$,自由度:$n-1$		
4	α 与拒绝域	$\lvert t \rvert > t_{\alpha/2}(n-1)$	$t < -t_{\alpha}(n-1)$	$t > t_{\alpha}(n-1)$
5	P值决策准则	$P < \alpha$,拒绝 H_0		

【例 8-14】 某饮料公司开发研制一种新产品,为比较消费者对新旧产品口感的满意程度,该公司随机抽选一组消费者,共 8 人,每个消费者先品尝一种饮料,然后再品尝另一种,两种饮料的品尝顺序是随机的,而后每个消费者要对两种饮料分别进行评分(0 分到 10 分),评分结果见表 8-11:

表 8-11　评分结果

	A	B	C	D	E	F	G	H	I	J
1	消费者编号		1	2	3	4	5	6	7	8
2	评价等级/分	旧饮料	5	4	7	3	5	8	5	6
3		新饮料	6	6	7	4	3	9	7	6

取显著性水平 $\alpha = 0.05$,该公司是否有证据认为消费者对两种饮料的评分存在显著差异?

解: 设 $\mu_1 =$ 消费者对旧饮料的平均评分,$\mu_2 =$ 消费者对新饮料的平均评分。

$$H_0: \mu_1 - \mu_2 = 0 \quad H_1: \mu_1 - \mu_2 \neq 0$$

利用 Excel 中的"t-检验:平均值的成对二样本分析"给出的检验结果如图 8-9 所示。

	A	B	C
1	t-检验: 成对双样本均值分析		
2			
3		变量 1	变量 2
4	平均	5.375	6
5	方差	2.553571429	3.428571429
6	观测值	8	8
7	泊松相关系数	0.724206824	
8	假设平均差	0	
9	df	7	
10	t Stat	-1.357241785	
11	P(T<=t) 单尾	0.108418773	
12	t 单尾临界	1.894578604	
13	P(T<=t) 双尾	0.216837546	
14	t 双尾临界	2.364624251	

图 8-9　例 8-14 输出结果

由于"$P(T<=t)$ 双尾"值 $= 0.216837546 > \alpha = 0.05$,所以不拒绝原假设,也就是说没有足够的证据支持"消费者对新旧饮料的评分"有显著差异。

二、两个总体比例之差的检验

两个总体比例之差的检验分两种情况：

1. 检验两个总体比例是否相等的假设

这个检验等价于两个总体比例之差是否为零。

这时，可建立假设 $H_0：\pi_1=\pi_2 \quad H_1：\pi_1\neq\pi_2$

检验统计量是：

$$Z=\frac{(p_1-p_2)-(\pi_1-\pi_2)}{\sqrt{\dfrac{\pi_1(1-\pi_1)}{n_1}+\dfrac{\pi_2(1-\pi_2)}{n_2}}} \tag{8-12}$$

由于真正的总体比例 π_1 和 π_2 并不知道，必须对它们作出估计。最适当的估计值通常为样本比例。由于原假设 $\pi_1=\pi_2$，相当于假设两个总体比例相等，最佳估计量就是将两个样本合并后得到的合并比例 p。如果以 x_1 表示样本 1 中具有某种属性的单位数，x_2 表示样本 2 中具有某种属性的单位数，则合并后的比例为：

$$p=\frac{x_1+x_2}{n_1+n_2}=\frac{p_1 n_1+p_2 n_2}{n_1+n_2}$$

因此，检验统计量就成为：

$$z=\frac{p_1-p_2}{\sqrt{\dfrac{p(1-p)}{n_1}+\dfrac{p(1-p)}{n_2}}}=\frac{p_1-p_2}{\sqrt{p(1-p)\left(\dfrac{1}{n_1}+\dfrac{1}{n_2}\right)}} \tag{8-13}$$

根据经验，$n\pi$ 大于 5 时，就可以认为是大样本，统计量 Z 就近似服从标准正态分布。

【例 8-15】 甲、乙两公司属于同一行业，有人问这两个公司的工人是愿意得到特定增加的福利费，还是愿意得到特定增加的基本工资。在甲公司 150 名工人的简单随机样本中，有 75 人愿意增加基本工资；在乙公司 200 名工人的随机样本中，103 人愿意增加基本工资。在每个公司，样本容量占全部工人数的比例都不超过 5%。试在 $\alpha=0.01$ 的显著性水平下，可以判定这两个公司中愿意增加基本工资的工人所占的比例不同吗？

解：提出原假设和备择假设，$H_0：\pi_1=\pi_2 \quad H_1：\pi_1\neq\pi_2$

$$p_1=\frac{75}{150}=0.5, \quad p_2=\frac{103}{200}=0.515$$

$$p=\frac{x_1+x_2}{n_1+n_2}=\frac{75+103}{150+200}=0.509$$

$$Z=\frac{p_1-p_2}{\sqrt{\dfrac{p(1-p)}{n_1}+\dfrac{p(1-p)}{n_2}}}=\frac{p_1-p_2}{\sqrt{p(1-p)\left(\dfrac{1}{n_1}+\dfrac{1}{n_2}\right)}}$$

$$=\frac{0.50-0.515}{\sqrt{0.509\times(1-0.509)\times\left(\dfrac{1}{150}+\dfrac{1}{200}\right)}}=-0.278$$

在显著性水平 $\alpha=0.01$ 的情况下，查标准正态分布表，得临界值 $Z_{\alpha/2}=2.58$。

由于 $|Z|<2.58$，所以，接受原假设 H_0，可以判定这两个公司中愿意增加基本工资的工人所占的比例相同。

2. 检验两个总体比例之差为某一不为零的常数的假设

$$H_0: p_1 - p_2 = d_0 \quad H_1: p_1 - p_2 \neq d_0$$

检验统计量为：

$$Z = \frac{p_1 - p_2 - d_0}{\sqrt{\frac{p_1(1-p_1)}{n_1} + \frac{p_2(1-p_2)}{n_2}}} \tag{8-14}$$

Z 近似服从标准正态分布。

【例 8-16】 某厂质量检验人员认为该厂 1 车间的产品一级品的比例比 2 车间产品一级品的比例至少高 5%，现从 1 车间和 2 车间分别抽取两个独立随机样本，得到如下数据 $n_1=150$，其中一级品数为 113；$n_2=160$，其中一级品数为 104。试根据这些数据检验质量研究人员的观点(设 $\alpha=0.05$)。

解： 提出原假设和备择假设，$H_0: p_1 - p_2 \leq 5\% \quad H_1: p_1 - p_2 > 5\%$

$$p_1 = 113/150 = 0.753; \quad p_2 = 104/160 = 0.650$$

$$Z = \frac{p_1 - p_2 - d_0}{\sqrt{\frac{p_1(1-p_1)}{n_1} + \frac{p_2(1-p_2)}{n_2}}}$$

$$= \frac{0.753 - 0.650 - 5\%}{\sqrt{\frac{0.753 \times (1-0.753)}{150}} + \sqrt{\frac{0.650 \times (1-0.650)}{160}}} = 1.027$$

这是右侧检验，在显著性 $\alpha=0.05$ 的情况下，查标准正态分布表得 $Z_\alpha=1.645$。

若 Z 小于 1.645，则接受原假设，否则，拒绝原假设。

由于本例中 $Z=1.027<1.645$，所以，不能拒绝 H_0。即不认为该厂 1 车间的产品一级品的比例比 2 车间产品一级品的比例至少高 5%。

三、两个总体方差比的检验

在实际应用中，经常要对两个总体的方差进行比较，通常是对其比值 σ_1^2/σ_2^2（或 σ_2^2/σ_1^2）进行推断。两个样本方差比 S_1^2/S_2^2 是两个总体方差比值 σ_1^2/σ_2^2 的理想估计量，当容量为 n_1 和 n_2 的两个样本分别独立地取自两个正态总体时，检验统计量为：

$$F = \frac{S_1^2/\sigma_1^2}{S_2^2/\sigma_2^2} \sim F(n_1-1, n_2-1)$$

在原假设成立的情况下，检验统计量变为：

$$F = S_1^2/S_2^2 \quad 或 \quad F = S_2^2/S_1^2 \tag{8-15}$$

两个总体方差比的双侧检验（见表 8-12）是用较大的样本方差除以较小的样本方差，这样做是为了保证拒绝域总发生在抽样分布的右侧，只需要检验统计量的值与右侧的 $\alpha/2$ 分位数进行比较即可。对于单侧检验也是如此，如果检验 σ_1^2 是否大于 σ_2^2，备择假设设成 $H_1: \frac{\sigma_1^2}{\sigma_2^2}>1$；如果检验 σ_2^2 是否大于 σ_1^2，备择假设设成 $H_1: \frac{\sigma_2^2}{\sigma_1^2}>1$。

表 8-12 两个总体方差比的检验方法

	双侧检验	左侧检验	右侧检验
假设形式	$H_0: \sigma_1^2/\sigma_2^2 = 1$ $H_1: \sigma_1^2/\sigma_2^2 \neq 1$	$H_0: \sigma_1^2/\sigma_2^2 \geq 1$ $H_1: \sigma_1^2/\sigma_2^2 < 1$	$H_0: \sigma_1^2/\sigma_2^2 \leq 1$ $H_1: \sigma_1^2/\sigma_2^2 > 1$
检验统计量	$F = \dfrac{\text{较大的样本方差}}{\text{较小的样本方差}}$	$F = \dfrac{s_1^2}{s_2^2}$ 或 $F = \dfrac{s_2^2}{s_1^2}$	
α 与拒绝域	$F > F_{\alpha/2}(n_1-1, n_2-1)$	$F > F_\alpha(n_1-1, n_2-1)$	

【例 8-17】 一家房地产开发公司准备购进一批灯泡,公司打算在两个供货商之间选择一家购买,两家供货商生产的灯泡平均寿命差别不大,价格也很相近,考虑的主要因素是灯泡寿命的方差大小。如果方差相同,就选择距离比较近的一家供货商进货。为此,公司管理人员对两家供货商提供的样品进行了检验,得到如表 8-13 所示的数据资料。

试以 $\alpha = 0.05$ 的显著性水平检验两家供货商的灯泡使用寿命的方差是否有显著差异?

表 8-13 两个供货商灯泡使用寿命数据

	A	B
1 2	供货商1	650,637,563,723,569,628,580,651,622,706,711, 569,630,617,480,709,596,624,688,632
3	供货商2	568,496,589,681,540,646,636,539,596,607,529,617,555, 562,584

解:本例使用双侧检验,$H_0 : \dfrac{\sigma_1^2}{\sigma_2^2} = 1$;$H_1 : \dfrac{\sigma_1^2}{\sigma_2^2} \neq 1$。这里,只介绍用 Excel 的检验程序。在"数据分析"对话框中选择"F-检验:双样本方差"。

要特别注意,Excel 只给出了单侧检验程序,当 $S_1^2/S_2^2 < 1$ 时,做的是左侧检验:$H_0 : \sigma_1^2 \geq \sigma_2^2$;$H_1 : \sigma_1^2 < \sigma_2^2$,检验的拒绝域为 $F < F_{1-\alpha}(n_1-1, n_2-1)$;当 $S_1^2/S_2^2 > 1$ 时,做的是右侧检验:$H_0 : \sigma_1^2 \leq \sigma_2^2$;$H_1 : \sigma_1^2 > \sigma_2^2$,检验的拒绝域为 $F > F_\alpha(n_1-1, n_2-1)$。

实际上也可以用来做双侧检验。给定显著性水平为 α 的双侧检验,用 Excel 做显著性水平为 $\alpha/2$ 的单侧检验(本例中输入 0.025)。当 $F = S_1^2/S_2^2 < 1$ 时,输出结果中给出了左侧的临界值 $F_{1-\alpha/2}(n_1-1, n_2-1)$,若 $F < F_{1-\alpha/2}(n_1-1, n_2-1)$,则拒绝原假设;当 $F = S_1^2/S_2^2 > 1$ 时,输出结果中给出了右侧的临界值,将 F 值与右侧临界值 $F_{\alpha/2}(n_1-1, n_2-1)$ 相比。若 $F > F_{\alpha/2}(n_1-1, n_2-1)$,则拒绝原假设。

将供货商 1 作为样本 1,供货商 2 作为样本 2。本例得到的检验结果如图 8-10 所示。

由于 $S_1^2/S_2^2 > 1$,所以将检验统计量与 $F_{\alpha/2}(n_1-1, n_2-1)$ 进行比较。由于 $F = 1.5116 < F_{\alpha/2} = 2.400$,所以不拒绝原假设。若利用 P 值进行检验,则需要将 Excel 输出的 P 值乘以 2,即 $P = 2 \times 0.217\,541\,513 = 0.435\,083\,027$,由于 P 值 $> \alpha = 0.05$,同样也不拒绝原假设。不能认为这两个总体的方差有显著差异。

如果将样本 1 和样本 2 互换,即将供货商 2 定义为样本 1(共 15 个),将供货商 1 定义为样本 2(共 20 个),则 Excel 的输出结果如图 8-11 所示。

由于 $S_1^2/S_2^2 < 1$,这时应将统计量 F 值与左侧临界值 $F_{1-\alpha/2}(n_1-1, n_2-1)$ 进行比较。由于 $F = 0.6615 > F_{1-0.025} = F_{0.975} = 0.4167$,所以不拒绝原假设。利用 P 值进行检验,由于 $P = 2 \times 0.217\,541\,513 = 0.435\,083\,027 > \alpha = 0.05$,同样不能拒绝原假设。检验结果同第一种方法一样。

	A	B	C
1	F-检验 双样本方差分析		
2			
3		变量1	变量2
4	平均	629.25	583
5	方差	3675.460526	2431.428571
6	观测值	20	15
7	df	19	14
8	F	1.511646515	
9	P(F<=f) 单尾	0.217541513	
10	F 单尾临界	2.40003874	

图 8-10　F 检验：双样本方差(1)

	A	B	C
1	F-检验 双样本方差分析		
2			
3		变量1	变量2
4	平均	583	629.25
5	方差	2431.428571	3675.460526
6	观测值	15	20
7	df	14	19
8	F	0.661530318	
9	P(F<=f) 单尾	0.217541513	
10	F 单尾临界	0.416659941	

图 8-11　F 检验：双样本方差(2)

第四节　方差分析的基本问题

一、方差分析的含义

检验多个总体均值是否相等的统计方法，称为方差分析。方差分析研究的是分类型自变量对数值型因变量的影响，包括它们之间有没有关系、关系强度如何等，采用的方法是通过检验各总体均值是否相等来判断分类型自变量对数值型因变量是否有显著影响。

为了更好地理解方差分析的含义，先看一个例子。

【例 8-18】　假定某职工技术学校，想对过去几年中该校使用的三种不同的教学方法进行评估，看三种方法的效果是否有所不同。待某期学生毕业后，进行跟踪调查。从三种不同教学方法的毕业生中各选出了 5 名，共 15 名毕业生，记录他们在同种生产条件下的日产量，结果列于表 8-14 中。

怎样分析各种方法的效果有无显著性差异呢？从表 8-14 和平均日产量可有以下结论和问题：

表 8-14　不同教学方法的毕业生的日产量

	A	B	C	D
1	所选毕业生序号	方法1 日产量	方法2 日产量	方法3 日产量
2				
3	1	15	22	18
4	2	18	27	24
5	3	19	18	16
6	4	22	21	22
7	5	11	17	15
8	合计	85	105	95
9	平均	17	21	19

(1) 教学效果在不同方法(试验)中存在着差异，有的日产量高，有的日产量低；

(2) 各种方法下的平均日产量存在差异，也说明不同教学方法的效果不一致；

(3) 在同一方法下的毕业生日产量也有差异，显然这个差异不是由方法引起的；

(4) 由于有(3)的结论,自然就会对(2)的结论产生怀疑:不同教学方法下平均日产量的差异,究竟是方法带来的,还是其他因素造成的。

要对以上问题作出回答,首先必须弄清"两种误差"的概念。

在工业生产活动中,由于原料品质和成分的不同,产品质量有差异;在农业生产活动中,由于某种农作物品种的不同,其产量也有差别。探求这些差异的原因,可以发现在任何一项试验中,试验结果常受一些环境因素或条件因素的影响,这就是说,如果试验的环境或条件改变,各次试验的结果就表现出一定的差异,这种差异称为"条件误差"或"系统误差"。在实际的试验活动中,虽然尽量把试验条件与环境固定不变,但各次试验结果仍表现出一定程度的差异。例如,将同一质地的布匹分为若干段,同时放入同一温度的水中洗涤,然后用同一温度烘干,测量其缩水率时会发现有差别。引起这种差别的原因很多,有称衡时的误差、仪器的不准确、原料的不均一、人的因素以及环境的其他性质对试验结果的影响等。由这一类因素作用而形成的误差称为"随机误差"或"偶然误差"。

条件误差是系统的、有规律可循的,试验误差是随机的、偶然的。为了要确定一项试验结果中有没有系统误差存在,换言之,就是要确定一项试验中有没有系统性因素在起作用。如有的话,又是哪些因素在起主要作用。20世纪20年代由英国统计学家费歇所创立的方差分析(Analysts of Variance,ANOVA),正是用于解决以上问题的。

方差分析实际上是参数假设检验的一种推广及应用,所用检验方法是 F 检验。它分为单因素方差分析、双因素方差分析、多因素方差分析。

二、方差分析中的基本假定

假设按照某因素的不同水平进行多次试验,每一水平得到若干数据,这些试验结果(数据)便组成了一个样本集,根据这些样本便可进行方差分析。

例 8-18 获得了三种方法下的 15 个观测值,在同一方法下的日产量尽管有差异,但这种差异是由偶然因素引起的,所以每一方法下的日产量均服从正态分布。即有

$$x_i \sim N(\mu_i, \sigma_i^2) \quad (i=1,2,3)$$

由于生产条件相同,可认为方差相同,即

$$\sigma_1^2 = \sigma_2^2 = \sigma_3^2$$

值得注意的是,方差分析仅在假定了方差相等的情况下才有意义。

三、方差分析的基本概念

(1) 因素或因子。在方差分析中,所要检验的对象称为因素或因子。例如,在上面的例子中,要分析教学方法对日产量是否有影响,这里的教学方法就是所要检验的对象,称为"因素或因子"。

(2) 水平或处理。因素的不同表现称为水平或处理。例如,在上面的例子中,方法1、2、3就是"方法"这一因素的具体表现,称之为"水平"。

(3) 观测值。每个因子不同水平下得到的样本观察数据称为观测值。例如,在上面的例子中,在每个方法下的日产量样本数据被称为观测值。

对于例 8-18,由于只涉及"方法"一个因素,因此称为单因素方差分析。

设因素有 k 个水平,每个水平的均值分别用 $\mu_1,\mu_2,\cdots,\mu_k$ 表示,要检验 k 个水平(总体)的均值是否相等,需要提出如下假设:

H_0:$\mu_1=\mu_2=\cdots=\mu_k$,即自变量对因变量没有显著差异和影响;

H_1:$\mu_1,\mu_2,\cdots,\mu_k$ 不全相等,即自变量对因变量有显著差异和影响。

(4) 随机误差和系统误差。对于例 8-18,在同一教学方法下,即同一总体中,样本各观察值是不同的。比如在方法 1 中,所抽取的 5 名学生,其日产量就不完全相同,这是由于在方差分析时,样本是随机抽取的,因此样本数据之间的差异可以看成是由随机因素的影响造成的,或者说是由于抽样的随机性造成的,称之为随机误差。

在例 8-18 中,不同教学方法,即不同总体下,各观测值也是不同的。这种差异可能来源于抽样的随机性,也可能是由于教学方法本身造成的,后者所形成的误差是由系统性因素造成的,称之为系统误差。

(5) 组内误差和组间误差。衡量因素的同一水平(即同一总体)下样本数据的误差,称之为组内误差。比如在方法 1 中,所抽取的 5 名学生日产量之间的误差。

衡量因素的不同水平(不同总体)下各样本之间的误差,称之为组间误差。例如,3 种教学方法下学生日产量之间的误差。

组内误差只包含随机误差,组间误差包含随机误差和系统误差。

四、方差分析的基本原理

与通常的统计推断问题一样,方差分析的任务是要寻求适当的统计量,对参数作假设检验。现需要检验的是三个正态总体的均值是否相等,即 $\mu_1=\mu_2=\mu_3$ 是否成立,从而确定不同教学方法对日产量有无显著影响。如果教学方法对毕业生的日产量并无显著影响,那么各样本(用符号 x_{ij} 表示,这里 $i=1,2,3;j=1,2,3,4,5$)应当为来自同一正态总体,当然可以接受零假设 H_0:$\mu_1=\mu_2=\mu_3$。如果教学方法对毕业生的日产量有显著影响,那么,只有表 7-1 中的每一列(即同一水平下)来自一个正态总体,而不同列的样本来自不同的正态总体,当然要拒绝原(零)假设 H_0,而不能拒绝备择假设 H_1。这是由于方法不同而引起的系统误差,主要表现在均值 μ 上;随机因素作用而引起的试验误差,主要表现在均方差 σ^2 上。

怎样进行检验呢?由于方法不同造成的系统误差和由于偶然因素引起的试验误差通常是交织在一起的,即最终表现为总变差(总离差平方和),方差分析的思路就是要设法对总离差平方和进行分解。这样,就能给出上述假设的一个检验法。当 H_0 为真,则总离差平方和只表示由偶然因素引起的变差,即认为教学方法的不同对毕业生的日产量的总体均值无显著影响,可认为 $\mu_1=\mu_2=\mu_3$;如果原(零)不真,则总离差平方和中除了由偶然因素引起的试验误差外,还包含了由教学方法不同而造成的系统误差部分,这时就设法将总离差平方和中由偶然因素所引起的偶然变差与方法不同造成的系统变差分开,然后相互比较。事实上,这两种变差很容易求得:每一水平下的离差平方和(称为组内平方和)反映的是由偶然因素引起的试验误差,各水平的平均数与总平均数的离差平方和(组间平方和)反映的则是由系统因素引起的条件误差和试验误差。如果后者比前者显著大,就可以认为总变差中,除了偶然变差外,还存在系统变差,即 $\mu_1=\mu_2=\mu_3$ 可能不成立。实际进行方差分析时,用到 F 统计量。

第五节 单因素方差分析

当方差分析中只涉及一个分类型自变量时,称之为单因素方差分析。

【例8-19】 消费者与产品生产者、销售者或服务的提供者之间经常发生纠纷。当纠纷发生后,消费者常常到消协投诉。为了对几个行业的服务质量进行评价,消费者协会在零售业、旅游业、航空公司、家电制造业分别抽取了不同企业作为样本。其中零售业抽取7家,旅游业抽取6家,航空公司抽取5家,家电制造业抽取5家。每个行业中抽取的这些企业,在服务对象、服务内容、企业规模等方面基本上是相同的。然后统计出最近一年中消费者对总共23家企业投诉的次数,结果见表8-15。

表8-15 23家企业投诉的次数

	A	B	C	D	E
1	观测值	行业			
2		零售业	旅游业	航空公司	家电制造业
3	1	57	68	31	44
4	2	66	39	49	51
5	3	49	29	21	65
6	4	40	45	34	77
7	5	34	56	40	58
8	6	53	51		
9	7	44			

受到投诉次数越多,说明服务的质量也就越差。消费者协会想知道这几个行业之间的服务质量是否有显著差异。这个问题就是判断"行业"对"投诉次数"是否有显著影响,归结为检验4个行业被投诉的均值是否相等。这就要用到方差分析。

要检验的是不同行业被投诉次数的均值是否相等,这里只涉及"行业"这一个因素,所以是单因素方差分析,它只研究一个分类型自变量对一个数值型因变量的影响。

一、单因素方差分析步骤

1. 提出假设

在方差分析中,原假设所描述的是:在按照自变量的值分成的类中,因变量的均值是否相等。因此,检验因素的 k 个水平(总体)的均值是否相等,需要提出如下形式的假设:

H_0:$\mu_1 = \mu_2 = \cdots = \mu_i = \cdots = \mu_k$,即自变量对因变量没有显著影响;

H_1:$\mu_1, \mu_2, \cdots, \mu_i, \cdots, \mu_k$ 不全相等,即自变量对因变量有显著影响。

如果原假设成立,则自变量对因变量没有显著影响,也就是说自变量与因变量之间没有关系;如果原假设不成立,则自变量对因变量有显著影响,也就是说自变量与因变量之间有关系。

注意:拒绝原假设时,只表明至少有两个总体的均值不相等,并不意味着所有的总体均值都不相等。

2. 构造检验统计量

关于如何构造该统计量,以表8-15资料为例加以说明。

(1) 计算因素各水平(总体)的均值。

$$\overline{x}_i = \frac{\sum_{j=1}^{n_i} x_{ij}}{n_i} \quad (i=1,2,\cdots,k)$$

其中：n_i 是第 i 个总体样本观测值的个数；x_{ij} 是第 i 个总体的第 j 个观测值。

根据表 8-15 中的数据计算零售业的样本均值为：

$$\overline{x}_1 = \frac{\sum_{j=1}^{5} x_{1j}}{n_1} = \frac{57+66+49+40+34+53+44}{7} = 49$$

使用 Excel 计算均值，可以使用函数 Average。

同理，其他行业计算方法相同，见表 8-16。

(2) 计算全部观测值的总均值。

$$\overline{\overline{x}} = \frac{\sum_{i=1}^{k}\sum_{j=1}^{n_i} x_{ij}}{n} = \frac{\sum_{i=1}^{k} n_i \overline{x}_i}{n}，其中，n = n_1 + n_2 + \cdots + n_k。计算结果见表 8-16。$$

表 8-16 样本均值计算表

观测值	行业			
	零售业	旅游业	航空公司	家电制造业
1	57	68	31	44
2	66	39	49	51
3	49	29	21	65
4	40	45	34	77
5	34	56	40	58
6	53	51		
7	44			
样本均值	49	48	35	59
样本容量 (ni)	7	6	5	5
总均值	$\overline{\overline{x}} = \dfrac{57+66+\cdots+77+58}{23} = 47.869565$			

(3) 计算误差平方和，构造检验统计量。

为构造检验统计量，共需要计算 3 个误差平方和：总误差平方和、水平项误差平方和、误差项平方和。

① 总误差平方和，简记为 SST。它是全部观测值 x_{ij} 与总均值 $\overline{\overline{x}}$ 之间误差的平方和，反应全部观测值的离散状况。

$$SST = \sum_{i=1}^{k}\sum_{j=1}^{n_i}(x_{ij} - \overline{\overline{x}})^2$$

由于 $\overline{\overline{x}} = 47.869\,565$，则

$$SST = (57 - 47.869\,565)^2 + \cdots + (58 - 47.869\,565)^2 = 4\,164.608\,696$$

② 水平项误差平方和，简记为 SSA。它是各组平均值 $\overline{x}_i$ 与总均值 $\overline{\overline{x}}$ 之间误差的平方和，反映个总体的样本均值之间的差异程度，又叫组间平方和。

$$SSA = \sum_{i=1}^{k}\sum_{j=1}^{n_i}(\overline{x}_i - \overline{\overline{x}})^2 = \sum_{i=1}^{k} n_i(\overline{x}_i - \overline{\overline{x}})^2$$

$$SSA = \sum_{i=1}^{4} n_i(\overline{x}_i - \overline{\overline{x}})^2$$

$$= 7 \times (49 - 7.869\,565)^2 + 6 \times (48 - 47.869\,565)^2$$
$$+ 5 \times (35 - 47.869\,565)^2 + 5 \times (59 - 47.869\,565)^2$$
$$= 1\,456.608\,695$$

③ 误差项平方和，简记为 SSE。它是每个水平或组的各样本数据与其组平均值之间误差的平方和，反映了每个样本各观测值的离散状况，又叫组内平方和或残差平方和。

$$SSE = \sum_{i=1}^{k} \sum_{j=1}^{n_i} (x_{ij} - \bar{x}_i)^2$$

零售业：$\sum_{j=1}^{7} (x_{1j} - \bar{x}_1)^2 = (57-49)^2 + (66-49)^2 + \cdots + (44-49)^2 = 700$

旅游业：$\sum_{j=1}^{6} (x_{2j} - \bar{x}_2)^2 = (68-48)^2 + (39-48)^2 + \cdots + (51-48)^2 = 924$

航空公司：$\sum_{j=1}^{5} (x_{3j} - \bar{x}_3)^2 = (31-35)^2 + (49-35)^2 + \cdots + (40-35)^2 = 434$

家电制造业：$\sum_{j=1}^{5} (x_{4j} - \bar{x}_4)^2 = (44-59)^2 + (51-59)^2 + \cdots + (58-59)^2 = 650$

然后将其加总得：SSE = 700 + 924 + 434 + 650 = 2 708

④ 三者之间的关系：SST = SSA + SSE

如果原假设成立，则表明没有系统误差，组间平方和 SSA 除以它的自由度后的均方与组内平方和 SSE 除以它的自由度后的均方差异就不会太大；反之，两者的差异就会很大。

SST 的自由度：$n-1$，n 为全部观测值的个数；
SSA 的自由度：$k-1$，k 为因素水平（总体）的个数；
SSE 的自由度：$n-k$。

所以两者的均方分别为：

SSA 的均方：$MSA = \dfrac{SSA}{k-1}$；SSE 的均方：$MSE = \dfrac{SSE}{n-k}$。

所以构造的检验统计量就是：

$$F = \frac{MSA}{MSE} \sim F(k-1, n-k)$$

以上例为例，$MSA = \dfrac{SSA}{k-1} = \dfrac{1\,456.608\,696}{4-1} = 485.536\,232$

$$MSE = \frac{SSE}{n-k} = \frac{2\,708}{23-4} = 142.526\,316$$

$$F = \frac{MSA}{MSE} = \frac{485.536\,232}{142.526\,316} = 3.406\,643$$

3. 统计决策

若 $F > F_\alpha$，则拒绝原假设 H_0，即认为 $\mu_1 = \mu_2 = \cdots = \mu_i = \cdots = \mu_k$ 的假设不成立，表明类型自变量对因变量有显著影响；$F < F_\alpha$，则不能拒绝原假设 H_0，不能认为类型自变量对因变量有显著影响。见上例，计算出 $F = 3.406\,643$。假定取显著性水平 $\alpha = 0.05$，查表得 $F_{0.05}(3, 9) = 3.13$。由于 $F > F_\alpha$，所以拒绝原假设，可以认为行业对投诉次数有显著影响。

二、用 Excel 进行单因素方差分析

上面介绍的这几个步骤都可以使用 Excel 进行计算，步骤如下。

第一步，选择“工具”下拉菜单；

第二步，选择“数据分析”选项；

第三步，在分析工具中选择“方差分析：单因素方差分析”，单击“确定”；

第四步，当对话框出现时，在“输入区域”设置框内输入数据单元格区域（只输入观测值，本例是从 B3：E9）；在 α 设置框中键入 0.05（也可根据需要输入其他的显著性水平值）；在“输出选项”中选择输出区域。如图 8-12 所示。

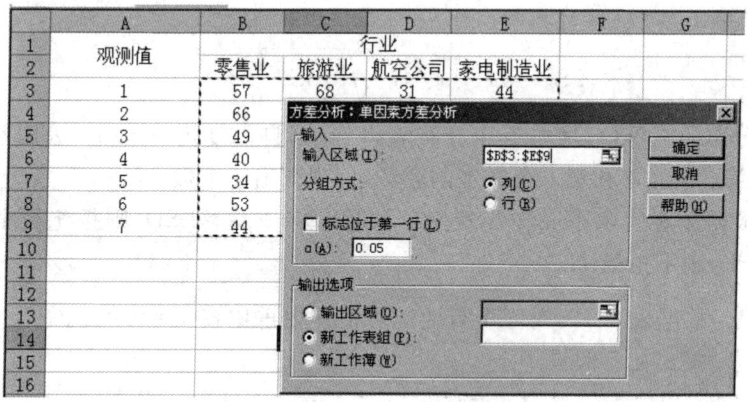

图 8-12　方差分析：单因素方差分析

第五步，单击“确定”后，得到的输出结果见表 8-17。

表 8-17　单因素方差分析结果

	A	B	C	D	E	F	G
1	：单因素方差分析						
2							
3	SUMMARY						
4	组	观测数	求和	平均	方差		
5	列 1	7	343	49	116.6667		
6	列 2	6	288	48	184.8		
7	列 3	5	175	35	108.5		
8	列 4	5	295	59	162.5		
9							
10							
11	方差分析						
12	差异源	SS	df	MS	F	P-value	F crit
13	组间	1456.609	3	485.5362	3.406643	0.038765	3.12735
14	组内	2708	19	142.5263			
15							
16	总计	4164.609	22				

表中的“方差分析”部分就是方差分析表：“SS”表示平方和；“df”表示自由度；“MS”表示均方；“F”为检验统计量；“P-value”为用于检验的 P 值；“F crit”为给定的 α 水平下的临界值。

从方差分析表中可以看到，由于 $F>F_\alpha$，所以拒绝原假设 H_0，即认为 $\mu_1=\mu_2=\cdots=\mu_i=\cdots=\mu_k$ 不成立。也就是说行业差别对于投诉次数的均值影响是显著的。

在决策时，还可以使用 P 值。若 $P>\alpha$，则不拒绝原假设；若 $P<\alpha$，则拒绝原假设。

三、方差分析中的多重比较

通过上面的检验能判断出这 4 个行业的均值是不全相同的，但并不是说 4 个行业两两完全不同,那么究竟哪几个行业的相同,哪些不相同呢,这就要用到方差分析中的多重比较了。多重比较可以分别对总体的均值进行两两比较,看到底哪些总体的均值之间存在差异。多重比较有多种方法,这里介绍由 Fisher 提出的最小显著差异方法(least significant difference,LSD),步骤如下。

第一步,提出原假设:$H_0: \mu_i = \mu_j$;$H_1: \mu_i \neq \mu_j (i \neq j)$;

第二步,计算检验统计量:$\bar{x}_i - \bar{x}_j$;

第三步,计算 LSD,计算公式为:

$$\text{LSD} = t_{\alpha/2}(n-k)\sqrt{\text{MSE}\left(\frac{1}{n_i} + \frac{1}{n_j}\right)}$$

其中,$t_{\alpha/2}$ 为 t 分布的临界值,通过查 t 分布表得到,其自由度为 $n-k$;k 为因素中水平的个数;n_i 和 n_j 是第 i 个样本和第 j 个样本的容量,即观测值的个数。

第四步,根据显著性水平 α 作出决策:如果 $|\bar{x}_i - \bar{x}_j| > \text{LSD}$,则拒绝原假设 H_0;如果 $|\bar{x}_i - \bar{x}_j| < \text{LSD}$,则不拒绝 H_0。

【例 8-20】 根据表 8-16,对 4 个行业的均值作多重比较($\alpha = 0.05$)。

解:第一步,提出如下假设

检验 1: $H_0: \mu_1 = \mu_2, H_1: \mu_1 \neq \mu_2$;

检验 2: $H_0: \mu_1 = \mu_3, H_1: \mu_1 \neq \mu_3$;

检验 3: $H_0: \mu_1 = \mu_4, H_1: \mu_1 \neq \mu_4$;

检验 4: $H_0: \mu_2 = \mu_3, H_1: \mu_2 \neq \mu_3$;

检验 5: $H_0: \mu_2 = \mu_4, H_1: \mu_2 \neq \mu_4$;

检验 6: $H_0: \mu_3 = \mu_4, H_1: \mu_3 \neq \mu_4$。

第二步,计算检验统计量

$|\bar{x}_1 - \bar{x}_2| = |49 - 48| = 1$;$|\bar{x}_1 - \bar{x}_3| = |49 - 35| = 14$;$|\bar{x}_1 - \bar{x}_4| = |49 - 59| = 10$;

$|\bar{x}_2 - \bar{x}_3| = |48 - 35| = 13$;$|\bar{x}_2 - \bar{x}_4| = |48 - 59| = 11$;$|\bar{x}_3 - \bar{x}_4| = |35 - 59| = 24$。

第三步,计算 LSD。根据表 8-16 的计算结果,MSE=142.526 316。由于 4 个行业样本容量不完全相同,需要分别计算 LSD。根据自由度:$n-k = 23-4 = 19$,查 t 分布表得 $t_{\alpha/2}(19) = t_{0.025}(19) = 2.093$。对应于各检验的 LSD 如下:

假设 1:$\text{LSD}_1 = 2.093 \times \sqrt{142.526\ 316 \times \left(\frac{1}{7} + \frac{1}{6}\right)} = 13.90$;

假设 2:$\text{LSD}_2 = 2.093 \times \sqrt{142.526\ 316 \times \left(\frac{1}{7} + \frac{1}{5}\right)} = 10.23$;

假设 3:$\text{LSD}_3 = \text{LSD}_2 = 10.23$;

假设 4:$\text{LSD}_4 = 2.093 \times \sqrt{142.526\ 316 \times \left(\frac{1}{6} + \frac{1}{5}\right)} = 15.13$;

假设 5:$\text{LSD}_5 = \text{LSD}_4 = 15.13$;

假设 6:$\text{LSD}_6 = 2.093 \times \sqrt{142.526\ 316 \times \left(\frac{1}{5} + \frac{1}{5}\right)} = 15.80$。

第四步,作出决策

$|\bar{x}_1 - \bar{x}_2| = 1 < 13.90$,不拒绝 H_0,可以认为零售业与旅游业的投诉次数之间没有显著差异;

$|\bar{x}_1-\bar{x}_3|=14>10.23$，拒绝 H_0，可以认为零售业与航空公司的投诉次数之间有显著差异；

$|\bar{x}_1-\bar{x}_4|=10<10.23$，不拒绝 H_0，可以认为零售业与家电制造业的投诉次数之间没有显著差异；

$|\bar{x}_2-\bar{x}_3|=13<15.13$，不拒绝 H_0，可以认为旅游业与航空公司的投诉次数之间没有显著差异；

$|\bar{x}_2-\bar{x}_4|=11<15.13$，不拒绝 H_0，可以认为旅游业与家电制造业的投诉次数之间没有显著差异；

$|\bar{x}_3-\bar{x}_4|=24>15.80$，拒绝 H_0，可以认为航空公司与家电制造业的投诉次数之间有显著差异。

第六节　双因素方差分析

当方差分析中涉及两个分类型自变量时，称为双因素方差分析。

【例 8-21】 有 4 种品牌的彩电在 5 个地区销售，为分析彩电的品牌（"品牌"因素）和销售地区（"地区"因素）对销售量是否有影响，对每种品牌在各地区的销售量取得以下数据（见表 8-18），试分析品牌和销售地区对彩电的销售量是否有显著影响（$\alpha=0.05$）？

表 8-18　4 种品牌的彩电在 5 个地区的销售量资料

		地区因素				
		地区1	地区2	地区3	地区4	地区5
品牌因素	品牌1	365	350	343	340	323
	品牌2	345	368	363	330	333
	品牌3	358	323	353	343	308
	品牌4	288	280	298	260	298

在例 8-21 中，品牌和地区是两个分类型自变量，销售量是一个数值型因变量。同时分析品牌和地区对销售量的影响，这是分析究竟是一个因素在起作用，还是两个因素都起作用，还是两个因素都不起作用，这就是双因素方差分析。

如果两个因素对销售量的影响是相互独立的，这时的双因素方差分析称为无交互作用的双因素方差分析；如果除了两个因素对销售量的单独影响外，两个因素的搭配还会对销售量产生一种新的影响效应，这样的双因素方差分析叫有交互作用的双因素方差分析。

一、无交互作用的双因素方差分析

1. 几个常用符号

（1）行和列

在双因素方差分析中，由于有两个因素，在获取数据时，要将一个因素安排在"行"的位置，称为行因素；另一个因素安排在"列"的位置，称为列因素。设行因素有 k 个水平：行 1，行 2，…，行 k；列因素有 r 个水平：列 1，列 2，…，列 r。行因素和列因素的每一个水平都可以搭配成一组，观察它们对实验指标的影响，这样就共抽取了 kr 个观察数据。

(2) 行平均值和列平均值

记 $\bar{x}_{i.}$ 为行因素的第 i 个水平下各观察值的平均值,称为行平均值,计算公式为:

$$\bar{x}_{i.} = \frac{\sum_{j=1}^{r} x_{ij}}{r} \quad (i=1,2,\cdots,k)$$

记 $\bar{x}_{.j}$ 为列因素的第 j 个水平下各观察值的平均值,称为列平均值,计算公式为:

$$\bar{x}_{.j} = \frac{\sum_{i=1}^{k} x_{ij}}{k} \quad (j=1,2,\cdots,r)$$

记 $\bar{x}$ 为全部这 kr 个观察值的总平均值,计算公式为:

$$\bar{x} = \frac{\sum_{i=1}^{k} \sum_{j=1}^{r} x_{ij}}{kr} \quad (i=1,2,\cdots,k; j=1,2,\cdots,r)$$

2. 分析步骤

双因素方差分析的步骤大致上同单因素的一样。

第一步,提出假设

由于有两个影响因素,且两者之间无交互作用,所以要提出两个假设:

对行因素提出假设:

$H_0: \mu_1 = \mu_2 = \cdots = \mu_i = \cdots = \mu_k$,即行因素对因变量没有显著影响;

$H_1: \mu_1, \mu_2, \cdots, \mu_i, \cdots, \mu_k$ 不全相等,即行因素对因变量有显著影响。

对列因素提出假设:

$H_0: \mu_1 = \mu_2 = \cdots = \mu_j = \cdots = \mu_r$,即列因素对因变量没有显著影响;

$H_1: \mu_1, \mu_2, \cdots, \mu_j, \cdots, \mu_r$ 不全相等,即列因素对因变量有显著影响。

第二步,构造检验统计量

为检验原假设 H_0 是否成立,需要分别检验行因素和列因素的统计量。构造方法同单因素一样,也是需要用到总误差平方和的分解。

总误差平方和,简记为 SST,是全部样本观察值 $x_{ij}(i=1,2,\cdots,k; j=1,2,\cdots,r)$ 与总的样本平均值 $\bar{x}$ 之间的误差平方和。计算公式为:

$$\text{SST} = \sum_{i=1}^{k} \sum_{j=1}^{r} (x_{ij} - \bar{x})^2$$

$$= \sum_{i=1}^{k} \sum_{j=1}^{r} (\bar{x}_{i.} - \bar{x})^2 + \sum_{i=1}^{k} \sum_{j=1}^{r} (\bar{x}_{.j} - \bar{x})^2 + \sum_{i=1}^{k} \sum_{j=1}^{r} (x_{ij} - \bar{x}_{i.} - \bar{x}_{.j} + \bar{x})^2$$

行因素产生的误差平方和,简记为 SSR,是行平均值 $\bar{x}_{i.}$ 与总平均值 $\bar{x}$ 之间的误差平方和。计算公式为:

$$\text{SSR} = \sum_{i=1}^{k} \sum_{j=1}^{r} (\bar{x}_{i.} - \bar{x})^2;$$

列因素产生的误差平方和,简记为 SSC,是列平均值 $\bar{x}_{.j}$ 与总平均值 $\bar{x}$ 之间的误差平方和。计算公式为:

$$\text{SSC} = \sum_{i=1}^{k} \sum_{j=1}^{r} (\bar{x}_{.j} - \bar{x})^2;$$

随机误差项平方和,是指除行因素和列因素之外,由剩余因素影响产生的误差平方和,简记为 SSE。计算公式为:

$$SSE = \sum_{i=1}^{k}\sum_{j=1}^{r}(x_{ij}-\bar{x}_{i\cdot}-\bar{x}_{\cdot j}+\bar{x})^2$$

上述各平方和之间的关系式为：
$$SST = SSR + SSC + SSE$$

它们对应的自由度分别是：

总误差平方和对应的自由度为 $kr-1$；

行因素的误差平方和对应的自由度为 $k-1$；

列因素的误差平方和对应的自由度为 $r-1$；

随机误差项平方和对应的自由度为 $(k-1)\times(r-1)$。

为构造检验统计量，需要计算各个平方和的均方：

行因素的均方，简记为 MSR，计算公式为：
$$\text{MSR} = \frac{\text{SSR}}{k-1}$$

列因素的均方，简记为 MSC，计算公式为：
$$\text{MSC} = \frac{\text{SSC}}{r-1}$$

随机误差项的均方，简记为 MSE，计算公式为：
$$\text{MSE} = \frac{\text{SSE}}{(k-1)\times(r-1)}$$

所以，行因素对因变量影响显著性检验的统计量为：
$$F_R = \frac{\text{MSR}}{\text{MSE}} \sim F(k-1,(k-1)(r-1))$$

列因素对因变量影响显著性检验的统计量为：
$$F_C = \frac{\text{MSC}}{\text{MSE}} \sim F(r-1,(k-1)(r-1))$$

第三步，作出统计决策

若 $F_R > F_\alpha$，则拒绝原假设 H_0，即 $\mu_1 = \mu_2 = \cdots = \mu_i = \cdots = \mu_k$ 不成立，表明行因素对因变量的影响是显著的。

若 $F_C > F_\alpha$，则拒绝原假设 H_0，即 $\mu_1 = \mu_2 = \cdots = \mu_j = \cdots = \mu_r$ 不成立，表明列因素对因变量的影响是显著的。

通常以上过程的内容列成方差分析表，如表 8-19 所示。

下面回答例 8-21 中的问题，根据表 8-18 中的数据，分析品牌和地区对销售量是否有显著影响（$\alpha=0.05$）。

表 8-19　方差分析表

A	B	C	D	E	F	G
误差来源	误差平方和 SS	自由度 df	均方 MS	F值	P值	F临界值
行因素	SSR	k-1	MSR	FR		
列因素	SSC	r-1	MSC	FC		
误差	SSE	(k-1)(r-1)	MSE			
总和	SST	kr-1				

解：首先对两个因素分别提出如下假设。

行因素（品牌）：

H_0：$\mu_1 = \mu_2 = \mu_3 = \mu_4$，即品牌对销售量没有显著影响；

H_1：μ_1,μ_2,μ_3,μ_4 不全相等，即品牌对销售量有显著影响。

列因素（地区）：

H_0：$\mu_1=\mu_2=\mu_3=\mu_4$，即地区对销售量没有显著影响；

H_1：μ_1,μ_2,μ_3,μ_4 不全相等，即地区对销售量有显著影响。

利用 Excel 给出其计算过程，步骤如下。

第一步，选择"工具"下拉菜单；

第二步，选择"数据分析"选项；

第三步，在分析工具中选择"方差分析：无重复双因素分析"（如图 8-13 所示）；

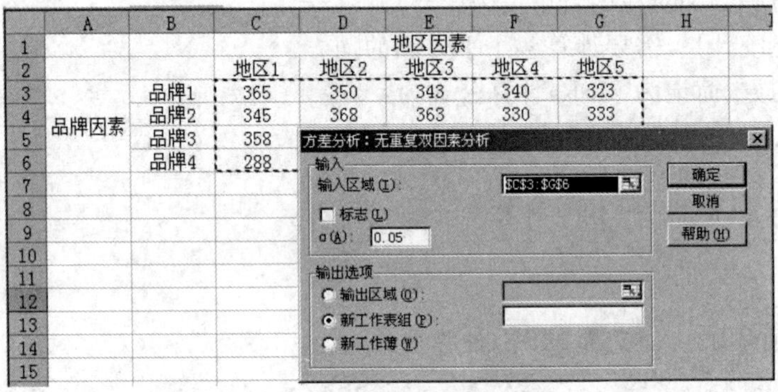

图 8-13 双因素的方差分析对话框

第四步，单击"确定"，得到分析结果（如表 8-20 所示）。

表 8-20 双因素的方差分析结果

	A	B	C	D	E	F	G
1	方差分析：无重复双因素分析						
2							
3	SUMMARY	观测数	求和	平均	方差		
4	行 1	5	1721	344.2	233.7		
5	行 2	5	1739	347.8	295.7		
6	行 3	5	1685	337	442.5		
7	行 4	5	1424	284.8	249.2		
8							
9	列 1	4	1356	339	1224.667		
10	列 2	4	1321	330.25	1464.25		
11	列 3	4	1357	339.25	822.9167		
12	列 4	4	1273	318.25	1538.917		
13	列 5	4	1262	315.5	241.6667		
14							
15							
16	方差分析						
17	差异源	SS	df	MS	F	P-value	F crit
18	行	13004.55	3	4334.85	18.10777	9.46E-05	3.490295
19	列	2011.7	4	502.925	2.100846	0.143665	3.259167
20	误差	2872.7	12	239.3916667			
21							
22	总计	17888.95	19				

表 8-20 中的第二个表就是双因素的方差分析表。

根据表 8-20 的计算结果，得到如下结论：

由于 $F_R=18.107\,773 > F_\alpha=3.490\,3$，所以拒绝原假设 H_0，即 $\mu_1=\mu_2=\mu_3=\mu_4$ 不成立，表明 μ_1,μ_2,μ_3,μ_4 之间的差异是显著的，这说明品牌对销售量有显著影响。

由于 $F_C=2.100\,846 < F_\alpha=3.259\,16$，所以不拒绝原假设 H_0，即 $\mu_1=\mu_2=\mu_3=\mu_4$ 成立，表明 μ_1,μ_2,μ_3,μ_4 之间的差异不显著，这说明地区对销售量没有显著影响。

以上决策也可以使用 P-value 值进行，结论也是一样的。用于检验行因素的 P-value＝9.46E-05＜α＝0.05，所以拒绝原假设 H_0；用于检验列因素的 P-value＝0.143 665＞α＝0.05，所以不拒绝原假设 H_0。

二、有交互作用的双因素方差分析

如果两个因素搭配在一起会对因变量产生一种新的效应，就需要考虑交互作用对因变量的影响，这就是由交互作用的双因素方差分析。

【例 8-22】 城市道路交通管理部门为研究不同的路段和不同的时间段对行车时间的影响，让一名交通警察分别在两个路段和高峰期与非高峰期亲自驾车进行试验，通过试验共获得 20 个行车时间（单位：min）的数据，见表 8-21。试分析路段、时段以及路段和时段的交互作用对行车时间的影响（α＝0.05）。

表 8-21　20 个行车时间数据

		A	B	C	D
1				路段（列变量）	
2				路段1	路段2
3				26	19
4				24	20
5	时段（行变量）	高峰期		27	23
6				25	22
7				25	21
8				20	18
9				17	17
10		非高峰期		22	13
11				21	16
12				17	12

在本例中，行变量有 2（k＝2）个水平，分别是"高峰期"和"非高峰期"；列变量也有 2（r＝2）个水平，分别是"路段 1"和"路段 2"。行变量中每一个水平的行数为 m，如本例中，m＝5；观测值的总个数为 n，本例中 n＝20。

与无交互作用的双因素方差分析的步骤相同，有交互作用的双因素方差分析也需要提出假设、构造检验统计量、作出统计决策，这里不再赘述。只不过在提出假设时，需要分别对行因素、列因素和交互作用提出假设。有交互作用的双因素方差分析常用的符号有：

x_{ijl} 为对应于行因素的第 i 个水平和列因素的第 j 个水平的第 l 行的观察值；

$\bar{x}_{i.}$ 为行因素的第 i 个水平的样本均值；

$\bar{x}_{.j}$ 为列因素的第 j 个水平的样本均值；

$\bar{x}_{ij}$ 为对应于行因素的第 i 个水平和列因素的第 j 个水平组合的样本均值；

$\bar{x}$ 为全部 n 个观察值的总均值。

各平方和的计算公式如下：

总平方和（SST）

$$\text{SST} = \sum_{i=1}^{k}\sum_{j=1}^{r}\sum_{l=1}^{m}(x_{ijl}-\bar{x})^2;$$

行变量平方和（SSR）

$$\text{SSR} = rm\sum_{i=1}^{k}(\bar{x}_{i.}-\bar{x})^2;$$

列变量平方和（SSC）

$$\text{SSC} = km \sum_{j=1}^{r} (\bar{x}_{\cdot j} - \bar{\bar{x}})^2;$$

交互作用平方和（SSRC）

$$\text{SSRC} = m \sum_{i=1}^{k} \sum_{j=1}^{r} (\bar{x}_{ij} - \bar{x}_{i\cdot} - \bar{x}_{\cdot j} + \bar{\bar{x}})^2;$$

误差项平方和（SSE）

$$\text{SSE} = \text{SST} - \text{SSR} - \text{SSC} - \text{SSRC}$$

下面利用 Excel 进行有交互作用的双因素方差分析，步骤如下。

第一步，选择"工具"下拉菜单；

第二步，选择"数据分析"选项；

第三步，在分析工具中选择"方差分析：可重复双因素分析"，单击"确定"；

第四步，对话框出现后，在"输入区域"设置框内输入所有的观测值；在 α 设置框中键入 0.05（可根据需要确定）；在"每一样本的行数"设置框内键入 5；在"输出选项"中选择输出区域。过程如图 8-14 所示。

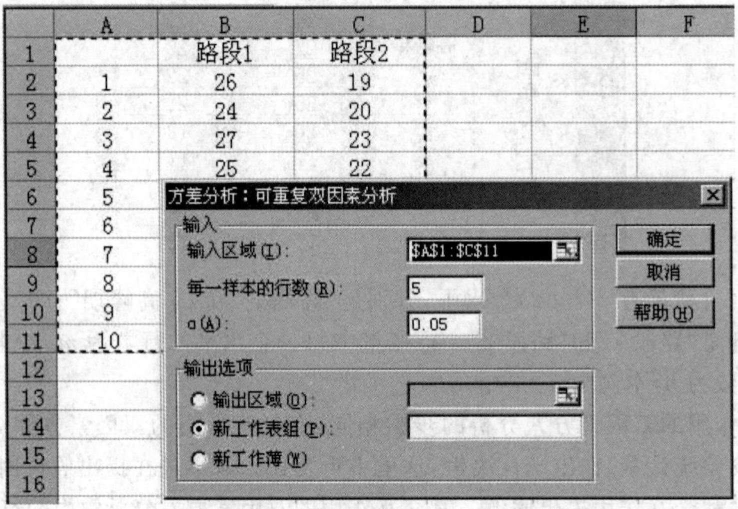

图 8-14 可重复双因素分析对话框

单击"确定"后得到输出结果，如表 8-22 所示。

由表 8-22 的输出结果中可知：用于检验行因素（时段）的 $P\text{-value} = 5.7\text{E-}06 < \alpha = 0.05$，所以拒绝原假设，表明不同时段的行车时间之间有显著差异，即时段对行车时间有显著影响；用于检验列因素（路段）的 $P\text{-value} = 0.000\,182 < \alpha = 0.05$，同样拒绝原假设，表明不同路段的行车时间之间有显著差异，即路段对行车时间有显著影响；用于检验交互作用（时段和路段）的 $P\text{-value} = 0.911\,819 > \alpha = 0.05$，因此不拒绝原假设，表明时段和路段的交互作用对行车时间没有显著影响。

表 8-22 可重复双因素分析结果

	A	B	C	D	E	F	G
1	方差分析：可重复双因素分析						
2							
3	SUMMARY	路段1	路段2	总计			
4	1						
5	观测数	5	5	10			
6	求和	127	105	232			
7	平均	25.4	21	23.2			
8	方差	1.3	2.5	7.066667			
9							
10	6						
11	观测数	5	5	10			
12	求和	97	76	173			
13	平均	19.4	15.2	17.3			
14	方差	5.3	6.7	10.23333			
15							
16	总计						
17	观测数	10	10				
18	求和	224	181				
19	平均	22.4	18.1				
20	方差	12.93333	13.43333				
21							
22							
23	方差分析						
24	差异源	SS	df	MS	F	P-value	F crit
25	样本	174.05	1	174.05	44.06329	5.7E-06	4.493998
26	列	92.45	1	92.45	23.40506	0.000182	4.493998
27	交互	0.05	1	0.05	0.012658	0.911819	4.493998
28	内部	63.2	16	3.95			
29							
30	总计	329.75	19				

【练习题】

一、主要概念

1. 假设检验与参数估计的区别与联系
2. 假设检验的基本原理
3. 假设检验的两类错误
4. P 值检验和统计量检验的区别
5. 假设检验的基本步骤
6. 方差分析的基本原理
7. 单因素方差分析中 SST、SSA 和 SSE 的含义及其关系
8. 根据方差分析表说明方差分析的步骤
9. 方差分析中多重比较的作用
10. 有交互作用和无交互作用的双因素方差分析

二、单项选择题

1. 对总体参数提出某种假设，然后利用样本信息判断假设是否成立的过程称为（　　）。
   A. 假设检验　　　B. 参数估计　　　C. 双边检验　　　D. 单边检验

2. 研究者想搜集证据予以支持的假设通常称为(　　)。
   A. 原假设　　　B. 备择假设　　　C. 合理假设　　　D. 正常假设
3. 在假设检验中,原假设与备择假设(　　)。
   A. 都有可能被接受
   B. 都有可能不被接受
   C. 只有一个被接受而且必有一个被接受
   D. 原假设一定被接受,备择假设不一定被接受
4. 在假设检验中,"="一般放在(　　)。
   A. 原假设上
   B. 备择假设上
   C. 可以放在原假设上,也可以放在备择假设上
   D. 有时放在原假设上,有时放在备择假设上
5. 在假设检验中,不能拒绝原假设意味着(　　)。
   A. 原假设肯定是正确的　　　B. 原假设肯定是错误的
   C. 没有证据证明原假设是正确的　　　D. 没有证据证明原假设是错误的
6. 在假设检验中,通常犯第一类错误的概率称为(　　)。
   A. 置信水平　　　B. 显著性水平　　　C. 取伪概率　　　D. 取真概率
7. 拒绝域的大小与我们事先选定的(　　)。
   A. 统计量有一定关系　　　B. 临界值有一定关系
   C. 置信水平有一定关系　　　D. 显著性水平有一定关系
8. 在假设检验中,如果样本容量一定,则第一类错误和第二类错误(　　)。
   A. 可以同时减小　　　B. 不能同时减小
   C. 可以同时增大　　　D. 只能同时增大
9. 某饮料生产企业研制了一种新型饮料,饮料有五种颜色。如果要考察颜色是否会影响销售量,则水平为(　　)。
   A. 2　　　B. 3　　　C. 4　　　D. 5
10. 下列指标中包含有系统性误差的是(　　)。
    A. SSA　　　B. SSE　　　C. $\bar{x}_j$　　　D. $\bar{x}$
11. SST 的自由度是(　　)。
    A. $r-1$　　　B. $n-r$　　　C. $r-n$　　　D. $n-1$
12. 单因素方差分析的备择假设应该是(　　)。
    A. $\mu_1=\mu_2=\mu_3=\cdots=\mu_r$　　　B. $\mu_1,\mu_2,\mu_3,\cdots,\mu_r$ 不全相等
    C. $\mu_1,\mu_2,\mu_3,\cdots,\mu_r$ 全不相等　　　D. $\mu_1\neq\mu_2\neq\mu_3\neq\cdots\neq\mu_r$
13. 如果要拒绝原假设,则下列式子(　　)必须成立。
    A. $F<F_\alpha$　　　B. $P\text{-value}<\alpha$　　　C. $F=1$　　　D. $P\text{-value}>\alpha$
14. 对双因素方差分析(无交互作用),下列命题哪个是错的(　　)。
    A. SST=SSA+SSB+SSE　　　B. SSB 的自由度是 $s-1$
    C. F 临界值只有一个　　　D. 必须对两个因素分别决策
15. 如果要比较三种化肥(A、B 两种新型化肥和传统化肥)施撒在三种类型(酸性、中性和碱性)的土地上对作物的产量情况有无差别,则往往考虑用(　　)方法。

A. 单因素方差分析 B. 三因素方差分析
C. 无交互作用的双因素方差分析 D. 有交互作用的双因素方差分析

三、多项选择题

1. 假设检验和参数估计的联系与区别,下面五个判断正确的有( )。
   A. 都是对总体某一数量特征的推断,都是运用概率估计来得到自己的结论
   B. 前者则需要事先对总体参数做出某种假设,然后根据已知的抽样分布规律确定可以接受的临界值
   C. 后者无须事先对总体数量特征做出假设。它是根据已知的抽样分布规律找出恰当的区间,给出总体参数落在这一区间的概率
   D. 假设检验中的第二类错误就是参数估计中的第一类错误
   E. 假设检验中实测显著性水平就是参数估计中的置信系数

2. 当我们根据样本资料对零假设做出接受或拒绝的决定时,可能出现的情况有( )。
   A. 当零假设为真时接受它
   B. 当零假设为假时接受它,我们犯了第一类错误
   C. 当零假设为真时拒绝它,我们犯了第一类错误
   D. 当零假设为假时拒绝它
   E. 当零假设为假时接受它,我们犯了第二类错误

3. 假设检验拒绝原假设,说明( )。
   A. 原假设有逻辑上的错误 B. 原假设根本不存在
   C. 原假设成立的可能性很小 D. 备择假设成立的可能性很大
   E. 备择假设成立的可能性很小

4. 在假设检验中,犯第一类错误的概率 α 与犯第二类错误的概率 β 的关系是( )。
   A. $\alpha = \beta$ B. α 与 β 成正比例关系变化
   C. α 与 β 成反比例关系变化 D. 当 α 值给定后,β 值随之确定
   E. 当 α 值减小后,β 值会随之增大

5. 假设检验中,下面五个判断正确的有( )。
   A. 当零假设为假时接受它的概率就是备择假设为真时接受它的概率
   B. 当零假设为假时接受它的概率就是备择假设为真时拒绝它的概率
   C. 当零假设为真时接受它的概率就是备择假设为假时拒绝它的概率
   D. 当零假设为真时拒绝它的概率就是备择假设为真时接受它的概率
   E. 当备择假设为假时拒绝它的概率等于零假设为假时接受它的概率

6. 运用方差分析的前提条件是( )。
   A. 样本来自正态总体 B. 各总体的均值相等
   C. 各总体的方差相等 D. 各总体相互独立
   E. 样本必须是随机的

7. 下列指标中包含有随机性误差的是( )。
   A. SSA B. SSE C. SST D. MSA
   E. MSE

8. 用 LSD 方法进行多重比较,若 $t_{\alpha/2}(n-r)\sqrt{\text{MSE}\left(\dfrac{1}{n_i}+\dfrac{1}{n_j}\right)}=2.5$,则下列各式中哪些说明比较总体间没有显著差别(　　)。
   A. $|\bar{x}_1-\bar{x}_4|=3.2$　　　　　　B. $|\bar{x}_2-\bar{x}_4|=5.7$
   C. $|\bar{x}_2-\bar{x}_5|=2.3$　　　　　　D. $|\bar{x}_1-\bar{x}_3|=1.8$
   E. $|\bar{x}_3-\bar{x}_5|=4.1$

9. 对无交互作用的双因素方差分析表,下列命题哪个是对的(　　)。
   A. SST＝SSA＋SSB＋SSE　　　　B. SSB 的自由度是 $n-1$
   C. 可以计算三个 F 值　　　　　　D. SST 的自由度是 $n-1$
   E. F 临界值可能是一个,也可能是两个

四、计算题

1. 某乐器厂以往生产的乐器采用的是一种镍合金弦线,这种弦线的平均抗拉强度不超过 1 035 MPa,现产品开发小组研究了一种新型弦线,他们认为其抗拉强度得到了提高并想寻找证据予以支持。在对研究小组开发的产品进行检验时,应该采取以下哪种形式的假设? 为什么?
   (1) $H_0:\mu\leqslant 1\,035$　　$H_1:\mu>1\,035$
   (2) $H_0:\mu\geqslant 1\,035$　　$H_1:\mu<1\,035$
   (3) $H_0:\mu=1\,035$　　$H_0:\mu\neq 1\,035$

2. 一家大型超市连锁店上个月接到许多消费者投诉某种品牌炸土豆片中 60 g 一袋的那种土豆片的重量不符。店方猜想引起这些投诉的原因是运输过程中沉积在食品袋底部的土豆片碎屑,但为了使顾客们对花钱买到的土豆片感到物有所值,店方仍然决定对来自于一家最大的供应商的下一批袋装炸土豆片的平均重量(g)进行检验,假设陈述如下:
$$H_0:\mu\geqslant 60\quad H_1:\mu<60$$
如果有证据可以拒绝原假设,店方就拒收这批炸土豆片并向供应商提出投诉。
   (1) 与这一假设检验问题相关联的第一类错误是什么?
   (2) 与这一假设检验问题相关联的第二类错误是什么?
   (3) 你认为连锁店的顾客们会将哪类错误看得较为严重?而供应商会将哪类错误看得较为严重?

3. 某种纤维原有的平均强度不超过 6 g,现希望通过改进工艺来提高其平均强度。研究人员测得了 100 个关于新纤维的强度数据,发现其均值为 6.35。假定纤维强度的标准差仍保持为 1.19 不变,在 5% 的显著性水平下对该问题进行假设检验。
   (1) 选择检验统计量并说明其抽样分布是什么样的?
   (2) 检验的拒绝规则是什么?
   (3) 计算检验统计量的值,你的结论是什么?

4. 一项调查显示,每天每个家庭看电视的平均时间为 7.25 小时,假定该调查中包括了 200 个家庭,且样本标准差为平均每天 2.5 小时。据报道,10 年前每天每个家庭看电视的平均时间是 6.70 小时,取显著性水平 $\alpha=0.01$,这个调查是否提供了证据支持你认为"如今每个家庭每天收看电视的平均时间增加了"?

5. 经验表明,一个矩形的宽与长之比等于 0.618 的时候会给人们比较良好的感觉。某

工艺品工厂生产的矩形工艺品框架的宽与长要求也按这一比例设计,假定其总体服从正态分布,现随机抽取了 20 个框架测得比值数据如下表所示。

	A	B	C	D
1	0.699	0.615	0.606	0.576
2	0.672	0.611	0.844	0.612
3	0.668	0.57	0.67	0.628
4	0.553	0.654	0.69	0.601
5	0.749	0.606	0.609	0.933

在显著性水平 $\alpha=0.05$ 时能否认为该厂生产的工艺品框架宽与长的平均比例为 0.618?

6. 一个著名的医生声称有 75% 的女性所穿鞋子过小,一个研究组织对 356 名女性进行了研究,发现其中有 313 名妇女所穿鞋子的号码至少小一号。取 $\alpha=0.05$,检验如下的假设:$H_0:\pi=0.75$;$H_1:\pi\neq 0.75$,对这个医生的论断你有什么看法?

7. 某生产线是按照两种操作平均装配时间之差为 5 分钟而设计的,两种装配操作的独立样本产生如下表所示的数据资料。

	A	B
1	操作A	操作B
2	$n_1=100$	$n_2=50$
3	$\bar{x}_1=14.8$	$\bar{x}_2=10.4$
4	$s_1=0.8$	$s_2=0.6$

对 $\alpha=0.02$,检验平均装配时间之差是否等于 5 分钟。

8. 某市场研究机构用一组被调查者样本来给某特定商品的潜在购买力打分。样本中每个人都分别在看过该产品的新的电视广告之前与之后打分。潜在购买力的分值为 0~10 分,分值越高表示潜在购买力越高。原假设认为"看后"平均得分小于或等于"看前"平均得分,拒绝该假设就表明广告提高了平均潜在购买力得分。对 $\alpha=0.05$ 的显著性水平,用下表的数据检验该假设,并对该广告给予评价。

	A	B	C	D	E	F
1		购买力得分			购买力得分	
2	个体	看后	看前	个体	看后	看前
3	1	6	5	5	3	5
4	2	6	4	6	9	8
5	3	7	7	7	7	5
6	4	4	3	8	6	6

9. 在旅游业中,特定目的地的旅游文化由旅游手册提供,这种小册子由旅游管理当局向有需要的旅游者免费提供。有人曾进行过一项研究,内容是调查信息的追求者(即需要旅游手册者)与非追求者之间在种种旅游消费方面的差别。两个独立随机样本分别由 288 名信息追求者和 367 名非信息追求者组成。对样本成员就他们最近一次离家两天或两天以上的愉快旅行或度假提出若干问题。问题之一是:"你这次度假是积极的(即主要包括一些富有挑战性的事件或教育活动),还是消极的(即主要是休息和放松)?"每个样本中消极休假的人数列于下表。

	A	B	C
1		信息追求者	非信息追求者
2	被调查人数	288	367
3	消极度假人数	197	301

试问：这些数据是否提供了充分证据，说明信息追求者消极度假的可能性比非信息追求者小（$\alpha=0.01$）？

10. 生产工序中的方差是工序质量的一个重要测度，通常较大的方差就意味着要通过寻找减小工序方差的途径来改进工序。某杂志上刊载了关于两部机器生产的袋茶重量的数据（单位：g）见下表。请进行检验以确定这两部机器生产的袋茶重量的方差是否存在显著差异（$\alpha=0.05$）。

	A	B	C	D	E	F	G	H	I
1	机器1	2.95	3.45	3.5	3.75	3.48	3.26	3.23	3.2
2		3.16	3.2	3.22	3.38	3.9	3.36	3.25	3.28
3		3.2	3.22	2.98	3.45	3.7	3.34	3.18	3.35
4		3.12							
5	机器2	3.22	3.3	3.34	3.28	3.29	3.25	3.3	3.27
6		3.38	3.34	3.35	3.19	3.35	3.05	3.36	3.28
7		3.3	3.28	3.3	3.2	3.16	3.33		

11. 为比较新旧两种肥料对产量的影响，一边决定是否采用新肥料。研究者选择了面积相等、土壤等条件相同的40块田地，分别施用新旧两种肥料，得到的产量数据如下表所示。

	A	B	C	D	E	F	G	H
1	旧肥料	新肥料	旧肥料	新肥料	旧肥料	新肥料	旧肥料	新肥料
2	109	105	108	99	98	111	104	110
3	98	113	102	103	88	117	100	109
4	103	106	98	118	105	111	104	112
5	97	110	99	99	97	110	106	119
6	101	109	102	107	94	111	101	119

请进行检验以确定这两部机器生产的袋茶重量的方差是否存在显著差异。取显著性水平 $\alpha=0.05$ 用 Excel 检验：

（1）新肥料获得的平均产量是否显著地高于旧肥料？假定条件为：

① 两种肥料产量的方差未知但相等，即 $\sigma_1^2=\sigma_2^2$。

② 两种肥料产量的方差未知且不相等，即 $\sigma_1^2 \neq \sigma_2^2$。

（2）两种肥料产量的方差是否有显著差异？

12. 某家电制造公司准备购进一批5#电池，现有 A、B、C 三个电池生产企业愿意供货，为比较它们生产的电池质量，从每个企业各随机抽取5只电池，经试验得其寿命（小时）数据如下表所示。

	A	B	C	D
1	试验号	电池生产企业		
2		A	B	C
3	1	50	32	45
4	2	50	28	42
5	3	43	30	38
6	4	40	34	48
7	5	39	26	40

试分析三个企业生产的电池的平均寿命之间有无显著差异？如果有差异，用 LSD 方法检验哪些企业之间有差异（$\alpha=0.05$）？

13. 某企业准备用三种方法组装一种新的产品,为确定哪种方法每小时生产的产品数量最多,随机抽取了 30 名工人,并指定每个人使用其中的一种方法。通过对每个工人生产的产品数进行方差分析得到的结果如下表所示。

	A	B	C	D	E	F	G
1	差异源	SS	df	MS	F	P-Value	F cnt
2	组间			210		0.245946	3.354131
3	组内	3836			—	—	—
4	总计		29		—	—	—

要求:
(1) 完成方差分析表。
(2) 检验三种方法组装的产品数量之间是否有显著差异($\alpha=0.05$)。

14. 为研究食品的包装和销售地区对其销售量是否有影响,在某市的 3 个不同地区中用 3 种不同包装方法进行销售,获得的销售量数据如下表所示。

	A	B	C	D
1	销售地区 (A)	包装方法 (B)		
2		B_1	B_2	B_3
3	A_1	45	75	30
4	A_2	50	50	40
5	A_3	35	65	50

检验不同的地区和不同的包装方法对该食品的销售量是否有显著影响($\alpha=0.05$)。

15. 为检验广告媒体和广告方案对产品销售量的影响,一家营销公司做了一项试验,考察三种广告方案和两种广告媒体,获得的销售量数据如下表所示。

	A	B	C	D
1			广告媒体	
2			报纸	电视
3	广告方案	A	8	12
4			12	8
5		B	22	26
6			14	30
7		C	10	18
8			18	14

检验广告方案、广告媒体或其交互作用对销售量的影响是否显著($\alpha=0.05$)。

五、综合题

(一) 某教师去年所授 4 个班共 207 人的"统计学"课程平均成绩为 82 分。今年该教师进行了该课程较成功的教学改革,于是声称今年自己所授 3 个班共 154 人的该课程平均成绩将比去年高。现在要求你对该教师的声称进行假设检验($\alpha=0.05$)。下表是今年该教师所授该课程 3 个班级中随机抽取的已批阅 36 份学生试卷(假设考试已结束)。

序号	成绩	序号	成绩	序号	成绩
1	100	13	93	25	97
2	100	14	99	26	88
3	91	15	97	27	94
4	95	16	93	28	90

续表

序 号	成 绩	序 号	成 绩	序 号	成 绩
5	72	17	99	29	99
6	93	18	100	30	60
7	96	19	97	31	96
8	33	20	76	32	67
9	77	21	98	33	52
10	79	22	98	34	87
11	98	23	96	35	99
12	37	24	98	36	97

(1) 你所选取的原假设最好是( )。

  A. $u \leqslant 82$ B. $u \geqslant 82$ C. $u < 82$ D. $u > 82$

(2) 你计算出的 $t=$ ( )。

  A. 1.711 563   B. 1.892 153   C. 1.435 912   D. 1.798 658

(3) 你计算出的 p-值 = ( )。

  A. 0.050 121   B. 0.041 732   C. 0.040 351   D. 0.042 001

(4) 你得到的结论是( )。

  A. 拒绝 $u \geqslant 82$ B. 无理由拒绝 $u \leqslant 82$

  C. 拒绝 $u < 82$ D. 接受 $u > 82$

(5) 若选用 $\alpha = 0.01$,你得到的结论是( )。

  A. 拒绝 $u \geqslant 82$ B. 无理由拒绝 $u \leqslant 82$

  C. 拒绝 $u < 82$ D. 接受 $u > 82$

(二)某教师今年"统计学"课程授课对象为经济学专业(代号1)158人和贸易经济专业(代号2)203人。从该课程期中考试情况看,学生均分前者高于后者2分。该教师声称,该课程期末考试成绩学生平均分前者会高于后者。现在要求你对该教师的声称进行假设检验($\alpha=0.01$)。下表是经济学专业和贸易经济专业学生期末考试成绩36个样本资料。假定两个专业学生考分的总体方差相等。

经济学专业(代号1)				贸易经济专业(代号2)			
序 号	成 绩	序 号	成 绩	序 号	成 绩	序 号	成 绩
1	86	19	94	1	80	19	91
2	92	20	92	2	79	20	75
3	92	21	87	3	67	21	64
4	99	22	83	4	80	22	70
5	78	23	91	5	92	23	67
6	61	24	86	6	65	24	63
7	90	25	81	7	82	25	62
8	81	26	73	8	48	26	63
9	97	27	75	9	94	27	80
10	96	28	73	10	92	28	75
11	79	29	79	11	47	29	68

续 表

经济学专业(代号1)				贸易经济专业(代号2)			
序 号	成 绩	序 号	成 绩	序 号	成 绩	序 号	成 绩
12	68	30	74	12	64	30	66
13	58	31	91	13	82	31	58
14	93	32	70	14	87	32	53
15	79	33	45	15	88	33	53
16	64	34	70	16	62	34	74
17	77	35	66	17	61	35	83
18	91	36	74	18	88	36	94

(1) 你所选取的原假设最好是（　　）。

　　A. $u_1-u_2 \geq 0$　　B. $u_1-u_2 > 0$　　C. $u_1-u_2 < 0$　　D. $u_1-u_2 \leq 0$

(2) 你计算出的 $t=$（　　）。

　　A. 2.829 439　　B. 3.775 602　　C. 3.002 037　　D. 2.443 848

(3) 你计算出的 p-值＝（　　）。

　　A. 0.008 527　　B. 0.001 606　　C. 0.006 351　　D. 0.003 663

(4) 你得到的结论是（　　）。

　　A. 拒绝 $u_1-u_2 \geq 0$

　　B. 拒绝 $u_1-u_2 \leq 0$

　　C. 无理由拒绝 $u_1-u_2 \leq 0$

　　D. 无理由拒绝 $u_1-u_2 < 0$

(5) 若选用 $\alpha=0.05$，你得到的结论是（　　）。

　　A. 无理由拒绝 $u_1-u_2 \leq 0$

　　B. 接受 $u_1-u_2 > 0$

　　C. 接受 $u_1-u_2 \leq 0$

　　D. 拒绝 $u_1-u_2 \geq 0$

第九章

相关与回归分析

【引导案例】

回归一词的由来

"回归"一词是由英国著名统计学家 Francis Galton 在 19 世纪末期,对人体遗传特征的实验研究孩子及他们的父母的身高时提出来的。

Galton 发现身材高的父母,他们的孩子的身高也高,但是这些孩子平均身高却矮于他们的父母;对于比较矮的父母,他们的孩子的身高也比较矮,但是这些孩子的平均身高要高于他们的父母。Galton 把这种孩子的身高向中间值靠近的趋势称之为一种回归效应,由他发展的研究两个数值变量的方法称为回归分析。

第一节 相 关 关 系

一、相关关系的含义

自然界和人类社会经济生活中的许多现象,都是相互联系、相互依赖、相互制约的。某些现象在数量上的发展变化,往往取决于另一些现象数量上的发展变化,也可能影响其他现象的发展变化。因此,在社会经济生活中,经常要对现象间的关系进行分析,根据实际的统计数据确定变量间的关系形态及其关联程度,探索这些变量之间内在的数量变化规律。例如,对一个企业来讲,要对影响利润的各种因素进行分析,以达到增加利润的目的;对一个学校来讲,要对影响学生学习成绩的因素进行分析,以达到提高学生学习效率的目的;等等。

1. 经济变量间的统计关系类型

经济变量之间的数量关系,存在着两种不同的类型:一种是函数关系,另一种是统计关系即相关关系。

(1) 函数关系。

是指现象(变量)之间存在着的一种固定的、严格的数量依存关系,即当一个现象(自变量)数值的变动,就会有另一个现象(因变量)完全确定的数值与之对应的变量之间的相互依存关系。函数关系以 $y=f(x)$ 的形式表示。如商品的销售收入和销售数量间的关系等。函数关系在社会经济现象中广泛存在。

（2）相关关系。

是指现象之间存在着的一种非确定性的数量依存关系，即一个现象发生数量变化时，另一现象也相应地发生数量变化，但其关系值是不固定的，往往同时出现几个不同的数值，在一定的范围内变动着，这些数值分布在它们的平均数周围的一种数量依存关系。相关关系以 $y=f(x)+u$ 的形式表示。如储蓄额与居民收入之间的关系等。

2. 相关关系的特点

（1）相关关系是现象之间真实存在的数量依存关系。

相关关系在现实中的表现就是变量间数量上相互依存的关系，即当一个现象发生数量上的变化时，另一个现象也会相应的发生数量上的变化。例如，随着家庭收入的增加，家庭消费支出会相应地增加；在一定条件下，农作物的施肥量增加，其产量也会增加等等。通常把在相关关系中起着影响作用的变量称做自变量，用符号 x 表示，把受到自变量影响而发生变动的变量称作因变量，用符号 y 表示。

（2）现象间的数量依存关系是不确定和不严格的。

也就是说相关关系中现象间的数量依存关系并不能用一个确定的函数关系表达出来。因而当一个变量取定值后，另一个变量不能以确定值与之对应，而是可能有若干个值与之对应。例如，每亩耕地的亩产量与施肥量之间存在一定的依存关系：一定条件下，施肥量适当增加，亩产量便相应地提高。但在亩产量和施肥量之间并不存在严格的依存关系，因为对亩产量来说，除了施肥量这一因素外，还受到种子、土壤、降雨量、温度等其他因素的影响，这就造成即使施肥量相同的条件下，两块土地的亩产量也并不完全相等。但即便如此，它们之间仍存在一定的规律性，即在一定条件下，随着施肥量的增加，亩产量也相应地提高。又如，一个人的受教育程度越高，其收入就会越高，但受教育程度相同的人，他们的收入水平往往不同，同样，收入水平相同的人，他们受教育的程度也可能不同。因为受教育程度并不是影响收入的唯一因素，还受他所从事的职业、工作年限等其他很多因素的影响，所以，收入和受教育程度之间也是不确定性的数量关系。

相关关系和函数关系之间既有区别，又有联系。它们之间的区别是：相关关系是现象之间数量上的不严格的相互依存关系；函数关系是现象之间数量上的严格的依存关系。它们之间的联系是：相关关系和函数关系之间并无严格的界限，由于观察和试验中的误差，函数关系有时会通过相关关系表现出来；而相关关系尽管是变量间不确定的数量关系，但在一定条件下，从统计意义上看，它们之间又可能存在着某种函数关系。

二、相关关系的分类

（1）按相关关系涉及的变量（或因素）的多少，可分为单相关与复相关。单相关也称一元相关，是两个变量之间的相互关系。复相关是指多个变量之间的相互关系，所以复相关又称多元相关。本书主要研究单相关。

（2）按相关关系的表现形式来分，有线性相关和非线性相关。如果画在直角坐标系上相关的两个变量的对应值，其散布点趋向直线形式，尽管它不是严格的直线关系，但还是称其为线性相关或直线相关。例如，施肥量与亩产量之间的关系，在一定的数量界限之内，施肥量增加，亩产量也相应增加，表现为线性相关；但一旦施肥量超过一定的数量，亩产量不但不会增加反而会减少，即出现下降的情况，表现为一种非线性相关。

(3) 按相关的方向，线性相关可分为正相关和负相关。如果两个变量同时趋向在同一方向上变化，即它们是同时增加或同时减少，则称正相关。如经济理论假设商品供给量与商品价格之间具有这种正相关。当价格上涨，供给量就增加；当价格下跌，供给量就减少。反之，如果两个变量不在同一方向上变化，即一个变量增加，而另一个变量减少，呈反向变化，则称负相关。如商品需求量和商品价格是负相关。当商品价格上涨时，需求量减少，而当价格下降时，需求量增加。

(4) 按变量之间的相关程度来分，可分为完全相关、不完全相关和不相关三类。所谓完全相关，就是变量之间的一种确定性的函数关系。反之，若变量之间不存在相关关系，彼此独立，相互之间没有联系，则称不相关。介于两者之间的称不完全相关。

三、相关关系的内容

相关分析是研究两个或两个以上的变量之间相关程度的大小的一种统计方法。其主要内容包括：

(1) 确定现象之间有无关系存在，以及相关关系呈现的形态。

(2) 确定相关关系的密切程度。判断相关关系密切程度的主要方法是绘制散点图和计算相关系数。

(3) 相关系数的检验。由于两个变量的相关系数大多是由样本值计算出来的，即用两变量的样本相关系数来描述两变量(总体)的相关性。这就产生了如下问题：样本相关系数的绝对值大到什么程度才能断定 X 与 Y 间可能存在线性关系呢？这就需要进行显著性检验。

第二节 相关分析

一、相关分析的基本假设

进行相关分析时，对总体主要有以下两个基本假设：

(1) 两个变量间是线性关系。在进行相关分析时，需要首先通过定性分析和描述性分析判断变量之间的关系形态，如果是线性关系，则可以利用相关系数来定量分析两个变量间的关系强度，然后对相关系数进行显著性检验，以判断样本所反映的关系能否用来代表两个变量总体的关系。

(2) 两个变量都是随机变量。进行相关分析的两个变量是在一定条件下，表现出不同结果值的变量。

二、定性分析

从数量上研究社会经济现象的依存关系，首先要凭借于研究者所掌握的科学知识、判断能力进行定性分析。定性分析需根据唯物辩证法关于事物普遍联系和相互作用的原理和社会经济理论进行分析研究，否则就很有可能将虚假的相关现象拿来进行相关、回归分析，其内容则会变成抽象的数字游戏，其结果将导致预测和决策失误。

三、描述性分析

在定性分析的基础上,对样本资料编制相关表和绘制散点图,可以直观地判断现象之间大致上呈现何种关系的形式,粗略地研究变量间是否存在着相关关系以及相关关系的方向和密切程度。

1. 相关表

相关表是根据现象变动样本资料编制出来的反映变量间相关关系的统计表。根据样本资料是否分组,相关表分为简单相关表和分组相关表。

(1) 简单相关表是资料未曾分组,只将自变量的取值按照从小到大的顺序并配合因变量的取值一一对应平等排列起来的表。其编制程序是:将相关资料中的两个变量,分为自变量和因变量,其次将两个变量值一一对应,按自变量的值从小到大顺序排列即成。例如,某企业 5 个车间的劳动生产率和产值数据资料,编制成简单相关表,见表 9-1。

表 9-1 某企业劳动生产率和产值的简单相关表

劳动生产率(元/人)	400	420	460	480	550
产值(万元)	6	8.5	9	9.7	12

由表 9-1 可见,这 5 个车间的产值随着产量的变动而变动,并大致为正相关关系。

(2) 分组相关表是指将原始资料进行分组而形成的相关表。可分为单变量分组相关表和双变量分组相关表。对于单变量分组相关表,对自变量进行分组并计算次数,而对因变量分组,只计算其平均值。根据资料的具体情况,自变量分组可以单项式,也可以是组距式。单变量分组相关表与简单相关表比较,更能清晰地反映出两变量之间的相关关系。双变量分组相关表是指自变量和因变量都进行分组而形成的相关表,这种表形似棋盘,故又称为棋盘式相关表。

例如,表 9-2 是某公司下属 20 个企业的产量和总成本的双变量分组相关表,将产量和总成本各分为 5 组,计算出每组的组中值,在每行每列交叉地方列出相应的次数,并列出各行各列的次数和。

表 9-2 双变量分组相关表

产量 成本		10～30 20	30～50 40	50～70 60	70～90 80	90～110 100	合计
150～170	160	—	—	1	2	2	5
130～150	140	—	1	3	1	—	5
110～130	120	1	2	2	—	—	5
90～110	100	4	—	—	—	—	4
70～90	80	1	—	—	—	—	1
合计		6	3	6	3	2	20

由表 9-2 可以看出,成本会随着产量的增加而增加,尽管在产量相同的情况下,成本不完全相同,但它们之间存在着正相关关系。

2. 散点图

在 Excel 中可以通过绘制散点图是描述变量之间关系的一种直观方法,可以大体看出变量之间的关系形态及关系强度。散点图的绘制在此不再赘述,如图 9-1 就是不同形态的散点图。

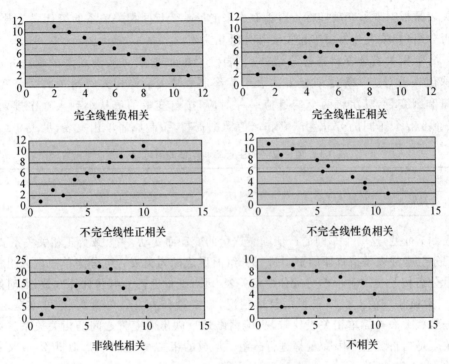

图 9-1　相关关系形态的散点图

利用散点图可以:
(1) 判断现象之间有无相关关系(见图 9-1);
(2) 观察相关关系的类型(见图 9-1);
(3) 观察相关关系的密切程度(见图 9-2)。

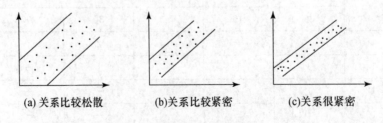

图 9-2　相关关系的密切程度

【例 9-1】　一家房地产评估机构要通过定量分析的方法对某市的房地产销售价格进行分析和预测,为此搜集了 2010 年 20 栋住宅的房地产评估数据,见表 9-3。

表 9-3 某市 2010 年房产评估相关数据

	A	B	C	D	E
1	房地产编号	销售价格（元/m²）	地产评估价值（万元）	房产评估价值（万元）	使用面积（m²）
2	1	10335	894	6746	28095
3	2	7275	1350	4170	13920
4	3	8325	1425	4716	16890
5	4	9300	1500	5939	18975
6	5	17475	2700	10925	33210
7	6	6750	1275	4098	13680
8	7	5700	1200	4479	13485
9	8	12450	3450	7163	27045
10	9	8850	1215	5868	18060
11	10	7125	1350	4403	25875
12	11	6075	1095	6018	16200
13	12	6000	1200	4752	22935
14	13	14550	3000	8777	36825
15	14	6825	1200	3518	17265
16	15	6135	1200	3134	17595
17	16	12000	1575	8438	29400
18	17	8400	600	3129	20160
19	18	5550	675	3392	14820
20	19	7500	510	5393	16140
21	20	3360	225	867	14430

分析人员首先想知道，该市房地产价格是否与地产的评估价值、房产的评估价值、房屋使用面积等因素有关？如果有关系，它们之间的关系形态是什么样的？关系强度如何？试绘制散点图，并分析房地产销售价格与房产评估价值、地产评估价值、房地产使用面积之间的关系。

用 Excel 绘制散点图，如图 9-3、图 9-4、图 9-5 所示。

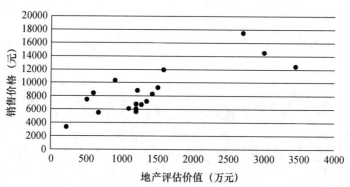

图 9-3 销售价格与地产评估价值的散点图

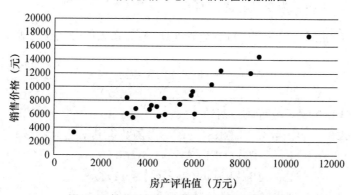

图 9-4 销售价格与房产评估价值的散点图

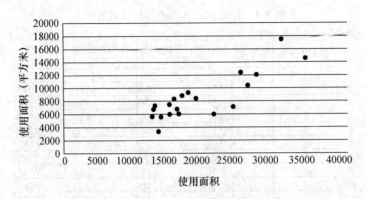

图 9-5 销售价格与使用面积的散点图

从以上的三个散点图可以看出,销售价格与地产评估价值、房产评估价值和使用面积之间都具有一定的线性关系。但从各散点的分布情况看,销售价格与房产评估价值的线性关系最紧密,而销售价格与地产评估价值的关系最松散。

四、定量分析

相关表、散点图只能粗略地大体上反映变量间相关关系的方向、形式和密切程度,要确切地反映相关关系的密切程度,还需计算相关系数。

相关系数是在线性相关条件下,说明两个现象之间相关关系密切程度的统计分析指标。若相关系数是根据总体全部数据计算的,称为总体相关系数,用符号表示;若是根据样本数据计算的,称为样本相关系数,用符号表示。

1. 相关系数的计算

相关系数的计算公式为:

$$r = \frac{\sigma_{xy}^2}{\sigma_{xy}} \tag{9-1}$$

其中: $\sigma_{xy}^2 = \dfrac{\sum(x-\overline{x})(y-\overline{y})}{n}$ 为变量 x 与变量 y 的协方差;

$\sigma_x = \sqrt{\dfrac{\sum(x-\overline{x})^2}{n}}$ 为变量 x 的标准差;

$\sigma_y = \sqrt{\dfrac{\sum(y-\overline{y})^2}{n}}$ 为变量 y 的标准差。

把 σ_{xy}^2、σ_x、σ_y 的表达式代入(9-1)式,经过推导,相关系数的公式还可表示为:

$$r = \frac{n\sum xy - \sum x \sum y}{\sqrt{n\sum x^2 - (\sum x)^2}\sqrt{n\sum y^2 - (\sum y)^2}} = \frac{\overline{xy} - \overline{x}\,\overline{y}}{\sigma_x \sigma_y} \tag{9-2}$$

在 Excel 中计算相关系数可以用两种方式:

(1) CORREL( )函数或 PEARSON( )函数。其语法为:

    CORREL(Array1,Array2)

    PEARSON(Array1,Array2)

其中:Array1,Array2 分别为两个变量的数据区域。

(2) 利用 Excel 中的"工具"→"数据分析"→"相关系数"工具计算。

【例 9-2】 根据表 9-3 中的数据,计算销售价格、地产评估价值、房产评估价值、使用面积之间的相关系数。

在 Excel 中使用"数据分析"工具的操作步骤如下:

(1) 单击"工具"菜单下的"数据分析",在弹出"数据分析"对话框中选择"相关系数",如图 9-6 所示。单击"确定"按钮。

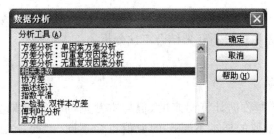

图 9-6 数据分析工具

(2) 在弹出的"相关系数"对话框中,在输入区域输入$B$1:$E$21,选择"标志位于第一行",如图 9-7 所示。

图 9-7 相关系数计算

(3) 单击"确定"按钮,即可得到相关系数矩阵,见表 9-4。

表 9-4 销售价格、地产评估价值、房产评估价值、使用面积之间的相关系数矩阵

	A	B 销售价格 (元/m2)	C 地产评估价值 (万元)	D 房产评估价值 (万元)	E 使用面积 (m2)
1					
2	销售价格(元/m2)	1			
3	地产评估价值(万元)	0.78977671	1		
4	房产评估价值(万元)	0.91578486	0.728873141	1	
5	使用面积(m2)	0.84898155	0.688938433	0.788389209	1

2. 相关系数的性质

(1) $|r| \leqslant 1$,即相关系数是介于 -1 到 +1 之间的实数。

(2) 当 $|r|=1$ 时,变量 x 与 y 为完全线性相关,即变量 x 与 y 之间存在确定的函数关系。

(3) 当 $0<|r|<1$ 时,表明变量 x 与 y 之间存在着一定的线性相关关系。$|r|$ 的数值越接近于 1,说明 x 与 y 之间线性相关程度越高;反之 $|r|$ 的数值越接近于 0,说明 x 与 y 之间线性相关程度越低。当 $r>0$ 时,表明 x 与 y 为正相关;当 $r<0$ 时,表明 x 与 y 为负相关。当 $r=0$ 时,表明 x 与 y 之间没有线性相关关系。即 x 与 y 之间不相关或曲线相关。

(4) r 的大小与 x、y 的原点位置及尺度无关。改变 x、y 的原点位置及计量尺度，并不改变 r 数值的大小。

(5) r 具有对称性。x 与 y 的相关系数 r_{xy} 和 y 与 x 的相关系数 r_{yx} 是相等的。

(6) r 仅仅是两个变量间的线性相关关系的度量，它不能描述变量间的非线性相关关系。也就是说，$r=0$ 时，只表示两个变量间不存在线性相关关系，并不说明变量间没有任何相关关系，它们之间也可能存在非线性相关关系。因此，对相关系数的分析要结合散点图进行综合分析。

(7) $|r|$ 的数值越接近于1，说明两个变量间线性关系显著，并不意味着变量间一定有因果关系。因此，对相关系数的分析还要结合定性分析。

五、相关系数检验

相关系数是根据样本数据计算出来的，但样本数据的计算结果会受抽样波动的影响。也就是说同一个总体，抽取的样本不同，r 的取值也会不同，因此，r 也是一个随机变量。根据样本计算的相关系数能否代表总体的相关系数，还需要进行相关系数的显著性检验，进一步说明样本相关系数的可靠性。

一般情况下，对 r 采用费希尔提出的 t 分布进行显著性检验，该检验既可用于小样本数据，也可用于大样本数据。检验的步骤如下。

第一步，提出原假设 $H_0: \rho=0$

备择假设 $H_1: \rho \neq 0$

第二步，构造检验统计量 t

$$t = |r|\sqrt{\frac{n-2}{1-r^2}} \sim t(n-2)$$

第三步，给定一个小概率（显著性水平）α，和自由度 $n-2$，查 t 分布表，查出 $t_{\alpha/2}(n-2)$ 的临界值。

第四步，作出统计决策。若 $|t|>t_{\alpha/2}$，则拒绝原假设，接受备择假设，此时可认为 x 与 y 之间线性相关关系显著；若 $|t|<t_{\alpha/2}$，则接受原假设，此时可认为 x 与 y 之间的线性相关关系不显著。

在 Excel 中可以借助 TINV( ) 函数计算 $t_{\alpha/2}(n-2)$ 的临界值，利用 SQRT( ) 函数进行开方运算，即可计算出相关系数的检验统计量。

【例 9-3】 根据表 9-5 中的相关系数，检验销售价格、地产评估价值、房产评估价值、使用面积之间的相关系数是否显著，显著性水平 $\alpha=0.05$。

表 9-5 销售价格、地产评估价值、房产评估价值、使用面积之间的相关系数检验统计量

	A	B	C	D	E
1		销售价格（元/m2）	地产评估价值（万元）	房产评估价值（万元）	使用面积（m2）
2	销售价格（元/m2）	1			
3	地产评估价值（万元）	0.78977671	1		
4	房产评估价值（万元）	0.91578486	0.728873141	1	
5	使用面积（m2）	0.84898155	0.688938433	0.788389209	1
7	$t_{\alpha/2}(n-2)=$	2.101			
8		销售价格（元/m2）	地产评估价值（万元）	房产评估价值（万元）	使用面积（m2）
9	销售价格（元/m2）	1			
10	地产评估价值（万元）	5.46261671	1		
11	房产评估价值（万元）	9.67300151	4.516690839	1	
12	使用面积（m2）	6.81637079	4.0326133	5.437221149	1

第一步,提出原假设 $H_0:\rho=0$
备择假设 $H_1:\rho\neq0$

第二步,计算检验统计量。在 B7 单元格中输入公式"=TINV(0.05,18)",即为 $t_{\alpha/2}(n-2)$ 的临界值;在 B10 单元格中输入公式:"=B3*SQRT((20−2)/(1−B3^2))",即为销售价格与地产评估价值的相关系数的 t 检验统计量,复制公式即可得到各相关系数的检验统计量,见表 9-5。

第三步,作出统计决策。由计算结果可以看出,各相关系数的检验统计量均大于临界值 $t_{\alpha/2}(n-2)$,说明销售价格、地产评估价值、房产评估价值、使用面积之间都存在着显著的正线性相关关系。

第三节 回归分析概述

一、什么是回归分析

回归的现代解释,是指研究自变量对因变量的影响或是因变量对自变量的依赖关系,目的是通过二者的依赖关系及已知的自变量,来估计或预测因变量的均值。

对回归分析,首先要区分两种主要类型的变量:一种变量相当于通常函数关系中的自变量或称解释变量,对这样的变量能够赋予一个需要的值(如室内的温度、施肥量)或者能够取到一个可观测但不能人为控制的值(如室外的温度),这样的变量称为自变量;自变量的变化能引起另一些变量(如小麦的亩产量)的变化,这样的变量称为因变量或称被解释变量。

由一个或一组非随机变量来估计或预测某一个随机变量的观测值时,所建立的数学模型及所进行的统计分析,称为回归分析。因此,回归分析是研究随机变量与非随机变量之间的数量关系的一种数学方法。如果所建立的模型是线性的,就称为线性回归分析。

回归分析的内容包括:如何确定因变量与自变量之间的回归模型;如何根据样本观测数据,估计并检验回归模型及未知参数;在众多的自变量中,判断哪些变量对因变量的影响是显著的,哪些变量的影响是不显著的;根据自变量的已知值或给定值来估计和预测因变量的值,并给出这种预测或控制的精确程度。

二、回归分析与相关分析的区别

相关分析和回归分析是研究现象之间相关关系的两种基本方法。相关分析是用某个指标来表明现象之间相互依存关系的密切程度。回归分析是研究两个变量或多个变量之间具有相关关系的统计方法,其基本思想是:在相关分析的基础上,对具有因果关系的两个或多个变量之间数量变化的一般关系进行测定,确立一个合适的数学模型,以便从一个已知量或多个已知量来推断另一个未知量。

回归分析与相关分析既有联系又有区别。

二者的联系主要表现在:相关是研究变量间是否有关系,关系的程度如何,当我们通过相关分析,确定了变量间存在着相关关系后,于是力求用一种函数关系式来构建它们之间的关系,这就是回归分析,所构建的函数关系式就称为回归方程。从两者之间的联系来看,互为补充、密切联系,相关是前提,回归是结果,相关分析需要回归分析来表明数量关系的具体形式,而回归分析一定要建立在相关分析的基础上,依靠相关分析所表明现象具有密切关系后,建立回归方程才有意义。

简而言之,相关分析是回归分析的前提和基础,回归分析是相关分析的深入和继续。相关分析是回归分析的必要条件,但不是充分条件。

回归分析与相关分析的区别主要体现在下面几点:

(1) 相关分析研究的变量之间是对等的关系;而回归分析研究的变量有被解释变量和解释变量之分。

(2) 相关分析研究的变量都是随机变量;而回归分析中被解释变量是随机变量,而解释变量是非随机变量,即通过给定的解释变量来估计或预测被解释变量。

(3) 相关分析不能指出变量间相互关系的具体形式;而回归分析可以通过一个数学表达式来确定变量之间相关关系的具体形式。

三、回归分析的内容

回归分析是寻找具有相关关系的变量间的数学表达式并进行统计推断的一种统计方法。其主要内容包括:

(1) 进行参数估计。即如何根据样本观测值对回归模型的参数进行估计,求出具体的回归方程。

(2) 进行统计显著性检验。即对回归方程、参数估计值进行显著性检验与校正,以便使回归方程或参数更加优良。

(3) 进行预测和控制。如何根据回归方程进行适当的预测和控制是回归分析的最终目的。

第四节 一元线性回归分析

回归分析有线性回归分析和非线性回归分析之分,线性回归分析根据自变量个数的多少,又分为一元线性回归分析和多元线性回归分析。我们首先学习一元线性回归分析。

回归分析的主要目的是建立回归模型,借以给定 X 值来估计 Y 值。模型是否合适?估计的精确度如何?怎样进行判断和检验?解决这些问题都必须从回归模型的固有性质出发。所以我们从理论上首先弄清楚回归模型的性质是十分必要的。

一、一元线性回归模型

应用回归分析法进行预测的关键,在于建立回归模型。而在建立模型时,需要分析研究预测变量与之影响变量之间具有什么样的相关关系。事物之间相关关系呈线性关系时,用线性回归解决,反之,事物之间相关关系不呈线性关系时,用非线性回归解决。

在线性回归中,解决两个事物(一个自变量,一个因变量)之间的线性关系,用一元线性回归,解决多个事物(多个自变量,一个因变量)之间的线性关系,用多元线性回归。

一元线性回归,是指涉及一个自变量的线性回归。设变量 Y 与 X 之间具有不确定性的因果关系,其中 X 为确定性变量,作为解释变量或自变量;Y 为随机变量,作为被解释变量或因变量。由于被解释变量 Y 除了受解释变量 X 的系统性影响外,还受其他诸多因素的随机影响,为此,我们在回归函数中引入随机干扰项或称误差项。描述因变量 Y 如何依赖于自变量 X 和随机干扰项的方程,称为一元线性回归模型。

一元线性回归模型可表示为:
$$Y = f(x) + \mu = \beta_0 + \beta_1 X + \varepsilon \tag{9-3}$$
其中:Y 是 X 的线性函数部分加上误差项,$\beta_0 + \beta_1 X$ 反映解释变量对被解释变量的系统性影响,是确定性部分;反映解释变量之外的诸多随机因素对被解释变量的非系统性影响,是非确定性部分,表示不能由 X 和 Y 之间的线性关系所解释的变异性。β_0 和 β_1 称为模型的参数,β_0 是回归直线在 y 轴上的截距,是当 $X=0$ 时 Y 的期望值,β_1 是直线的斜率,称为回归系数,表示当 X 每变动一个单位时,Y 的平均变动值。

二、一元线性回归模型的基本假设

回归分析的主要目的,是要通过样本回归函数(模型)尽可能准确地估计总体回归函数(模型)。总体回归函数中的随机扰动项是无法直接观察的,为了进行回归分析,保证参数估计量具有良好的性质,需要对其性质做一些基本的假定。

关于一元线性回归模型的基本假设有:

(1) $E(\varepsilon)=0$,即误差项的数学期望为零;
(2) 对于所有的 X,误差项 ε 的方差 σ^2 一样:即同方差假定;
(3) 误差项 ε 独立,其协方差为零,$\text{cov}(\varepsilon_i,\varepsilon_j)=0$;
(4) 自变量是确定性变量,与误差项线性无关;
(5) 误差项 ε 服从正态分布,从而说明 Y 服从正态分布。

以上假设也称为线性回归模型的经典假设或高斯(Gauss)假设,满足该假设的线性回归模型也称为经典线性回归模型。

当以上基本假设成立,我们可得:Y 的平均值或期望值依赖于 X 的变化而变化,称之为回归方程。一元线性回归方程的形式如下:
$$E(Y) = \beta_0 + \beta_1 X \tag{9-4}$$

由于以上总体回归参数 β_0 和 β_1 是未知的,必须利用样本数据去估计。用样本统计量 $\hat{\beta}_0$ 和 $\hat{\beta}_1$ 代替回归方程中的未知参数和,就得到了估计的回归方程。

一元线性回归中估计的回归方程为:
$$\hat{y} = \hat{\beta}_0 + \hat{\beta}_1 x \tag{9-5}$$

其中:$\hat{y}$ 是 y 的估计值,$\hat{\beta}_0$ 是估计的回归直线在 y 轴上的截距,$\hat{\beta}_1$ 是直线的斜率,表示 x 每变动一个单位时,y 的平均变动值。

三、一元线性回归模型的参数估计

通过以上分析,接下来的问题是:如何针对样本数据计算得出估计回归方程的参数 $\hat{\beta}_0$

和 $\hat{\beta}_1$ 的具体的数值,从而确定回归方程的具体形式。估计方法有多种,其中最广泛使用的是普通最小二乘法(Ordinary Least Squares,OLS)。

德国科学家 Karl Gauss(1777—1855)提出用最小化图中垂直方向的误差平方和来估计参数。其基本思想是:使因变量的观察值与估计值之间的误差平方和达到最小,来求得 $\hat{\beta}_0$ 和 $\hat{\beta}_1$ 的方法,如图 9-8 所示。

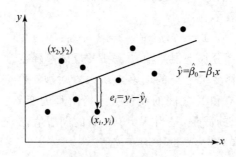

图 9-8 误差图

用最小二乘法拟合的直线来代表 x 与 y 之间的关系与实际数据的误差比其他任何直线都小,即:

$$Q = e_i^2 = \sum_{i=1}^{n}(y_i - \hat{y}_i)^2 = \sum_{i=1}^{n}(y_i - \hat{\beta}_0 - \hat{\beta}_1 x_i)^2 = \text{最小} \tag{9-6}$$

要使上式取得极小值,只需令 Q 对 $\hat{\beta}_0, \hat{\beta}_1$ 的一阶偏导等于 0,因此:

$$\begin{cases} \dfrac{\partial Q}{\partial \hat{\beta}_0} = \dfrac{\partial \sum(y_i - \hat{\beta}_0 - \hat{\beta}_1 x_i)^2}{\partial \hat{\beta}_0} = *2\left(\sum y_i - n\hat{\beta}_0 - \hat{\beta}_1 \sum x_i\right) = 0 \\ \dfrac{\partial Q}{\partial \hat{\beta}_1} = \dfrac{\partial \sum(y_i - \hat{\beta}_0 - \hat{\beta}_1 x_i)^2}{\partial \hat{\beta}_1} = *2\left(\sum x_i y_i - n\hat{\beta}_0 \sum x_i - \hat{\beta}_1 \sum x_i^2\right) = 0 \end{cases} \tag{9-7}$$

由此可解得如下结果:

$$\begin{cases} \hat{\beta}_0 = \dfrac{1}{n}\sum y_i - \hat{\beta}_1 \dfrac{1}{n}\sum x_i = \overline{y} - \hat{\beta}_1 \overline{x} \\ \hat{\beta}_1 = \dfrac{\sum x_i y_i - \dfrac{\sum x_i \sum y_i}{n}}{\sum x_i^2 - \dfrac{(\sum x_i)^2}{n}} = \dfrac{\sum(x_i - \overline{x})(y_i - \overline{y})}{\sum(x_i - \overline{x})^2} \end{cases} \tag{9-8}$$

现举例如下:

【例 9-4】 某商品的销售量与营销费用有关,数据见表 9-6。

表 9-6 某商品的销售量与营销费用数据表

序 号	1	2	3	4	5	6	7	8	9	10	11	12	13
销售量 Y(千个)	121	126	130	131	133	147	148	155	156	157	159	160	170
营销费用 X(万元)	10	11	13	13	14	17	17	18	18	19	19	20	22

对以上数据画散点图,如图 9-9 所示。

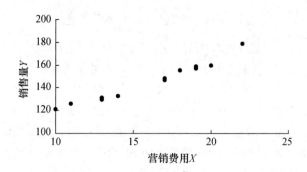

图 9-9　销售量与营销费用散点图

通过最小二乘法,求得 $\hat{\beta}_0$、$\hat{\beta}_1$ 及回归方程如下：

$$\begin{cases} \hat{\beta}_0 = 146.307\,7 - \hat{\beta}_1 16.230\,77 = 145.615\,4 - 4.528\,91 \times 4.528\,91 \times 16.230\,77 = 72.8 \\ \hat{\beta}_1 = \dfrac{\sum (x-16.230\,77)(y-146.307\,7)}{\sum (x-16.230\,77)^2} = \dfrac{735.076\,9}{162.307\,7} = 4.528\,91 \end{cases}$$

得回归方程为：$y = 72.8 + 4.528\,91x$

回归系数 $\hat{\beta}_1 = 4.528\,91$ 表示：营销费用每增加 1 万元,销售量平均增加 4.528 91 千个。

四、一元线性回归模型的检验

尽管从统计性质上已知,如果有足够多的重复抽样,参数估计值的期望就等于其总体参数的真值,但在一次抽样中,估计值不一定就等于该真值。那么,在一次抽样中,参数的估计值与真值的差异有多大？其差异是否显著？这就需要进一步的统计检验。

一元线性回归模型的统计检验有：拟合优度检验,方程显著性检验(F 检验),变量显著性检验(t 检验)。

（一）拟合优度检验

回归直线与各观测数据的接近程度,称为回归直线的拟合优度。度量回归直线的拟合优度最常用的指标是判定系数,又称可决系数。该指标是建立在对总离差平方和进行分解的基础之上的,如图 9-10 所示。

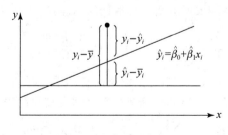

图 9-10　变差分解图

1. 平方和分解公式及其意义

$$\sum (y_i - \bar{y})^2 = \sum [(\hat{y}_i - \bar{y}) + (y_i - \hat{y}_i)]^2$$
$$= \sum (\hat{y}_i - \bar{y})^2 + \sum e_i^2 + 2\sum e_i(\hat{y}_i - \bar{y})$$

$$= \sum(\hat{y}_i - \bar{y})^2 + \sum e_i^2$$

$$\sum(y_i - \bar{y})^2 = \sum(\hat{y}_i - \bar{y})^2 + \sum e_i^2$$

总平方和＝回归平方和＋残差平方和
(SST)　　　(SSR)　　　　(SSE)

总平方和(SST),反映因变量的 n 个观察值与其均值的总离差;回归平方和(SSR),反映自变量 x 的变化对因变量 y 取值变化的影响,或者说,是由于 x 与 y 之间的线性关系引起的 y 的取值变化,也称为可解释的平方和;残差平方和(SSE),反映除 x 以外的其他因素对 y 取值的影响,也称为不可解释的平方和或剩余平方和。

2. 可决系数

回归平方和占总平方和的比例越大,回归直线与样本的拟合度越好,可用以下系数(可决系数)度量拟合度。

$$R^2 = \frac{SSR}{SST} = \frac{\sum(\hat{y}_i - \bar{y})^2}{\sum(y_i - \bar{y})^2} = 1 - \frac{\sum(y_i - \hat{y}_i)^2}{\sum(y_i - \bar{y})^2} \tag{9-9}$$

可决系数 R^2 取值落在[0,1]范围内,R^2 越接近1,样本与回归直线拟合越好;R^2 越接近0,样本与回归直线拟合越差。

在一元线性回归中,相关系数 r 的平方等于可决系数,符号与自变量 x 的系数一致。因此可以根据回归结果求出相关系数。

3. 估计的标准误

估计的标准误是对各观测数据在回归直线周围分散程度的一个度量值,反映实际观察值在回归直线周围的分散状况,是对误差项 ε 的标准差 σ 的估计,是在排除了 x 对 y 的线性影响后,y 随机波动大小的一个估计量。

计算公式为:

$$s_{\hat{y}} = \sqrt{\frac{\sum e_i^2}{n-2}} = \sqrt{\frac{\sum(y_i - \hat{y}_i)^2}{n-2}} = \sqrt{\frac{SSE}{n-2}} = \sqrt{MSE} \tag{9-10}$$

估计标准误反映了用估计的回归方程拟合因变量 Y 时平均误差的大小。各观测数据越靠近回归直线,估计标准误就越小,回归直线对各观测数据的代表性就越好。与 R^2 不同的是,估计标准误是一个有单位的绝对数。

【例 9-5】 对例 9-4 资料,求可决系数与估计的标准误。

$$R^2 = \frac{SSR}{SST} = \frac{\sum(\hat{y}_i - \bar{y})^2}{\sum(y_i - \bar{y})^2} = \frac{3\,329.097}{3\,434.769} = 0.969\,235$$

判定系数 R^2 的实际意义是:在销售量取值的变动中,大约有 97% 可解释为营销费用增减变化引起的。可见此商品的销售量与营销费用之间有较强的线性关系。

$$s_{\hat{y}} = \sqrt{\frac{\sum e_i^2}{n-2}} = \sqrt{\frac{\sum(y_i - \hat{y}_i)^2}{n-2}} = \sqrt{\frac{105.672}{13-2}} = 3.099\,443$$

估计的标准误为 3.099 443,表示用估计的回归方程预测 y 时,预测误差比较小。

（二）一元线性回归的显著性检验

显著性检验是针对我们对总体所做的假设做检验,是事先对总体的参数或分布形式做出一个假设,然后利用样本信息来判断这个假设(原假设)是否合理,即判断总体的真实情况与原假设是否显著地有差异。

其原理就是"小概率事件实际不可能性原理"来接受或否定假设。在检验的操作中,把观察到的显著性水平与作为检验标准的显著水平标准比较,小于这个标准时,得到了拒绝原假设的证据,认为样本数据表明了真实差异存在。大于这个标准时,拒绝原假设的证据不足,认为样本数据不足以表明真实差异存在。

一元线性回归分析中的显著性检验包括两方面的内容:一是对整个回归方程(所有自变量回归系数)显著性的整体检验(F 检验);二是对单个自变量回归系数的显著性检验(t 检验)。在一元线性回归模型中,由于只有一个解释变量 X,因此,对 $\beta_1=0$ 的 t 检验与对整个方程的 F 检验是等价的。

1. 回归方程的检验——F 检验

F 检验是检验自变量与因变量之间的线性关系是否显著,其检验思路是构造 F 统计量。将回归均方(MSR)同残差均方(MSE)加以比较,应用 F 检验来分析二者之间的差别是否显著。回归均方为回归平方和 SSR 除以相应的自由度(自变量的个数 p);残差均方为残差平方和 SSE 除以相应的自由度($n-p-1$)。

一元线性回归方程的 F 检验公式为:

$$F = \frac{\text{SSR}/1}{\text{SSE}/n-2} = \frac{\text{MSR}}{\text{MSR}} \sim F(1, n-2) \tag{9-11}$$

其检验步骤如下。

$$H_0: \beta_1 = 0 \quad H_1: \beta_1 \neq 0$$

第一步,提出假设;

第二步,由样本观测数据计算检验的统计量;

第三步,确定显著性水平 α,并根据分子自由度 1 和分母自由度 $n-2$ 找出临界值 F_α;

第四步,作出决策:若 $F > F_\alpha$,拒绝 H_0,接受 H_1;若 $F < F_\alpha$,不拒绝 H_0。

【例 9-6】 对例 9-4 的回归方程进行显著性检验($\alpha = 0.05$)。

(1) 提出假设: $H_0: \beta_1 = 0 \quad H_1: \beta_1 \neq 0$

(2) 计算检验的统计量 $F = \frac{\text{SSR}/1}{\text{SSE}/n-2} = \frac{3329.097/1}{105.672/11} = \frac{3329.097}{9.606549} = 346.5446$。

(3) 根据显著性水平 $\alpha = 0.05$ 和分子自由度 $df = 1$ 和分母自由度 $df = n-2 = 11$,查得检验统计量的临界值 $F_\alpha(1, n-2) = F_{0.05}(1, 11) = 12.23$。

(4) 由于 $F = 346.5446 > F_{0.05}(1, 11) = 12.23$,拒绝 H_0,接受 H_1,表明商品销售量与营销费用之间线性关系显著。

2. 回归系数的显著性检验——t 检验

t 检验是检验 x 与 y 之间是否具有线性关系,或者说,检验自变量 x 对因变量 y 的影响是否显著。其理论基础是回归系数 $\hat{\beta}_1$ 的抽样分布。

$\hat{\beta}_1$ 的分布具有如下性质分布形式为正态分布,其数学期望和标准差公式为:

数学期望:$E(\hat{\beta}_1) = \beta_1$ 标准差:$\sigma_{\hat{\beta}_1} = \dfrac{\sigma}{\sqrt{\sum(x_i - \overline{x})^2}}$

由于 $\sigma_{\hat{\beta}_1}$ 未知,需用其估计量 $s_{\hat{\beta}_1}$ 来代替:$s_{\hat{\beta}_1} = \dfrac{s_y}{\sqrt{\sum(x_i - \overline{x})^2}}$

构造检验的统计量: $$t=\frac{\hat{\beta}_1-\beta_1}{s_{\hat{\beta}_1}}\sim t(n-2) \quad (9\text{-}12)$$

t 检验步骤如下。

$$H_0:\beta_1=0 \quad H_1:\beta_1\neq 0$$

第一步,提出假设;

第二步,确定检验的统计量;

第三步,计算检验统计量的样本观测值或 p 值;

第四步,根据显著性水平 α 和自由度 $df=n-2$,查得检验统计量的临界值 $t_{\alpha/2}(n-2)$;

第五步,进行决策:$|t|>t_{2/\alpha}$ 时,拒绝 H_0,接受 H_1;$|t|<t_{2/\alpha}$ 时,不拒绝 H_0。

【例 9-7】 对例 9-4 的回归系数进行显著性检验($\alpha=0.05$)。

1. 提出假设: $H_0:\beta_1=0 \quad H_1:\beta_1\neq 0$

2. 计算检验的统计量 $t=\dfrac{\hat{\beta}_1}{s_{\hat{\beta}_1}}=\dfrac{4.528\,91}{0.243\,284}=18.615\,71$。

3. 根据显著性水平 $\alpha=0.05$ 和自由度 $df=n-2=11$,查得检验统计量的临界值 $t_{\alpha/2}(n-2)=t_{0.025}(11)=2.201$。

4. 由于 $t=18.615\,71>t_{0.025}(11)=2.201$,拒绝 H_0,接受 H_1,表明商品销售量与营销费用之间有显著的线性关系。

第五节　多元线性回归分析

一元线性回归分析讨论的回归问题只涉及了一个自变量,但在实际问题中,影响因变量的因素往往有多个。例如,商品的需求除了受自身价格的影响外,还要受到其他商品的价格、消费者的收入、消费者偏好等因素的影响;影响农作物产量的因素有平均气温、平均日照时数、平均湿度等。因此,在许多自然或社会现象中,仅仅考虑单个变量是不够的,这就产生了测定多因素与某一现象之间因果关系的问题。

一、多元线性回归模型及其假设

(一) 多元线性回归模型

研究在线性相关条件下,两个或两个以上自变量对一个因变量的数量变化关系,称为多元线性回归分析,表现这一数量关系的数学公式,称为多元线性回归模型。

多元线性回归模型是一元线性回归模型的扩展,其基本原理与一元线性回归模型类似,只是在计算上更为复杂,一般需借助计算机来完成。

描述因变量 Y 如何依赖于自变量 $X_1,X_2,\cdots,X_p$ 和误差项 ε 的方程,称为多元回归模型。涉及 P 个自变量的多元回归模型可表示为:

$$y=\beta_0+\beta_1 x_{1i}+\beta_2 x_{2i}+\cdots+\beta_p x_{pi}+\varepsilon_i \quad (9\text{-}13)$$

其中:y 是 $x_{1i},x_{2i},\cdots,x_{pi}$ 的线性函数加上误差项 ε_i;

$\beta_0,\beta_1,\beta_2,\cdots,\beta_p$ 是模型的参数;

ε_i 是误差项，是不能被 p 个自变量的线性关系所解释的变异性。

（二）多元回归模型的基本假定

多元线性回归模型在满足下列基本假设的情况下，可以采用普通最小二乘法（OLS）估计参数。ε_i 多元回归模型有如下基本假定：

1. 随机扰动项 服从期望为 0，方差为 σ^2 的正态分布。即

$$\varepsilon_i \sim N(0, \sigma^2) \quad (i = 1, 2, \cdots, n)$$

2. 不同的随机扰动项之间不存在序列相关。即

$$\text{Cov}(\varepsilon_i, \varepsilon_j) = 0 \quad \varepsilon_i \neq \varepsilon_j$$

3. 解释变量是非随机的，与随机扰动项不相关。
4. P 个解释变量不存在共线性。

（三）多元线性回归方程

当以上基本假设成立的前提下，Y 的平均值或期望值依赖于自变量 $X_1, X_2, \cdots, X_p$ 的变化而变化，称之为多元线性回归方程。

多元线性回归方程的形式如下：

$$E(y) = \beta_0 + \beta_1 x_1 + \beta_2 x_2 + \cdots + \beta_p x_p \tag{9-14}$$

其中，$\beta_0, \beta_1, \beta_2, \cdots, \beta_p$ 称为偏回归系数；

β_i 表示假定其他变量不变，当 x_i 每变动一个单位时，y 的平均变动值。

由于以上总体回归参数是未知的，必须利用样本数据去估计。用样本统计量 $\hat{\beta}_0, \hat{\beta}_1, \hat{\beta}_2, \cdots, \hat{\beta}_p$ 代替回归方程中的未知参数 $\beta_0, \beta_1, \beta_2, \cdots, \beta_p$，就得到了估计的多元线性回归方程：

$$\hat{y} = \hat{\beta}_0 + \hat{\beta}_1 x_1 + \hat{\beta}_2 x_2 + \cdots + \hat{\beta}_p x_p \tag{9-15}$$

二、多元线性回归模型的参数估计

与一元线性回归时的一样，多元线性回归方程中的未知参数 $\beta_0, \beta_1, \cdots, \beta_p$ 仍然可用最小二乘法来估计。即使因变量的观察值与估计值之间的离差平方和达到最小来求得 $\hat{\beta}_0, \hat{\beta}_1, \hat{\beta}_2, \cdots, \hat{\beta}_p$。令：

$$Q(\hat{\beta}_0, \hat{\beta}_1, \hat{\beta}_2, \cdots, \hat{\beta}_p) = \sum_{i=1}^{n}(y_i - \hat{y}_i)^2 = \sum_{i=1}^{n} e_i^2 = 最小 \tag{9-16}$$

由于 $Q(\beta)$ 是关于 $\beta_0, \beta_1, \cdots, \beta_p$ 的非负二次函数，因而必定存在最小值，利用微积分的极值求法，得

$$\begin{cases} \dfrac{\partial Q(\hat{\beta})}{\partial \beta_0} = -2\sum_{i=1}^{n}(y_i - \hat{\beta}_0 - \hat{\beta}_1 x_{i1} - \hat{\beta}_2 x_{i2} - \cdots - \hat{\beta}_p x_{ip}) = 0 \\ \dfrac{\partial Q(\hat{\beta})}{\partial \beta_1} = -2\sum_{i=1}^{n}(y_i - \hat{\beta}_0 - \hat{\beta}_1 x_{i1} - \hat{\beta}_2 x_{i2} - \cdots - \hat{\beta}_p x_{ip})x_{i1} = 0 \\ \cdots\cdots\cdots\cdots\cdots\cdots \\ \dfrac{\partial Q(\hat{\beta})}{\partial \beta_k} = -2\sum_{i=1}^{n}(y_i - \hat{\beta}_0 - \hat{\beta}_1 x_{i1} - \hat{\beta}_2 x_{i2} - \cdots - \hat{\beta}_p x_{ip})x_{ik} = 0 \\ \cdots\cdots\cdots\cdots\cdots\cdots \\ \dfrac{\partial Q(\hat{\beta})}{\partial \beta_p} = -2\sum_{i=1}^{n}(y_i - \hat{\beta}_0 - \hat{\beta}_1 x_{i1} - \hat{\beta}_2 x_{i2} - \cdots - \hat{\beta}_p x_{ip})x_{ip} = 0 \end{cases} \tag{9-17}$$

这里 $\hat{\beta}_i(i=0,1,\cdots,p)$ 是的最小二乘估计。上述对 $Q(\beta)$ 求偏导,求得正规方程组的过程可用矩阵代数运算进行,得到正规方程组的矩阵表示:

$$X^{\mathrm{T}}(Y-X\hat{\beta})=0$$

移项得
$$X^{\mathrm{T}}X\hat{\beta}=X^{\mathrm{T}}Y \tag{9-18}$$

举例如下:

【例 9-8】 通过对我国食品销售企业的定性分析,发现其广告费用、促销费用与企业的销售额存在相关关系,于是抽取了 30 家食品销售企业,对其销售额与其广告费用及促销费用的调查,得到数据见表 9-7。

表 9-7 30 家食品销售企业销售额、广告费用及促销费用数据表

销售额(百万元)y	广告费用(千元)x_1	促销费用(千元)x_2
22.6	119.8	52.5
21.5	121.7	45.4
19.1	121.4	47.5
21.8	124.4	52.5
21.5	120.0	47.7
20.1	117.0	49.0
18.8	118.0	45.1
22.0	118.8	51.7
21.3	124.2	49.4
24.0	124.8	49.8
23.3	124.7	50.0
22.5	123.1	51.0
22.9	125.3	55.2
19.5	124.2	44.9
22.9	127.4	49.5
22.3	128.2	53.1
22.7	126.1	47.4
23.5	128.6	51.4
21.5	129.4	43.0
25.5	126.9	51.5
25.0	126.5	54.9
26.1	128.2	52.7
27.9	131.4	54.1
26.8	130.8	54.5
27.2	133.9	55.8
24.4	130.4	50.6
24.4	131.3	47.5
23.0	130.2	53.5
26.3	136.0	50.0
28.8	138.0	53.7

运用最小二乘法估计以上方程的参数，整理得到以下方程组：

$$\begin{cases} 699.2 = 30\beta_0 + 3\,790.7\beta_1 + 1\,801.1\beta_2 \\ 88\,657.9 = 3\,790.7\beta_0 + 479\,763.13\beta_1 + 222\,789.98\beta_2 \\ 42\,148.04 = 1\,801.1\beta_0 + 88\,657.9\beta_1 + 108\,430.61\beta_2 \end{cases}$$

解方程组得：

$$\begin{cases} \beta_0 = -36.133 \\ \beta_1 = 0.299 \\ \beta_2 = 0.362 \end{cases}$$

于是，估计的多元线性回归方程为：$\hat{y} = -36.133 + 0.299x_1 + 0.362x_2$。

估计的回归方程的系数均为正值，表示随着广告费用及促销费用的增加，企业的销售额也在增加，即广告费用每增加 1 千元，销售额增加 0.299 百万元；促销费用每增加 1 千元，销售额增加 0.362 百万元。

三、多元线性回归模型的检验

（一）拟合优度检验

1. 可决系数

与一元线性回归模型的拟合优度检验一样，也是对总离差进行分解。所不同的是，在多元线性回归的情况下，R^2 随着模型中引入的解释变量个数的增加而增大，由于增加解释变量个数所引起的 R^2 增大与模型拟合好坏无关，因此，在解释变量个数 K 不同的模型之间比较拟合优度时，R^2 就不是一个合适的指标。为了消除仅仅因为解释变量个数增多而导致的 R^2 增大问题，引入了调整的可决系数，即用样本容量 n 和自变量的个数 p 去修正 R^2 得到。公式为：

$$\overline{R}^2 = 1 - \frac{\text{SSE}/n-p-1}{\text{SST}/n-1} = 1 - (1-R^2) \times \frac{n-1}{n-p-1} \tag{9-19}$$

2. 估计的标准误差 S_y

对误差项 ε 的标准差 σ 的一个估计值，衡量多元线性回归方程拟合优度的指标。计算公式为：

$$S_y = \sqrt{\frac{\sum_{i=1}^{n}(y_i - \hat{y}_i)^2}{n-p-1}} = \sqrt{\frac{\text{SSE}}{n-p-1}} = \sqrt{\text{MSE}} \tag{9-20}$$

【例 9-9】 根据例 9-8 数据资料，计算的可决系数及估计的标准误如下：

$$\overline{R}^2 = 1 - \frac{\text{SSE}/n-p-1}{\text{SST}/n-1} = 1 - \frac{35.53/30-2-1}{189.52/30-1} = 0.798$$

调整的可决系数为 0.798，表示在销售额的变差中，有 79.8% 可解释为广告费用和促销费用增长的变化引起的。可见销售额与广告和促销费用之间有较强的线性关系。

$$S_y = \sqrt{\frac{\text{SSE}}{n-p-1}} = \sqrt{\frac{35.53}{30-2-1}} = 1.147\,14$$

估计的标准误为 1.147 14，表示用估计的回归方程预测 y 时，预测误差比较小。

（二）多元线性回归的显著性检验

与一元线性回归模型的显著性检验一样，多元线性回归模型的显著性检验也包括两方面内容，即回归方程的显著性检验（F 检验）和回归系数的显著性检验（t 检验）。所不同的是,回归方程的显著性检验用于检验被解释变量与所有解释变量之间的线性关系是否显著,它与回归系数的显著性检验的结论往往会不一致。

1. 回归方程的显著性检验

回归模型总体函数的线性关系是否显著,其实质就是判断回归平方和与残差平方和之比值的大小问题,可以通过方差分析的思想,构造 F 统计量来进行检验。

对被解释变量进行方差分析,并构造 F 统计量,见表 9-8。

表 9-8 回归模型方差分析表

方差来源	离差平方和	自由度	均方差	F 值
回归	$SSR = \sum_{i=1}^{n}(\hat{y}_i - \overline{y}^2)$	p	$MSR = \dfrac{SSR}{P}$	$F = \dfrac{MSR}{MSE}$
残差	$SSE = \sum_{i=1}^{n}(y_i - \hat{y}_i)^2$	$n-p-1$	$MSE = \dfrac{SSE}{n-p-1}$	
总计	$SST = \sum_{i=1}^{n}(y_i - \overline{y})^2$	$n-1$		

F 检验的步骤如下:

(1) 建立原假设

$H_0: \beta_1 = \beta_2 = \cdots = \beta_p = 0$ 因变量与自变量之间线性关系不显著

$H_1: \beta_1, \beta_2, \cdots, \beta_p$ 至少有一个不等于 0 因变量与自变量之间线性关系显著

(2) 计算检验的统计量 F

$$F = \frac{SSR/p}{SSE/n-p-1} = \frac{\sum_{i=1}^{n}(\hat{y}_i - \overline{y}^2)\big/p}{\sum_{i=1}^{n}(y_i - \hat{y})^2\big/n-p-1} \sim F(p, n-p-1) \qquad (9-21)$$

(3) 确定显著性水平 σ 和分子自由度 p、分母自由度 $n-p-1$,查出临界值 F_α。

(4) 作出决策:若 $F > F_\alpha$,则拒绝 H_0;否则,接受 H_0。

【例 9-10】 根据例 9-8 的数据资料进行 F 检验的过程如下:

(1) 建立原假设

$H_0: \beta_1 = \beta_2 = 0$ $H_1: \beta_1, \beta_2$ 至少有一个不等于 0

(2) 计算检验的统计量 F

$$F = \frac{SSR/p}{SSE/n-p-1} = \frac{153.984/2}{35.534/30-2-1} = \frac{76.992}{1.316} = 58.504$$

(3) 查显著性水平 0.05 和分子自由度为 2、分母自由度为 27 的 F 分布表,得临界值 $F_{0.05} = 2.06$。

(4) 作出决策:由 $F = 58.504 > F_{0.05} = 2.06$,拒绝 H_0。即估计的回归方程具有显著性。

2. 回归系数显著性检验

回归方程总体显著并不意味着每个解释变量对被解释变量的影响都是显著的、重要的。还需要对每个回归系数的显著性进行检验。回归系数显著性检验通过构造 t 统计量来进行,具体步骤如下:

(1) 建立原假设

$H_0: \beta_i = 0$ 自变量 x_i 与因变量 y 没有线性关系

$H_1: \beta_i \neq 0$ 自变量 x_i 与因变量 y 有线性关系

(2) 构造检验的统计量 t

$$t = \frac{\hat{\beta}_i}{S_{\hat{\beta}_i}} \sim t(n-p-1) \tag{9-22}$$

(3) 确定显著性水平 α,和自由度 $n-p-1$,找出临界值 $t_{\alpha/2}$。

(4) 作出决策:若 $|t|>t_{\alpha/2}$,拒绝 H_0;$|t|<t_{\alpha/2}$,不拒绝 H_0。

【例 9-11】 根据例 9-8 的数据资料进行 t 检验的过程如下:

(1) 对两个自变量分别提出原假设

$H_0: \beta_1=0$ $H_1: \beta_1 \neq 0$

$H_0: \beta_2=0$ $H_1: \beta_2 \neq 0$

(2) 计算检验的统计量 t

针对 β_1:$t = \dfrac{\hat{\beta}_{.1}}{S_{\hat{\beta}_{1i}}} = \dfrac{0.299}{0.045} = 6.644$

针对 β_2:$t = \dfrac{\hat{\beta}_{.2}}{S_{\hat{\beta}_{2i}}} = \dfrac{0.362}{0.074} = 4.892$

(3) 查显著性水平为 0.05 和自由度 27 的 t 分布表,得临界值 $t_{0.025}=2.052$。

(4) 作出决策:

针对 β_1 来说,$t=6.644>t_{0.025}=2.052$,故拒绝 H_0,表示广告费用与销售额具有显著的线性关系。

针对 β_2 说,$t=4.892>t_{0.025}=2.052$,故拒绝 H_0,表示促销费用与销售额具有显著的线性关系。

四、自变量的选择(前进法、后退法、逐步回归法)

自变量对因变量 y 有显著影响,建立最优回归模型的目的主要是用于预测和分析,自然要求自变量个数尽可能少,且对因变量 y 有显著影响。若自变量个数越多,一方面预测计算量大,另一方面因 n 固定,所以 $\sigma/n-p-1 \to S_\sigma$ 增大,即造成剩余标准差增大,故要求自变量个数要适中。且引入和剔除自变量时都要进行显著性检验,使之达到最优化状态。为此,人们提出了一些较为简便、实用、快速地选择"最优"方程的方法。人们所给出的方法各有优缺点,至今还没有绝对最优的方法,目前常用的方法有"前进法"、"后退法"、"逐步回归法",而逐步回归法最受推崇。

(一) 前进法

前进法的思想是变量由少到多,每次增加一个,直至没有可引入的变量为止。首先分别对因变量 y 建立 m 个一元线性回归方程,并分别计算这 m 个一元回归方程的 m 个回归系数的 F 检验值,记为 $\{F_1^1, F_2^1, \cdots, F_m^1\}$,选其最大者记为:

$$F_j^1 = \max\{F_1^1, F_2^1, \cdots, F_m^1\} \tag{9-23}$$

给定显著性水平 α,若 $F_j^1 \geq F_\alpha(1, n-2)$,则首先将 x_j 引入回归方程,设 x_j 为 x_1。

接下来因变量 y 分别与 $(x_1, x_2), (x_1, x_3), \cdots, (x_1, x_m)$ 建立 $m-1$ 个二元线性回归方程,对这 $m-1$ 个回归方程中 $x_2, x_3, \cdots, x_m$ 的回归系数进行 F 检验,计算 F 值,记为 $\{F_1^2, F_2^2, \cdots, F_m^2\}$,选其最大的记为:

$$F_j^2 = \max\{F_1^2, F_2^2, \cdots, F_m^2\} \tag{9-24}$$

若 $F_j^2 \geqslant F_\alpha(1, n-3)$，则接着将 x_j 引入回归方程。

依上述方法接着做下去，直至所有未被引入方程的自变量的 F 值均小于 $F_\alpha(1, n-p-1)$ 时为止。这时，得到的回归方程就是最终确定的方程。

（二）后退法

后退法与前进法相反，首先用全部 m 个变量建立一个回归方程，然后在这 m 个变量中选择一个最不重要的变量，将它从方程中剔除。设对 m 个回归系数进行 F 检验，记求得的 F 值为 $\{F_1^m, F_2^m, \cdots, F_m^m\}$，选其最小者记为：

$$F_j^m = \min\{F_1^m, F_2^m, \cdots, F_m^m\} \tag{9-25}$$

给定显著性水平 α，若 $F_j^m \leqslant F_\alpha(1, n-m-1)$，则首先将 x_j 从回归方程中剔除，设 x_j 就是 x_m。

接着对剩下的 $m-1$ 个自变量重新建立回归方程，进行回归方程的显著性检验，像上面那样计算出 F_j^{m-1}，如果又有 $F_j^{m-1} \leqslant F_\alpha(1, n-(m-1)-1)$，则剔除 x_j，重新建立 y 关于 $m-2$ 个自变量的回归方程，依此下去，直至回归方程中所剩余的 p 个自变量的 F 检验值均大于临界值 $F_\alpha(1, n-p-1)$，没有可剔除的自变量为止。这时，得到的回归方程就是最终确定的方程。

（三）逐步回归法

以上两种方法均没有考虑引入新变量与原方程中已有的变量之间或是剔除变量后方程中剩余变量之间的相关程度，容易产生多重共线性问题，而逐步回归分析法，是指运用回归分析原理采用双检验原则，逐步引入和剔除自变量而建立最优回归方程的优选方法。

具体做法是将变量一个一个引入，当每引入一个自变量后，对已选入的变量要进行逐个检验，当原引入的变量由于后面变量的引入而变得不再显著时，要将其剔除。步骤如下：

1. 每步有两个过程

即引进变量和剔除变量，且引进变量和剔除变量均需作 F 检验后方可继续进行，故又称为双重检验回归分析法。

2. 引入变量

引入变量的原则是未引进变量中回归平方和最大者并经 F 显著性检验，若显著则引进，否则终止。

3. 剔除变量

剔除原则是在引进的自变量中回归平方和最小者，并经 F 检验不显著，则剔除。

这个过程反复进行，直到既无显著的自变量选入回归方程，也无不显著自变量从回归方程中剔除为止。这样就避免了前进法和后退法各自的缺陷，保证了最后所得的回归方程是最优的回归方程。

第六节　利用回归方程进行预测

回归分析的主要目的，是根据所建立的回归方程进行预测。所谓预测，就是给定了自变量 x 的一个特定值，利用回归方程对因变量 y 取值进行预测与推断。预测的类型有点预测和区间预测。

一、点预测

对于一个自变量 x_0 或一组自变量 $x_{10}, x_{20}, \cdots, x_{p0}$ 的给定值,根据回归方程得到因变量 y 的一个预测值 $\hat{y}_0$:

$\hat{y}_0 = \hat{\beta}_0 + \hat{\beta}_1 x_0$ 　　一元线性回归点预测值。

或 $\hat{y}_0 = \hat{\beta}_0 + \hat{\beta}_1 x_{10} + \hat{\beta}_2 x_{20} + \cdots + \hat{\beta}_p x_{p0}$ 　　多元线性回归点预测值。

点预测值有:y 的平均值的点预测和 y 的个别值的点预测。

在点预测条件下,平均值的点预测和个别值的点预测是一样的,但在区间预测中则不同。

y 的平均值的点预测,是指利用估计的回归方程,对于自变量 x 的一个给定值 x_0,求出因变量 y 的平均值的一个估计值 $E(\hat{y}_0)$,就是平均值的点估计。

y 的个别值的点估计,是指利用估计的回归方程,对于自变量 x 的一个给定值 x_0,求出因变量 y 的一个个别值的估计值 $\hat{y}_0$,就是个别值的点估计。

【例 9-12】 对于例 9-4,若营销费用为 20 万元,则销售量的点预测值为:
$$E(\hat{y}_0) = \hat{y}_0 = 72.8 + 4.528\,91 \times 20 = 163.378\,2(千个)$$

二、区间预测

点预测不能给出预测的精度,由于模型中参数估计量的不确定性和随机干扰项两个方面影响,点预测值与实际值之间是有误差的。为了进行科学预测,还需求出预测值的置信区间,包括平均值 $E(\hat{y}_0)$ 区间预测和个别值 $\hat{y}_0$ 的区间预测。

(一)平均值 $E(y_0)$ 区间预测

利用估计的回归方程,对于自变量 x_i 的一个给定值 x_{0i},求出因变量 y_0 的平均值的估计区间,这一估计区间称为置信区间。

$E(y_0)$ 在 $1-\alpha$ 置信水平下的置信区间为:

$$\hat{y}_0 \pm t_{\alpha/2} S_y \sqrt{\frac{1}{n} + \frac{(x_0 - \overline{x})^2}{\sum_{i=1}^{n}(x_i - \overline{x})^2}} \tag{9-26}$$

(二)个别值 y_0 区间预测

利用估计的回归方程,对于自变量 x_i 的一个给定值 x_{0i},求出因变量 y_0 的一个个别值的估计区间,这一区间称为预测区间。

y_0 在 $1-\alpha$ 置信水平下的预测区间为:

$$\hat{y}_0 \pm t_{\alpha/2} S_y \sqrt{1 + \frac{1}{n} + \frac{(x_0 - \overline{x})^2}{\sum_{i=1}^{n}(x_i - \overline{x})^2}} \tag{9-27}$$

【例 9-13】 对于例 9-4 的资料,若营销费用为 20 万元,则销售量的平均值的区间预测值为

$$E(y_0) = \hat{y}_0 \pm t_{\alpha/2} S_y \sqrt{\frac{1}{n} + \frac{(x_0 - \overline{x})^2}{\sum_{i=1}^{n}(x_i - \overline{x})^2}}$$

$$= 163.378\,2 \pm 2.201 \times 3.099\,43 \pm \sqrt{\frac{1}{13} + \frac{(20 - 16.230\,77)^2}{162.307\,7}}$$

$$= 163.378\,2 \pm 2.766\,5$$

个别值的区间预测值分别为：

$$y_0 = \hat{y}_0 \pm t_{\alpha/2} S_y \sqrt{1 + \frac{1}{n} + \frac{(x_0 - \overline{x})^2}{\sum_{i=1}^{n}(x_i - \overline{x})^2}}$$

$$= 163.378\,2 \pm 2.201 \times 3.099\,43 \pm \sqrt{1 + \frac{1}{13} + \frac{(20 - 16.230\,77)^2}{162.307\,7}}$$

$$= 163.378\,2 \pm 7.361\,5$$

第七节　非线性回归和特殊变量的回归模型

前面我们讨论的经济问题，都是假定作为被解释变量的经济变量与作为解释变量的经济变量之间存在着线性关系。由此，建立线性回归模型进行线性回归分析。

这里所说的线性是指：(1) 解释变量线性；(2) 参数线性。

但是，在众多的经济现象中，分析经济变量之间的关系，根据某种经济理论和对实际经济问题的分析，所建立的经济模型往往不符合上面的线性要求，即模型是非线性的，称为非线性模型。非线性模型的参数如何进行估计，如何进行分析，是本章所要讨论的问题。

一、可化为线性的非线性回归模型

对于变量之间是非线性的，但参数之间是线性的模型，可以利用变量代换的方法将模型线性化。下面列举在讨论经济问题时常遇到的几种非线性函数模型，进行变量的代换化为线性模型。

（一）非线性回归模型的直接代换

当解释变量是非线性的，但参数之间是线性的时，可以利用变量直接代换的方法将模型线性化。

1. 多项式函数模型

对于形如：$y = \beta_0 + \beta_1 x_1 + \beta_2 x_2^2 + \cdots + \beta_p x_p^p + \mu$ 的模型为多项式模型。

令 $z_1 = x_1, z_2 = x_2^2, \cdots, z_p = x_p^p$。

原模型可化为线性形式：$y = \beta_0 + \beta_1 z_1 + \beta_2 z_2 + \cdots + \beta_p z_p + \mu$。

即可利用多元线性回归分析的方法处理了。

例如，描述税收与税率关系的拉弗曲线—抛物线形为：

$s = a + br + cr^2$　其中：$c < 0$，s：税收；r：税率。

设 $z_1 = r, z_2 = r^2$。

则原方程变换为：$s = a + bz_1 + cz_2$　$c < 0$。

2. 双曲线模型(Double-curve Model)

对于形如 $y=\beta_0+\beta_1\dfrac{1}{x}+\mu$ 的模型，称为双曲线模型，令 $z=\dfrac{1}{x}$。

原模型可化为线性形式：$y=\beta_0+\beta_1 z+\mu$。

3. 半对数模型和双对数模型

函数形式为：$\ln y=\beta_0+\beta_1 x+\mu$ $y=\beta_0+\beta_1\ln x+\mu$ 称为半对数模型。

函数形式为：$\ln y=\beta_0+\beta_1\ln x+\mu$ 称为双对数函数模型。

对于这两类函数可作如下代换，令 $y^*=\ln y,x^*=\ln x$。

于是原模型可化为标准线性模型 $y^*=\beta_0+\beta_1 x^*+\mu$。

半对数模型通常用于测度许多经济变量和非经济变量的增长率，所以半对数模型又称为增长模型。在实际工作中，双对数模型应用的非常广泛，其原因在于：由于回归线是一条直线（y 和 x 都是对数形式），所以它的斜率（β_1）为一常数。对于这个模型其斜率等于其弹性，因为 $\beta_1=\dfrac{dy^*}{dx^*}=\dfrac{d(\ln y)}{d(\ln x)}=\dfrac{\Delta y/y}{\Delta x/x}=E$，所以弹性为一常数。由于这个特殊的性质，双对数模型又称为不变弹性模型。

(二) 非线性回归模型的间接代换

在研究经济问题时，我们常遇到如下的指数函数模型：

$$y=\beta_0 x_1^{\beta_1} x_2^{\beta_2} e^\mu$$

模型中参数 β_0,β_1,β_2 是非线性的，因此不能直接进行变量的代换化为线性形式。对上式两边取自然对数，可得双对数函数模型：

$$\ln y=\ln\beta_0+\beta_1\ln x_1+\beta_2\ln x_2+\mu$$

双对数函数模型，可利用变量直接代换化为线性形式。这种先取对数后进行变量代换的方法称为间接代换法。

著名的柯布-道格拉斯(Cobb-Douglas)生产函数模型：

$$Q=AL^\alpha K^\beta e^\mu$$

就是这类模型的一个典型。

二、不可化为线性的非线性回归模型

上面我们讨论了非线性模型经过变量代换化为线性形式。但在许多实际问题中所建立的非线性模型不但不是线性的，而且也无法采取变量变换的方法化为线性。

例如模型：$y=\beta_0+\beta_1 x_1^{\alpha_1}+\beta_2 x\alpha_2+\mu$

无论采取什么方式变换都不可能实现线性化，这样的模型称为不可线性化模型。对于这一类模型的参数估计，常借助于泰勒级数展开式进行逐次的线性近似估计。

这种方法的基本思路是：通过泰勒级数展开使非线性方程在某一组初始参数估计值附近线性化，然后对这一线性方程应用OLS法，得出一组新的参数估计值。下一步是使非线性方程在新参数估计值附近线性化，对新的线性方程再应用OLS法，又得了一组新的参数估计值。不断重复上述过程，直至参数估计值收敛时为止。这里不再做深入介绍。

非线性回归应注意的几个问题：

第一，对非线性模型来说：首先，我们不能从回归残差中得出随机项方差的无偏估计量。其次，由于非线性模型中的参数估计量同随机项不成线性关系，所以它们不服从正态分布，其结果使得 t 检验和 F 检验都不适用。

第二，我们用上面的方法得出的样本回归方程，可以用来预测未来某个时期的因变量值，但是，由于已经不再是随机项的线性函数，因此，已经不具备线性回归中估计值的最佳、线性、无偏的性质，置信区间也无法构造了。

三、特殊变量的回归模型

特殊变量的回归模型主要包括：解释变量为特殊变量的回归模型（虚拟变量、滞后变量和时间变量）和因变量是定性变量的回归模型（Logitic 回归）。

（一）解释变量为虚拟变量的回归模型

1. 虚拟变量的定义

虚拟变量是指不能用数值表示的现象特征，如企业的所有制形式、所属行业、性别、学历、职务等非数值变量，称为虚拟变量。

为了在模型中能够反映这些因素的影响，并提高模型的精度，需要将它们"量化"，虚拟变量的量化方法，是当虚拟变量起作用时赋值为"1"，不起作用时赋值为"0"，这样才可以对模型进行研究。

例如，研究某高校大一学生的性别与学习成绩（y_i）的关系，建立如下线性回归模型：

$$y_i = \beta_0 + \beta_1 x_i + \beta_2 D_i + \mu_i$$

其中：y_i 为学习成绩，x_i 为周自习时间，虚拟变量 $D_i = \begin{cases} 0 & 女性 \\ 1 & 男性 \end{cases}$

一般地，在虚拟变量的设置中：基础类型、肯定类型取值为 1；比较类型、否定类型取值为 0。虚拟变量既可以单独作为解释变量使用，也可以与一般变量一起使用；既适用于时间序列资料，也适用于截面资料。

2. 虚拟变量的作用

虚拟变量的作用主要有以下三个方面：

（1）可以描述和测量定性因素的影响。

（2）能够正确反映经济变量之间的相互关系，提高模型的精度。

（3）便于处理异常数据，即将异常数据作为一个特殊的定性因素。特别是对于政策实施前后的效果分析，是必不可少的需要引入模型的影响因素。

3. 虚拟变量的引入

虚拟变量作为解释变量引入模型有两种基本方式：加法方式和乘法方式。

（1）加法方式

以加法方式引入，反映定性因素对截距的影响。一般模型如下：

$$y_i = \beta_0 + \beta_1 x_i + \beta_2 D_i + \mu_i$$

即为：当 $D_i = 0$ 时：$y_i = \beta_0 + \beta_1 x_i + \mu_i$；

当 $D_i = 1$ 时：$y_i = (\beta_0 + \beta_2) + \beta_1 x_i + \mu_i$。

比如以上性别与学习成绩关系的模型，即是加法方式。

在该模型中，如果假定 $E(\mu_i) = 0$：

女学生的平均成绩为：$E(y_i | x_i, D_i = 0) = \beta_0 + \beta_1 x_i$。

男学生的平均成绩为：$E(y_i | x_i, D_i = 1) = (\beta_0 + \beta_2) + \beta_1 x_i$。

假定 $\beta_2 \neq 0$，则两个函数有相同的斜率，但有不同的截距。即：男女学生平均成绩对周自习时间的变化率是一样的,但两者的平均成绩相差 β_2。如果 $\beta_2>0$,表示男生的平均成绩比女生的平均成绩高 β_2 分;如果 $\beta_2<0$,表示男生的平均成绩比女生的平均成绩低 β_2 分。可以通过回归检验,对 β_2 的统计显著性进行检验,以判断男女学生的平均成绩是否有显著差异。

(2) 乘法方式

加法方式引入虚拟变量,考察的是截距的不同,许多情况下,往往是斜率有变化,或斜率、截距同时发生变化。斜率的变化可通过以乘法的方式引入虚拟变量来测度。以乘法方式引入,可反映定性因素对斜率的影响。

模型为:$y_i = \beta_0 + \beta_1 x_i + \beta_2 D_i x_i + \mu_i$

有以下两种情况:$y_i = \begin{cases} \beta_0 + \beta_1 x_i + \mu_i & \text{普通情况} \\ \beta_0 + (\beta_1 + \beta_2) x_i + \mu_2 & \text{特殊情况} \end{cases}$

这两种情况仅体现在斜率的差异上,系数 β_2 描述了定性因素的影响程度。

例如:根据消费理论,消费水平 C 主要取决于收入水平 Y,但在一个较长的时期,人们的消费倾向会发生变化,尤其是在自然灾害、战争等反常年份,消费倾向往往出现变化。这种消费倾向的变化可通过在收入的系数中引入虚拟变量来考察。

如,设 $D_t = \begin{cases} 0 & \text{反常年份} \\ 1 & \text{正常年份} \end{cases}$

消费模型可建立为:$C_t = \beta_0 + \beta_1 X_t + \beta_2 D_t X_t + \mu_t$。

虚拟变量 D 以与 X 相乘的方式引入了模型中,从而可用来考察消费倾向的变化。

假定 $E(\mu_i)=0$,上述模型所表示的函数可化为:

正常年份:$E(C_t|X_t,D_t=1) = \beta_0 + (\beta_1 + \beta_2) X_t$。

反常年份:$E(C_t|X_t,D_t=0) = \beta_0 + \beta_1 X_t$。

4. 虚拟变量表现为多种状态的模型

虚拟变量可表现为多种状态,如文化程度可区分为大学、中学、小学、文盲四种状态,季节可区分为第一季度、第二季度、第三季度、第四季度,等等。含此类虚拟变量模型的建立,应避免犯以下两类错误:

(1) 建立一个虚拟变量,分别用 0,1,2,3,… 表示其不同的状态。此方法错误在于,它在设定模型时,假定各种状态均值之间差量为固定值,这显然与事实不符。

(2) 建立与状态数相同个数的虚拟变量,分别表示各个不同状态。例如文化程度区分为大学、中学、小学、文盲四种状态,如果设置四个虚拟变量,即为:

$D_1 = \begin{cases} 1 & \text{大学} \\ 0 & \text{非大学} \end{cases}$ $D_2 = \begin{cases} 1 & \text{中学} \\ 0 & \text{非中学} \end{cases}$

$D_3 = \begin{cases} 1 & \text{小学} \\ 0 & \text{非小学} \end{cases}$ $D_4 = \begin{cases} 1 & \text{文盲} \\ 0 & \text{非文盲} \end{cases}$

此方法错误在于,模型存在完全的多重共线性问题。因为 $D_1 + D_2 + D_3 + D_4 = 1$ 这会使得观测值矩阵中虚拟变量所对应的四列相加等于常数项。此类错误称为虚拟变量陷阱。

正确的建模方法是:如虚拟变量有 k 种表现状态,可建立 $(k-1)$ 个虚拟变量。下面以季度虚拟变量为例说明建模的方法。

可通过引入季度虚拟变量建立如下模型:

$$y_t = \alpha + \beta_1 x_t + \gamma_2 D_{2t} + \gamma_3 D_{3t} + \gamma_4 D_{4t} + \mu_t$$

此模型中只引入了第二季度、第三季度、第四季度虚拟变量,分别为,第一季度并未引入虚拟变量。这三个虚拟变量的取值为:

$$D_{it} = \begin{cases} 1 & 第 i 季度 \\ 0 & 其他季度 \end{cases} \quad i = 2,3,4$$

因此有下面的关系式:

$$\alpha = \alpha_1 \quad \alpha + \gamma_2 = \alpha_2 \quad \alpha + \gamma_3 = \alpha_3 \quad \alpha + \gamma_4 = \alpha_4$$

(二) 解释变量为滞后变量的回归模型

某些经济变量不仅受到同期各种因素的影响,而且也受到过去某些时期的各种因素,甚至自身的过去值的影响。通常把这种过去时期的、具有滞后作用的变量,叫做滞后变量。滞后变量包括滞后解释变量和滞后被解释变量。含有滞后变量的模型称为滞后变量模型。

1. 根据滞后变量为解释变量或是被解释变量,滞后模型分为两类:

(1) 在回归模型中,将解释变量的滞后变量作为解释变量,模型中的滞后变量只是解释变量 x 的过去各期值,称为分布滞后模型。

公式为:$y_t = \beta_0 + \beta_1 x_t + \beta_2 x_{t-1} + \beta_3 x_{t-2} + \cdots + \beta_s x_{t-s-1} + \mu_t$

例如:消费函数。通常认为,本期的消费除了受本期的收入影响之外,还受前 1 期,或前 2 期收入的影响。因此,设立模型为:

$$y_t = \beta_0 + \beta_1 x_t + \beta_2 x_{t-1} + \beta_3 x_{t-2} + \mu_t$$

(2) 在回归模型中,将被解释变量的滞后变量作为解释变量的模型,称为自回归模型。模型中包含解释变量 x 的本期值和被解释变量 y 的若干期滞后值。

公式为:$y_t = \beta_0 + \beta_1 x_t + \beta_2 y_{t-1} + \beta_3 y_{t-2} + \cdots + \mu_t$

例如,在宏观经济学研究中发现,当期的 GDP_t 不仅当期的政府支出状况 G_t、当期的基础货币供给量 M_t 和当期的通货膨胀状况 π_t 的影响,还受前一期的产出水平 GDP_{t-1} 的影响。

自回归模型根据滞后时间的长短,又分为:

有限自回归分布滞后模型:滞后期长度有限;

无限自回归分布滞后模型:滞后期无限。

2. 滞后效应产生的原因

滞后效应产生的原因主要有:

(1) 心理因素或预期因素

人们的习惯是长期形成的,适应新的经济环境常常需要一段时间,人们的心理定势、行为方式滞后于经济形势的变化,其对经济变量的变化有很大影响。例如,收入水平下降时,人们为了维持已习惯的生活方式及生活水准,往往不会立即改变生活方式及减少消费。

(2) 技术原因

从生产到流通,再到使用,每一个环节都需要一段时间,从而形成时间上的滞后。例如,当年的产出在某种程度上依赖于过去若干期内投资形成的固定资产,因为产出与投入之间往往是非同步的,企业的收益在很大部分上取决于过去的投资状况。

(3) 制度原因

比如,定期存款到期才能提取,造成了它对社会购买力的影响具有滞后性;企业受已经订立的合同的制约而不能随意改变产品方向等。

3. 滞后变量模型的优缺点:

优点有:可以更加全面、客观地描述经济现象;使计量经济模型成为动态模型;可以模拟分析经济系统的变化和调整过程。

缺点主要包括：经常存在多重共线性；滞后变量个数的增加将会降低样本的自由度；滞后期长度难以确定。

4. 滞后模型的参数估计

无限期的分布滞后模型，由于样本观测值的有限性，使得无法直接对其进行估计。

有限期的分布滞后模型，OLS 会遇到如下问题：

一是没有先验准则确定滞后期长度；二是如果滞后期较长，将缺乏足够的自由度进行估计和检验；三是同名变量滞后值之间可能存在高度线性相关，即模型存在高度的多重共线性。于是人们提出了一系列的修正估计方法。具体内容请参阅计量经济学教材。

（三）解释变量为时间变量的回归模型

经济时间序列大都有随时间而上升的趋势。比如我国从 1991—2008 年 GDP 趋势图如图 9-11 所示。

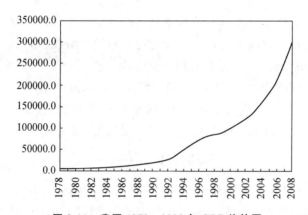

图 9-11　我国 1978—2008 年 GDP 趋势图

引入时间变量建立所研究经济变量 y 关于时间 t 的回归模型，它反映时间序列的变化趋势和规律。

下面我们介绍几种常用的时间变量趋势模型。

1. 线性趋势模型

当现象的发展按线性趋势变化，即每一期较前一期的增量接近某一常数时，可以用线性模型来描述：$y_t = \beta_0 + \beta_1 t + \mu_t$

式中，y_t 代表所研究的经济变量，t 为时间的序号，β_0、β_1 为未知的参数。

当随机项满足古典假定时，可以按 OLS 方法对模型中的参数进行估计，从而得到以下趋势方程：$\hat{y}_t = \hat{\beta}_0 + \hat{\beta}_1 t$

2. 非线性趋势

非线性趋势，是指现象随时间的发展按非线性趋势变化，主要有：抛物线形态的二次曲线；时间序列的观测值按指数规律变化的指数曲线和修正的指数曲线；初期增长缓慢，以后逐渐加快，当达到一定程度后，增长率又逐渐下降，最后接近一条水平线的龚帕兹曲线等。

（四）因变量是定性变量的回归模型——Logistic 回归

现实中很多现象可以划分为两种可能，或者归结为两种状态，这两种状态分别用 0 和 1

表示。如果我们采用多个因素对 0—1 表示的某种现象进行因果关系解释,就可能应用到 Logistic 回归。

Logistic 回归分析是对因变量为定性变量的回归分析,它是一种非线性模型。Logistic 回归分为二分类因变量的 Logistic 回归和多分类因变量的 Logistic 回归两类。这里我们只讲述二分类因变量的 Logistic 回归分析。

二分类因变量的 Logistic 回归分析的基本特点是:因变量必须是二分类变量,若令因变量为 y,则用 $y=1$ 表示"yes",$y=0$ 表示"no"。比如,在发放股利与不发放股利的研究中,分别表示发放和不发放股利的公司;在治疗效果有效与无效的研究中,分布表示有效与无效等。从模型的角度出发,不妨把事件发生的情况定义为 $y=1$,事件未发生的情况定义为 0,这样取值为 0、1 的因变量可以写作:

$$y = \begin{cases} 1 = \text{事件发生} \\ 0 = \text{事件未发生} \end{cases}$$

可以采用多种方法对取值为 0、1 的因变量进行分析。通常以 P 表示事件发生的概率(事件未发生的概率为 $1-P$),并把 P 看做自变量 x 的线性函数。由于 y 是 0—1 型贝努利分布(the Bernoulli distribution),因此有如下分布:

$P=P(y=1|x)$:自变量为 x 时 $y=1$ 的概率,即事情发生的概率。

$1-P=P(y=0|x)$:自变量为 x 时 $y=0$ 的概率,即事情未发生的概率。

事件发生和不发生的概率比成为发生比,即相对风险,表现为:

$$\text{odds} = \ln\left(\frac{p}{1-p}\right) \tag{9-28}$$

P 越大,则 odds 越大;P 越小,则 odds 越小,并且 $0<\text{odds}<+\infty$。

对数发生比也是事件发生概率 P 的一个特定函数,通过 Logistic 转换,该函数可以写成 Logistic 回归的 logit 模型:

$$\text{logit}(P) = \ln\left(\frac{p}{1-p}\right) \tag{9-29}$$

logit 一方面表达出它是事件发生概率 P 的转换单位;另一方面,它作为回归的因变量就可以自己与自变量之间的依存关系保持传统回归模式。

根据离散型随机变量期望值的定义,可得:

$$E(y) = 1(P) + 0(1-P) = P$$

进而得到:$E(y)=P=\beta_0+\beta_1 x$ \hfill (9-30)

因此,从以上分析可以看出,当因变量的取值为 0、1 时,均值 $E(y)=P=\beta_0+\beta_1 x$ 总是代表给定自变量时 $y=1$ 的概率。虽然这是从简单线性回归分析而得,但也适合复杂的多元回归函数情况。

$$E(y) = \text{logit} P = \beta_0 + \beta_1 x_1 + \beta_2 x_2 + \cdots + \beta_k x_k \tag{9-31}$$

其中:β_0 为常数项,$\beta_1,\beta_2,\cdots,\beta_k$ 分别为 k 个自变量的回归系数。

因此,Logistic 模型为:

$$P = \frac{\exp P}{1+\exp P} = \frac{\exp \beta_0 + \beta_1 x_1 + \beta_2 x_2 + \cdots + \beta_k x_k}{1 + \exp \beta_0 + \beta_1 x_1 + \beta_2 x_2 + \cdots + \beta_k x_k} \tag{9-32}$$

【例 9-14】 在一次住房展销会上,与房地产商签订初步购房意向书的 325 名顾客中,在随后的 3 个月的时间内,只有一部分顾客确实购买了房屋。购买了房屋的顾客记为 1,没有购买房屋的顾客记为 0。以顾客的年家庭收入(万元)为自变量 x,对表 9-9 数据,建立 Logistic 回归模型。

表 9-9 住房展销会资料

序号	年家庭收入 (万元)x	签订意向书 人数 n_i	实际购房 人数 m_i	实际购房比例 $p_i = m_i/n_i$	逻辑变换 $p_i' = \ln\left(\dfrac{p_i}{1-p_i}\right)$	权重 $w_i = n_i p_i(1-p_i)$
1	1.5	25	8	0.320 000	−0.753 77	5.440
2	2.5	32	13	0.406 250	−0.379 49	7.719
3	3.5	58	26	0.448 276	−0.207 64	14.345
4	4.5	52	22	0.423 077	−0.310 15	12.692
5	5.5	43	20	0.465 116	−0.139 76	10.698
6	6.5	39	22	0.564 103	0.257 829	9.590
7	7.5	28	16	0.571 429	0.287 682	6.857
8	8.5	21	12	0.571 429	0.287 682	5.143
9	9.5	15	10	0.666 667	0.693 147	3.333

通过对以上数据的计算,得出经验回归方程为:

$$\hat{p} = -0.886 + 0.156x$$

判定系数 $R^2 = 0.9243$,显著性检验 P 值 ≈ 0,高度显著。还原为(10-30)式的 Logistic 回归方程为:

$$\hat{p} = \frac{\exp(-0.886 + 0.156x)}{1 + \exp(-0.886 + 0.156x)}$$

利用以上结果可以对购房比例做预测,例如对 $x_0 = 8$,则:

$$\hat{p} = \frac{\exp(-0.886 + 0.156x)}{1 + \exp(-0.886 + 0.156x)} = \frac{1.436}{1 + 1.436} = 0.590$$

第八节 运用 Excel 进行回归分析

一、线性回归的 Excel 实现

Excel 提供了许多回归分析的方法与工具,它们可用于不同的分析目的。我们主要讲解利用图表进行分析和利用工作表函数进行回归分析两种方法。

(一)利用图表进行分析

【例 9-15】 以例 9-4 资料为例:

(1)打开"线性回归分析"工作表。见表 9-10。

表 9-10 "线性回归分析.xls"工作表

序号	营销费用X（万元）	销售量Y（千个）
1	10	121
4	11	126
3	13	130
5	13	131
2	14	133
6	17	147
7	17	148
11	18	155
10	18	156
12	19	157
8	19	159
9	20	160
13	22	179

（2）在"工具"栏上选择"图表向导"按钮，单击打开"图表向导"对话框，如图 9-12 所示，在"图表类型"列表框中选择"XY 散点图"，单击"下一步"按钮进入图表向导步骤 2。

图 9-12　图表向导（步骤 1）

（3）在图表向导步骤 2 对话框的"数据区域"中输入"B2：C13"，选择"系列产生在"为"列"，如图 9-13 所示，单击"下一步"按钮进入步骤 3。

图 9-13　图表向导（步骤 2）

(4) 在图表向导步骤 3 的对话框中,打开"图例"选项卡,取消"显示图例",省略标题,如图 9-14 所示。

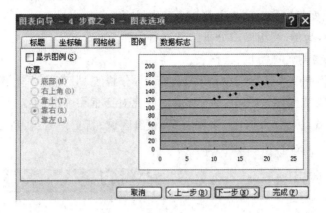

图 9-14　图表向导(步骤 3)

(5) 单击"完成"按钮,得到 XY 散点图,如图 9-15 所示。

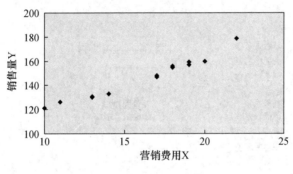

图 9-15　*XY* 散点图

(6) 在散点图中,把鼠标指针放在任一数据点上,右击,在弹出的快捷菜单中选择"添加趋势线",打开"添加趋势线"对话框。

(7) 在"添加趋势线"对话框中打开"类型"选项卡,选择"线性"选项,在"选项"选项卡中选择"显示公式"和"显示 R 平方"选项,单击"确定"按钮,得到趋势回归图,如图 9-16 所示。

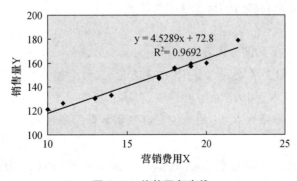

图 9-16　趋势回归直线

(二)利用回归分析工具进行分析

回归分析工具是通过对一组观察值使用"最小平方法"进行直线拟合,以分析一个或多个自变量对单个因变量的影响方向与影响程度的方法。

以例 9-15 资料为例,利用回归分析工具进行回归分析。

1. 打开"销售量与营销费用"工作表。

2. 在"工具"菜单中选择"数据分析"选项,在"分析工具"列表中选择"回归",单击"确定"按钮,打开"回归"对话框,如图 9-17 所示。在此对话框中主要包括以下内容:Y 值输入区域、X 值输入区域、标志、置信度、常数为零、输出区域、新工作表组、新工作簿、残差、标准残差、残差图、线形拟合图、正态概率图。

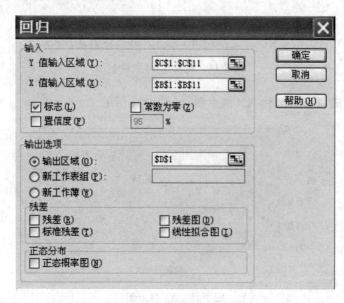

图 9-17 "回归"对话框

3. 在"Y 值输入区域"中输入"$C$1∶$C$11",在"X 值输入区域"中输入"$B$1∶$B$11";选择"标志",置信度默认;在"输出选项"中选择"输出区域",在其右边输入"$D$1",如图 9-17 所示,单击"确定"按钮得到输出结果(输出结果表 9-11)。

Excel 回归分析工具的输出结果包括三个部分。

(1) 回归统计表

回归统计表包括以下几部分内容。

① Multiple R(复相关系数 R):是 R^2 的平方根,又称为相关系数,用来衡量变量 x 和 y 之间相关程度的大小。本例中 R 为 0.984497,表示二者之间的关系是正相关。

② R Square(复测定系数 R^2):用来说明自变量解释因变量变差的程度,以测定因变量 y 的拟合效果。

③ Adjusted R Square(调整复测定系数 R^2):仅用于多元回归才有意义,它用于衡量加入独立变量后模型的拟合程度。

④ 标准误差:用来衡量拟合程度的大小,也用于计算与回归相关的其他统计量,此值越小,说明拟合程度越好。

⑤ 观测值：用于估计回归方程的数据的观测值个数。

输出结果表 9-11：回归分析结果。

表 9-11　回归分析结果

	A	B	C	D	E	F	G	H	I
1	SUMMARY OUTPUT								
2									
3	回归统计								
4	Multiple R	0.984497							
5	R Square	0.969235							
6	Adjusted R	0.966438							
7	标准误差	3.099443							
8	观测值	13							
9									
10	方差分析								
11		df	SS	MS	F	gnificance F			
12	回归分析	1	3329.0972	3329.097	346.5446	1.152E-09			
13	残差	11	105.67204	9.606549					
14	总计	12	3434.7692						
15									
16		Coefficient	标准误差	t Stat	P-value	Lower 95%	Upper 95%	下限 95.0%	上限 95.0%
17	Intercept	72.8	4.0411797	18.01454	1.64E-09	63.905424	81.69458	63.905424	81.69458
18	X Variable	4.52891	0.2432843	18.61571	1.15E-09	3.9934447	5.064375	3.9934447	5.064375

（2）方差分析表。方差分析表的主要作用是通过 F 检验来判断回归模型的回归效果。表中"回归分析"行计算的是估计值同均值之差的各项指标；"残差"行是用于计算每个样本观察值与估计值之差的各项指标；"总计"行用于计算每个值同均值之差的各项指标。第二列 df 是自由度，第三列 SS 是离差的平方和，第四列 MS 是均方差，它是离差平方和除以自由度，第五列是 F 统计量，第六列 Significance F 是在显著性水平下的 F_α 的临界值。

（3）回归参数表。回归参数表主要用于回归方程的描述和回归参数的推断。如图 23-4 所示的表中最下面三行中的第二行和第三行分别是 β_0（截距）和 β_1（斜率）的各项指标。第二列是 β_0 和 β_1 的值，据此可以写出回归方程。第三列是各个回归系数的 P 值（双侧），最后是给出（β_0 和 β_1）的 95% 的置信区间的上下限。

【例 9-16】 以例 9-8 数据资料为例，进行多元回归分析。如表 9-12（"多元回归分析"工作表）所示。

表 9-12　"多元回归分析"工作表

	A	B	C
1	销售额（万元）y	广告费用（千元）x1	促销费用（千元）x2
2	22.6	119.8	52.5
3	21.5	121.7	45.4
4	19.1	121.4	47.5
5	21.8	124.4	52.5
6	21.5	120	47.7
7	20.1	117	49
8	18.8	118	45.1
9	22	118.8	51.7
10	21.3	124.2	49.4
11	24	124.8	49.8
12	23.3	124.7	50
13	22.5	123.1	51

估计 y 对 $x1$ 与 $x2$ 的线性回归方程（$\alpha=0.05$）。

(1) 在"工具"菜单中选择"数据分析"选项，在"分析工具"列表中选择"回归"，单击"确定"按钮，打开"回归"对话框。

(2) 在"Y值输入区域"中输入"D1：D11"，在"X值输入区域"中输入"B1：C11"；选择"标志"，置信度默认；在"输出选项"中选择"输出区域"，在其右边输入"A12"，单击"确定"按钮得到输出结果（输出结果见表 9-12）。

输出结果表 9-13：多元线性回归分析计算结果。

表 9-13　多元线性回归分析计算结果

SUMMARY OUTPUT								
回归统计								
Multiple	0.887578							
R Square	0.787794							
Adjusted	0.772075							
标准误差	1.220458							
观测值	30							
方差分析								
	df	SS	MS	F	gnificance F			
回归分析	2	149.3017	74.65084	50.11746	8.15E-10			
残差	27	40.21698	1.489518					
总计	29	189.5187						
	Coefficien	标准误差	t Stat	P-value	Lower 95%	Upper 95%	下限 95.0%	上限 95.0%
Intercept	-32.6362	5.693728	-5.73196	4.3E-06	-44.3188	-20.9537	-44.3188	-20.9537
X Variabl	0.317666	0.047245	6.72385	3.22E-07	0.220728	0.414604	0.220728	0.414604
X Variabl	0.312965	0.073381	4.264951	0.000219	0.1624	0.46353	0.1624	0.46353

二、非线性回归的 Excel 实现

以最小平方法分析非线性关系资料在数量变化上的规律叫做非线性回归分析。从非线性回归的角度看，线性回归仅是其中的一个特例。一个恰当的非线性回归方程的确定不是很容易的，一般要经过变量转换，将非线性问题转化为线性问题解决。

可以通过 Excel 实现的几种常见的非线性方程：

1. 对数函数 $y=a+b\ln x$ 　　　　2. 指数函数 $y=ae^{bx}$

3. 双曲线函数 $y=\dfrac{x}{ax+b}$ 　　4. S 形曲线 $y=\dfrac{1}{1+\beta e^{-\gamma x}}$

5. 幂函数 $y=ax^b$ 　　　　　　　6. 罗杰斯蒂（Logistic）模型 $y=\dfrac{\alpha}{1+\beta e^{-\gamma x}}$

7. 龚帕兹（Gomperty）模型 $y=a\exp(-\beta e^{-kx})$

下面以对数曲线和指数曲线为例，运用 Excel 进行分析。

1. 对数曲线 $y=a+b\ln x$

(1) 添加趋势线。(2) 利用回归分析工具。

【例 9-17】　施肥量与某农作物亩产量具有对数关系，测得二者的数据见表 9-14。

表 9-14　施肥量与农作物产量资料

	A	B	C	D	E	F	G	H	I
1	施肥量X（千克）	0.2	0.4	0.6	0.8	1	1.2	1.4	1.6
2	农作物产量Y（千克）	7.6	12.3	15.7	18.2	18.7	21.4	22.6	23.8

根据以上数据,做对数趋势图如图 9-18 所示。

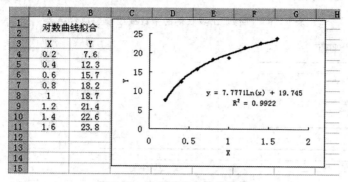

图 9-18 添加对数趋势线结果

作以上数据的回归分析如输出结果图 9-19 所示。

输出结果 9-3：" 回归 " 工具获得的对数曲线模型拟合结果。

图 9-19

2. 指数曲线 $y=ae^{bx}$

【例 9-18】 研究发现大学生每周上自习时间与其期末考试不及格率之间存在指数关系,二者的数据见表 9-15。

表 9-15 自习时间与不及格率数据表

A	B	C	D	E	F	G	H	I	J	K
1	周自习时间X（小时）| 2	4	6	8	10	12	14	16	18	20
2	不及格的概率Y（%）| 75	60	40	25	18	12	8	5	4	4

对以上数据作指数曲线趋势图,如图 9-20 所示。

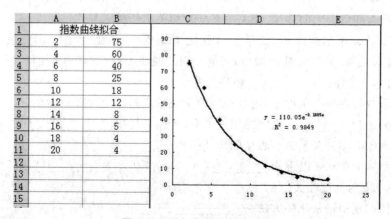

图 9-20 添加指数趋势线结果

进一步对以上关系做指数曲线回归分析,输出结果见表 9-16。

表 9-16 "回归"工具获得的指数曲线模型拟合结果

SUMMARY OUTPUT							
回归统计							
Multiple R	0.953867						
R Square	0.909861						
Adjusted R Square	0.898594						
标准误差	0.350668						
观测值	10						
方差分析							
	df	SS	MS	F	gnificance F		
回归分析	1	9.92996	9.92996	80.75225	1.87E-05		
残差	8	0.983746	0.122968				
总计	9	10.91371					
	Coefficie	标准误差	t Stat	P-value	Lower 95%	Upper 95%	下限 95.0	上限 95.0%
Intercept	5.87329	0.368471	15.93964	2.4E-07	5.023595	6.722985	5.023595	6.722985
X Variable 1	-1.43296	0.159462	-8.98623	1.87E-05	-1.80068	-1.06524	-1.80068	-1.06524

【练习题】

一、主要概念

1. 相关关系;简单相关和复相关;线性相关和非线性相关;正相关和负相关。
2. 相关分析的主要内容。
3. 回归分析的主要内容。
4. 相关分析与回归分析的联系和区别。
5. 相关系数;复相关系数;简单相关系数;偏相关系数;样本决定系数。
6. 一元线性回归模型的基本假定;多元线性回归模型的基本假定。
7. 最小二乘法。
8. 随机误差项的内容;参数的无偏估计量。
9. 统计显著性检验思想。
10. 个别值预测和均值预测。

二、填空题

1. 按影响自变量因素的多少,相关关系分为_____相关和_____相关。
2. 如果变量 x 增加或减少,变量 y 也随之增加或减少,则变量 x 同变量 y 之间属于_____相关关系;如果变量 x 增加,变量 y 随之减少,变量 x 减少,变量 y 随之增加,则变量 x 同变量 y 之间属于_____相关关系。
3. 相关系数是在_____相关条件下,用来说明两个变量之间_____的统计分析指标。
4. 单相关是指_____之间的相关关系,复相关是指_____之间的相关关系。
5. 反映现象间相关关系密切程度的统计指标是_____。
6. 相关系数 r 在 0.3 以下为_____;$0.3 \leqslant r \leqslant 0.5$ 为_____;$0.5 \leqslant r \leqslant 0.8$ 是显著相关;$r \geqslant 0.8$ 为高度相关。
7. 拟合回归模型最常用的方法是_____。
8. 在线性回归模型中,_____和_____分别_____和_____。如果_____大于 0,说明变量 x 和 y

是_____相关关系,在直角坐标系中,该直线是一条_____;如果小于 0,说明变量 x 和 y 是_____相关关系,在直角坐标系中,该直线是一条_____。

三、选择题

1. 相关系数可以说明(   )。
   A. 相互联系的现象之间是线性相关还是非线性相关
   B. 相关关系的方向和密切程度
   C. 现象之间的因果关系
   D. 现象之间的函数关系

2. 下面属于相关关系的是(   )。
   A. 圆的周长和它的半径之间的关系
   B. 价格不变条件下,商品销售额与销售量之间的关系
   C. 家庭收入与消费支出之间的关系
   D. 正方形面积和其边长之间的关系

3. 若物价上涨,商品的需求量相应减少,则物价与商品需求量之间的关系为(   )。
   A. 不相关   B. 负相关   C. 正相关   D. 复相关

4. 配合回归直线方程对资料的要求是(   )。
   A. 因变量是给定的数值,自变量是随机的
   B. 自变量是给定的数值,因变量是随机的
   C. 自变量和因变量都是随机的
   D. 自变量和因变量都不是随机的

5. 回归分析的特点有(   )。
   A. 两个变量是不对等的   B. 必须区分自变量和因变量
   C. 两个变量都是随机的   D. 因变量是随机的
   E. 自变量是可以控制的量

6. 铸铁生产成本(元)与铸件废品率(%)之间的回归方程为:$y_c = 56 + 8x$,这意味着(   )。
   A. 废品率每增加 1%,成本每吨增加 64 元
   B. 废品率每增加 1%,成本每吨增加 8%
   C. 废品率每增加 1%,成本每吨增加 8 元
   D. 废品率每增加 1%,则每吨成本为 56 元

7. 在回归直线方程中,β 表示(   )。
   A. x 增加一个单位,y 的增加量
   B. y 增加一个单位,x 的增加量
   C. x 增加一个单位,y 的平均增加量
   D. y 增加一个单位,x 的平均增加量

8. 测定现象之间有无相关关系的方法是(   )。
   A. 编制相关表   B. 绘制相关图
   C. 对客观现象做定性分析   D. 计算估计标准误
   E. 配合回归方程

9. 下列属于正相关的现象是（　　）。

　　A. 家庭收入越多，其消费支出也越多

　　B. 某产品产量随工人劳动生产率的提高而增加

　　C. 流通费用率随商品销售额的增加而减少

　　D. 生产单位产品所耗工时随劳动生产率的提高而减少

　　E. 产品产量随生产用固定资产价值的减少而减少

10. 若两个变量之间的相关系数为 -1，则这两个变量是（　　）。

　　A. 负相关关系　　B. 正相关关系　　C. 不相关　　D. 完全相关

　　E. 不完全相关

11. 下列属于负相关的现象是（　　）。

　　A. 商品流转的规模愈大，流通费用水平越低

　　B. 流通费用率随商品销售额的增加而减少

　　C. 国民收入随投资额的增加而增长

　　D. 生产单位产品所耗工时随劳动生产率的提高而减少

　　E. 某产品产量随工人劳动生产率的提高而增加

12. 相关系数是零，说明两个变量之间的关系（　　）。

　　A. 完全不相关　　B. 高度相关　　C. 低度相关　　D. 不相关

　　E. 显著相关

13. 相关系数 r 的取值范围是（　　）。

　　A. $0 \leqslant r \leqslant 1$　　B. $-1 < r < 1$　　C. $-1 \leqslant r \leqslant 1$　　D. $-1 \leqslant r \leqslant 0$

14. 下列属于正相关关系的有（　　）。

　　A. 家庭收入与家庭生活费支出　　B. 某产品产量与工人劳动生产率

　　C. 流通费用率与商品销售额　　D. 生产费用与产品产量

四、判断题

1. (　　) 施肥量与收获率是正相关关系。

2. (　　) 产品产量随生产用固定资产数量的减少而减少，说明两个变量之间存在正相关关系。

3. (　　) 计算相关系数时，应首先确定自变量和因变量。

4. (　　) 相关与回归分析是在定性分析基础上进行的定量分析。

5. (　　) 一元线性回归模型 $= -3.844 + 0.578x$ 说明，自变量 x 与 y 因变量之间存在正相关关系。

6. (　　) 只要两个变量之间存在相关关系，就都可以建立回归模型进行回归分析。

7. (　　) 回归方程是一种经验数据，现实问题则非常复杂，在实际工作中，对具体问题要做具体分析。

8. (　　) 恩格尔定律揭示了居民家庭饮食类商品支出总额同收入总额之间的相关关系。

9. (　　) 现象之间的相关关系就是函数关系。

10. (　　) 在回归模型中，回归系数的表明因变量变动受自变量变动的敏感程度。

五、计算题

1. 调查10位同学每天学习时间与学习成绩,得到如下资料:

学　生	学习时间(小时)	学习成绩(分)
学生1	4.0	60
学生2	5.0	72
学生3	5.5	80
学生4	6.0	86
学生5	6.5	88
学生6	7.0	90
学生7	7.5	91
学生8	8.0	95
学生9	8.5	96
学生10	9.0	96.5

要求:

(1) 计算出学习时间与学习成绩之间的相关系数;

(2) 确定学习成绩对学习时间的直线回归方程;

(3) 根据建立的直线回归方程,设甲学生每天学习时间为13小时,请对他的成绩进行预测(置信度为95%)。

2. 某厂某产品上半年各月产量及单位成本资料如下:

月　份	产量(万件)	成本(元/件)
1	3.0	15.0
2	3.5	14.0
3	4.0	13.0
4	4.5	12.0
5	5.0	11.0
6	6.0	9.0

(1) 试确定直线回归方程,并指出产量每增加10 000件时,单位成本平均下降多少元?

(2) 建立线性回归模型,对产量为6.5万件时的单位成本进行区间估计(置信度为95%)。

3. 在其他条件不变的情况下,某种商品的需求量(y)与该商品的价格(J)有关。现对给定时期内的价格与需求量进行观察,得到如下数据。

价格	100	110	120	125	130	135	138	140	150	155
需求量	70	60	58	55	53	50	45	40	37	30

要求:

(1) 计算价格与需求量之间的相关系数;

(2) 拟合需求量对价格的回归直线,并解释回归系数的含义。

4. 某企业广告费和销售收入历史统计资料如下：

广告费	1	2	3	4	5	6	7	8
销售收入	10	14	18	20	25	28	30	40

要求：

(1) 绘制散点图；
(2) 与之间是否大致呈线性关系？
(3) 用最小二乘法求出回归方程；
(4) 求回归标准误差；
(5) 回归系数是否显著？
(6) 计算与的决定系数。

5. 一家大型商业银行在多个地区设有分行，其业务主要是进行基础设施建设、国家重点项目建设、固定资产投资等项目的贷款。近年来，随着经济环境的变化，该银行的贷款额平稳增长，但不良贷款额也有较大比例的提高，这给银行业务的发展带来较大压力。为弄清楚不良贷款形成的原因，银行行长除了对经济环境作了广泛的调研外，还希望利用银行业务的有关数据作些定量分析，以便找出控制不良贷款的办法。下表中的数据就是该银行所属的25家分行2000年的有关业务数据。

分行编号	各项贷款余额（亿元）	本年累计应收贷款（亿元）	贷款项目个数（个）	本年固定资产投资额（亿元）	不良贷款（亿元）
01	67.3	6.8	5	51.9	0.9
02	111.3	19.8	16	90.9	1.1
03	173.0	7.7	17	73.7	4.8
04	80.8	7.2	10	14.5	3.2
05	199.7	16.5	19	63.2	7.8
06	16.2	2.2	1	2.2	2.7
07	107.4	10.7	17	20.2	1.6
08	185.4	27.1	18	43.8	12.5
09	96.1	1.7	10	55.9	1.0
10	72.8	9.1	14	64.3	2.6
11	64.2	2.1	11	42.7	0.3
12	132.2	11.2	23	76.7	4.0
13	58.6	6.0	14	22.8	0.8
14	174.6	12.7	26	117.1	3.5
15	263.5	15.6	34	146.7	10.2
16	79.3	8.9	15	29.9	3.0
17	14.8	0.6	2	42.1	0.2
18	73.5	5.9	11	25.3	0.4
19	24.7	5.0	4	13.4	1.0
20	139.4	7.2	28	64.3	6.8
21	368.2	16.8	32	163.9	11.6
22	95.7	3.8	10	44.5	1.6
23	109.6	10.3	14	67.9	1.2
24	196.2	15.8	16	39.7	7.2
25	102.2	12	10	97.1	3.2

行长想知道,不良贷款是否与贷款余额、应收贷款、贷款项目的多少、固定资产投资等因素有关?如果有关系,它们之间是一种什么关系?关系强度如何?此外,能否将不良贷款与其他几个因素之间的关系用一定的数学关系式表达出来?如果能,用什么样的关系式表达它们之间的关系?能否用所建立的关系式来预测出不良贷款?如果你是这家银行的一位统计人员,怎样帮助行长解决这些问题?

6. 如果一个样本回归方程的复相关系数为 0.99,样本决定系数为 0.9801,能否判定这个样本回归方程就很理想?

7. 一家家用电器产品销售公司在 30 个地区设有销售分公司。为研究产品彩电销售量(台)与该公司的销售价格(百元)、各地区的年人均收入(百元)、广告费用(百元)之间的关系,搜集到 30 个地区的有关数据。设彩电销售量为 y,销售价格为 x_1,年人均收入为 x_2,广告费用为 x_3,利用 Excel 得到的回归结果如下表所示。

	A	B	C	D	E
1		y	X_1	X_2	X_3
2	y	1			
3	X_1	−0.46922	1		
4	X_2	0.74095	0.07837	1	
5	X_3	0.87595	−0.4688	0.60454	1

	A	B	C	D	E	F	G	H	I
1	方差分析		Df		SS		MS	F	Significance F
2	回归分析						4008924.7		8.88E-13
3	残差								
4	总计				13458586.7		—	—	—
5	参数估计表								
6		Coefficients		标准误差		t Stat		P-value	
7	Intercept	7589.1025		2445.0213		3.1039		0.00457	
8	X Variable 1	−117.8861		31.8974		−3.6958		0.00103	
9	X Variable 2	80.6107		14.7676		5.4586		0.00001	
10	X Variable 3	0.5012		0.1259		3.9814		0.00049	

(1) 将方差分析表中的所缺数值补齐;

(2) 如果只选一个自变量来预测销售量,三个自变量中哪一个会被优先选择?请说明理由;

(3) 写出销量与销售价格、年人均收入、广告费用的多元线性回归方程,并解释各回归系数的意义;

(4) 若显著水平 $\alpha=0.05$,回归方程的线性关系是否显著?

(5) 若显著水平 $\alpha=0.05$,各回归系数是否显著?

(6) 销售量 y 的变差中被回归方程所解释的百分比是多少?

第十章

多元统计分析

第一节 聚类分析

聚类分析是一种研究事物分类的方法,其目的是把分类对象按一定的规则分为若干类,这些类不是事先给定的,而是根据数据的特征确定的。通俗地讲,聚类分析法是用来对资料做简化的工作及分类,也就是把相似的个体(观察量)归于一群。

马克威系统提供了三种聚类分析方法:分层聚类、快速聚类及模糊聚类。

一、分层聚类

1. 分层聚类的含义

分层聚类是聚类的一种方法。它在聚类分析的开始时,n 样本自成一类,然后将性质最接近(距离最近)的两类合并为一类;再从这 $n-1$ 类中找最近的两类合并,如此反复,直到所有样本聚成一类为止。

2. 分层聚类的聚类方法

马克威系统提供了五种聚类方法:

(1) 组间连接法(Average Linkage between Group):合并两类的结果使所有的两项之间的平方距离最小。

(2) 组内连接法(Average Linkage within Group):合并两类的结果使所有项之间的平均距离最小。

(3) 单个连接(Single Linkage):以两个类中最临近的两个样品的距离作为类间距离进行聚类。

(4) 完全连接(Complete Linkage):以两个类中最远的两个样品的距离作为类间距进行聚类分析。

(5) 重心聚类法(Centroid Method):像计算所有各项均值之间的距离那样计算两类之间的距离,该距离随聚类的进行不断减少。

3. 分层聚类法的测度方法(马克威系统提供的6种距离尺度标准)

(1) 欧氏距离：系统的默认项，是指每个变量值之差的平方和的平方根。

(2) 欧氏距离平方：是每个变量值之差的平方和。

(3) 波洛克距离：两项之间的距离是最大的变量值之差的绝对值。

(4) 明考斯基距离：两项之间的距离是各变量值之差的 p 次幂绝对值之和的 p 次方根。

(5) 自定距离：两项之间的距离是各变量值之差的 p 次幂绝对值之和的 r 次方根。

4. 分层聚类法的数据转换方法

在实际例子中，经常要对非欧氏距离或者量纲不一样的数据进行聚类分析，所以聚类之前必须先对数据进行标准化处理，否则聚类无法进行。马克威系统提供了以下6种标准化的方法。

(1) 不进行标准化处理：当数据不存在上述非标准化因素时。

(2) Z 分数方法：把数据标准化成一个均值为0，标准差为1的 Z 分数。

(3) 把数值标准化到最大值为1：该过程把被标准化的项的每个变量值除以每个变量的最大值。

(4) 把数值标准化到0到1的范围：把每个被标准化的项减去最小值，再除以极差。

(5) 把数值标准化到均值范围内：该选项把被标准化的项的每个变量值除以每个变量的均值。

5. 应用举例

以马克威系统的数据文件"分层聚类.mkw"为例介绍聚类分析的方法，本例的数据来自15个国家1976年每100 000人口的出生率和死亡率。操作步骤如下。

(1) 读取本例该数据文件或在主界面依次输入，如图10-1所示。

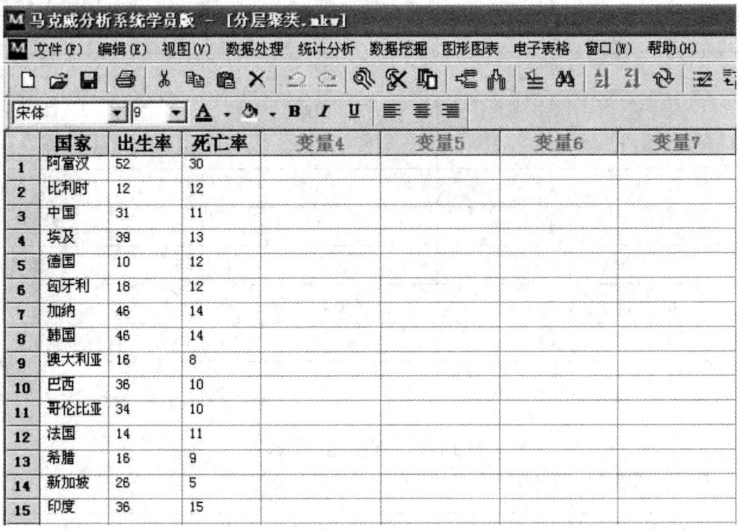

	国家	出生率	死亡率	变量4	变量5	变量6	变量7
1	阿富汗	52	30				
2	比利时	12	12				
3	中国	31	11				
4	埃及	39	13				
5	德国	10	12				
6	匈牙利	18	12				
7	加纳	46	14				
8	韩国	46	14				
9	澳大利亚	16	8				
10	巴西	36	10				
11	哥伦比亚	34	10				
12	法国	14	11				
13	希腊	16	9				
14	新加坡	26	5				
15	印度	36	15				

图10-1　分层聚类应用举例马克威格式数据

(2) 单击"统计分析"→"聚类分析"→"分层聚类"，弹出分层"聚类分析"对话框，选中变量"出生率"、"死亡率"，单击向右按钮进入"聚类变量"列表框，如图10-2所示。

(3) 单击"方法设置"按钮，进入"聚类设置"对话框，如图10-3所示。

在"聚类方法"栏中选择"组间连接法(Average Linkage between Group)"；在"测度方

法"中做如下设置：距离尺度—欧氏距离平方，幂方—2，开方—2。因本例中两变量的量纲一样，所以可以不进行数据的标准化转换。

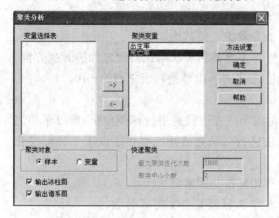

图10-2 "聚类分析"对话框

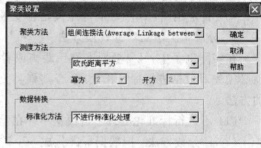

图10-3 "聚类设置"对话框

(4) 单击"确定"返回"聚类分析"主对话框，单击"确定"，即可得到运行结果。输出结果见表10-1、表10-2、图10-4。

表10-1 聚类步骤表

步 骤	类 1	类 2	系 数
1	7	8	0.0000
2	9	13	1.0000
3	10	11	4.0000
4	2	5	4.0000
5	9	12	10.5000
6	4	15	13.0000
7	6	9	16.6667
8	3	10	18.0000
9	2	6	34.5000
10	3	4	35.8333
11	3	7	132.2000
12	1	14	178.0000
13	1	3	529.2857
14	1	2	710.4464

表10-2 冰柱图(样本)

聚类数	1	3	10	11	4	15	7	8	2	5	6	9	13	12	14
1	X	X	X	X	X	X	X	X	X	X	X	X	X	X	X
2	X	X	X	X	X	X	X	X		X	X	X	X	X	X
3		X	X	X	X	X	X	X		X	X	X	X	X	X
4		X	X	X	X	X				X	X	X	X	X	X
5		X	X	X	X	X					X	X	X	X	
6		X		X	X	X					X	X	X	X	

续　表

聚类数	1	3	10	11	4	15	7	8	2	5	6	9	13	12	14
7	X	X	X X X	X	X X	X	X X	X	X X	X	X X X	X	X X	X	X
8	X	X	X X X	X	X X	X	X X	X	X X	X	X X X	X	X X	X	X
9	X	X	X X X	X	X X	X	X X	X	X X	X	X X X	X	X X	X	X
10	X	X	X X X	X	X X	X	X X	X	X X	X	X X X	X	X X	X	X
11	X	X	X X X	X	X X	X	X X	X	X X	X	X X X	X	X X	X	X
12	X	X	X X X	X	X X	X	X X	X	X X	X	X X X	X	X X	X	X
13	X	X	X X X	X	X X	X	X X	X	X X	X	X X X	X	X X	X	X
14	X	X	X	X	X	X	X	X	X	X	X	X	X	X	X

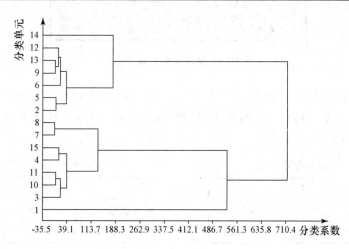

图 10-4　谱系图

(5) 结果说明。聚类步骤表所列的是聚类过程的各步骤,第一栏列出的是步骤序号,第二、三栏列出了合并的两类的序号,最后一栏"系数"栏列出合并的两类的相关系数。

冰柱图用于显示各变量依次在不同类别数时的分类归属情况。本例中变量有 15 个,冰柱图可以看得比较清楚,变量 1、3、6、14 单独为一类,10 和 11 为一类;4 和 15 为一类;7 和 8 为一类;2 和 5 为一类;6、9、13、12 为一类。

二、快速聚类

1. 快速聚类的基本原理

快速聚类分析是聚类分析中使用较广的一种分析方法。它仍以距离衡量样本间的亲疏程度,但其最终结果不是聚成一类,而是根据各聚类中心,将所有样本点聚成指定的类数。

快速聚类法通过设置 K 个类的初始类中心点,计算所有样本数据点到 K 个类中心点的距离,按照距离最短的原则,将所有样本分派到各中心点所在的类中,形成一个新的 K 类,完成一次迭代过程。在下一次迭代过程中,重新计算 K 个类的类中心点,重复上述过程,直到达到指定的迭代次数或达到终止迭代的判断要求为止。

在进行聚类分析中,当样本量大于 100 时,有必要考虑快速聚类分析。因为在计算中,它比分层聚类分析所占用的内存更少,计算速度更快。

2. 快速聚类的应用举例

同样打开数据文件"分层聚类.mkw":

单击"统计分析"→"聚类分析"→"快速聚类",打开"聚类分析"对话框,如图10-5所示。

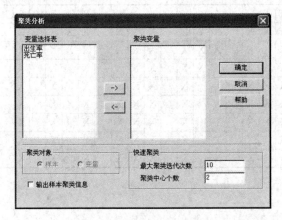

图 10-5　快速聚类设置对话框

从"变量选择表"中选择变量"出生率"、"死亡率"到变量表,"最大聚类迭代次数"取默认值10,"聚类中心个数"取默认值2,单击"确定"按钮,即可得到运行结果(如输出结果见表10-3、表10-4、表10-5)。

表 10-3　初始聚类中心

	类 1	类 2
出生率	52.0000	10.0000
死亡率	30.0000	12.0000

表 10-4　最终聚类中心

	类 1	类 2
出生率	40.0000	16.0000
死亡率	14.6250	9.8571

表 10-5　各聚类样本数

聚　类	样本数
聚类1	8
聚类2	7
有效样本	15
缺失样本	0

结果说明。

表10-3:列出了各类初始聚类中心,此处各类的中心是系统根据样本数据的具体情况自动指定的。

表10-4:列出是最终聚类结果的聚类中心。类的中心点为本类各个变量的变量均值。

表10-5:列出的是聚类的结果。列出了各类的样本数,以及有效样本和缺失样本的情况。

三、模糊聚类

1. 模糊聚类的含义

将模糊集概念用到聚类分析中便产生了模糊聚类分析,它根据研究对象本身的属性来构造模糊矩阵,在此基础上根据一定的隶属度来确定其分类关系。利用模糊集理论来处理分类问题,它对经济领域中具有模糊特征的两态数据或多态数据具有明显的分类效果。模糊聚类分析根据专家对研究对象的各指标进行打分得出原始数据。通过对原始数据进行变换、计算模糊相似矩阵、利用传递闭包法建立模糊等价矩阵,并根据给定不同的置信水平 α,对研究对象进行聚类得出模糊相似阵、分类关系阵和分类关系表。

2. 模糊聚类应用实例

例如,利用气候、环境等定性数据研究农业气候的分类和分区。选择影响农业生产的四个因素:热量、霜冻、水分、冰雹。对聚类因子进行评分,评分标准是,资源条件好的评分高,资源条件差的评分低,气象灾害轻微的评分高,气象灾害严重的评分低。资料见表 10-6。

表 10-6　气候因子分等评分表

热量			水分			霜冻			冰雹		
程度	等级	评分	程度	等级	评分	程度	等级	评分	程度	等级	评分
热	一	6	湿水	一	4	严重	一	1	重	一	1
暖	二	5	半湿水	二	3	重	二	2	轻	二	2
温	三	4	半干水	三	2	轻	三	3	无	三	3
凉	四	3	干水	四	1	轻微	四	4			
冷	五	2				微	五	5			
寒	六	1									

(本例数据来源:何晓群《现代统计分析方法与应用》,中国人民大学出版社。)

根据分等评分表给出某地区各气候单元的评分表,建立数据文件保存为"模糊聚类.mkw",如图 10-6 所示。

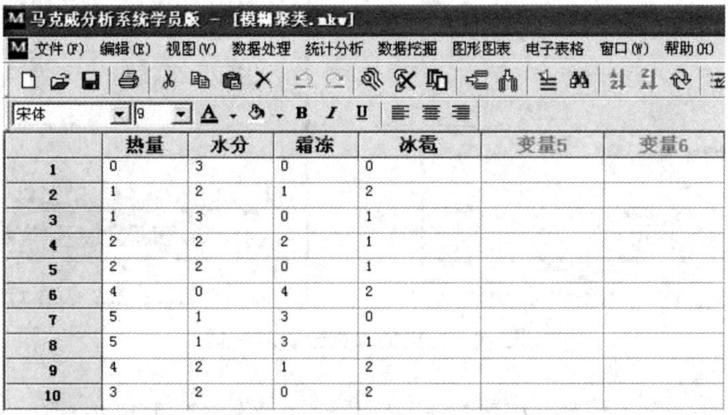

	热量	水分	霜冻	冰雹
1	0	3	0	0
2	1	2	1	2
3	1	3	0	1
4	2	2	2	1
5	2	2	0	1
6	4	0	4	2
7	5	1	3	0
8	5	1	3	1
9	4	2	1	2
10	3	2	0	2

图 10-6　模糊聚类应用举例马克威格式数据

现在对此进行模糊聚类分析。

(1) 先在挖掘窗口,建立模糊聚类分析模型,如图 10-7 所示。

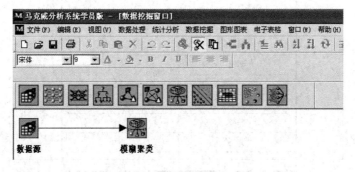

图 10-7　模糊聚类分析模型图

(2) 然后,右击数据源图标,从弹出的菜单中选择"打开",从数据源中选入进行分析的数据文件(模糊聚类.mkw),如图 10-8 所示。单击"确定",返回到数据挖掘窗口。

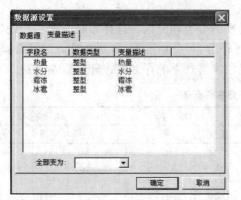 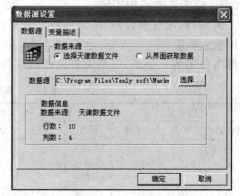

图 10-8 模糊聚类的数据源设置对话框

(3) 将光标移至模糊聚类分析图标上,右击,选择"打开",弹出模糊聚类分析对话框(如图 10-9 所示),进行有关设置后,单击"确定",返回到数据挖掘窗口。

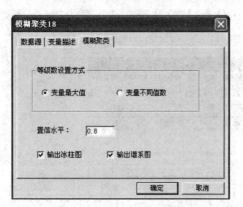 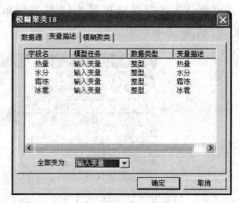

图 10-9 模糊聚类分析对话框

(4) 将光标移至模糊聚类分析图标上,右击,选择"运行",即可得到运行结果,如输出结果见表 10-7、表 10-8、图 10-10 所示。

表 10-7 分类表(置信水平＝0.800)

	分类记录
类 1	1
类 2	2
类 3	3
类 4	4
类 5	5
类 6	6
类 7	7,8
类 8	9
类 9	10

冰柱分类图：

置信水平 1<0.535 2；置信水平 2=0.535 2；置信水平 3=0.648 6；置信水平 4=0.660 4；置信水平 5=0.694 9；

置信水平 6=0.718 8；置信水平 7=0.723 2；置信水平 8=0.729 8；置信水平 9=0.785 9；置信水平 10=0.911 1。

表 10-8　冰柱分类

	1		3		5		9		10		4		2		6		7		8
1	X	X	X	X	X	X	X	X	X	X	X	X	X	X	X	X	X	X	X
2	X	X	X	X	X	X	X	X	X	X	X	X	X		X	X	X	X	X
3	X	X	X	X	X	X	X	X	X	X	X		X		X	X	X	X	X
4	X	X	X	X	X	X	X		X	X	X		X		X	X	X	X	X
5	X	X	X	X	X	X	X		X		X		X		X	X	X	X	X
6	X	X	X		X	X	X		X		X		X		X	X	X	X	X
7	X	X	X		X		X		X		X		X		X		X	X	X
8	X	X	X		X		X		X		X		X		X		X		X
9	X		X		X		X		X		X		X		X		X		X
10	X		X		X		X		X		X		X		X				X

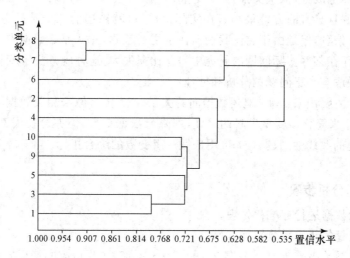

图 10-10　谱系图

（5）结果说明

表 10-7 分类表：给出了最终的分类结果。从表中知，在置信度为 0.8 的水平，将十个农业气象单元聚成 9 类：单元 7、8 为一类，其余的各成一类。

表 10-8 冰柱图：用于显示各变量依次在不同置信度时的分类归属情况。本例中变量有 10 个，冰柱图可以展示置信度从 0 到 1 时的动态聚类过程。

图 10-10 谱系图：可以更直观地显示各变量依次在不同置信度时的分类归属情况，展示置信度从 0 到 1 时的动态聚类过程。

第二节 主成分分析

一、主成分分析的含义和用途

在实证问题研究中,为了全面分析问题,往往涉及众多指标(变量)。然而在多数情况下,不同指标之间是有一定相关性,所得的统计数据反映的信息在一定程度上有重叠。由于指标较多再加上指标之间有一定的相关性,势必增加了分析问题的复杂性,自然希望在进行定量分析的过程中涉及的变量较少,而得到的信息量又较多。主成分分析是解决这一问题的理想工具。

主成分分析就是这样一种处理高维数据的方法,它通过投影的方法,将高维数据以尽可能少的损失为原则进行综合化为少数几个不相关变量。主成分分析的重点在于如何转化原始数据使之成为一些互相独立的线性组合数据,而且经由线性组合而得的主成分仍保留原始数据大部分信息。

主成分分析把研究某问题涉及的 p 个相关指标通过线性变换转换成另一组不相关的变量,这些新的变量按照方差依次递减的顺序排列。在数学变换中保持变量的总方差不变,使第一个变量具有最大的方差,称为第一主成分,第二个变量的方差次大,并且和第一个变量不相关,称为第二主成分,依次类推,p 个变量就有 p 个主成分,最后一个主成分和前面的主成分都不相关,并且具有的方差最小。在实际工作中,就挑选前几个最大主成分,虽然这样做会损失一部分信息,但是由于它使我们抓住了主要矛盾,并从原始数据中进一步提取了某些新的信息,因而在某些实际问题的研究中得益比损失大,这种既减少了变量的数目又抓住了主要矛盾的做法有利于问题的分析和处理。

主成分分析主要用来:(1) 概述数据间的关系;(2) 可将原来相关数据转换成互不相关的数据;(3) 可用来简化多变量资料的维度,即降低数据个数,但亦会丧失部分数据;(4) 可解决回归分析里的共线性问题;(5) 可用来做一组变数的综合指标。

二、主成分分析步骤

(1) 将原始数据进行标准化处理。
(2) 计算变量的相关系数矩阵 R。
(3) 求相关系数矩阵 R 的特征值 $\lambda_1 \geqslant \lambda_2 \geqslant \cdots \geqslant \lambda_p > 0$ 及相应的特征向量 $\alpha_1, \alpha_2, \cdots, \alpha_p$,其中 $\alpha_i \alpha_i = 1$ 且 $\alpha_i \alpha_j = 0$,则:

$y_1 = \alpha_1 x = \alpha_{11} x_1 + \alpha_{12} x_2 + \cdots + \alpha_{1p} x_p$ 为第一主成分

$y_2 = \alpha_2 x = \alpha_{21} x_1 + \alpha_{22} x_2 + \cdots + \alpha_{2p} x_p$ 为第二主成分

……

$y_p = \alpha_p x = \alpha_{p1} x_1 + \alpha_{p2} x_2 + \cdots + \alpha_{pp} x_p$ 为第 p 主成分

(4) 选择 $m(m<p)$ 个主成分并对所选主成分作经济解释。

三、主成分分析应用举例

（1）数据文件“主成分分析.mkw”记录了生产试验炉各项指标的测量值，如图 10-11 所示。

	铁水量	雾化能力	风压	风量	氧量	富氧程度	折合风量	单位耗风量	钒氧化率
1	112.50	187.50	2.70	7577.00	455.00	24.50	9852.00	87.60	94.10
2	123.10	295.40	2.70	5534.00	332.00	24.60	7194.00	58.40	75.40
3	101.00	303.30	2.60	4370.00	248.00	24.00	5610.00	55.50	96.70
4	88.50	280.00	2.80	4300.00	253.00	24.40	5566.00	62.90	78.70
5	124.80	325.60	2.70	5010.00	307.00	24.60	6545.00	52.40	77.10
6	122.90	388.00	2.90	4250.00	396.00	26.80	6230.00	50.70	72.20
7	79.90	435.80	3.00	2508.00	279.00	28.00	3902.00	48.80	59.40
8	129.00	339.50	2.70	4942.00	307.00	24.70	6477.00	50.20	81.00
9	110.00	287.00	2.50	4912.00	307.00	24.70	6447.00	58.60	82.20
10	105.20	350.60	2.80	3750.00	240.00	24.80	4950.00	47.00	67.80
11	80.70	322.80	2.60	3120.00	200.00	24.80	4120.00	51.20	70.60

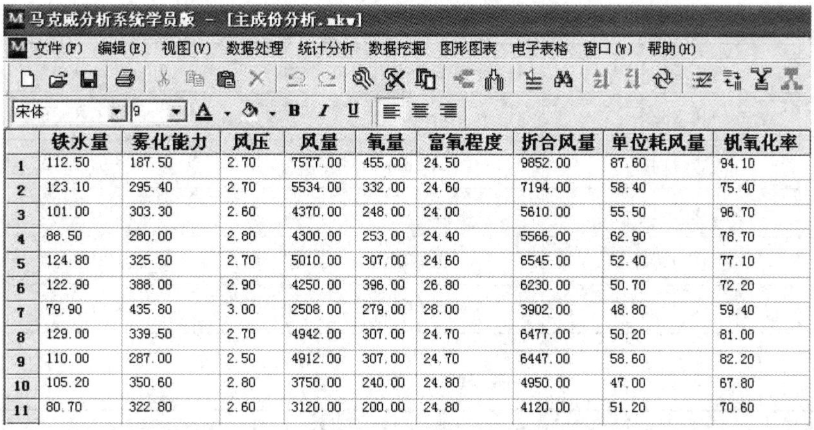

图 10-11　主成分分析马克威格式数据

（2）单击“统计分析”→“主成分分析”，进入“主成分分析”主对话框，如图 10-12 所示。

① 变量选择表：列出了当前数据文件中的原变量。

② 变量：从变量选择表中选择要进行主成分分析的变量。

（3）单击“参数设置”按钮，弹出“主成分分析设置”对话框，如图 10-13 所示。

① “分析对象”区域，提供了系数相关矩阵法、协方差矩阵法两种方法作为提取因子的参考。

② “提取准则”区域，包括累积贡献率和提取的因子个数。选择“累积贡献率大于”后，在其文本框中输入一数值，凡是特征值大于该数值的因子都提取作为公共因子，系统默认值为 0.9；选择“提取的因子个数”，表示制定提取公因子数目，在其文本框中输入待提取的公因子数目即可。

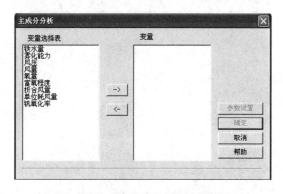

图 10-12　“主成分分析”主对话框

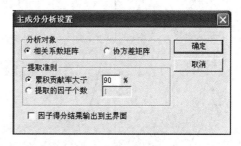

图 10-13　“主成分分析设置”对话框

（4）在“主成分分析设置”对话框中，进行相应设置，单击“确定”按钮，返回“主成分分析”对话框，再单击“确定”，即可得到分析结果（如输出结果见表 10-9 至表 10-17 及图 10-13 所示）。

表 10-9 特征根和累计贡献率

因 子	特征根	方差贡献率%	累计贡献率%
1	5.4288	60.3205	60.3205
2	2.0144	22.3820	82.7025
3	1.0325	11.4720	94.1744
4	0.2754	3.0600	97.2344
5	0.2326	2.5842	99.8186
6	0.0145	0.1608	99.9794
7	0.0017	0.0184	99.9978
8	0.0002	0.0022	100.0000
9	0.0000	0.0000	100.0000

表 10-10 特征向量

	特征向量1	特征向量2	特征向量3	特征向量4	特征向量5	特征向量6	特征向量7	特征向量8	特征向量9
1	0.2250	0.2592	−0.7528	−0.0989	−0.0834	−0.0338	−0.5251	0.1478	0.0007
2	−0.3903	0.1943	−0.2604	0.2925	−0.0554	0.3890	0.3960	0.5876	−0.0007
3	−0.2311	0.5025	0.2249	−0.2635	−0.7481	−0.0550	−0.0303	−0.1026	−0.0000
4	0.4164	0.1485	−0.0339	−0.1788	0.0042	0.5298	0.2391	−0.2106	−0.6239
5	0.2712	0.5326	0.0097	0.2096	0.2212	−0.6195	0.3568	0.0944	−0.1726
6	−0.2808	0.4773	0.1813	0.4158	0.3595	0.2765	−0.3970	−0.3525	0.0013
7	0.4020	0.2413	−0.0256	−0.0994	0.0530	0.2932	0.2781	−0.1502	0.7622
8	0.3557	0.1030	0.5292	−0.0636	0.0583	0.1309	−0.3800	0.6433	0.0002
9	0.3601	−0.2005	0.0114	0.7567	−0.4959	0.0204	−0.0518	−0.0914	0.0002

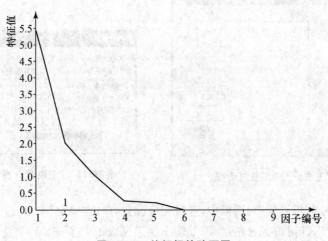

图 10-14 特征根的碎石图

表 10-11 共性方差矩阵

	提取结果
铁水量	0.9952
雾化能力	0.9732
风压	0.8507
风量	0.9870
氧量	0.9708
富氧程度	0.9209
折合风量	0.9952
单位耗风量	0.9975
钒氧化率	0.7851

表 10-12 因子载荷矩阵

	因子1	因子2	因子3
铁水量	0.5242	0.3679	0.7649
雾化能力	−0.9095	0.2757	0.2646
风压	−0.5384	0.7132	−0.2286
风量	0.9703	0.2107	0.0344
氧量	0.6319	0.7559	−0.0098
富氧程度	−0.6543	0.6775	−0.1842
折合风量	0.9367	0.3424	0.0260
单位耗风量	0.8289	0.1461	−0.5377
钒氧化率	0.8390	−0.2846	−0.0116

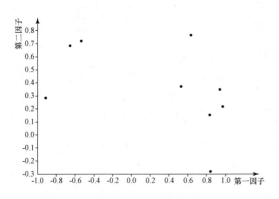

图 10-15 因子载荷图   图 10-16 因子得分图

表 10-13 反镜像相关系数矩阵

	铁水量	雾化能力	风压	风量	氧量	富氧程度	折合风量	单位耗风量	钒氧化率
铁水量	0.2134	−0.7561	0.7699	0.9846	0.9846	0.3147	−0.9847	0.9316	0.0982
雾化能力	−0.7561	0.4309	−0.9887	−0.8130	−0.8125	−0.8289	0.8127	−0.4670	−0.6939
风压	0.7699	−0.9887	0.2542	0.8339	0.8334	0.7812	−0.8336	0.4927	0.6648
风量	0.9846	−0.8130	0.8339	0.4437	1.0000	0.3704	−1.0000	0.8814	0.1793
富氧程度	0.3147	−0.8289	0.7812	0.3704	0.3695	0.4621	−0.3701	−0.0395	0.9340
氧量	0.9846	−0.8125	0.8334	1.0000	0.3061	0.3695	−1.0000	0.8817	0.1784
折合风量	−0.9847	0.8127	−0.8336	−1.0000	−1.0000	−0.3701	0.4315	−0.8816	−0.1788
单位耗风量	0.9316	−0.4670	0.4927	0.8814	0.8817	−0.0395	−0.8816	0.4518	−0.2560
钒氧化率	0.0982	−0.6939	0.6648	0.1793	0.1784	0.9340	−0.1788	−0.2560	0.6073

表 10-14 再生相关系数

	铁水量	雾化能力	风压	风量	氧量	富氧程度	折合风量	单位耗风量	钒氧化率
铁水量	0.9952	−0.1729	−0.1946	0.6124	0.6018	−0.2346	0.6368	0.0769	0.3262
雾化能力	−0.1729	0.9732	0.6258	−0.8153	−0.3688	0.7331	−0.7506	−0.8558	−0.8446
风压	−0.1946	0.6258	0.8507	−0.3800	0.2012	0.8775	−0.2660	−0.2191	−0.6520
风量	0.6124	−0.8153	−0.3800	0.9870	0.7720	−0.4984	0.9819	0.8165	0.7537
氧量	0.6018	−0.3688	0.2012	0.7720	0.9708	0.1005	0.8504	0.6395	0.3151
富氧程度	−0.2346	0.7331	0.8775	−0.4984	0.1005	0.9209	−0.3856	−0.3442	−0.7396
折合风量	0.6368	−0.7506	−0.2660	0.9819	0.8504	−0.3856	0.9952	0.8124	0.6881
单位耗风量	0.0769	−0.8558	−0.2191	0.8165	0.6395	−0.3442	0.8124	0.9975	0.6601
钒氧化率	0.3262	−0.8446	−0.6520	0.7537	0.3151	−0.7396	0.6881	0.6601	0.7851

表 10-15 相关系数矩阵残差

	铁水量	雾化能力	风压	风量	氧量	富氧程度	折合风量	单位耗风量	钒氧化率
铁水量		−0.0074	0.0217	0.0043	−0.0100	−0.0181	0.0013	0.0009	0.0110
雾化能力	−0.0074		−0.0119	−0.0113	0.0108	0.0301	−0.0069	−0.0053	0.0674
风压	0.0217	−0.0119		0.0118	−0.0532	−0.0929	−0.0022	−0.0056	0.0314
风量	0.0043	−0.0113	0.0118		−0.0147	−0.0181	0.0073	0.0040	−0.0376
氧量	−0.0100	0.0108	−0.0532	−0.0147		0.0398	−0.0055	−0.0020	0.0179
富氧程度	−0.0181	0.0301	−0.0929	−0.0181	0.0398		−0.0060	−0.0017	0.0453
折合风量	0.0013	−0.0069	−0.0022	0.0073	−0.0055	−0.0060		0.0028	−0.0268
单位耗风量	0.0009	−0.0053	−0.0056	0.0040	−0.0020	−0.0017	0.0028		−0.0199
钒氧化率	−0.0110	0.0674	0.0314	−0.0376	0.0179	0.0453	−0.0268	−0.0199	

表 10-16 反镜像协方差矩阵

	铁水量	雾化能力	风压	风量	氧量	富氧程度	折合风量	单位耗风量	钒氧化率
铁水量	0.0001	−0.0001	0.0006	0.0000	0.0000	0.0001	0.0000	0.0001	0.0001
雾化能力	−0.0001	0.0002	−0.0010	0.0000	0.0000	−0.0004	0.0000	−0.0001	−0.0014
风压	0.0006	−0.0010	0.0054	0.0000	0.0000	0.0020	−0.0000	0.0004	0.0070
风量	0.0000	0.0000	0.0000	0.0000	0.0000	0.0000	0.0000	0.0000	0.0000
氧量	0.0000	0.0000	0.0000	0.0000	0.0000	0.0000	0.0000	0.0000	0.0000
富氧程度	0.0001	−0.0004	0.0020	0.0000	0.0000	0.0012	0.0000	−0.0000	0.0046
折合风量	0.0000	0.0000	−0.0000	0.0000	0.0000	0.0000	0.0000	0.0000	0.0000
单位耗风量	0.0001	−0.0001	0.0004	0.0000	0.0000	−0.0000	0.0000	0.0001	−0.0004
钒氧化率	0.0001	−0.0014	0.0070	0.0000	0.0000	0.0046	0.0000	−0.0004	0.0206

表 10-17 巴特莱特球度检验

参　数	值
卡方值	258.7778
自由度	36
显著性	0.0000

(5) 结果解释

① 在特征根和累计贡献率表中：因子列中表示因子的序号；特征根列中列出的是各个主成分的特征值,特征根可以看成主成分影响力度的指标。表中列出了所有的主成分,它们按照特征根从大到小的次序排列。第一个主成分的特征根为 5.428 8,它解释了信息量的 60.3205%。第二个主成分的特征根为 2.014 4,它解释了信息量的 22.3820%。依次类推,得到各个主成分的特征根以及解释信息量的百分比。观察特征根列,发现只有前三个主成分的特征根大于 1(Kaiser 准则：只保留特征值大于 1 的因子,这个标准是由 Kaiser(1960)提出的,也是最常用的一种方法)；九个变量只需要提取出前三个主成分即可。观察累计贡献率列,发现前三个主成分的累计贡献率为 94.1744%,满足了累计贡献率大于 90% 的要求。累计贡献率列中的各个值表示各个因子的特征值占总方差的累计百分比。

② 特征根的碎石图给出了特征根的分布状况,从中可以直观地看出第一至第十一个特征根的衰减情况,以及每个特征根所作的贡献。它用于决定保留多少个主成分,典型的碎石图有一个拐点,如图中的"字段序号"4 对应的位置,该点之前是与大特征根相连的陡峭折线,之后是与小的特征根相连的缓坡折线。

③ 共性方差矩阵表反映的信息是按照所选标准提取相应数量主成分后,各变量中信息分别被提取的比例。根据提取结果所示,表明变量"单位耗风量"的信息提取的最充分,为 0.997 5;矾氧化率提取的信息最不充分,为 0.785 1。

④ 由因子载荷矩阵可以看出,0.524 2 是铁水量对于"主成分 1"的贡献程度,0.367 9 是铁水量对于"主成分 2"的贡献程度。0.764 9 是铁水量对于"主成分 3"的贡献程度。用这 3 个因子代替 9 个原始变量,它们概括了全部信息的 94.1744%。主成分 1 的成分表示如下:

主成分 1=0.524 2×铁水量−0.909 5×雾化能力−0.538 4×风压+0.970 3×风量+0.631 9×氧量−0.654 3×富氧程度+0.936 7×折合风量+0.828 9×单位耗风量+0.839 0×矾氧化率。依次类推,可得主成分 2 和主成分 3 的成分表示。

⑤ 反镜相相关系数矩阵:原矩阵各变量间偏相关系数矩阵取负号,代表了因子之间的相互解释程度;

⑥ 再生相关系数(协方差):由因子载荷矩阵生成的相关系数,表示因子分析后因子的相关程度;

⑦ 相关系数矩阵残差:原矩阵相关系数和再生相关系数的差值;

⑧ 反镜相协方差矩阵:原矩阵各变量的偏协方差矩阵取负号,反映了因子之间的相互关系;

⑨ 巴特莱特球度检验,用于检验相关阵是否为单位阵,即各变量是否各自独立。如果结论为不拒绝该假设,则运用因子分析没有实际意义。在本例中,由于显著性为 0.0,小于 0.05,故在 95%的置信水平下拒绝原假设(相关阵为单位阵),因此运用主成分分析没有问题。

第三节 因 子 分 析

一、因子分析概述

因子分析(Factor analysis)是主成分分析的推广和发展,它也是多元统计分析中降维的一种方法。因子分析的形成和早期发展一般认为是从查尔斯·斯皮尔曼(Charles Spearman)在 1904 年发表的文章开始。因子分析是研究通过相关矩阵或协差阵的内部依赖关系,探求数据中的基本结构,它将多个变量浓缩为少数几个因子,以再现原始变量与因子之间的相关关系。

因子分析与主成分分析是有区别的。主成分分析不能作为一个模型来描述,它只是通常的变量变换,而因子分析需要构造因子模型;主成分分析中主成分的个数和变量个数 p 相同,它是将一组具有相关性的变量变换为一组独立的变量,应用主成分分析解决实际问题时,一般只选取前 $m(m<p)$ 个主成分,而因子分析的目的是要用尽可能少的公因子,以便构

造一个结构简单的因子模型;主成分分析是将主成分表示为原变量的线性组合,而因子分析是将原始变量表示为公因子和特殊因子的线性组合。这两种分析方法之间在某些情况下也有一定联系,这一点将在下面的介绍中体现。

因子分析的基本思路是用较少的相互独立的因子变量来表现原始变量的绝大部分信息,这一思想可以用一个数学模型来表示。设有 p 个观测指标(变量):$x_1, x_2, \cdots, x_p$,其中 x_i 是均值为零、单位方差的标准化变量。则因子模型的一般表达形式为:

$$x_i = u_{i1}f_1 + u_{i2}f_2 + \cdots + u_{im}f_m + \varepsilon_i \quad (i=1,2,\cdots,p \text{ 且 } m \leqslant p)$$

在这个模型中,$f_1, f_2, \cdots, f_m$ 为因子变量或公共因子,它们是各个观测变量所共有的因子,解释了变量之间的相关,可以把它们理解为在高维空间中的互相垂直的 m 个坐标轴;u_{ij} 为因子载荷,是第 i 个原有变量在第 j 个因子变量上的负荷,如果把变量 x_i 看成 m 维因子空间中的一个向量,则 u_{ij} 表示 x_i 在坐标轴 f_j 上的投影,相当于多元回归分析模型中的标准回归系数;ε_i 为特殊因子,表示了原有变量不能被公共因子所解释的部分,相当于多元回归分析模型中的残差项。

二、因子分析的基本步骤

因子分析的核心问题有两个:一是如何构造因子变量;二是如何对因子变量进行命名解释。因此,因子分析的基本步骤和解决思路就是围绕这两个核心问题展开的。

因子分析通常包括以下四个基本步骤。

1. 确定原有变量是否适合进行因子分析

因子分析的目的,是从原有众多的变量中综合出少量具有代表意义的因子变量,这必定有一个潜在的前提要求,即原变量之间应具有较强的相关关系。不难理解,如果原有变量之间不存在较强的相关关系,那么根本无法从中综合出能够反映某些变量共同特性的几个较少的公因子变量来。因此,一般在因子分析时,需要对原有变量进行相关分析。最简单的方法是计算变量之间的相关系数矩阵并进行统计检验。如果相关系数矩阵中的大部分相关系数都小于 0.3 且未通过统计检验,那么,这些变量就不适合做因子分析。

2. 确定因子变量

构造因子变量是因子分析的关键步骤之一。因子分析中有多种确定因子变量的方法,根据所依据的准则不同,一般可以分为两类:一类是基于主成分分析模型的主成分分析法,另一类是基于前面介绍的公因子模型的公因子分析法,包括主轴因子法、极大似然法、最小二乘法、alpha 法等。

3. 因子变量的命名解释

因子变量的命名解释是因子分析的另一个核心问题。对上面计算得到的因子载荷 u_{ij} 进行观察,一般会发现这样的现象:u_{ij} 的绝对值可能在某一行的许多列上都有较大的取值,或 u_{ij} 的绝对值可能在某一列的许多行上都有较大的取值。这表明:某个观测变量 x_i 可能同时与几个因子变量都有比较大的相关关系。也就是说,某个观测变量 x_i 的信息需要由若干个因子变量来共同解释;同时,虽然一个因子变量可能能够解释许多变量的信息,但它却只能解释某个变量的一少部分信息,不是任何一个变量的典型代表。这样的情况必然使得某个因子变量的实际含义模糊不清。而实际分析工作中,人们却希望对因子变量的含义有比较清楚的认识。因此,希望通过某种手段使每个变量在尽可能少的因子上又有比较高的载荷,即:在理想状态下,让某个变量在某个因子上的载荷趋于 1,而在其他因子上的载荷趋于

0。这样,一个因子变量就能够成为某个变量的典型代表,那么它的实际含义也就清楚了。

实现上述目标的方法是对因子载荷矩阵进行旋转。可以从载荷散点图上来直观理解旋转的含义,以因子变量为坐标轴绘制原有变量的散点图。经过坐标旋转后,观测变量点应出现在靠近轴的端点和圆点附近。在轴的端点上变量是只在那个因子上有较高载荷的变量,靠近图的圆点的变量对两个因子都具有小的载荷。当然,不靠近轴的变量是被两个因子共同解释,旋转后应尽可能少地出现这种情况。

旋转的方法有正交旋转法(Orthogonal rotation)、斜交旋转法(Oblique rotation)等,其中比较常用的是正交旋转法中的方差极大法。具体方法可以参阅有关书目。

4. 计算因子值

计算因子得分呢?这里的一个基本思想是将因子变量表示为观测变量的线性组合,即通过以下的因子得分函数计算因子值:

$$f_j = a_{j1}x_1 + a_{j2}x_2 + \cdots + a_{jp}x_p \quad (j=1,2,\cdots,m)$$

因子分析模型中是用因子的线性组合来表示观察变量,因子载荷实际是该线性组合的权数。求因子值的过程正好相反,它是通过观测变量的线性组合来表示因子,因子值是观测变量的加权平均,这一点与主成分分析中主成分的求解过程相一致。因此,用主成分分析法得到的因子解,可直接得到因子系数。对于其他方法得到的因子解,可以用回归法、Bartlette法等方法得到因子值系数的估计值。

三、因子分析的应用举例

以数据文件"因子分析.mkw"资料为例介绍因子分析的方法。这些数据来自对20个城市居民生活状况的调查。具体数据如表10-18所示。

表10-18　20个城市居民生活状况的调查数据

	月用水量	家庭月收入	人口	平均年龄	总工龄
1	30.00	2000	5	35	30
2	40.00	10000	4	40	26
3	41.21	20000	5	19	5
4	23.10	8000	5	23	20
5	4.00	1500	1	24	1
6	23.50	6000	5	25	16
7	60.50	10000	3	27	17
8	11.60	2400	1	23	1
9	34.50	4000	2	66	60
10	34.50	58000	2	42	13
11	80.60	12000	6	24	8
12	31.34	25400	3	32	18
13	41.60	20000	4	40	56
14	43.40	18000	5	46	45
15	34.50	8000	3	22	12
16	23.10	10000	3	25	10
17	21.70	4000	3	35	22
18	12.40	5000	3	35	31
19	13.50	5600	3	15	14
20	23.30	6000	2	24	4

(1) 单击"统计分析"→"因子分析",弹出"因子分析"对话框。在对话框左侧的"变量选择表"中选择所有的变量后,单击向右箭头按钮使之进入"变量"框,如图10-17所示。

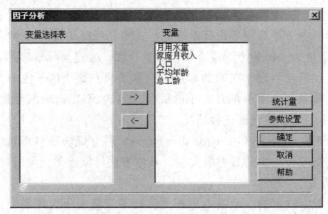

图 10-17　因子分析主对话框

(2) 单击"统计量"按钮,弹出统计量输出设置对话框,如图 10-18 所示。

在统计量对话框中给出了一系列变量间的相关性指标及相关检验。其中巴特莱特球度检验统计量是极为重要的一项输出,它用于探查变量间的偏相关性,它比较的是各变量间的简单相关和偏相关的大小,取值范围为 0~1。如果各变量间存在内在联系,则由于计算偏相关时控制其他因素就会同时控制潜在变量,导致偏相关系数远远小于简单相关系数,此时巴特莱特球度检验统计量接近 1,做因子分析的效果好。一般认为当巴特莱特球度检验统计量大于 0.9 时效果最佳,0.7 以上时效果尚可,0.6 时效果很差,0.5 以下时不适合做因子分析(如图 10-18 所示)。其余各项此处不再详细解释。

在统计量输出设置对话框中只选中"巴特莱特球度检验"复选框,单击"确定"按钮,回到"因子分析"主对话框。

(3) 单击"参数设置"按钮,弹出"因子分析设置"对话框,如图 10-19 所示。

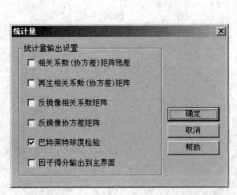

图 10-18　因子分析统计量输出设置对话框

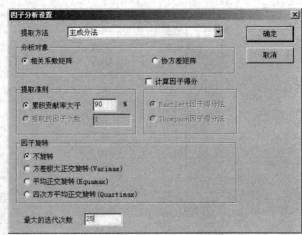

图 10-19　因子分析设置对话框

选项说明:

① 提取方法。下拉列表中有以下 6 种方法。

主成分法:用来观察变量的不相关性的线性组合。第一成分有最大的方差,随后的成分可以解释的方差越来越小,而且这些成分之间是不相关的。

主因子法:使用多元相关的平方作为对公因子方差的估计值。

镜像法：使用多元回归来提取因子。

极大似然法：一般先使用主因子法进行分析，以便给出因子个数的初步估计。

一般最小二乘法：用变量单值的倒数值加权，使观察值与再生相关系数矩阵差的平方和最小。

无权重最小二乘法：使观察值与再生相关系数矩阵之差的平方和最小，并忽略对角线的值。

② 分析对象栏。它提供了系数相关矩阵法、协方差矩阵法两种方法作为提取因子的参考。

③ 提取准则栏。贡献率：选择该项后，在后面的框中输入一数值，凡是特征值大于该数值的因子都提取作为公共因子。系统默认值为0.9。提取的因子个数：制定提取公因子数目。在后面的框中输入待提取的公因子数目。

④ 因子得分栏。两种估计因子得分的方法：巴特莱特（Bartlettt）因子得分；汤姆森（Thompson）因子得分。

⑤ 因子旋转栏。有四种因子旋转方法可选。旋转的目的是为了获得简单的结构，以解释因子。

不旋转：系统默认项。

方差最大旋转：一种正交旋转方法，它使每个因子上具有最高荷载的变量数最少化，使得对因子的解释更容易。

四次方平均正交旋转：使每个变量中的因子数最少化，使得对变量的解释变得容易。

平均正交旋转：该方法综合了简化因子解释的方差最大旋转法及简化变量解释的四次方最大正交旋转法，使得在一个因子上有高荷载的变量数和变量中因子数都最少化。

本例中选择主成分分析方法。在分析对象栏、提取准则栏、因子旋转方法栏中分别选中相关系数矩阵、累积贡献率大于0.9和不旋转。

(4) 单击"确定"返回因子分析主界面。再次单击"确定"，即可得到分析结果（输出结果如表10-19至表10-23、图10-20、图10-21所示）。

表10-19　因子分析

因子	特征根	方差贡献率%	累计贡献率%
1	2.0233	40.4657	40.4657
2	1.4622	29.2431	69.7087
3	1.0289	20.5781	90.2868
4	0.3872	7.7447	98.0315
5	0.0984	1.9685	100.0000

表10-20　特征向量

	特征向量1	特征向量2	特征向量3	特征向量4	特征向量5
1	0.4265	0.5443	0.0723	-0.7027	0.1511
2	0.2459	0.1344	0.8807	0.3668	0.1063
3	0.3097	0.6054	-0.3722	0.5528	-0.3057
4	0.5626	-0.4555	0.0558	-0.1499	-0.6711
5	0.5876	-0.3343	-0.2784	0.2087	0.6496

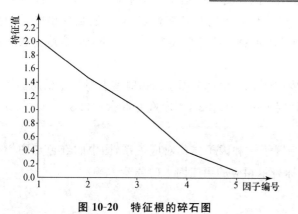

图10-20　特征根的碎石图

表10-21　共性方差矩阵

	提取值
月用水量	0.8065
家庭月收入	0.9468
人口	0.8725
平均年龄	0.9470
总工龄	0.9416

表10-22 因子载荷矩阵提取方法，主因子法

	因子1	因子2	因子3
月用水量	0.4377	0.6555	0.2562
家庭月收入	0.2021	0.1122	0.4859
人口	0.3166	0.764	-0.2851
平均年龄	0.8764	-0.4101	0.1683
总工龄	0.8931	-0.215	-0.2996

表10-23 巴特莱特球度检验

参 数	值
卡方值	35.5422
自由度	10
显著性	0.0001

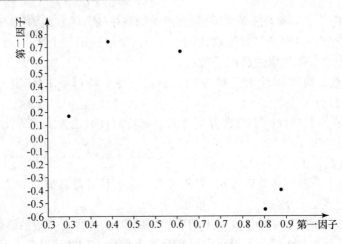

图10-21 因子载荷图

(5) 结果解释

① 特征根和累计贡献率，特征根可以看成因子影响力度的指标。表中列出了所有的因子，它们按照特征根从大到小的次序排列。第一个因子的特征根为2.0233，它解释了总变异的40.4657%；第二个因子特征根为1.4622，它解释了总变异的29.2431%。第三个因子的特征根为1.0289，它解释了总变异的20.5781%，这五个变量只需要提取出前三个因子即可。

② 特征向量矩阵给出了对于上表的特征值分别对应的特征向量。

③ 因子分析的特征根碎石图解释了每个因子的方差，用于决定保留多少个因子。典型的碎石图应该会有一个明显的拐点，该点之前是与大因子相连的陡峭折线，之后是与小因子相连的缓坡折线。

④ 共性方差矩阵表指的是提取公因子后，各变量中信息分别被提取出的比例，或者说原变量的方差中由公因子决定的比例。第一栏列出的是各变量名，第二栏是列出的是为提取因子之后未经旋转的公因子方差。如月用水量的信息量被提取了80.65%，家庭月收入的信息量被提取了94.68%。

⑤ 因子载荷矩阵表示各因子的组成成分。显示每个因子只由哪些变量提供信息。

例如第一主因子：F1=0.4377×月用水量＋0.2021×家庭月收入＋0.3166×人口＋0.8764×平均年龄＋0.8931×总工龄。

⑥ 因子载荷图给出因子载荷矩阵中因子一和因子二的对应关系，图中的红色点的横坐标表示载荷阵中第一因子的载荷，纵坐标表示相应的第二因子的载荷。

⑦ 巴特莱特球度检验表在因子分析的结果输出中为非常重要的一项,用于检验相关阵是否为单位阵,即各变量是否各自独立。如果结论为不拒绝该假设,则运用因子分析没有实际意义。在上述例子中,由于显著性为 0.000 1,小于 0.05(95% 的置信水平),故拒绝原假设(相关阵为单位阵),因此运用因子分析没有问题。

第四节 判别分析

一、判别分析的含义

在科学研究中,经常会遇到这样的问题:某研究对象以某种分类方式(如先前的结果或经验)已划分成若干类型,而每一类型都是用一些指标 $X=(X_1,X_2,\cdots,X_k)^T$ 来表征的,即不同类型的 X 的观测值在某种意义上有一定的差异。当得到一个新样品(或个体)的关于指标 X 的观测值时,要判断该样品(或个体)属于这几个已知类型中的哪一个,这类问题通常称为判别分析。

判别分析通常取分类变量为因变量,表明每一类型表征的指标 X 为判别变量或自变量,确定分类变量与判别变量之间的数量关系,建立判别函数(Discriminant function)。然后便可以利用这一数量关系对其他已知特征指标信息、但未知分组类型所属的个案进行鉴别分组。

判别分析与聚类分析有所不同。聚类分析是一种纯统计技术,只要有多种指标存在,它就能根据各样品的指标值相似程度排出顺序来,只是描述性的统计。但是判别分析则不同,在分析之前就根据理论或实际的要求对于分组的意义和分组类别数目加以确定。并且,判别分析要以此为标准来建立判别函数。最后,判别分析并不停留在描述分类类型与各指标判别之间的关系上,还能够对于未知分组类型的个案进行鉴别分组。因此,它带有"预测"的意义。

总体来说,判别分析包括两个阶段的工作:

第一阶段是分析和解释各组的特征指标之间存在的差异,以已知类型的样品指标作为自变量,建立判别函数。

第二阶段所要处理的是未知分组属性的样品,又称待判样品,以第一阶段的分析结果为根据将这些待判样品进行判别分组。

二、判别分析应用举例

如果科学家试图用用卫星遥感技术测得地球表面作物的指标,并依次来分辨作物的种类。包括了作物的实际种类(其中作物种类 1,2,3,4,5 分别代表玉米、甘蔗、棉花、大豆和苜蓿)和四种遥感指标变量(X1,X2,X3,X4)。测得的数据建立数据文件"判别分析.mkw",如表 10-24 所示。

表 10-24 判别分析举例数据

	作物种类	X1	X2	X3	X4
1	1	16	27	31	33
2	1	15	23	30	30
3	1	16	27	27	26
4	1	18	20	25	23
5	1	15	15	31	32
6	1	15	32	32	15
7	1	12	15	16	73
8	2	20	23	23	25
9	2	24	24	25	32
10	2	21	25	23	24
11	2	27	45	24	12
12	2	12	13	15	42
13	2	22	32	31	43
14	3	31	32	33	34
15	3	29	32	26	28
16	3	34	24	28	45
17	3	26	32	23	24
18	3	52	25	75	26
19	3	34	48	25	78
20	4	22	23	25	42
21	4	25	25	24	26
22	4	34	25	16	52
23	4	54	23	21	54
24	4	25	43	32	15
25	4	26	54	2	54
26	5	12	45	32	54
27	5	24	58	25	34
28	5	87	54	61	21
29	5	51	31	31	16
30	5	96	48	54	62
31	5	31	31	11	11
32	5	56	13	13	71
33	5	32	13	27	32
34	5	36	26	54	32
35	5	53	8	6	54
36	5	32	32	62	16

(1) 单击"统计分析"→"判别分析",弹出如图 10-22 所示的对话框。

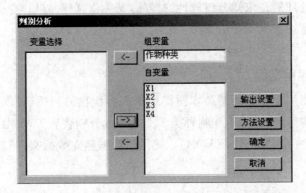

图 10-22 "判别分析"主对话框

选项说明:

组变量:选择表明已知的观察量所属类别的变量(离散变量)。

自变量:选择表明观察量特征的变量。

(2)从变量表中选择变量作物种类到组变量,将变量 X1、X2、X3、X4 选入自变量表,点击方法设置,进入方法设置对话框,如图 10-23 所示。

图 10-23 判别分析方法设置对话框

方法选择如下。

逐步方法:按照指定的纳入/排除标准,依次引入和剔除变量,直到方程稳定为止。

判别方法如下。

费歇(Fisher)判别:也称典则判别,它是将原来在 R 维空间的自变量组合投影到低维的 D 维空间去,然后在 D 维空间再进行分类,使每一类内的离差尽可能小,而不同类间投影的离差尽可能大。

选入标准:设置变量选入模型的判据。默认值为 3.84,表示当一个自变量的 F 值大于 3.84 时,该变量选入模型中。

剔除标准:设置变量从模型中被剔除的判据。默认值为 2.71,表示当一个自变量的 F 值小于 2.71 时,该变量从模型中被剔除。

(3)单击"确定",即可得到运行结果(输出结果见表 10-25)。

表 10-25 分类函数系数值

	1	2	3	4	5
X1	0.0593	0.0814	0.1331	0.1202	0.1798
常数	-2.0624	-2.4644	-3.8947	-3.4725	-5.7767

(4)结果解释

分类函数系数值:是 Fisher 线性判别函数系数,根据系数表可以总结出各类判别函数,其中,X1 和常数项起到判别作用。

各函数可如下表示:

$f1=-2.0624+0.0593\times X1$;$f2=-2.4644+0.0814\times X1$;

$f3=-3.8947+0.1331\times X1$;$f4=-3.8947+0.1331\times X1$;

$f5=-5.7767+0.1798\times X1$

未知样品可代入以上分类函数进行进一步的判别。其中值最大的那个分类函数是第几个函数,则该样本就判为第几类。

第五节 关联分析

在客观世界中,有许多因素之间的关系是灰蒙蒙的,分不清哪些关系密切,哪些关系不密切,这样就难以找到主要矛盾,发现主要特征、主要关系。灰色系统理论采用关联度分析的方法来做系统分析。作为一个发展变化的系统,关联度分析事实上是动态过程发展态势的量化分析,说得确切一点,是发展态势的量化比较分析。

一、数据列的表示方式

作关联分析首先要指定参考的数据列。参考数据列常记为 x_0,x_0 由不同时刻的值构成,记第 1 个时刻的值为 $x_0(1)$,第 2 个时刻的值为 $x_0(2)$,第 k 个时刻的值为 $x_0(k)$。因此参考序列 x_0 可表示为:$x_0=(x_0(1),x_0(2),\cdots,x_0(n))$;关联分析中的被比较数列常记为:$x_1,x_2,\cdots,x_n$,例如:$x_1=(x_1(1),x_1(2),\cdots,x_1(n))$。这样几个数列,为关联度分析准备了条件。

二、关联系数、关联度的计算

设 $x_0=(x_0(1),x_0(2),\cdots,x_0(n))$;$x_1=(x_1(1),x_1(2),\cdots,x_1(n))$;
$x_2=(x_2(1),x_2(2),\cdots,x_2(n))$;$x_3=(x_3(1),x_3(2),\cdots,x_3(n))$;……;
$x_m=(x_m(1),x_m(2),\cdots,x_m(n))$

关联系数定义为:
$$\eta_i(k)=\frac{\min\min|x_0(k)-x_i(k)|+\rho\max\max|x_0(k)-x_i(k)|}{|x_0(k)-x_i(k)|+\rho\max\max|x_0(k)-x_i(k)|}$$

其中:

(1) $|x_0(k)-x_i(k)|$ 为第 k 个点 x_0 与 x_1 的绝对误差,$k=1,2,\cdots,n$,$i=1,2,\cdots,m$。

(2) $\min\min|x_0(k)-x_i(k)|$ 为两级最小差。其中,$\min|x_0(k)-x_i(k)|$ 是第一级最小差,表示在 $x_i(k)$ 序列上找各点与 $x_0(k)$ 的最小差,即跑遍 k 选最小者。$\min\min|x_0(k)-x_i(k)|$ 为第二级最小差,表示在各序列找出的最小差基础上寻找所有序列中的最小差,即跑遍 i 选最小者。

(3) $\max\max|x_0(k)-x_i(k)|$ 是两级最大差,其含义与最小差类似。

(4) ρ 为分辨率或分辨系数,$0<\rho<1$,一般取 $\rho=0.5$。

(5) 对单位不一、初值不同的序列,在计算关联系数前应首先进行无量纲化处理,具体方法是初值化,即将该序列所有数据分别除以第一个数据;或均值化处理。

关联系数的数值很多,信息过于分散,不便于比较,为此有必要将各个时刻关联系数集中为一个值,求平均值便是作这种信息集中处理的一种方法,此结果称为关联度,其一般表达式为

$$r_i=\frac{1}{n}\sum_{k=1}^{n}\eta_i(k)$$

设参考序列为：$y_0 = \{8, 8.8, 16, 18, 24, 32\}$；

被比较序列为 $y_1 = \{10, 12.12, 19.28, 20.25, 23.4, 30.69\}$，

$y_2 = \{6, 6.35, 6.57, 6.98, 8.35, 8.75\}$；试求关联度。

第一步，初值化

$$x_0 = \left\{\frac{y_0(1)}{y_0(1)}, \frac{y_0(2)}{y_0(1)}, \frac{y_0(3)}{y_0(1)}, \frac{y_0(4)}{y_0(1)}, \frac{y_0(5)}{y_0(1)}, \frac{y_0(6)}{y_0(1)}\right\} = \{1, 1.1, 2, 2.25, 3, 4\}$$

$$x_1 = \left\{\frac{y_1(1)}{y_1(1)}, \frac{y_1(2)}{y_1(1)}, \frac{y_1(3)}{y_1(1)}, \frac{y_1(4)}{y_1(1)}, \frac{y_1(5)}{y_1(1)}, \frac{y_1(6)}{y_1(1)}\right\} = \{1, 1.212, 1.928, 2.025, 2.34, 3.069\}$$

$$x_2 = \left\{\frac{y_2(1)}{y_2(1)}, \frac{y_2(2)}{y_2(1)}, \frac{y_2(3)}{y_2(1)}, \frac{y_2(4)}{y_2(1)}, \frac{y_2(5)}{y_2(1)}, \frac{y_2(6)}{y_2(1)}\right\} = \{1, 1.058, 1.095, 1.1633, 1.3917, 1.4583\}$$

第二步，求绝对差序列（见表10-26）

设 $\Delta_1 = |x_0(k) - x_1(k)|$， $\Delta_2 = |x_0(k) - x_2(k)|$

表 10-26 绝对差序列

	A	B	C	D	E	F	G
1	序号	1	2	3	4	5	6
2	Δ_1	0	0.112	0.072	0.225	0.66	0.931
3	Δ_2	0	0.04167	0.905	1.0867	1.6083	2.5417

$\Delta_1(1) = |x_0(1) - x_1(1)| = |1 - 1| = 0$

$\Delta_1(2) = |x_0(2) - x_1(2)| = |1.1 - 1.212| = 0.112$

$\Delta_1(3) = |x_0(3) - x_1(3)| = |2 - 1.928| = 0.072$

$\Delta_1(4) = |x_0(4) - x_1(4)| = |2.25 - 2.025| = 0.225$

$\Delta_1(5) = |x_0(5) - x_1(5)| = |3 - 2.34| = 0.66$

$\Delta_1(6) = |x_0(6) - x_1(6)| = |4 - 3.069| = 0.931$

Δ_2 序列的计算方法同上，此时：

$\min\{\Delta_1(1), \Delta_1(2), \Delta_1(3), \Delta_1(4), \Delta_1(5), \Delta_1(6)\}$
$= \min\{0, 0.112, 0.072, 0.225, 0.66, 0.931\} = 0$

同理 $\min\{\Delta_2(1), \Delta_2(2), \Delta_2(3), \Delta_2(4), \Delta_2(5), \Delta_2(6)\} = 0$

$\max\{\Delta_1(1), \Delta_1(2), \Delta_1(3), \Delta_1(4), \Delta_1(5), \Delta_1(6)\}$
$= \max\{0, 0.112, 0.072, 0.225, 0.66, 0.931\} = 0.931$

同理 $\max\{\Delta_2(1), \Delta_2(2), \Delta_2(3), \Delta_2(4), \Delta_2(5), \Delta_2(6)\} = 2.5417$

第三步，求关联系数

$$\eta_i(k) = \frac{\min\min|x_0(k) - x_i(k)| + \rho\max\max|x_0(k) - x_i(k)|}{|x_0(k) - x_i(k)| + \rho\max\max|x_0(k) - x_i(k)|}$$

$$\eta_1(1) = \frac{0 + 0.5 \times 2.5417}{|x_0(1) - x_1(1)| + 0.5 \times 2.5417} = \frac{0.5 \times 2.5417}{0 + 0.5 \times 2.5417} = 1$$

$$\eta_1(2) = \frac{0 + 0.5 \times 2.5417}{|x_0(2) - x_1(2)| + 0.5 \times 2.5417} = \frac{0.5 \times 2.5417}{0.112 + 0.5 \times 2.5417} = 0.919$$

$$\eta_1(3) = \frac{0 + 0.5 \times 2.5417}{|x_0(3) - x_1(3)| + 0.5 \times 2.5417} = \frac{0.5 \times 2.5417}{0.072 + 0.5 \times 2.5417} = 0.9464$$

$$\eta_1(4) = \frac{0 + 0.5 \times 2.5417}{|x_0(4) - x_1(4)| + 0.5 \times 2.5417} = \frac{0.5 \times 2.5417}{0.225 + 0.5 \times 2.5417} = 0.8496$$

$$\eta_1(5) = \frac{0 + 0.5 \times 2.5417}{|x_0(5) - x_1(5)| + 0.5 \times 2.5417} = \frac{0.5 \times 2.5417}{0.66 + 0.5 \times 2.5417} = 0.6582$$

$$\eta_1(6) = \frac{0 + 0.5 \times 2.5417}{|x_0(6) - x_1(6)| + 0.5 \times 2.5417} = \frac{0.5 \times 2.5417}{0.931 + 0.5 \times 2.5417} = 0.5772$$

同理可求得:

$$\eta_2(1) = 1, \quad \eta_2(2) = 0.9683, \quad \eta_2(3) = 0.5481,$$
$$\eta_2(4) = 0.5391, \quad \eta_2(5) = 0.4414, \quad \eta_2(6) = 0.3333$$

第四步,求关联度

$$r_1 = \frac{1}{n}\sum_{k=1}^{n}\eta_1(k) = \frac{1}{6}\sum_{k=1}^{6}\eta_1(k)$$

$$= \frac{1}{6}(1 + 0.919 + 0.9464 + 0.8496 + 0.6582 + 0.5772) = 0.8251$$

$$r_2 = \frac{1}{n}\sum_{k=1}^{n}\eta_2(k) = \frac{1}{6}\sum_{k=1}^{6}\eta_2(k)$$

$$= \frac{1}{6}(1 + 0.9683 + 0.5481 + 0.5391 + 0.4414 + 0.3333) = 0.6444$$

计算结果表明,x_1 和 x_0 的关联程度大于 x_2 与 x_0 的关联程度。

三、优势分析

当参考数列不止一个,被比较数列也不止一个时,可以进行优势分析。下面称参考数列为母数列(母因素),比较数列为子数列(或子因素),由母数列与子数列可构成关联矩阵。如果有 5 个母因素,记为 y_1, y_2, y_3, y_4, y_5;有 6 个子因素,记为 $x_1, x_2, x_3, x_4, x_5, x_6$。则每一个母因素对 6 个子因素有 6 关联度。记第一个母因素与 6 个子因素的关联度为:

$r_{11} = (y_1$ 与 x_1 的关联度$) = r(y_1, x_1)$; $\quad r_{12} = (y_1$ 与 x_2 的关联度$) = r(y_1, x_2)$;
$r_{13} = (y_1$ 与 x_3 的关联度$) = r(y_1, x_3)$; $\quad r_{14} = (y_1$ 与 x_4 的关联度$) = r(y_1, x_4)$;
$r_{15} = (y_1$ 与 x_5 的关联度$) = r(y_1, x_5)$; $\quad r_{16} = (y_1$ 与 x_6 的关联度$) = r(y_1, x_6)$。

分别将每个母因素对所有子因素的关联度都排成行,便可以得到有 5 行(5 个母因素),6 列(6 个子因素)的关联度矩阵 R。

$$R = \begin{bmatrix} r_{11} & r_{12} & r_{13} & r_{14} & r_{15} \\ r_{21} & r_{22} & r_{23} & r_{24} & r_{25} \\ r_{31} & r_{32} & r_{33} & r_{34} & r_{35} \\ r_{41} & r_{42} & r_{43} & r_{44} & r_{45} \\ r_{51} & r_{52} & r_{53} & r_{54} & r_{55} \end{bmatrix}$$

说明:

(1) 上述矩阵每一个元素有两个下标,第一个下标表示母因素序号,第二个表示子因素序号。

(2) 每一行表示同一母因素对不同子因素的影响。

(3) 每一列表示不同母因素对同一子因素的影响。

据此可以根据 R 中各个行与各个列关联度的大小来判断子因素与母因素的作用,分析哪些因素是主要影响,起主要影响的因素称为优势因素,因此相应的有优势母因素与优势子因素:

如果某一列各元素(关联度)均大于其他列,则该列的子因素称为优势子因素。

如果某一行各元素(关联度)均大于其他行,则该行的母因素称为优势母因素。

如果 R 中某一个元素大于其他所有元素,则该行的母因素是所有母子因素中最密切,即影响最大的。

设某地区有 6 个子因素 x,又有 5 个母因素 y,分别为:

x_1 国民收入,x_2 工业收入,x_3 农业收入,x_4 商业收入,x_5 交通收入,x_6 建筑业收入;

y_1 固定资产投资,y_2 工业投资,y_3 农业投资,y_4 科技投资,y_5 交通投资。

其关联度矩阵为:

$$R = \begin{bmatrix} 0.811 & 0.641 & 0.8386 & 0.563 & 0.819 & 0.7949 \\ 0.7698 & 0.624 & 0.8278 & 0.5517 & 0.7796 & 0.8125 \\ 0.6428 & 0.578 & 0.7149 & 0.5422 & 0.6488 & 0.7139 \\ 0.7434 & 0.588 & 0.809 & 0.616 & 0.707 & 0.584 \\ 0.82 & 0.679 & 0.92 & 0.735 & 0.875 & 0.823 \end{bmatrix}$$

从 R 中可以看出:

(1) 第四列各数值为本行最小,即商业收入与各种投资与各种投资的关联程度最小,表明各种投资对商业收入影响不大。

(2) 第三列各数值为本行最大,为优势子因素,说明农业是一个综合性行业,需要其他方面发展的配合,各种投资都间接地影响着农业发展。

(3) 第五行各数值为本列最大,为优势母因素,说明交通投资对各方面的收入都有较大影响,应加强对交通的投资,有利于经济的全面发展。

(4) 在所有元素中,0.92 为最大值,说明交通投资对农业收入的影响最大。

【练习题】

一、主要概念

1. 聚类分析、分层聚类、快速聚类、模糊聚类。
2. 主成分分析的含义和用途、因子载荷矩阵的含义、巴特莱特球度检验的意义。
3. 因子分析、因子分析与主成分分析的区别。
4. 判别分析、判别分析与聚类分析的区别。
5. 关联分析的步骤。

二、单项选择题

1. 第 k 个主成分 y_k 的系数向量是(　　)。

    A. 第 k 个特征根

    B. 第 k 个特征根所对应的特征向量

    C. 第 k 个特征根所对应的方差贡献率

    D. 第 k 个特征根所对应的累计方差贡献率

2. P 个变量,其因子载荷矩阵 $A = \begin{bmatrix} a_{11} & a_{12} & \cdots & a_{1q} \\ a_{21} & a_{22} & \cdots & a_{2q} \\ \cdots & \cdots & \cdots & \cdots \\ a_{p1} & a_{p2} & \cdots & a_{pq} \end{bmatrix}$,变量共同度是(　　)。

A. 各行元素之和 B. 各行元素平方和
C. 各列元素之和 D. 各列元素平方和

3. 已知 $ABCD$ 四个样本点，计算其距离矩阵为：$\begin{bmatrix} 0 & & & \\ 1 & 0 & & \\ 2 & 4 & 0 & \\ 3 & 5 & 2 & 0 \end{bmatrix}$。选择最长距离法作为类与类间距离的测度方法，首先（　　）聚为一类。

A. A 和 B B. B 和 D C. A 和 C D. C 和 D

4. 距离判别时，待判样本 x 计算出与各类的距离分别为：$D^2(x,1)=637$，$D^2(x,2)=624$，则（　　）。

A. x 归入第一类 B. x 归入第二类
C. x 还需进一步判断 D. 资料不足，无法判断

三、多项选择题

1. 有关主成分的方差，下述表达正确的是（　　）。
   A. 主成分的方差矩阵是对角矩阵
   B. 第 k 个主成分的方差为对应的特征根
   C. 主成分的总方差等于原变量的总方差
   D. 任意两个主成分的方差是不相关的
   E. 主成分的方差等于第 k 个主成分与第 j 个变量样本间的相关系数

2. 因子分析中，第 j 个因子的方差贡献率（　　）。
   A. 是因子载荷矩阵中各列元素的平方和
   B. 是因子载荷矩阵中各列元素的平方和占 p 个变量的总方差之比
   C. 是因子载荷矩阵中各行元素的平方和占 p 个变量的总方差之比
   D. 是说明变量所包含的原始信息被公共因子所解释的部分大小的
   E. 是衡量各个公共因子相对重要程度的一个指标。

3. 对样本进行聚类，通常采用的相似性统计量有（　　）。
   A. 绝对距离 B. 欧氏距离 C. 夹角余弦 D. 相关系数
   E. 切比雪夫距离

4. 下列表述正确的是（　　）。
   A. 在费歇判别中，计算待判样本与各类的距离，判断待判样本与哪一类最近，就判它属于哪一类
   B. 在距离判别中，计算待判样本与各类的距离，判断待判样本与哪一类最近，就判它属于哪一类
   C. 贝叶斯判别中，对于待判样本 x，如果在所有的 $P(G_k/x)$ 中 $P(G_h/x)$ 是最大的，则判定 x 属于第 h 总体
   D. 判别规则只能是统计性的
   E. 判别规则可以是统计性的，也可以是确定性的

四、计算题

1. 已知 2004 年 31 个省市自治区的人均消费支出资料如下表所示。

	食品	衣着	家庭设备用品及服务	医疗保健	交通和通信	教育文化娱乐服务	居住	其他
北 京	3 925.54	1 062.47	823.84	1 182.81	1 562.19	2 115.89	1 065.67	461.98
天 津	3 278.24	624.61	497.48	823.99	787.71	1 232.38	1 230.17	327.86
河 北	2 142.36	630.93	343.21	550.29	595.95	682.87	705.18	168.39
山 西	1 917.75	747.43	314.82	401.75	587	901.4	614.2	169.8
内蒙古	2 024.87	897.88	360.31	473.64	699.66	858.38	627.02	277.5
辽 宁	2 643.95	651.66	276.89	541.26	652.4	845.37	661.8	269.96
吉 林	2 180.09	739.52	254.33	527.32	643.16	795.04	700.04	229.51
黑龙江	1 972.24	719.28	215.07	537.44	548.39	762.49	611.44	201.18
上 海	4 593.32	796.72	780.26	761.7	1 702.86	2 195.15	1 326.69	474.33
江 苏	2 931.7	610.96	493.53	496.77	765.17	1 031.14	760.71	242.28
浙 江	3 851.23	941.8	596.62	828.81	1 419.09	1 681.09	971.33	346.17
安 徽	2 509.02	637.88	257.01	395.74	564.92	623.48	534.3	188.99
福 建	3 394.63	598.37	435.32	476.75	1 055.59	1 050.3	869.25	280.93
江 西	2 296.48	513.57	328.18	268.11	498.45	785.66	505.47	141.93
山 东	2 310.66	829.22	457.33	484.42	801.23	983.07	601.54	206.28
河 南	1 855.44	650.3	332.06	436.53	569.85	694.56	578.6	176.84
湖 北	2 516.2	710.96	334.12	461.4	600.48	938.62	641.62	195.12
湖 南	2 479.58	689.48	388.15	475.61	881.89	1 091.29	640.73	237.87
广 东	3 953.3	620.07	592.66	649.7	1 754.12	1 577.7	1 205.12	342.11
广 西	2 727.09	423.17	397.33	461.67	584.12	960.77	660.26	231.31
海 南	2 722.84	300.17	302.41	350.17	701.92	686.75	564.86	173.29
重 庆	3 015.32	779.68	474.15	537.95	865.45	1 200.52	903.22	196.77
四 川	2 560.35	557.94	384.08	433.36	769.24	874.37	600.67	191.15
贵 州	2 260.46	585.18	286.56	301.26	601.08	793.4	468.21	198.3
云 南	2 895.6	651.72	302.04	623.22	882.19	725.08	592.93	164.21
西 藏	3 799.17	1 079.74	469.74	320.65	1 184.66	617.39	483.2	383.66
陕 西	2 236.48	609.33	409	513.27	583.19	1 025.76	646.92	209.1
甘 肃	2 204.04	736.19	336.2	411.95	601.16	853.31	572.49	221.96
青 海	2 056.06	621.98	438.44	451.95	566.97	746.89	664.2	212.47
宁 夏	2 156.34	636.81	364.07	440.77	646.97	651.14	660.19	265.08
新 疆	2 083.13	766.73	292.14	375.18	615.19	840.59	566.99	233.66

试用分层聚类、快速聚类以及模糊聚类进行聚类分析(三类)。

2. 利用上表资料进行因子分析和主成分分析。

3. 某地市场上销售的 MP4 有多种品牌，现从该市场的畅销(1)、滞销(0)品牌中个抽取 5 台，对其质量、功能进行打分，分值越高越好。数据如下表所示。

牌　号	质量打分	功能打分	价　格	销售状态
A	7	9	630	1
B	7	7	540	1
C	9	7	580	1
D	10	5	450	1
E	6	8	600	1
F	6	7	600	0
G	7	6	560	0
H	6	6	530	0
I	5	6	470	0
J	4	4	330	0
K	8	7	610	待判

要求：(1) 对两类（畅销与滞销）的判别有效性进行分析；(2) 对各种品牌畅销与滞销做判别；(3) 预测品牌 K 是否场畅销。

4. 已知参考数列为：

$\{y_0\} = \{393.18\ 459.38\ 513.05\ 570.13\ 631.41\ 690.70\ 815.06\}$

比较数列为：

$\{y_1\} = \{411.86\ 462.43\ 505.59\ 557.59\ 617.22\ 689.98\ 828.24\}$

$\{y_2\} = \{349.84\ 472.35\ 542.68\ 603.60\ 653.85\ 697.93\ 752.66\}$

$\{y_3\} = \{424.52\ 462.62\ 497.83\ 543.84\ 601.84\ 681.06\ 861.46\}$

$\{y_4\} = \{376.41\ 460.99\ 520.26\ 580.82\ 639.71\ 700.63\ 794.07\}$

$\{y_5\} = \{396.88\ 459.58\ 509.34\ 565.74\ 626.57\ 696.40\ 818.89\}$

要求计算其关联度。

五、综合题

（一）下表中数据是纽约证券交易市场五只股票的星期收益率，共 100 周的数据。五只股票分别为 Allied Chemical, Du Pont, Union Carbide, Exxon, Texaco。为了描述的方便，我们将五只股票分别定义为变量 $X1, X2, X3, X4, X5$，主成分用 Yi 表示，因子用 Fj 表示。

X1	X2	X3	X4	X5	X1	X2	X3	X4	X5
0.000 0	0.000 0	0.000 0	0.039 5	0.000 0	0.089 6	0.080 0	0.102 6	0.002 7	0.020 0
0.027 0	−0.044 9	−0.003 0	−0.014 5	0.043 5	0.000 0	0.016 9	0.029 2	0.002 7	0.004 9
0.122 8	0.060 8	0.088 1	0.086 2	0.078 1	0.059 2	0.077 2	0.019 5	−0.012 2	0.039 0
0.057 0	0.029 9	0.066 8	0.013 5	0.019 5	0.028 0	0.009 8	0.000 0	0.000 0	−0.000 3
0.063 7	−0.003 8	−0.039 8	−0.018 6	−0.024 2	−0.004 2	0.014 5	−0.031 7	−0.004 4	−0.014 4
0.003 5	0.050 8	0.082 9	0.074 3	0.049 5	0.018 4	−0.046 9	0.061 6	−0.043 2	−0.029 1

续 表

X1	X2	X3	X4	X5	X1	X2	X3	X4	X5
−0.045 6	−0.033 0	0.002 6	−0.009 6	−0.028 3	0.069 3	0.056 9	0.041 0	0.040 8	0.020 0
0.058 8	0.041 7	0.081 4	−0.014 6	0.014 6	−0.016 9	−0.018 3	−0.008 2	−0.005 6	−0.019 6
0.000 0	−0.019 4	0.002 4	0.001 6	−0.028 7	−0.017 2	−0.001 6	−0.001 7	−0.016 9	0.005 0
0.006 9	−0.026 0	0.007 0	−0.041 1	−0.024 6	−0.040 8	−0.035 7	0.000 0	0.014 3	0.005 0
0.010 3	0.006 4	0.083 9	0.010 3	0.000 0	−0.018 2	−0.003 4	−0.028 1	0.035 3	0.014 9
−0.030 7	0.020 2	−0.040 9	−0.039 0	−0.050 5	−0.003 1	−0.021 9	−0.027 3	0.005 5	0.039 0
−0.003 5	0.118 8	0.089 7	0.060 1	0.021 3	0.018 6	0.025 9	−0.017 5	0.019 0	−0.004 7
0.060 1	0.079 6	0.028 8	0.036 7	0.026 0	−0.057 9	−0.018 5	0.000 0	−0.024 0	−0.037 7
−0.003 3	−0.001 0	0.028 0	0.028 9	−0.010 2	0.087 4	0.049 7	0.033 9	0.047 7	0.039 2
0.055 6	0.091 3	0.042 8	0.059 4	−0.015 8	0.000 0	−0.011 4	−0.010 3	−0.005 2	0.028 3
0.051 3	−0.007 5	−0.041 4	−0.016 3	0.058 5	−0.019 4	−0.011 6	−0.022 8	0.007 9	0.013 8
−0.061 0	−0.043 6	0.023 6	0.004 6	−0.015 1	−0.046 0	0.035 9	0.045 0	0.040 6	0.004 6
−0.035 7	0.018 2	−0.021 1	−0.007 6	−0.010 2	−0.077 2	−0.004 0	−0.003 4	0.003 8	−0.027 5
0.000 0	−0.021 6	−0.007 8	0.088 5	0.082 5	0.034 8	−0.008 2	−0.019 0	0.008 8	−0.014 2
−0.006 7	−0.015 0	−0.087 0	−0.021 0	−0.019 0	−0.006 7	−0.019 7	−0.026 4	0.023 7	0.014 4
0.000 0	−0.017 3	0.017 3	0.054 4	0.034 0	−0.023 7	−0.019 3	−0.032 6	−0.001 2	0.023 6
0.030 5	0.047 6	0.055 3	−0.008 2	0.032 9	0.066 0	0.024 8	0.057 9	0.020 8	0.004 6
0.023 0	0.012 8	−0.002 0	0.013 7	−0.031 5	0.000 0	−0.036 7	−0.014 1	−0.007 2	0.004 6
−0.061 1	−0.043 9	−0.042 4	−0.029 7	−0.014 1	−0.052 1	−0.058 9	−0.069 9	0.009 7	0.009 1
0.041 1	0.016 3	0.048 5	0.018 1	0.071 4	0.055 0	−0.003 7	0.027 0	−0.002 4	0.009 0
−0.013 2	−0.004 0	−0.038 2	−0.042 4	−0.048 9	−0.003 3	−0.009 2	−0.022 5	0.006 0	−0.013 5
0.003 3	−0.008 1	−0.015 0	0.000 0	−0.028 0	0.022 9	0.033 6	0.001 9	0.026 2	0.004 5
−0.056 5	−0.014 2	−0.038 6	−0.005 7	−0.019 6	−0.003 2	−0.005 4	−0.003 8	−0.013 9	−0.000 2
0.051 9	0.018 6	0.067 0	0.020 3	−0.015 0	0.043 6	−0.014 5	−0.013 4	0.021 2	0.013 8
−0.013 6	−0.029 4	0.012 6	−0.008 6	−0.010 2	−0.009 3	0.013 8	0.021 7	−0.014 9	−0.009 1
−0.037 8	0.003 3	−0.012 4	−0.020 2	−0.025 6	−0.056 4	−0.005 6	−0.003 9	−0.023 7	−0.018 3
−0.021 4	0.031 5	0.039 7	0.016 2	−0.005 3	0.003 3	−0.041 5	−0.029 0	−0.002 4	−0.004 7
−0.014 6	−0.024 4	−0.010 1	0.004 3	−0.005 2	0.016 6	0.017 3	0.033 9	0.034 1	0.009 4
−0.014 8	−0.020 8	−0.091 5	−0.007 2	−0.015 8	−0.009 8	−0.016 1	−0.003 9	0.014 1	0.014 0
0.011 3	−0.017 0	0.064 9	0.065 3	0.026 7	0.026 3	−0.016 3	−0.009 7	0.032 5	0.027 5
−0.096 7	−0.075 8	−0.073 5	−0.053 1	−0.026 0	0.009 6	0.009 8	0.017 6	0.016 2	0.017 9
0.020 6	0.058 5	0.018 1	0.063 3	0.016 0	−0.047 6	−0.027 1	−0.051 8	−0.045 5	−0.021 9
0.088 7	0.046 5	0.022 3	0.004 1	0.000 0	−0.026 7	−0.061 6	−0.056 7	−0.013 5	−0.040 4
0.007 4	0.019 0	0.045 8	−0.008 1	0.052 6	0.010 3	0.023 3	0.034 3	−0.018 2	−0.004 7
−0.022 1	0.002 1	−0.017 3	−0.021 7	−0.045 0	−0.044 1	0.020 7	−0.006 2	−0.018 5	0.004 7
−0.031 6	0.010 4	0.012 8	−0.013 9	0.010 7	0.039 0	0.038 5	0.025 0	−0.028 3	0.032 7

续表

X1	X2	X3	X4	X5	X1	X2	X3	X4	X5
0.039 4	0.054 3	−0.014 8	0.011 4	−0.005 3	−0.039 5	−0.029 3	−0.065 8	−0.015 8	−0.045 8
0.015 2	0.029 2	−0.021 5	−0.009 9	−0.021 3	0.039 6	0.024 1	−0.006 6	0.028 4	−0.009 7
0.000 0	−0.010 5	0.035 1	−0.014 3	0.038 0	−0.031 1	−0.007 9	0.011 1	0.007 5	0.014 6
−0.037 3	−0.024 0	−0.019 1	−0.024 6	−0.010 5	0.000 0	−0.020 1	−0.006 6	0.029 9	−0.004 8
0.015 5	−0.027 6	0.006 5	0.022 3	−0.026 5	0.021 4	0.049 2	0.006 6	−0.002 4	0.029 0
0.034 4	0.024 3	0.034 3	0.020 3	0.005 4	0.045 5	0.046 4	0.074 6	0.014 6	0.018 8
−0.036 9	0.011 9	0.014 5	0.007 1	0.016 2	0.050 2	0.036 4	0.004 1	−0.012 0	0.009 2
0.069 0	0.014 7	0.016 4	0.038 1	0.063 8	0.019 1	−0.033 3	0.008 4	0.033 9	0.004 6

(1) 第一个主成分的表达式为：（   ）
　　A. $Y_1=0.4636X_1-0.2411X_2+0.6126X_3-0.3821X_4-0.4535X_5$
　　B. $Y_1=2.8562X_1+0.8090X_2+0.5401X_3+0.4516X_4+0.343X_5$
　　C. $Y_1=0.4636X_1+0.4571X_2+0.47X_3+0.4217X_4+0.4213X_5$
　　D. $Y_1=0.8635X_1+0.8236X_2+0.7469X_3+0.8882X_4+0.8832X_5$

(2) 第一个主成分与 Allied Chemical(X_1)变量间的相关系数为（   ）。
　　A. 2.856 2　　　B. 0.463 6　　　C. 0.863 5　　　D. 0.783 4

(3) 主成分分析中,提取三个主成分能说明原始信息量的（   ）。
　　A. 84.107%　　　B. 90.209%　　　C. 90.107%　　　D. 90.834%

(4) 因子分析后,下列表达式正确的是（   ）。
　　A. $F_1=0.7834X_1+0.7725X_2+0.7943X_3+0.7126X_4+0.7120X_5$
　　B. $X_1=0.7834F_1-0.2169F_2-0.4502F_3+0.2568F_4$
　　C. $F_1=0.4636X_1+0.4571X_2+0.47X_3+0.4217X_4+0.4213X_5$
　　D. $X_1=0.4636F_1-0.2411F_2+0.6126F_3-0.3821F_4-0.4535F_5$

(5) 对五个变量进行聚类,数据经 Z 分数法标准化,采用最短距离聚类法,欧氏距离平方测度距离,在距离为 182.2 处可聚为（   ）类。
　　A. 1　　　　　B. 2　　　　　C. 3　　　　　D. 4

(二) 某公司正在评估销售人员的能力,该公司随机抽选了 40 名销售人员,评估他们三项指标：销售量增长率(X_1),利润率(X_2),新客户销售量(X_3)。四十个人还进行了四项测试：创造能力测试(X_4),商业能力测试(X_5),抽象能力测试(X_6)及数学能力测试(X_7)。数据如下表所示。计算过程中,主成分用 Y_i 表示,因子用 F_j 表示。

X1	X2	X3	X4	X5	X6	X7	X1	X2	X3	X4	X5	X6	X7
93.0	96.0	97.8	9.0	12.0	9.0	20.0	88.5	95.3	95.8	10.0	12.0	7.0	15.0
88.8	91.8	96.8	7.0	10.0	10.0	15.0	99.3	115.0	104.3	5.0	11.0	11.0	42.0
95.0	100.3	99.0	8.0	12.0	9.0	26.0	87.5	92.5	95.0	9.0	10.0	7.0	16.0
101.3	103.8	106.8	13.0	14.0	12.0	29.0	105.3	114.0	105.3	12.0	15.0	12.0	37.0
102.0	107.8	103.0	10.0	15.0	12.0	32.0	107.0	121.0	109.0	16.0	19.0	12.0	39.0
95.8	97.5	99.3	10.0	14.0	11.0	21.0	93.3	102.0	97.8	10.0	15.0	7.0	23.0

续 表

X1	X2	X3	X4	X5	X6	X7	X1	X2	X3	X4	X5	X6	X7
95.5	99.5	99.0	9.0	12.0	9.0	25.0	106.8	118.0	107.3	14.0	16.0	12.0	39.0
110.8	122.0	115.3	18.0	20.0	15.0	51.0	106.8	120.0	104.8	10.0	16.0	11.0	49.0
102.8	108.3	103.8	10.0	17.0	13.0	31.0	108.3	122.3	108.5	15.0	19.0	12.0	41.0
106.8	120.5	102.0	14.0	18.0	11.0	39.0	106.8	119.0	106.8	14.0	20.0	12.0	37.0
103.3	109.8	104.0	12.0	17.0	12.0	32.0	102.5	109.3	103.8	9.0	17.0	13.0	32.0
99.5	111.8	100.3	10.0	18.0	8.0	31.0	92.5	102.5	99.3	13.0	15.0	6.0	23.0
103.5	112.5	107.0	16.0	17.0	11.0	34.0	102.8	113.8	106.8	17.0	20.0	13.0	32.0
99.5	105.5	102.3	8.0	10.0	11.0	34.0	83.3	87.3	96.3	1.0	5.0	9.0	15.0
100.0	107.0	102.8	13.0	10.0	8.0	34.0	94.8	101.8	99.8	7.0	16.0	11.0	24.0
81.5	93.5	95.0	7.0	9.0	5.0	16.0	103.5	112.0	110.8	18.0	13.0	12.0	37.0
101.3	105.3	102.8	11.0	12.0	11.0	32.0	89.5	96.0	97.3	7.0	15.0	11.0	14.0
103.3	110.8	103.5	11.0	14.0	11.0	35.0	84.3	89.8	94.3	8.0	8.0	8.0	9.0
95.3	104.3	103.0	5.0	14.0	13.0	30.0	104.3	109.5	106.5	14.0	12.0	5.0	36.0
99.5	105.3	106.3	17.0	17.0	11.0	27.0	106.0	118.5	105.0	12.0	16.0	10.0	39.0

(1) 第一主成分的表达式为：(　　)。

    A. $Y1=4.9537X1+1.051X2+0.514X3+0.3571X4+0.0957X5+0.0171X6+0.0114X7$

    B. $Y1=0.4362X1+0.1139X2-0.0445X3-0.01X4-0.6334X5+0.1304X6-0.6136X7$

    C. $Y1=0.4362X1+0.4228X2+0.4242X3+0.2767X4+0.3577X5+0.2874X6+0.4049X7$

    D. $Y1=0.9731X1+0.9429X2+0.9448X3+0.6603X4+0.7833X5+0.6488X6+0.9141X7$

(2) 主成分分析中，按照90%的信息提取原则可提取(　　)个主成分。

    A. 4　　　　　　B. 3　　　　　　C. 2　　　　　　D. 1

(3) 按默认参数设置进行因子分析后，下列表达式正确的是(　　)。

    A. $F1=0.9707X1-0.1168X2-0.0319X3+e1$

    B. $X1=0.9707F1-0.1168F2-0.0319F3+e1$

    C. $X1=0.9707F1+0.9409F2+0.9441F3+0.6159F4+0.7962F5+0.6396F6+0.9013F7+e1$

    D. $F1=0.9707X1+0.9409X2+0.9441X3+0.6159X4+0.7962X5+0.6396X6+0.9013X7+e1$

(4) 变量X1的共同度为(　　)。

    A. 0.795　　　　B. 0.579　　　　C. 0.975　　　　D. 0.957

(5) 对样本进行聚类，数据经Z分数法标准化，采用组间连接距离聚类法，欧氏距离平方测度距离，在距离为19处可聚为(　　)类。

    A. 1　　　　　　B. 2　　　　　　C. 3　　　　　　D. 4

主要参考文献

[1] 凌明雁,柳秀春.统计学[M].第二版.北京:高等教育出版社,2008.
[2] 管于华.统计学[M].第二版.北京:高等教育出版社,2009.
[3] 徐国祥.统计学[M].上海:上海人民出版社,2007.
[4] 曾五一.统计学导论[M].北京:科学出版社,2006.
[5] 黄良文,朱建平.统计学[M].北京:中国统计出版社,2008.
[6] 贾俊平.统计学[M].北京:清华大学出版社,2006.
[7] 吴喜之.统计学——从数据到结论[M].北京:中国统计出版社,2006.
[8] 耿修林.商务经济统计学[M].北京:科学出版社,2003.
[9] 曾五一.统计学[M].北京:北京大学出版社,2006.
[10] 袁卫,庞皓,曾五一,贾俊平.统计学[M].北京:高等教育出版社,2005.
[11] 于洪彦.Excel统计分析与决策[M].北京:高等教育出版社,2001.
[12] 张勇,林军强.财会统计业务基本技能训练教程[M].北京:中国人民大学出版社,2004.
[13] 张久琴等译.以Excel为决策工具的商务与经济统计[M].北京:机械工业出版社,2003.
[14] 姜诗章.统计学教程[M].北京:清华大学出版社,2006.
[15] 余华银.统计学[M].长春:吉林大学出版社,2006.
[16] 曲岩,刘继运.统计学[M].北京:北京大学出版社,中国林业出版社,2007.
[17] 刘馨.统计学[M].成都:四川大学出版社,2006.
[18] 孙炎.应用统计学[M].北京:机械工业出版社,2007.
[19] 黎东升.统计学原理[M].北京:中国农业出版社,2007.
[20] 高宝祥,董寒青.数据分析与SPSS应用[M].北京:清华大学出版社,2007.
[21] 编写组.社会经济统计学原理教科书[M].北京:中国统计出版社,1984.
[22] 黄晖.马克威软件与当代数据分析[M].北京:中国统计出版社,2006.
[23] 薛薇,陈欢歌.基于EXCEL的统计应用[M].北京:中国人民大学出版社,2006.
[24] 刘思峰,吴和成,管利荣.应用统计学[M].北京:高等教育出版社,2007.
[25] 徐国祥.统计预测与决策[M].上海:上海财经大学出版社,2005.
[26] 加拿大统计局"调查技能"项目组.调查技能教程[M].北京:中国统计出版社,2002.
[27] 柯惠新,丁立宏.市场调查与分析[M].北京:中国统计出版社,2000.
[28] 宋廷山,金玉国,李杰,陈保启.经济计量学[M].呼和浩特:内蒙古大学出版社,2003.
[29] 王光玲,宋廷山.应用统计学[M].北京:中央文献出版社,2005.
[30] 宋廷山,吴风庆,尉雪波.应用统计学[M].成都:西南财经大学出版社,2006.
[31] 宋廷山.经济管理定量分析方法及其计算机实现[M].北京:中国广播电视出版社,2007.